21 世纪经济学类管理学类专业主干课程系列教材

国际集装箱运输与多式联运
（修订本）

主　编　段满珍
副主编　李　政　周连忠

清华大学出版社
北京交通大学出版社
·北京·

内 容 提 要

本书系统论述了国际集装箱运输与多式联运的理论和实务,全书共分13章。内容包括集装箱运输发展概况、集装箱及其箱务管理、集装箱货物及其组织、集装箱船舶及营运管理、集装箱运输节点管理、集装箱海运提单、集装箱班轮货运业务、国际集装箱运费计算、国际多式联运、大陆桥运输、国际集装箱货物运输相关法规、国际集装箱多式联运责任与保险、危险货物集装箱运输等。

本书可作为高等院校交通运输、物流管理、国际航运、报关与国际货运等专业本科生、研究生的教科书及专业教师的教学参考书,也可供各类物流企业和相关岗位从业人员参考使用及培训。

本书封面贴有清华大学出版社防伪标签,无标签者不得销售。
版权所有,侵权必究。侵权举报电话:010-62782989　13501256678　13801310933

图书在版编目(CIP)数据

国际集装箱运输与多式联运／段满珍主编. —北京:清华大学出版社:北京交通大学出版社,2010.12(2021.7重印)
(21世纪经济学类管理学类专业主干课程系列教材)
ISBN 978-7-5121-0422-8

Ⅰ. ①国… Ⅱ. ①段… Ⅲ. ①国际运输-集装箱运输:联合运输-高等学校-教材 Ⅳ. ①U169.6

中国版本图书馆 CIP 数据核字(2010)第 245229 号

责任编辑:郭东青
出版发行:清华大学出版社　　邮编:100084　　电话:010-62776969
　　　　　北京交通大学出版社　邮编:100044　　电话:010-51686414
印　刷　者:北京时代华都印刷有限公司
经　　销:全国新华书店
开　　本:185 mm×230 mm　　印张:25　　字数:557 千字
版　　次:2011 年 1 月第 1 版　　2021 年 7 月第 2 次修订　　2021 年 7 月第 9 次印刷
书　　号:ISBN 978-7-5121-0422-8/U·63
印　　数:14 001~15 000 册　　定价:66.00 元

本书如有质量问题,请向北京交通大学出版社质监组反映。对您的意见和批评,我们表示欢迎和感谢。
投诉电话:010-51686043,51686008;传真:010-62225406;E-mail:press@bjtu.edu.cn

前　言

集装箱运输是目前世界上最先进的运输组织形式之一，它的发展程度代表着一个国家和地区的交通运输业的发展水平。随着世界经济贸易的不断发展及集装箱运输技术的不断完善与成熟，国际进出口货物的集装箱化已成为必然的发展趋势，以集装箱为主的智能化多式联运已成为当今运输领域最为关注的焦点，开展集装箱运输与多式联运业务，已成为世界各国各类物流企业的主要发展方向之一。

国际集装箱运输与多式联运涉及面广、环节多、工艺复杂，是一项高度系统化的工程，其整体功能的优化取决于各子系统的协调发展和密切配合。另外，由于国际集装箱运输与多式联运具有很强的专业性和竞争性，对管理人员和各类从业人员提出更高的要求，只有全面系统地掌握国际集装箱运输的理论知识和专业技术才能在本职工作中更加出色，为此，我们编撰了这本《国际集装箱运输与多式联运》，将我们多年的工作经验及认识与大家共同分享，希望对各位同行或即将从业的人员有所帮助。

本书全面系统地综述集装箱运输发展概况、集装箱及其箱务管理、集装箱货物及其组织、集装箱船舶及营运管理、集装箱运输节点管理、集装箱海运提单、集装箱班轮货运业务、国际集装箱运费计算、国际多式联运、大陆桥运输、国际集装箱货物运输相关法规、国际集装箱多式联运责任与保险、危险货物集装箱运输等。

本书编写时采用案例引导式，前面有重要知识点介绍，并有配套习题供读者学习。有助于读者理解和掌握本书知识点、明确学习目标和提高业务能力。

本书由段满珍担任主编，李政、周连忠老师担任副主编，负责全书的统稿、修改、定稿工作。全书共分13章，其中第1章、第4章、第10章由段满珍编写；第8章、第12章由李政编写；第11章、第13章由周连忠编写；第6章、第7章由曹会云编写；第3章、第5章由郭赟芳编写；第2章由胡月阳编写、第9章由刘金国编写。参加编写工作的还有屈绍山、张爱霞、米雪玉、刘严萍、贾红梅、李铮、张林、卢俊亮、裴小丹、刘晨星、任凯、王昭君、朱宫哲、杨璐莹、杨东岳、胡晓亮、王磊、王雷等。

编者在编写过程中参考了大量的书籍、文献、论文等，引用了许多专家学者的资料，在此谨向他们表示衷心的感谢。同时感谢北京交通大学出版社领导和老师们的支持，感谢编写工作中给予我们大力支持和帮助的老师和同学。

由于集装箱运输与国际多式联运的实践性较强,发展迅速,加之作者的学识和实践经验有限,书中疏漏和不足之处在所难免。恳请业内专家、学者和广大读者给予批评指正,使本书更臻完善。

段满珍
2011 年 1 月

目 录

第1章 集装箱运输概述 ……… 1
开篇案例 ……… 1
1.1 集装箱运输发展概况 ……… 2
　　1.1.1 集装箱运输的发展沿革 ……… 2
　　1.1.2 中国集装箱运输发展 ……… 7
　　1.1.3 集装箱运输的发展趋势 ……… 7
1.2 集装箱运输的特点 ……… 8
1.3 集装箱运输系统及其业务机构 ……… 11
　　1.3.1 集装箱运输系统 ……… 11
　　1.3.2 集装箱运输系统业务机构 ……… 15
复习思考题 ……… 17
部分习题参考答案 ……… 18
案例分析一 ……… 18
案例分析一参考答案 ……… 19
案例分析二 ……… 22
案例分析二参考答案 ……… 22
开篇案例参考答案 ……… 24
参考文献 ……… 24

第2章 集装箱及箱务管理 ……… 25
开篇案例 ……… 25
2.1 国际集装箱及其标准化 ……… 26
　　2.1.1 集装箱定义 ……… 26
　　2.1.2 集装箱标准 ……… 28
　　2.1.3 集装箱分类 ……… 31
　　2.1.4 集装箱的结构与强度 ……… 34
　　2.1.5 集装箱标记 ……… 38
2.2 集装箱箱务管理 ……… 46
　　2.2.1 航线集装箱需备量确定及船公司的置箱策略 ……… 46
　　2.2.2 集装箱租赁业务 ……… 48
　　2.2.3 集装箱存量管理 ……… 54
复习思考题 ……… 57
部分习题参考答案 ……… 57
案例分析 ……… 58
案例分析参考答案 ……… 59
开篇案例参考答案 ……… 59
参考文献 ……… 59

第3章 集装箱货物及其组织 ……… 60
开篇案例 ……… 60
3.1 集装箱货物 ……… 61
3.2 集装箱装箱方式 ……… 62
　　3.2.1 集装箱装箱前的检查 ……… 62

3.2.2 集装箱货物装载
　　　　要求 …………………… 63
3.3 集装箱货物的交接方式 ……… 66
复习思考题 ……………………… 69
部分习题参考答案 ……………… 70
案例分析 ………………………… 70
案例分析参考答案 ……………… 72
开篇案例参考答案 ……………… 73
参考文献 ………………………… 75

第4章 集装箱船及营运管理 ……… 76
开篇案例 ………………………… 76
4.1 国际集装箱运输航线 …………… 77
　　4.1.1 国际集装箱运输航线
　　　　划分 …………………… 77
　　4.1.2 我国始发的集装箱
　　　　航线 …………………… 81
4.2 集装箱船 ………………………… 82
　　4.2.1 集装箱船的分类 …… 82
　　4.2.2 集装箱船的技术
　　　　性能 …………………… 85
4.3 集装箱船配积载 ………………… 92
　　4.3.1 集装箱船的箱位容量
　　　　和箱位编号方法 …… 93
　　4.3.2 集装箱船配载所需的资
　　　　料和船图编制程序 … 95
　　4.3.3 预配图 ………………… 97
　　4.3.4 实配图 ……………… 103
　　4.3.5 最终积载图 ………… 112
　　4.3.6 重大件货物的积载 … 117
　　4.3.7 最后一港的集装箱
　　　　预配 ………………… 118
4.4 集装箱船运行组织 …………… 119
　　4.4.1 航线配船 …………… 120

　　4.4.2 确定基本港 ………… 121
　　4.4.3 编制船期表 ………… 122
复习思考题 ……………………… 124
部分习题参考答案 ……………… 126
案例分析 ………………………… 126
案例分析参考答案 ……………… 126
开篇案例参考答案 ……………… 127
参考文献 ………………………… 128

第5章 集装箱运输节点管理 …… 129
开篇案例 ………………………… 129
5.1 集装箱码头 …………………… 129
5.2 集装箱码头装卸系统 ………… 132
　　5.2.1 集装箱码头装卸作业
　　　　的基本机型 ………… 132
　　5.2.2 集装箱装卸工艺
　　　　方案 ………………… 137
5.3 集装箱货运站管理 …………… 140
　　5.3.1 集装箱货运站概述 … 140
　　5.3.2 集装箱货运站
　　　　业务 ………………… 142
5.4 公路集装箱运输节点 ………… 143
　　5.4.1 公路集装箱运输节点在
　　　　联运中的作用 ……… 143
　　5.4.2 集装箱公路运输中转
　　　　站的分类 …………… 144
　　5.4.3 集装箱公路中转站
　　　　的组成 ……………… 145
　　5.4.4 公路集装箱中转站应
　　　　具备的主要作业
　　　　功能 ………………… 146
5.5 铁路集装箱运输节点 ………… 147
　　5.5.1 铁路集装箱运输节点
　　　　必须具备的条件 …… 147

  5.5.2 铁路集装箱运输节点的类型 …… 147

  5.5.3 铁路集装箱运输节点的职能 …… 147

  5.5.4 铁路集装箱的中转 …… 148

复习思考题 …… 149

部分习题参考答案 …… 149

案例分析 …… 150

案例分析参考答案 …… 152

开篇案例参考答案 …… 154

参考文献 …… 154

第6章　集装箱海运提单 …… 155

开篇案例 …… 155

6.1 主要货运单证 …… 155

  6.1.1 装货港常用货运单证 …… 156

  6.1.2 卸货港常用单证 …… 164

  6.1.3 主要货运单证的流转 …… 172

6.2 海运提单 …… 173

  6.2.1 提单的含义与作用 …… 173

  6.2.2 海运提单的种类 …… 174

  6.2.3 海运提单的内容与条款 …… 184

6.3 集装箱提单的内容与条款 …… 188

  6.3.1 集装箱提单的内容 …… 188

  6.3.2 集装箱提单的作用 …… 189

  6.3.3 集装箱提单的主要条款 …… 189

复习思考题 …… 193

部分习题参考答案 …… 194

案例分析 …… 195

案例分析参考答案 …… 195

开篇案例参考答案 …… 196

参考文献 …… 197

第7章　集装箱班轮货运业务 …… 198

开篇案例 …… 198

7.1 集装箱出口货运程序 …… 199

  7.1.1 集装箱运输的出口货运程序 …… 199

  7.1.2 集装箱出口货运中的主要单证 …… 201

  7.1.3 拼箱货的集拼货运业务 …… 209

7.2 集装箱进口货运程序及主要单证 …… 210

  7.2.1 集装箱进口货运程序 …… 210

  7.2.2 集装箱进口货运中的主要单证 …… 211

7.3 集装箱进出口货运业务 …… 213

  7.3.1 集装箱船公司进出口货运业务 …… 213

  7.3.2 集装箱码头堆场进出口货运业务 …… 216

  7.3.3 集装箱货运站进出口货运业务 …… 218

  7.3.4 集装箱货方进出口货运业务 …… 219

复习思考题 …… 222

部分习题参考答案 …… 223

案例分析 …… 223

案例分析参考答案 …… 224

开篇案例参考答案 …………… 226
参考文献 …………………… 227

第8章　国际集装箱运费计算 …… 228
开篇案例 ………………………… 228
8.1　国际集装箱运费概述 ……… 229
　　8.1.1　国际集装箱海运运价的确定原则 ………… 230
　　8.1.2　国际集装箱海运运价的基本形式 ………… 231
8.2　集装箱海运运费计算 ……… 234
　　8.2.1　国际集装箱海运运费的构成 …………… 234
　　8.2.2　国际集装箱海运运费计算的基本方法 …… 235
　　8.2.3　国际集装箱海运运费的计算 …………… 238
复习思考题 …………………… 243
部分习题参考答案 …………… 246
案例分析 ……………………… 246
案例分析参考答案 …………… 247
开篇案例参考答案 …………… 248
参考文献 ……………………… 249

第9章　国际多式联运 …………… 250
开篇案例 ………………………… 250
9.1　国际多式联运概述 ………… 251
　　9.1.1　国际多式联运的定义与特征 …………… 251
　　9.1.2　国际多式联运的优越性 ………………… 252
9.2　国际多式联运经营人 ……… 253
　　9.2.1　多式联运经营人的含义及其特征 ……… 253

　　9.2.2　多式联运经营人的类型 ………………… 253
　　9.2.3　国际多式联运经营人的责任形式 ……… 254
9.3　开展国际多式联运经营的条件 ……………… 255
9.4　国际多式联运的主要业务及程序 …………… 256
9.5　国际多式联运单据 ………… 259
　　9.5.1　国际多式联运单据 …… 259
　　9.5.2　多式联运提单 ………… 261
复习思考题 …………………… 267
部分习题参考答案 …………… 270
案例分析 ……………………… 271
案例分析参考答案 …………… 272
开篇案例参考答案 …………… 272
参考文献 ……………………… 273

第10章　大陆桥运输 …………… 274
开篇案例 ………………………… 274
10.1　大陆桥运输概述 ………… 275
　　10.1.1　大陆桥运输的定义 … 275
　　10.1.2　大陆桥运输产生的历史背景 ………… 275
　　10.1.3　大陆桥运输的特点和优越性 ………… 276
10.2　北美大陆桥 ……………… 276
　　10.2.1　美国大陆桥 ………… 276
　　10.2.2　美国小陆桥 ………… 277
　　10.2.3　美国微型陆桥 ……… 279
　　10.2.4　加拿大大陆桥 ……… 280
　　10.2.5　OCP 运输 …………… 280
10.3　西伯利亚大陆桥 ………… 281

10.4 新亚欧大陆桥 ·············· 284
 10.4.1 新亚欧大陆桥的运行路线 ·············· 285
 10.4.2 新亚欧大陆桥的优势与作用 ·············· 285
 10.4.3 新亚欧大陆桥的运输经营组织 ·············· 287
 10.4.4 新亚欧大陆桥中国段发展近况 ·············· 291
10.5 第三亚欧大陆桥 ·············· 292
复习思考题 ·············· 293
部分习题参考答案 ·············· 294
案例分析 ·············· 294
案例分析参考答案 ·············· 295
开篇案例参考答案 ·············· 296
参考文献 ·············· 296

第 11 章 国际集装箱货物运输相关法规 ·············· 297

开篇案例 ·············· 297
11.1 国际海运货物运输法规 ·············· 298
 11.1.1 《海牙规则》 ·············· 298
 11.1.2 《海牙/维斯比规则》 ·············· 303
 11.1.3 《汉堡规则》 ·············· 306
11.2 国际铁路与公路货物运输法规 ·············· 309
 11.2.1 国际铁路货物运输法规 ·············· 309
 11.2.2 国际公路货运公约 ·············· 321
11.3 国际航空货物运输法规 ·············· 325
 11.3.1 国际航空货运公约概述 ·············· 325
 11.3.2 国际航空货运公约的主要内容 ·············· 327
11.4 国际多式联运的法律法规 ·············· 331
 11.4.1 国际多式联运的法律法规概述 ·············· 331
 11.4.2 《国际货物多式联运公约》 ·············· 332
复习思考题 ·············· 336
部分习题参考答案 ·············· 338
案例分析 ·············· 339
案例分析参考答案 ·············· 339
开篇案例参考答案 ·············· 340
参考文献 ·············· 340

第 12 章 国际集装箱多式联运责任与保险 ·············· 341

开篇案例 ·············· 341
12.1 国际集装箱多式联运责任 ·············· 341
12.2 国际集装箱多式联运保险 ·············· 345
 12.2.1 国际集装箱多式联运保险概述 ·············· 351
 12.2.2 国际集装箱多式联运保险的特征 ·············· 352
 12.2.3 国际集装箱多式联运与海上货物运输保险 ·············· 352
 12.2.4 国际多式联运经营人的责任限制与保险 ·············· 353
 12.2.5 多式联运经营人的责任保险和货物保险

    之间的关系 ……… 353
  12.2.6 货物保险和责任保险
    的特点 ……… 354
 12.3 海上保险中的保险欺诈 …… 355
  12.3.1 海上保险欺诈的主要
    形式 ……… 355
  12.3.2 海上保险欺诈的主要
    原因 ……… 356
  12.3.3 海上保险欺诈的防治
    措施 ……… 357
 12.4 集装箱货物保险应注意的
  问题 ……… 359
  12.4.1 集装箱货物运输保险
    责任范围的限制 … 359
  12.4.2 集装箱货物发生货损
    的原因 ……… 359
  12.4.3 共同海损中应注意的
    问题 ……… 360
  12.4.4 甲板箱的风险 … 363
 复习思考题 ……… 363
 部分习题参考答案 ……… 366
 案例分析 ……… 367
 案例分析参考答案 ……… 367
 开篇案例参考答案 ……… 368
 参考文献 ……… 368

第13章 危险货物集装箱运输 …… 370
 开篇案例 ……… 370
 13.1 危险货物集装箱运输概论 … 371
  13.1.1 危险货物的分类 … 373
  13.1.2 危险货物品名
    编号 ……… 376
 13.2 危险货物运输包装与标志 … 377
  13.2.1 包装的作用 … 377
  13.2.2 包装的一般要求 … 377
  13.2.3 包装类型及标志 … 378
 13.3 危险货物集装箱的装运
  与积载 ……… 379
  13.3.1 装运危险货物的基本
    要求 ……… 379
  13.3.2 装运危险货物集装箱
    的隔离与装箱
    要求 ……… 380
  13.3.3 危险货物的承运及其装
    运与积载要求 … 381
 13.4 危险货物集装箱的装卸
  与保管 ……… 383
  13.4.1 装卸危险货物集装箱前
    的准备工作 ……… 383
  13.4.2 装卸危险货物的注意
    事项 ……… 383
  13.4.3 危险货物集装箱的
    保管 ……… 384
 复习思考题 ……… 384
 部分习题参考答案 ……… 386
 案例分析 ……… 386
 案例分析参考答案 ……… 388
 开篇案例参考答案 ……… 388
 参考文献 ……… 388

第1章

集装箱运输概述

本章要点

- ➢ 掌握集装箱运输的几个发展阶段及各阶段的特点；
- ➢ 了解集装箱运输的发展趋势；
- ➢ 了解集装箱运输系统组成；
- ➢ 掌握无船承运人与国际货运代理的区别。

【开篇案例】

船舶大型化引发的运输成本问题

集装箱船舶的大型化是集装箱运输发展的必然趋势，但是大型化却带来一系列问题，比如港口的水深条件、起重设备的作业尺寸、港口的装卸效率及陆路的集疏运能力等问题。从下面的学习可以了解到 8 000 TEU 以上的船舶的占有率明显提高，10 000 TEU 以上的船舶已不足为奇，14 800 TEU 的"艾玛·马士基"已不再是神话……

一般来讲，第六代集装箱船及万箱位船舶，其吃水至少 14 m，如要进港系泊，当然要求航道水深和码头前沿水深均在 15 m 以下，当前，全球拥有 15 m 以下的深水港 25 个。其中，中国有上海港、天津港和宁波港三个……

资料表明，如果集装箱船的吃水在 14.5 m 左右，船体宽度在 50 m，正好是船舶通过苏伊士运河的最大限度。另据国际造船专家测算，18 000 标准箱位的集装箱运输船属于"马六甲级（Malaccamax）"，因为这种超巨型集装箱船的吃水达到 21 m 左右，正好是可以通过马六甲海峡的船舶最大的吃水限度。但是新的造船工艺和先进设计水平可以使得满载 18 000 标准箱的集装箱船的最大吃水减少到"仅仅" 18 m……

最新一代 12 500 标准箱位的集装箱运输船至少需要 11 万至 13.5 万匹马力（8 万~10 万 kW），按照现在世界造船工业发展速度和使用的造船材料、设计水平和生产工艺，制造出输出功率达到如此高水平的内燃机主机是可能的。目前，德国 MAN B&W 内燃机公司已经生产出输出功率达到 9.63 万匹马力（7 万 kW），14 缸的 K98MC 船用柴油机，只需单轴驱动就足够推动

15万吨载重吨级集装箱船，航速达到25节……

目前全球能够接纳这么大集装箱运输船的集装箱枢纽港口大约有15个。这些枢纽港目前遇到的最大问题是码头基础设施一时难以应付超巨型集装箱船给港口码头带来的巨大的集装箱进出口流量。这就是阿曼的撒拉拉集装箱枢纽港、马来西亚的丹戎帕尔帕斯集装箱枢纽港和其他一些新生的集装箱枢纽港规划建在远离城区的主要原因。

尽管现代化的造船技术，造船的硬件还是软件，还有设备先进的集装箱枢纽港，都会给超级集装箱船的不断问世和升级换代打开"绿灯"，但是到目前为止，大多数人采取观望态度，真正愿意为超级集装箱船投入巨资的船公司还是为数极少。据2001年8月Lloyd's List杂志刊登的德鲁航运咨询公司的一篇文章称，许多人一直认为，在运载能力为4 000标准箱的集装箱船上的每只标准箱位（20 foot slot）的成本是2 315美元，而同样在一艘1万标准箱运力的集装箱船上的每只标准箱位的成本可以降低到1 449美元。但是文章接着指出，这个箱位成本数据并没有完全反映出事实的全部。还有许多隐蔽成本没有被全部推出。例如，集装箱支线运行成本，集装箱陆地运输成本，雇员成本等均没有进入成本核算方程。

国际上一些海运专家对超级集装箱船的发展趋势进行长期认真的研究后发现，基本运力为12.5万左右标准箱的"苏伊士"级集装箱船每载运一只标准箱所节约的成本自身看起来并不非常明显，但是与基本载运力为4 000左右标准箱位的"巴拿马"级集装箱船相比，"苏伊士"级集装箱船每载运一只标准箱可以节约成本20%，但是如果与现在正在运行的6 000左右标准箱的"超巴拿马"型集装箱船比较，"苏伊士"级集装箱船载运每只集装箱所节约的成本几乎是微不足道的。但是德鲁航运咨询公司的专家指出，通过一系列研究表明，如果集装箱船从"苏伊士"级发展到基本运力在1.8万左右标准箱的"马六甲"级，集装箱运输成本可以再节约15%……

思考题： 认真阅读上面的文字，谈谈你对船舶大型化发展的观点。

1.1　集装箱运输发展概况

集装箱运输是一种先进的运输方式，突破了传统件杂货运输装卸作业的"瓶颈"，是运输领域的一次伟大变革，它的出现带动了世界范围的运输革命，使运输业的发展进入了前所未有的新时期。正是因为集装箱运输的出现才使多式联运成为可能，使遍布世界各大洲、各大洋的陆桥运输开展得轰轰烈烈。集装箱的陆桥运输不仅使运输成本急剧下降，快捷的运输方式更满足了人们日新月异的生活需求，推动了生活和生产需求的快速发展。

1.1.1　集装箱运输的发展沿革

不同时期的社会生产力发展，客观上需要与之相适应的运输方式，集装箱运输正是适应生产力发展的这种需求而产生的。根据不同时期集装箱运输发展的特点，大体上可以分为五个不同的阶段：萌芽阶段、开创阶段、成长扩展阶段、成熟阶段、高速大型化阶段。

1. 萌芽阶段（1801—1955 年）

英国工业革命促进了交通运输业的发展，运输领域出现了因低效的人力装卸与先进的运输工具不相适应的矛盾，随之产生了成组化运输的思想。1801 年，英国人安德森博士提出集装箱运输的设想。1830 年，英国率先在铁路上采用一种装煤的容器，同时在日杂货运输方面也出现使用大容器来装运的实例。1853 年，美国铁路也采用了容器装运法，这是世界上最早出现的集装箱运输的雏形。由于当时还是工业化初期，这种大容器运输货物的方法，受到了种种条件的限制，后来被迫中止使用。

1880 年，美国正式试制了第一艘内河用的集装箱船，在密西西比河试航，但这种新型的水路运输方式并没有被人们接受。

1900 年，英国铁路上首先出现了较为简单的集装箱运输。1917 年，美国在铁路上试行集装箱运输。随后在短短的十余年间，德、法、日、意相继出现了集装箱运输。1928 年在罗马召开的世界公路会议上，探讨了铁路和公路运输相互合作的问题。讨论认为，利用集装箱运输对于协调铁路和公路间的矛盾特别有利，为了推动集装箱运输的发展，1931 年在法国巴黎成立了集装箱运输的国际组织——国际集装箱协会，负责研制集装箱规格标准和广泛宣传等工作，该协会还出版了名为《集装箱》（*Container*）的杂志。

第二次世界大战爆发后，美国军队利用集装箱在海上进行军用物资的运输，证实了集装箱在进行大量货物运输时的安全、快捷的优势。

这一阶段集装箱运输的特点是：主要是欧美地区的发达国家在其内部尝试陆上集装箱运输，运距较短，发展缓慢，集装箱运输的优越性并没有充分发挥出来。其主要原因在于社会生产力还较落后，没有达到开展集装箱运输所需的水平，没有充足而稳定的适箱货源，集装箱运输所需的物质技术基础与配套的设施落后，集装箱运输的组织管理水平也较差，致使集装箱运输的优越性不能很好地发挥，影响集装箱运输的开展。

2. 开创阶段（1956—1965 年）

第二次世界大战以后，各国经济得到迅速发展，国际贸易量大幅增加。尤其是欧美等发达国家，落后的件杂货运输方式严重影响到其生产效率和经济效益的提高，强烈要求变革原有的运输方式，给集装箱运输的发展提供了前所未有的良机。

1955 年，美国人马尔康·麦克林（Malcon Mclean）提出集装箱运输必须实现海陆联运的观点。1956 年 4 月，他通过自己拥有的美国泛大西洋轮船公司将一艘 T-2 型油船改装，在甲板上设置了一个可装载 58 只 35 ft 集装箱的平台，取名为"马科斯顿"号，航行于纽约至休斯敦航线上。经过 3 个月的试运行后，"马科斯顿"号获得了巨大的经济效果，平均每吨货物的装卸费从原来的 5.83 美元下降到 0.15 美元，仅为原来装卸费用的 1/39。事实充分证明集装箱运输可以大幅度降低运输成本，可以获得较好的经济效益，从而显示了集装箱运输的巨大优越性。

1957年10月，该公司又将6艘普通货船改装成吊装式全集装箱船，取名"盖脱威城"号（GateWay City），载重量9 000 t，可装载226个35 ft集装箱，仍航行于纽约—休斯敦航线上，这是世界上第一艘全集装箱船。为了满足集装箱的装卸作业要求，1958年，在美国加州阿拉美达港研制了世界第一台岸边集装箱装卸桥，额定起重量25.4 t，外伸距27.85 m，码头堆场采用叉车或拖挂车进行集装箱装卸搬运作业。从此，海上集装箱运输才成为现实。

1960年4月，泛大西洋轮船公司改名为海陆运输公司，以表明自己在海陆联运方面的实力。1961年5月，该公司又陆续开辟了纽约—洛杉矶—旧金山航线和阿拉斯加航线，从而奠定了在国内进行集装箱运输的基础。在此期间，美国的马托松等其他船公司也先后开辟了夏威夷等航线，集装箱运输从此逐步开展起来了。

这一阶段集装箱运输的特点是：所使用的集装箱船都是改装的，没有专用集装箱泊位，使用的都是非标准的17ft，27 ft和35 ft的集装箱，集装箱运输的航线都在美国沿海。

3. 成长扩展阶段（1966—1983年）

1966年4月海陆运输公司以经过改装的全集装箱船开辟了纽约—欧洲集装箱运输国际航线。1967年9月马托松船公司将"夏威夷殖民者"号全集装箱船投入到日本—北美太平洋沿岸航线。一年以后，日本有6家船公司在日本至加利福尼亚之间开展集装箱运输。紧接着日本和欧洲各国的船公司先后在日本、欧洲、美国和澳大利亚等地区开展了集装箱运输。这一时期从事集装箱运输的船舶为第一代集装箱船，载箱量在700到1 100 TEU之间，并且出现了集装箱专用码头。

集装箱全球航运的开始，推动了集装箱的标准化、专用码头和装卸设备的发展。1965年，国际标准化组织（ISO）颁布了一系列国际标准箱的规格（尺寸），其中，20 ft和40 ft的标准集装箱成为国际集装箱运输中的主流。与此同时，配备集装箱专用机械的专用码头在世界一些主要港口陆续出现，使集装箱装卸效率显著提高。

由于集装箱运输的高效率、高效益、高质量，便于开展联运等优点深受货主、船公司、港口及有关部门的欢迎，发展极其迅速，遍及并扩展到东南亚、中东及世界各主要航线。1971年年底，世界13条主要航线基本上实现了件杂货集装箱化。集装箱船舶运输能力迅速增加，1970年约为23万TEU，1983年达到208万TEU，集装箱船舶基本上航行于全球，发达国家的海上件杂货运输基本上实现了集装箱化，发展中国家的集装箱运输也得到了较大发展。集装箱船舶迅速大型化，出现了第二代、第三代集装箱船。港口建设不断现代化，许多集装箱码头开始配备了跨运车、集装箱装卸桥及堆场使用的龙门起重机。电子计算机开始应用于集装箱运输。1980年5月，在日内瓦通过了《联合国国际货物多式联运公约》。

这一阶段集装箱运输的特点是：集装箱运输航线从美国沿海走向国际远洋航线，集装箱趋于标准化，出现了第二代、第三代集装箱船和专用码头，集装箱管理开始实现现代化。

4. 成熟阶段（1984—1995年）

这一阶段集装箱运输已遍及全球，与集装箱运输有关的硬件和软件日臻完善，各有关环节紧密衔接、配套建设。集装箱船舶的大型化和全自动化，集装箱专用泊位高效率化及集装箱运输的集疏运系统等的配套建设，大大地提高了整个集装箱运输系统的现代化水平和能力。在集装箱运输管理方面，实现了管理方法科学化，管理手段现代化，广泛采用EDI（电子信息交换）系统，实现集装箱动态跟踪管理等。集装箱运输多式联运获得迅速发展，发达国家之间的集装箱运输已基本实现了多式联运，发展中国家多式联运处于迅猛增长阶段。

这一阶段的船舶以第四代集装箱船（巴拿马级）和第五代集装箱船（早期的超巴拿马级）为主。同时，港口装卸设备朝着大型、高效、自动化的方向发展，形成了堆场集装箱装卸工艺，欧洲以跨运车为主，亚洲则以轮胎式集装箱龙门起重机为主流的模式。随着港口集装箱吞吐量的迅速增长，堆场堆箱层数逐步提高，轨道式龙门起重机开始展现其堆装效率高的优越性，集装箱尺寸增大，出现长 45 ft、48 ft 和 53 ft 的超长集装箱。箱重也在增加，国际标准化组织再次修订集装箱标准，重新颁布 ISO：668：1995，标准规定 20ft 集装箱额定重量由 20 320 kg 改为 24 000 kg。

5. 高速大型化阶段（1996 年至今）

"门到门"的多式联运已成为深受大众喜欢的运输方式。造船技术的发展使得集装箱船舶进入另一飞速发展的阶段，除了"超巴拿马级"集装箱船外，"苏伊士"级大船在几大航线中已比比皆是，包括"马六甲"级都在计划建造中。自 2005 年后，造船业的发展更是日新月异。举例如下。

2006 年 3 月 22 日，在宁波港集团北仑港第三集装箱码头首航的"中远宁波"号，是由韩国现代重工船厂制造，载重为 10.9 万 t，吃水深度 14.5 m，载箱量 9 499 TEU，长 350.57 m，宽 42.8 m，航速 25.4 节。

2009 年 3 月 17 日试航，由中国制造的"中远川崎 48"号，载箱量 10 062 TEU，长 348.50 m，宽 45.60 m，型深 27.20 m，吃水 14.5 m，航速 25.8 节，载重 10.9 万 t。

2009 年投入使用的"地中海丹妮特"号，长 365.5 m，宽 51.29 m，最大吃水 15.6 m，能够装载 14 028 个标准箱，并配有 1 000 个冷藏箱插座，舱内可堆码 11 层集装箱，甲板可堆码 9 层集装箱。

另外，丹麦的奥登塞造船厂制造的"艾玛·马士基"长约 397.71 m、宽 56.40 m，设计吃水 16 m，能够装载至少 14 800 TEU，可以让 11 台岸边起重机同时作业，额定装载能力为 11 000 TEU。

从这些实例中足以看出近几年世界造船业的蓬勃发展趋势。通过表 1-1 中中远的一组数据也可看出我国在集装箱运输方面的投入和对集装箱远洋运输的重视。

表 1-1　中远集团 8 000 TEU 以上集装箱船一览表

船　名	英文船名	建造年份	总长/m	型宽/m	航速/节	标准箱位	船旗
中远美洲	COSCO AMERICA	2008	337.2	45.6	25.8	10 062	PANAMA
中远非洲	COSCO AFRICA	2008	349.07	45.6	25.8	10 062	PANAMA
中远欧洲	COSCO EUROPE	2008	337.2	45.6	25.8	10 062	PANAMA

船 名	英文船名	建造年份	总长/m	型宽/m	航速/节	标准箱位	船旗
中远亚洲	COSCO ASIA	2007	337.2	45.6	25.8	10 062	PANAMA
中远太平洋	COSCO PACIFIC	2008	348.5	45.6	26	10 020	HONG KONG
中远印度洋	COSCO INDIAN OCEAN	2008	348.5	45.6	25.8	10 020	HONG KONG
中远太仓	COSCO TAICANG	2009	348.5	45.6	25.8	10 020	HONG KONG
中远大洋洲	COSCO OCEANIA	2008	332.75	45.6	24.9	10 020	HONG KONG
中远宁波	COSCO NINGBO	2006	350.57	42.8	25.4	9 499	Hellenic
中远盐田	COSCO YANTIAN	2006	350.56	42.8	25.4	9 469	
中远希腊	COSCO GREECE	2006	350.56	42.80	25.4	9 469	Hellenic
中远北京	COSCO BEIJING	2006	350.56	42.8	25.4	9 469	
中远广州	COSCO GUANGZHOU	2006	350.56	42.8	25.4	9 469	Hellenic
中远德国	COSCO GERMANY	2006	335	42.8	25.3	8 204	Hellenic
中远中国	COSCO CHINA	2005	335	42.8	24.1	8 204	LIBERIA
中远那波里	COSCO NAPOLI		355	42.8	25.4	8 204	

资料来源(2009.12):http://www.cosco.com/cn/fleet/BoatList.jsp?parCatName=Container%20ship&leftnav=/7/1.

这一时期世界大部分国家或地区都基本实现集装箱化,尤其是亚洲的集装箱运输得到了空前的发展。表1-2是近几年世界各大集装箱港口的发展情况。

表1-2 世界集装箱港口吞吐量排名表   单位:万TEU

2008	2007	2006	2005	2004	港口名称	国家或地区	2008	2007	2006	2005	2004
1	1	1	1	2	新加坡	新加坡	2 992	2 790	2 480	2 319	2 133
3	3	2	2	1	香港	中国香港	2 430	2 430	2 323	2 260	2 193
2	2	3	3	3	上海	中国内地	2 801	2 615	2 171	1 808	1 455
4	4	4	4	4	深圳	中国内地	2 142	2 110	1 847	1 620	1 362
5	5	5	5	5	釜山	韩国	1 342	1 327	1 203	1 184	1 192
	8	6	6	6	高雄	中国台湾		849	977	947	971
9	6	7	7	7	鹿特丹	荷兰	1 083	1 079	960	929	822
	9	9	8	9	汉堡	德国		990	886	809	700
6	7	8	9	10	迪拜	阿拉伯联合酋长国	1 200	1 070	892	762	643
	13	10	10	8	洛杉矶	美国		836	847	748	732
	15	12	11	12	长滩	美国		731	729	671	578
	14	14	12	11	安特卫普	比利时		818	702	648	606
10	10	11	13	14	青岛	中国内地	1 002	950	770	631	514
7	12	15			广州	中国内地	1 100	920	660		
8	11	13			舟山	中国内地	1 084	936	707		

为满足世界船舶大型化发展的需求,世界各大港口都在加快建设新的集装箱码头或改造现有码头,来扩大港口规模、航道和港口水域,添置大型高效的码头设备,提高作业效率,以吸引大型集装箱船舶挂靠,例如,比利时安特卫普港、韩国釜山港、中国深圳港的盐田港区、巴基斯坦的卡拉奇港、阿拉伯联合酋长国迪拜的亚丁港也在计划之中。

与此同时，港口装卸设备的大型化更加突出，就集装箱装卸桥而言，目前最大的装卸桥起重能力可达 70 t，外伸距最大达 67.5 m。就我国而言，福州港、江阴港区 4、5 号泊位集装箱装卸桥额定起吊重量 65 t，外伸距 65 m，可装卸 10 万 t 级集装箱船；连云港、天津等港区也都安装了能满足第六代集装箱船作业的装卸桥，跨距一般为 30 m 以上、起重在 60 t 以上、外伸距达 60 多米。

在集装箱码头自动化方面也得到了一定程度的发展。新加坡港新建的集装箱码头前沿配备了自动化控制的大型集装箱装卸桥，堆场配置了全自动化控制的高架式起重机进行堆场集装箱作业。另外，欧洲、美国和亚洲许多集装箱码头还采用激光、雷达、差分全球定位系统和光学字符识别系统等，应用范围包括堆场集装箱装卸搬运设备的自动驱运和转向及港口大门作业。

1.1.2 中国集装箱运输发展

中国集装箱运输是从 20 世纪 50 年代开始起步的。1955 年 4 月，铁路部门开始办理国内小型集装箱运输。水运部门在 1956 年、1960 年、1972 年 3 次借用铁路集装箱进行短期试运。为了适应对外贸易发展的需要，1973 年，中国外轮代理公司、中国远洋运输总公司和中国对外贸易运输总公司共同出面，与日本新和海运株式会社、日新仓库株式会社协商，于同年 9 月在上海至横滨、大阪、神户等港之间开始用普通杂货船捎运小型集装箱的试运工作，同年 10 月，又在天津至横滨、大阪、神户等港间进行小型集装箱的试运。自 1973 年 9 月至 1975 年年底，历时 2 年零 3 个月的试运期间，中日双方共派船 89 个航次，载运集装箱 2 399 个，运货 7 503 t，其中进口 40 个航次，共运箱 1 204 个，出口 49 个航次，运箱 1 195 个。这一阶段的试运，既为我国开展国际集装箱运输积累了经验，也培养了一批集装箱运输的业务骨干。

1977 年 1 月，我国交通部成立集装箱筹备小组，着手在上海、天津和青岛港配备必要的集装箱吊装机械、吊具和运输车辆。与此同时，作为我国国际集装箱运输主力的中国远洋运输总公司也开始进行集装箱运输的筹备工作。1977 至 1980 年间，中远先后购置了 7 047 t 的"平乡城"半集装箱船和 8 艘新滚装船，以及 3 艘二手滚装船和 8 艘半集装箱船，共 5 353 标准箱箱位，形成了初具规模的集装箱船队。

中国国际集装箱运输起步较晚，但发展的速度是最快的。自 1973 年天津接卸了第一个国际集装箱，历经了 20 世纪 70 年代的起步，80 年代的稳定发展，到 90 年代中国国际集装箱运输引起全世界航运界的热切关注。至此，中国拥有了一支现代化的集装箱船队，建成了一批集装箱专用深水泊位。2005—2006 年，香港、上海、深圳和高雄港分别排在世界集装箱港口的第二、三、四、六位；中远集团、中海集团、香港的东方海外集团、台湾的长荣海运集团和万海集团也身居世界前二十大班轮公司之列。

1.1.3 集装箱运输的发展趋势

1. 集装箱船趋向大型化

对规模经济效益的追求和造船技术不断提高使国际航线营运船型日益大型化。据

ClarkSon 统计，十年前超巴拿马型集装箱船占全球集装箱船队运力比重 3% 左右，现已经达到 35% 左右；2005 年前，8 000 TEU 大型超巴拿马型船占全球集装箱船队运力比重仅 1.7%，如今这一比例已升至 13.4%。目前，在欧美干线市场，8 000 TEU 以上大船层出不穷；在次干航线巴拿马型船舶层出不穷；在近洋航线，1 000 TEU 以上船型被陆续投入中日航线、东南亚航线等航线运营。但是，集装箱船舶的大型化趋势也会遇到一系列的障碍。这包括港口的水深条件、起重设备的作业尺寸、港口的装卸效率及陆路的集疏运能力等问题。

2. 集装箱码头趋向深水化、大型化和高效化

随着集装箱船舶的大型化，特别对最新的 8 000 TEU 以上的超大型船来说，水深条件越来越成为船公司选择港口的重要因素。船舶的大型化要求有自然条件良好的处于航运干线附近的深水港与之配套，全球运输中的枢纽港的作用日益重要。因此，集装箱码头规模的扩大，码头深水化、高效化已成为枢纽港的必要条件。为此，集装箱码头将向着全自动化作业方向发展，装卸工艺有待突破性改进，作业设备将进入新一轮的更新换代时期。

3. 船舶挂靠港口减少，促进港口建设

航运公司运力优化配置带来的最大效果就是运输服务质量的提高。表现为航线挂靠港口减少，航班服务密度增加，交货期缩短。在重组的以枢纽港为核心的新的港口群中，港口密度将进一步提高，大中小港口、大中小泊位、专业与通用泊位将更强调相互协调发展，港口群体将更注重港口间密切的相互协作和高度的互补性，从而导致采用更为先进的港口技术设施。

4. 集装箱运输与信息化的结合

集装箱运输的优点表现为它的快捷，而这种快速送达又必须有先进的信息技术作为支持。当今社会已经进入了信息时代，运输信息的及时传递，可以实现运输过程组织的并行处理，从而加快了运输节奏。我国航运业在大力推广的 EDI（电子数据交换）技术正是顺应了这种需求，目前，上海、天津、大连、宁波、南通、日照等港口都采用了 EDI 技术。

另外，中远集装箱运输有限公司作为我国集装箱航运的领头羊，正在逐步构建面向服务的架构（SOA），完成 COSCON 核心业务梳理、EDI 中国区和全球 EDI 应用、全球集装箱管理应用系统、企业信息化管控（SOA 管控）、外围应用系统、基于企业级的 SOA 应用整合平台和信息架构及实现业务与信息化资产的全生命周期管理等信息化项目。中远集运正在构思实施"智能箱管系统"，进一步考虑跟 IBM 合作建设基于 SOA 的航运物流解决方案的中心，希望基于 SOA 把堆存费管理提升至一个更具智能化的层面，帮助优化其遍及全球的集装箱管理。

1.2 集装箱运输的特点

由于普通散件杂货运输长期以来存在着装卸及运输效率低、时间长、货损、货差严重，影响货运质量，货运手续繁杂，影响工作效率，因此对货主、船公司及港口的经济效益产生

极为不利的影响。为解决采用普通货船运输散件杂货存在以上无法克服的缺点，实践证明，只有通过集装箱运输，才能彻底解决以上问题。

如何加速商品的流通过程，降低流通费用，节约物流的劳动消耗，实现快速、低耗、高效率及高效益地完成运输生产过程并将货物送达目的地交付给收货人，这就要求变革运输方式，使之成为一种高效率、高效益及高运输质量的运输方式，而集装箱运输，正是这样的一种运输方式。它具有以下特点。

1. 高效益的运输方式

集装箱运输经济效益高主要体现在以下几方面。

1）简化包装，节约包装费用，简化理货工作

集装箱具有坚固、密封的特点，其本身就是一种极好的包装。货物集装箱化后，其自身的包装强度可减弱，甚至无须包装，包装费用下降。据统计，用集装箱方式运输电视机，本身的包装费用可节约50%。同时，由于集装箱装箱通关后，一次性铅封，在到达目的地前不再开启也简化了理货工作，降低了相关费用。

2）减少货损货差，提高货运质量

货物装箱铅封后，途中无须拆箱倒载，一票到底，即使经过长途运输或多次换装，不易损坏箱内货物。集装箱运输可减少被盗、潮湿、污损等引起的货损和货差，深受货主和船公司的欢迎，并且由于货损货差率的降低，减少了社会财富的浪费，也具有很大的社会效益。据我国的统计，用火车装运玻璃器皿，一般破损率在30%左右，而改用集装箱运输后，破损率下降到5%以下。在美国，类似运输破损率不到0.01%，日本也小于0.03%。

3）减少营运费用，降低运输成本

由于集装箱的装卸基本上不受恶劣气候的影响，船舶非生产性停泊时间缩短，又由于装卸效率高，装卸时间缩短；对船公司而言，可提高航行率，降低船舶运输成本；对港口而言，可以提高泊位通过能力，从而提高吞吐量，增加收入。同时由于集装箱运输货物的安全性提高，运输中保险费用也相应下降。据英国有关方面统计，该国在大西洋航线上开展集装箱运输后，运输成本仅为普通件杂货运输的1/9。

2. 高效率的运输方式

传统的运输方式具有装卸环节多、劳动强度大、装卸效率低、船舶周转慢等缺点。而集装箱运输完全改变了这种状况。

1）扩大成组单元，提高装卸效率，降低劳动强度

在装卸作业中，装卸成组单元越大，装卸效率越高。托盘成组化与单件货物相比，装卸单元扩大了20~40倍；而集装箱与托盘成组化相比，装卸单元又扩大了15~30倍。所以集装箱化对装卸效率的提高是个不争的事实。

2）缩短货物在途时间，降低物流成本

集装箱化给港口和场站的货物装卸、堆码的全机械化和自动化创造了条件。标准化的货物单元加大，提高了装卸效率，缩短了车船在港口和场站停留的时间。因而船舶航次时间缩短，船舶周转加快，航行率大大提高，船舶生产效率随之提高。据航运部门统计，一般普通货船在港停留时间约占整个营运时间的56%；而采用集装箱运输，则在港时间可缩短到仅占营运时间的22%。这一时间的缩短，对货主而言就意味着资金占用的大幅下降，可以很大程度地降低物流成本。

3. 高投资的运输方式

集装箱运输虽然是一种高效率的运输方式，但是它同时又是一种资本高度密集的行业。

（1）船公司必须对船舶和集装箱进行巨额投资。根据有关资料表明，集装箱船每立方英尺的造价约为普通货船的3.7~4倍。集装箱的投资相当大，开展集装箱运输所需的高额投资，使得船公司的总成本中固定成本占有相当大的比例，高达2/3以上。

（2）集装箱运输中的港口的投资也相当大。专用集装箱泊位的码头设施包括码头岸线和前沿、货场、货运站、维修车间、控制塔、门房，以及集装箱装卸机械等，耗资巨大。

（3）为开展集装箱多式联运，还需有相应的内陆设施及内陆货运站等，为了配套建设，就需要兴建、扩建、改造、更新现有的公路、铁路、桥梁、涵洞等，这方面的投资更是惊人。可见，没有足够的资金开展集装箱运输，实现集装箱化是困难的，必须根据国力量力而行，最后实现集装箱化。

4. 高协作的运输方式

集装箱运输涉及面广、环节多、影响大，是一个复杂的运输系统工程。集装箱运输系统包括海运、陆运、空运、港口、货运站及与集装箱运输有关的海关、商检、船舶代理公司、货运代理公司等单位和部门。如果互相配合不当，就会影响整个运输系统功能的发挥，如果某一环节失误，必将影响全局，甚至导致运输生产停顿和中断。因此，要求搞好整个运输系统各环节、各部门之间的高度协作。

5. 高风险的运输方式

（1）全集装箱船常有1/3（有时高达1/2）的集装箱装在甲板上，这样就提高了船舶的重心，降低了稳性。同时甲板上的堆箱，会影响驾驶台的视线，还影响消防通道的畅通。1973年6月美国"海巫号"集装箱船在纽约港内与一油轮相撞失火，由于甲板上集装箱阻隔，无法扑救，致使大火连烧8天8夜，以全损告终。

（2）全集装箱船为使箱子入舱，其舱口必须大于普通货轮，这使得集装箱船与普通货船相比，在抗纵向变形的能力方面减弱许多。

（3）货物装箱铅封后，在途中无法知道箱内货物的状态。如果在装箱时处置不妥，用集装箱运输方式，途中就没有任何得到纠正的机会，由此可能导致发生比件杂货运输方式更严重的货损。

6. 适于组织多式联运

由于集装箱运输在不同运输方式之间换装时，无须搬运箱内货物而只需换装集装箱，这就提高了换装作业效率，适于不同运输方式之间的联合运输。在换装转运时，海关及有关监管单位只需加封或验封转关放行，从而提高了运输效率。

此外，由于国际集装箱运输与多式联运是一个资金密集、技术密集及管理要求很高的行业，是一个复杂的运输系统工程，这就要求管理人员、技术人员、业务人员等具有较高的素质，才能胜任工作，才能充分发挥国际集装箱运输的优越性。

1.3 集装箱运输系统及其业务机构

1.3.1 集装箱运输系统

1. 集装箱货物的流通途径

在传统的国际货物运输中，托运人要从内陆各地用铁路、公路等运输方式将货物集中到出口港，再通过与船公司的运输合同装船出运。货物运到目的港卸船后，再通过铁路、公路等运输方式将货物运到交货地点。在货物运输的全过程中，各运输区段的运输批量、运输线路和实际承运人的选择，各段之间的衔接等运输组织工作，都是由众多的托运人独立进行的。从总体来看，运输组织是混乱的。由于各托运人托运货物的批量较小，特别在内陆运输中无法实现经济规模。

随着集装箱运输的发展和集装箱运输系统的建立和完善，与传统的国际运输相比较，集装箱货物的运输无论在全程流通过程还是在运输组织上都发生了革命性的变化。

在起运港内陆广大地区的货物，如是整箱货，托运人可在自己的工厂和仓库交给运输经营人（门交接），再由经营人负责运抵内陆货运站堆场；也可直接运到内陆货运站堆场交给运输经营人（内陆 CY 交接）。如是拼箱货，托运人将货物运到各内陆货运站，交给运输经营人或其代理人，装箱后转到各内陆货运站堆场。从内陆堆场到装船港码头堆场的运输，一般由各内陆集散点（货运站）统一组织。由于围绕各集装箱港口建立的集疏网络具有多极结构，不同托运人托运的货物，不同运输经营人承运的货物，从货物交接点到港口码头堆场的集装箱运输过程，是多次集中、不断扩大运输批量的过程。这从根本上改变了传统运输中内陆运输是零星、小批量和由各托运人独立组织的局面，实现了统一组织，使内陆运输达到经济规模的效果。

在装运港附近的货物，如是整箱货，托运人可在自己的工厂和仓库交给运输经营人，再由经营人负责运至港口码头堆场，也可由托运人直接运到码头堆场。如是拼箱货，则由托运人将货物运到码头 CFS 交运输经营人，经运输经营人组织装箱后转到码头堆场。在集装箱枢纽港周边地区的卫星港，也可通过支线运输将集装箱运抵枢纽港码头堆场。这些货物和内陆地区集运的货物，在港口码头堆场上进一步集中，保证了海上干线运输的规模经济效果。

货物经海上运输到达卸货港口,可以通过相反的过程疏运到最终交付货物的地点。如图1-1所示,清楚地说明了集装箱货物的典型流通途径。

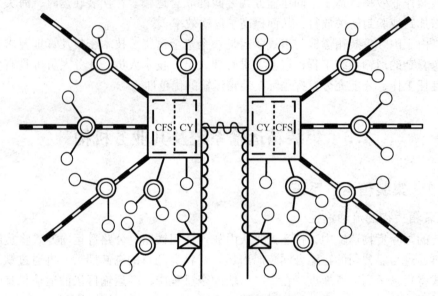

图1-1 集装箱货物的典型流通途径

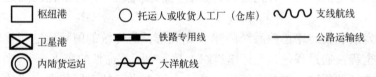

□ 枢纽港　　○ 托运人或收货人工厂(仓库)　　〜〜〜 支线航线
⊠ 卫星港　　▬▬ 铁路专用线　　———— 公路运输线
◎ 内陆货运站　　∧∧∧ 大洋航线

从以上的集装箱货物流通与运输组织过程来看,集装箱运输与传统的货物运输有本质区别。首先在货物集疏运过程中,分散在各地的小批量货物应预先在内陆地区的集散点集中,组织一定批量后通过内陆、内河或支线运输,采用集装箱专列、船舶等大型的运输工具,将其运往集装箱码头堆场(或相反),使集装箱货物运输建立在大规模生产的基础上。其次是集装箱货物的流通过程,体现了集装箱运输系统高度的整体性与组织性。通过上述组织形式的运输,把集装箱系统的各要素,把运输全程中所涉及的不同运输方式、不同服务环节紧密地联系为一个整体。在国际集装箱运输(多式联运)过程中,从接受货物地点到交付货物地点的全程运输,都是由集装箱运输经营人(多式联运经营人)负责组织的,这也为集装箱运输高度的整体性与组织性打下了基础。这种组织形式将使集装箱运输产生规模效益,最终保证了运输总成本的降低。

2. 集装箱运输系统组成

国际集装箱运输,是一个涉及面广并由诸多子系统所构成的大系统,是一个复杂的运输系统工程,因此必须对国际集装箱运输进行系统研究,以实现系统最优化。

国际集装箱运输系统，由适箱货源、国际标准集装箱、集装箱船舶、集装箱港口码头、集装箱货运站、公路运输、铁路运输及航空运输等基本生产要素及其管理功能子系统组成。任何一个子系统的工作质量和功能状态均将影响到全局，因此必须做好每一子系统的各项工作，发挥其最优功能，从而实现整个集装箱运输系统的优化，最佳地实现货物"门—门"运输。

1) 适箱货源

为了保证集装箱运输顺利进行，首先必须具备足够的适箱货源。一般来说，并不是所有货物都适合于集装箱运输：对于那些物理及化学属性适合于装箱，并且货价高、运费率较高、易于破损和被盗、承受运价能力大的货物，称为最佳装箱货，如酒类、医药用品、针织品、精密仪器、珠宝等；对于那些货价、运费率，承受运价能力较大的货物，且物理及化学属性上也适合装箱的货物，称为适宜装箱货，如电线、电缆、铅丝、袋装面粉、咖啡、生皮等；对于那些物理及化学属性上可以装箱，但其货价和运费率较低，很难承受集装箱运输高运价的，破损被盗可能性很小，若用集装箱运输，在经济上不一定合理的货物，称为可装箱但不经济装箱货（临界货物），如生铁、原木；对于那些因物理及化学属性和经济上的原因不能装箱或使用专用船更经济的，如原油、矿砂、长度大于 40 ft 的桥梁等货物，称为不适于装箱货。

集装箱运输所指的适箱货源主要是前两类货物。做好适箱货源的组织工作，提高揽货工作质量，为国际集装箱运输提供充足而稳定的货源，做好适箱货源子系统的各项工作，是保证国际集装箱运输正常进行的关键。

2) 国际标准集装箱

国际标准集装箱是国际集装箱运输必要的装货设备。提供适合于各种适箱货物要求的各种类型的集装箱并做好箱务管理工作，是国际集装箱运输正常进行的重要环节。国际上最常用的标准箱有 20 ft 和 40 ft 两种类型，它们的主要参数如表 1-3 所示。

表 1-3 国际标准箱参数

	长/mm	宽/mm	高/mm	载重吨/t
40 ft（1AA）	12 192	2 438	2 591	30
20 ft（1C）	6 058	2 438	2 438	24

3) 集装箱船舶

集装箱运输船舶是集装箱的载运工具，是完成集装箱运输任务的重要手段。集装箱船与传统货船相比，具有船舶吨位大，功率大，航速高，货舱开口大，货舱尺寸规格化，船体形状比较"瘦削"，稳性要求高等特点。

4) 集装箱码头及装卸作业子系统

集装箱码头是集装箱不同运输方式换装的枢纽，是集装箱运输系统的重要组成部分，也是集装箱的集散地。因此，集装箱码头在整个集装箱运输系统中，具有重要地位和作用。做好集装箱码头的各项工作，对于加速车、船和集装箱的周转，降低运输成本，提高整个集装箱运输系统的效率和经济效益，均具有极其重要的意义。

随着国际集装箱运输及多式联运的迅速发展，世界"集装箱化"的比例不断提高，集装箱运量不断上升，集装箱船舶日趋大型化和高速化，因而要求集装箱码头实现装卸作业高效化、自动化，管理工作现代化、标准化和规范化，具有现代化的硬件和软件系统，以满足国际集装箱运输系统对集装箱码头的要求。

5）集装箱货运站

集装箱货运站（Container Freight Station，CFS）是处理拼箱货的场所，它办理拼箱货的交接，配载积载后，将箱子送往 CY，并接受 CY 交来的进口货箱，进行拆箱、理货、保管，最后拨给各收货人；同时也可按承运人的委托进行铅封和签发场站收据等业务。

集装箱货运站是国际集装箱运输中相当重要的环节，具体又可分为集装箱内陆货运站和码头货运站，它们的职能和任务不尽相同。

集装箱内陆货运站是在内陆交通比较便利的大中城市设立的提供集装箱交接、中转或其他运输服务的专门场所。集装箱内陆货运站兼具有集装箱内陆货运站与集装箱码头堆场的双重功能。它既接受托运人交付托运的整箱货与拼箱货，也负责办理空箱的发放与回收。另外，还包括集装箱的装卸及转运、拆装箱及集装箱维修、办理报关及报检等业务。

码头货运站分为码头内货运站和码头附近货运站。码头内货运站是集装箱码头的有机组成部分，它所处的位置、实际工作和业务隶属关系都与集装箱码头无法分割。我国大多数集装箱专用码头均属此类型。其主要任务是承担收货、交货、拆箱和装箱作业，并对货物进行分类保管。码头附近货运站处于集装箱码头附近，在实际工作中与集装箱码头的联系十分密切，业务往来频繁，承担的业务与码头内货运站相同，我国台湾地区许多货运站属此类型。

6）公路运输子系统

公路集装箱运输是多式联运的重要运输方式。为运输 20 ft、30 ft、40 ft 的集装箱，公路应满足以下要求：车道宽度 3 m；最大坡度 10%；停车视线最短距离 25 m；最底限行高度 4 m。公路集装箱运输车辆，应根据集装箱的箱型、种类、规格尺寸及使用条件来确定。一般有集装箱货运汽车及集装箱拖挂车，拖挂车适合公路长途运输，是公路集装箱运输的主要设备。

做好公路集装箱营运管理工作，搞好货运组织工作和车辆的运行管理，是公路运输子系统的重要任务。

7）铁路运输子系统

铁路集装箱运输，近年来发展较快，已经成为国际集装箱运输系统的重要环节和不可缺少的运输方式。

铁路集装箱专用车长度主要有 80 ft、60 ft 和 40 ft。一般 60 ft 专用车可装载 3 只 20 ft 或 1 只 40 ft 和 1 只 20 ft 的集装箱。

做好铁路集装箱运输的组织和运营工作，协调铁路、公路、海运及港口码头的配合协作，对整个集装箱运输系统具有重要意义。

1.3.2 集装箱运输系统业务机构

随着集装箱运输的发展、成熟，与之相适应的，有别于传统运输方式的管理方法和工作机构也相应地发展起来，形成一套适应集装箱运输特点的运输体系，主要包括以下内容。

1. 集装箱实际承运人

集装箱实际承运人包括经营集装箱运输的船公司、联营公司、公路集装箱运输公司、航空集装箱运输公司等。

2. 集装箱出租公司

开展集装箱运输，船公司既要付出巨额投资购置集装箱船，还要购置船舶载箱量约三倍的集装箱，所有这些巨额投资，必须在开展集装箱运输之前全部投入，船公司不堪负担。此外，如何有效地使用集装箱，解决集装箱在营运中的回空、堆放、保管、维修、更新等问题，管理难度很大，也需投入大量的人力、物力和财力。集装箱租赁业，就是顺应船公司的客观需求而发展起来的。租赁者根据自己运输业务的需要，向出箱公司租用集装箱，与租箱公司进行协商，灵活采用不同的租赁方式以满足用箱的需求。

集装箱租赁者除集装箱运输公司外，还包括货主及无船承运人或货运代理人之类的联运经营人。

3. 集装箱船舶出租公司

集装箱船舶租赁业务始于20世纪60年代，是随着集装箱运输的发展而兴起的行业。由于集装箱运输市场供求关系的变化，航线货流不平衡，为了解决这类矛盾，采用租赁集装箱船的办法来解决。租赁者有规模较小的船公司，也有需要租船的货主，甚至较大的船公司在运输市场高涨的情况下也常出入租船市场。目前，集装箱租船市场的份额和规模呈不断上升的趋势。

4. 集装箱码头（堆场）经营人

集装箱码头（堆场）经营人是具体办理集装箱在码头的装卸、交接、保管的部门，它受托运人或其代理人及承运人或其代理人的委托提供各种集装箱运输服务。

5. 联运保赔协会

联运保赔协会是一种由船公司互保的保险组织，对集装箱运输中可能遭受的一切损害进行全面统一的保险。这是集装箱运输发展后所产生的新的保险组织。

6. 国际货运代理人

随着国际贸易及运输方式的发展，特别是国际集装箱多式联运，运送货物所涉及的面越来越广，情况相当复杂。货主和运输经营人不可能亲自办理和处理每一项具体业务，而通过国际货运代理公司便能解决以上问题。

国际货运代理人的主要业务有：订舱、揽货、货物装卸业务办理、报关、理货、拆装箱、集装箱代理、货物保险等。国际货运代理人一方面作为货物承运人与货物托运人签订运输合同；另一方面作为委托人与运输部门订立合同。

7. 无船承运人

在集装箱运输中经营集装箱货运的揽货、装箱、拆箱、内陆运输及经营中转站或内陆站业务，但不掌握运载工具的专业机构，称为无船承运人。无船承运人是随着集装箱运输的发展而出现的一种新型的运输经营人，它在承运人与托运人之间起着桥梁作用。但是由于无船承运人的特殊身份及国际货运市场的不规范，因此导致的货运纠纷层出不穷，在此有必要对二者深入区分。

无船承运人与国际货运代理的区别如下。

1) 二者的业务不同

作为当事人的无船承运人，是以自己的名义分别与货主和实际承运人订立运输合同，通常将多个货主提供的散装货集中拼装在一个集装箱中，与实际承运人洽订舱位，虽然此时无船承运人也会提供包装、仓储、运输、过驳、保险等其他服务，但这些服务并非是主业，而是辅助性的。而作为纯粹代理人的货运代理人，其主要业务是揽货、订舱、托运、仓储、包装、货物的监装、监卸、集装箱装拆箱、分拨、中转及相关的短途运输服务、报关、报检、报验、保险、缮制签发有关单证、交付运费、结算及交付杂费等。

2) 二者适用的法律不同

无船承运人与托运人之间所形成的是为提单所证明的海上货物运输合同关系，适用我国《海商法》及国际公约有关提单运输之法律规定，银行可以结汇；而作为纯粹代理人的货运代理人与原始托运人（客户）之间签订的是书面的运输委托协议，二者之间是委托合同的法律关系，适用我国《合同法》有关委托合同之法律规定，银行不予结汇，同时由于目前国际上还没有专门规范货运代理的国际公约，因而各国法律在规范货运代理人时不可避免地存在着冲突。

3) 二者的权利、义务和责任不同

无船承运人作为本人，与托运人订立的是海上货物运输合同，合同中充当承运人的角色，享有承运人的权利，如留置权等，同时因其签发了提单而对运输过程中货物的灭失、损坏、迟延交付等承担责任，此外，无船承运人与实际承运人对货物在运输途中所遭受的损失通常承担连带赔偿责任。而作为纯粹代理人的货运代理人与托运人订立的是委托合同，合同中充当受托人角色，享有受托人的权利，承担受托人的责任和义务，仅负有以合理的注意（due-care）从事委托事务的义务，仅在因其过错给委托人造成损失时，承担赔偿责任。很明显，二者的权利、义务与责任存在很大的不同。

4) 二者签发单证的性质不同

无船承运人使用的是专门的提单即无船承运人提单，它是物权凭证（货运代理人欲经营无船承运人业务须到交通部申请资格办理有关手续），抬头为本公司，且公开运价。货运代理人无权以承运人的身份签发提单，亦无权签发或代签无船承运人或承运人提单（不能像船务代理那样签发海运提单），货运代理签发的是运输凭证，作为运输证明；无船承运人签发的提单，作为物权凭证，它不同于货运代理的内部提单，亦不同于上述货运代理的运输凭证。

5) 二者成立的条件及审批程序不同

按照规定，成立货运代理企业实行审批制，对注册资金问题也作出了严格的要求。其中，经营海上国际货物运输代理业务的，注册资本最低限额为 500 万元人民币，经营航空国际货物运输代理业务的，注册资本最低限额为 300 万元人民币，经营陆路国际货运代理业务或者国际快递业务的，注册资本最低限额为 200 万人民币（经营前面两项以上业务的，注册资本最低限额为其中最高一项的限额）。如果国际货物运输代理企业要设立分支机构，则每设立一个分支机构，应当增加注册资本 50 万元。然而，按照《中华人民共和国国际海运条例》的规定，对于无船承运企业实行的是登记制，而不是审批制，并且只需要交纳 80 万元人民币的保证金，用于清偿其不履行承运人义务或履行不当所产生的债务及支付罚款（没有注册资金和责任保险要求），每设立一个分支机构只需增加 20 万元保证金。从以上的规定可以看出，成立无船承运业务经营者的条件比国际货运运输代理企业条件要容易得多，主要是没有注册资本最低额。

6) 相关费用的计收方面也有所不同

无船承运人因其双重身份，即相对于托运人来说是契约承运人，相对于实际承运人来说是托运人，可以在业务中收取运费或赚取差价；而国际货运代理人由于其代理人的身份，只能向委托方收取佣金。而运费差额通常是远远高于佣金的。这也是许多国际货运代理人介入无船承运领域的重要原因。

托运人订舱时，无船承运人根据自己的运价表向托运人报价，以托运人的身份向船公司洽订舱位，安排货物的运输。待货物装船后，收到船公司签发的海运提单的同时，无船承运人签发自己的提单给托运人。货物抵达目的港，收货人凭其所持有的无船承运人签发的正本提单到无船承运人代理的营业所办理提货手续。而在此之前，无船承运人的代理机构已经从实际承运的船公司处收取了该货物。无船承运业务涉及两套提单的流转：无船承运人自己的提单（HOUSE B/L）和船公司的提单（MASTER B/L）。无船承运人接受托运人的订舱，办理货物托运手续，并接管货物，应托运人的要求签发 HOUSE B/L，提单关系人是托运人和实际收货人。同时以自己的名义向船公司订舱，通过船公司的班轮实际承载该货物，得到船公司签发的 MASTER B/L，提单关系人是无船承运人及其在目的港的代理。国际货运代理人与托运人是被委托方与委托方的关系，而他与收货人则不存在任何关系。

复习思考题

一、名词解释

无船承运人　国际货运代理人

二、多项选择题

1. 集装箱运输发展初期导致其发展缓慢的因素有（　　）。
   A. 生产力落后　　B. 适箱货源不足　　C. 配套设施落后　　D. 运输管理水平低下
2. 集装箱运输成长扩展阶段的特点是（　　）。
   A. 出现了国际远洋航线　　　　　　　B. 集装箱开始趋于标准化
   C. 出现了专用码头　　　　　　　　　D. 开始现代化管理

三、判断题（正确的为 T，错误的为 F）

1. 世界上第一艘全集装箱船是用普通货船改装而成的。（　　）
2. 无船承运人的主要业务是揽货、订舱、包装、仓储、保险等服务。（　　）
3. 无船承运人对货物在运输途中所遭受的损失承担连带赔偿责任。（　　）
4. 无船承运企业实行的是审批制。（　　）
5. 集装箱船的大型化引发了运输成本、港口配套设施及内陆集疏运能力等一系列问题。（　　）

四、论述题

1. 论述集装箱运输的优点。
2. 分析无船承运人与国际货运代理的区别。

部分习题参考答案

二、多项选择题

1. ABCD　　2. ABCD

三、判断题

1. T　　2. F　　3. T　　4. F　　5. T

案例分析一

无船承运人与货运代理人身份

案情原告：罗定市某纺织有限公司

被　　告：宁波市某船务有限公司

2006 年 6 月 30 日，原告与案外人中国石化上海石油化工股份有限公司（以下简称"上海石化"）签订了一份半年度的大购销合同，约定每月供应货物（腈纶膨体毛条 3.33dtex 半消光）约 50 t。同年 9 月，原告向上海石化购买货物共 104 件，重量共计 46.351 t，总计价值人民币 951 307.92 元。货物被装入编号为 UESU5024235、UESU5024220 的两个集装箱内。原告通过其代理人杨某委托被告将该货物从上海港运至广州黄埔港，相应的托运委托书记载托运人为杨某，收货人为原告，并约定运费共计人民币 14 400 元。被告又委托上海新鸥海运有限公司（以下简称"新鸥海运"）运输，相应的托运委托书记载托运人、收货人均为被告。新鸥海运再委托中谷新良海运有限公司（以下简称"中谷新良"）运输，相应的托运委托书记载托运人为新鸥海运，收货人为被告；中谷新良签发了编号为 ZS0609SSHHP039 的运单，记载托运人为新鸥海运，收货人为被告。同年 9 月 24 日，货物在运输途中落海全损。涉案货物的运费，原告未向被告支付。

2007 年 4 月 17 日，本案被告另案对中谷新良、安徽省中盛航运有限责任公司、安徽省皖江轮船运输公司提起确权诉讼。本案被告在该案诉讼中称：其接受本案原告和另一托运人宁波市江北华欣物资联运有限公司（以下简称"华欣公司"）的委托将货物从上海运至广州黄埔，之后转托给新鸥海运并最终由中谷新良承运；"中盛号"轮发生海事事故后，本案原告作为托运人已向本案被告提起诉讼。华欣公司的货物全损，本案被告已向华欣公司先行赔付人民币 83 092.95 元，并取得向责任人追索的权利。本案被告在该案中提交了中谷新良签发的编号为 ZS0609SSHHP039（即本案中的运单）、ZS0609SSHHP007、DC0624SSHHP081 的运单，后两份运单记载的托运人为新鸥海运，收货人为本案被告。本案被告在该案中将本案中的三份托运委托书作为证据提交，另外还提交了华欣公司的托运委托书，记载的托运人为华欣公司。

原告认为，被告作为涉案货物的承运人，应对落海货物的损失负责。为此，原告请求判令被告赔偿原告货物损失共计人民币 951 307.92 元及其利息损失。被告辩称，其并非涉案货物的承运人，仅仅是原告的货运代理人，不应当承担承运人的赔偿责任，请求驳回原告的诉讼请求。

裁判上海海事法院认为：在涉案货物的运输流程中，被告的法律地位应当界定为原告的承运人而非货运代理人。原、被告之间的沿海货物运输合同关系依法成立。被告作为涉案货物的承运人，应就货物在运输过程中发生的损失向原告承担违约赔偿责任。遂判决被告向原告赔偿货物损失人民币 951 307.92 元及该款项的利息损失。一审判决后，被告不服提起上诉。上海市高级人民法院驳回上诉，维持原判。

思考题：如何界定无船承运人和货运代理人的法律地位？

案例分析一参考答案

货代企业的两种主要法律地位货运代理人和契约承运人（无船承运人），是货运代理企业两种最为常见的法律地位。在代理货主与承运人订立合同时，货运代理企业法律地位是货主的代理人；在完成其他辅助工作时，其法律地位是货主的受托人。从上述规定可以看出，货运代理企业不仅可以委托人的名义、还可以自己的名义从事业务。这种传统的货运代理人不承担任何运输上的风险，不承担承运人的责任，具有投资运作成本低、责任轻、风险小的优点，但同时利润来源单一、微薄，只能按提供的劳务收取一定的报酬，即代理费、佣金或手续费。随着拼装运输业务的出现，货运代理人开始往承运人的方向发展，并在整个运输环节中具有双重身份。对货主而言，其是承运人；对实际承运人而言，其是托运人。海上货物运输中的无船承运人是这种双重身份的典型表现。

货运代理企业的货主受托人（代理人）和承运人这两种法律地位的区分，是理论上和商业实践中的难题。一般而言，有以下几个标准或参考因素。

1. 合同条款

通过合同约定的内容、约定不明时，通过对合同条款的解释来判断当事人的法律地位可以说是最为简单直接的方法了。实践中经常遇到的一个问题是：如果货运代理企业在合同中承诺履行承运人的某些义务，如"保证货物安全、如期到达"、"负责货物运输事宜"等语句，可否据此认定货运代理企业的承运人身份？笔者认为，对货运代理企业"促销"性质的某些承诺的态度某种程度上是一个法政策学的问题。随着货运代理行业的发展，货运代理企业相对委托人所占据的信息优势越来越明显，在交易中处于优势地位。因此，对货运代理企业作出的相关承诺应当采取较为严厉的态度，保护处于信息劣势的托运人，维护商业诚信和市场的公平竞争。

2. 货运代理企业的行为

（1）签发提单或运单。提单或运单是运输合同的证明，是承运人收取货物的收据。当货运代理企业签发了自己的提单或运单时，其法律地位显然是承运人。

（2）签发其他单证。如果货运代理企业签发的不是提单而是货运代理企业收货凭证或货运代理企业运输凭证，则不能以此认定货运代理企业为承运人。

（3）集运行为。德国1998年《运输法修正案》将从事集运行为的货运代理企业定性为承运人。货运代理企业有从事集运行为时，不可避免地要分别与分散的货主及实际承运人订立两个"背靠背"的运输合同，并在前一个运输合同中处于承运人的法律地位。此时，其利润来自于其向分散货主收取的运费总价与其支付给实际承运人的运费之间的差额。

3. 实际承运人提单或运单上的记载

实际承运人提单或运单上如果记载货主为托运人，则可以据此认定货运代理企业以货主的名义代理货主与该实际承运人订立了运输合同。

（1）货运代理企业以自己的名义代理货主与船公司订立运输合同，此时货运代理企业可能属于中国《合同法》第402条所规定的隐名代理。

（2）货运代理企业自己与船公司订立运输合同，此时其法律地位是承运人（契约承运人、无船承运人）。有鉴于此，该事实会在将货运代理企业认定为承运人方面增加一个有力的理由。相比第二个标准，该标准可以说是一个反向推论。

4. 货运代理企业的收费方式

货运代理企业作为承运人时，其按照自己的运价表向货主收取固定运费，并赚取其所收运费与向实际承运人所付运费之间的差额，以作为自己的利润来源。反之，如果货运代理企业向货主收取一揽子固定费用（总包干费、总额运价），则货运代理企业的法律地位如何？该区分标准引发的争议是最大的。

法院认为：货运代理企业收取总额运价，有为自己利益计算的动机。但是，尚不至于以认定其法律地位就是承运人的办法来遏止此计算。或者说，即使货运代理企业收取总额运价，仍然可以认定其受托人（代理人）的法律地位，并将总额运价视为一种变通的收费方式。

5. 货运代理企业与相对人之间的交易历史

货运代理企业作为贸易和运输之间的桥梁，业务环节众多，操作流程复杂；而为应对市场需求，又必须迅捷高效；因此，其与相对人交易时，经常出现相关事项约定不明的现象。货运代理企业数量众多，在从业规模和人员素质上差别较大，且业务人员流动性强，因此，经常出现操作行为、操作流程不规范的现象。货运代理企业的法律地位，往往因上述两个现象的存在而变得模糊不清。此时，货运代理企业与相对人之间的交易历史将成为重要的参考因素。如果货运代理企业在与相对人的先前交易中均以某种固定的法律地位行事，那么，在一个与先前交易情况基本相同的交易中，法院往往倾向于认定货运代理企业具有与先前交易中同样的法律地位。

本案被告的法律地位根据上述实践中总结出的标准考察本案中的被告。① 原、被告之间没有订立书面的合同，被告也没有签发运单或其他单证，此两项最为简单的标准无法适用。② 原、被告之间约定了包干的运输费用。当然仅凭此点，尚不足以认定被告就是承运人。③ 被告又委托新鸥海运运输时，托运人、收货人均为被告。即被告系以自己的名义而非原告的名义委托他人运输。此时，被告可能是隐名的货运代理人，也可能是契约承运人。但被告未能提供任何证据证明其在涉案货物的运输操作过程中，曾表明其身份为原告的货运代理人。④ 中谷新良签发的运单中，托运人为新鸥海运，收货人为被告。依据《国内水路货物运输规则》第44条的规定，被告可以就货物损失向中谷新良主张索赔权。而原告凭该运单却无法向中谷新良主张提货或索赔。也就是说，从实际承运人运单上的记载来看，被告的身份更接近于承运人。⑤ 对照原告与华欣公司的托运委托书及中谷新良所签发的相应运单可以看出，被告就两批货物的运输操作过程和方式并无不同，而被告称其已就货物损失向华欣公司作出实际赔付。此处，虽然没有原、被告之间的交易历史以供参照，但被告与其他类似原告身份的案外人的交易历史，也可就被告的法律地位提供参照。如果被告的身份是货运代理人，其作为理性的商业主体，没有必要向案外人作出赔付。从这一点来看，被告的身份也是更接近于承运人。最后，虽然单凭某一点均不能足以认定被告的承运人身份，但综合上述几个因素，应当说，认定被告是货运代理人并无充分理由，而认定被告是承运人则更加合理。

案例分析二

案情原告：上海 QF 国际货运有限公司

被　　告：上海 HD 国际货运有限公司

原告诉称：原告接受案外人华晨公司的委托，通过被告向承运人订舱出运集装箱货物，事后由于华晨公司取消运输，导致运输未能实行。被告以亏舱费为由向原告收取了 8 000 美元。原告认为，根据我国有关法律规定，班轮运输中依法收取亏舱费为承运人的权利，被告作为货运代理人并无权利收取该费用。故请求法院依法判令被告返还已收取的亏舱费及利息。

被告辩称，其与原告之间形成的是海上货物运输合同关系，被告收取的 8 000 美元是赔偿金。

法院经审理查明：2003 年 11 月，原告作为案外人华晨公司的受托人，以华晨公司的名义向被告出具集装箱货物托运单，委托被告向赫伯罗特船务（中国）有限公司订舱出运 5 个集装箱货物。被告接受委托后，履行了对该 5 个集装箱货物的订舱、装箱、报关等货代义务，订舱出运的船期为 2003 年 11 月 23 日，提单确认件的编号为 HLCUSHA03116807，记载的托运人为华晨公司。同年 11 月 19 日，原告为涉案业务向被告预付代垫运费 30 000 美元，被告就此向原告出具了发票，载明收费内容为海洋运费。11 月 21 日，原告向被告出具退关保函，载明应客户要求将已报关的涉案货物退关，由此产生的一切后果由其承担。被告据此办理了退关手续，致使涉案货物未能出运。原、被告最终未能拿到赫伯特船务（中国）有限公司签发的正本提单，被告也未向原告签发提单。11 月 25 日，被告将先前已收到的运费 30 000 美元中的 22 000 美元退还给原告，原告也向被告出具了相应的发票，收费内容为运费。

2004 年 2 月 6 日，华晨公司就涉案货物的代理出运及退关事宜向法院提起诉讼，要求原告退还已收取的预付运费并赔偿损失。同年 2 月 25 日，原告在收到华晨公司的起诉状副本后，要求被告提供其收取涉案的 8 000 美元亏舱费并向船公司支付该费用的依据和凭证。但被告回函称双方就该费用已达成协议并履行完毕，不再存有争议。5 月 21 日，原告与华晨公司在庭外达成和解协议，并同意向华晨公司支付人民币 150 000 元，其中包括涉案的 8 000 美元。原告向华晨公司支付了该费用。

另查明，被告具有无船承运业务经营资格。

裁判上海海事法院判决：被告 HD 公司向原告 QF 公司返还运费 8 000 美元及其利息。

案例分析二参考答案

通常判断货运代理人的法律地位的依据有：双方之间的协议性质和措辞、是否签发提单、货运代理人与承运人之间的合同表述、业务往来惯例、收费标准等。根据本案的案情，可以从以下两个方面来论证被告的货运代理人身份。

1. 双方之间的协议性质和措辞

如果委托人在合同中具体约定了受托人要承担某一项或某几项货运代理事务，很明显这是一份货运代理合同，受托人应是货运代理人。本案符合这种情况。合同中有如此详细的规定，可以说明委托人对货运代理人在本合同下的身份明了，且意思表示明确。

2. 货运代理人是否签发提单

《国际海运条例》第7条表明，在实务中，签发提单是无船承运人的主要业务之一。签发提单的行为最能显示他被冠以"承运人"之名的意义，最符合他区别于货运代理人的特征，是法院在辨别其身份时的一个重要依据。法院认为：货运代理人以自己的名义签发提单，即提单抬头和提单正面右下角的签章都是货运代理人，依据《国际海运条例》和《海运条例实施细则》的规定，说明货运代理人签发的是无船承运人提单，即已登记的提单，应认为此种情况下货运代理人实为无船承运人。如果提单正面右下角的签章是货代本人，但抬头不是他人，而是实际承运人甚至其他毫不相干的航运公司，也就是说货代用的是他人提单，而这种情况时常发生，仅凭抬头不能正确反映货代的无船承运人身份时，依据《海商法》第72条的规定，也可以认为货代实为无船承运人。货代如果自己从未向委托人签发过提单，仅仅有将承运人签发的提单交付委托人，使其成为提单持有人的行为，一般不能认定其为无船承运人。

本案中，被告向法院提供了交通部颁发的无船承运业经营资格登记证，以证明被告的经营范围，但法院认为仅凭此据不能证明其与原告之间存在的是海上货物运输合同关系。因为根据《国际货物运输代理业管理规定》、《国际海运条例》的相关规定，货运代理人和无船承运人经营的业务具有多样性和重叠性，比如都能够从事代办订舱、报关、揽货、货物进出港口、代签提单、代收运费等，因而在实际业务中这两种人的角色常常互变，都有可能是货运代理人、承运人的代理人或者承运人。只要在资质上符合法律、行政法规的强行性规定，它们都可以进行经营。因而仅有形式要件不是构成货代在具体案情中作为无船承运人的充分条件。

被告是否应该返还涉案金额的亏舱费？

被告作为货运代理人，有权收取的只是代理费，在没有合法依据的情况下，无权擅自扣除原告已经向其支付的费用，即使因原告的解约行为给被告造成了损失，被告也应该举证证明该损失的实际存在，并通过合法途径解决，而无权扣除。

本案中原告于11月21日取消了原定于11月23日的运输，被告于11月25日向原告退还了30 000美元运费中的22 000美元，剩余部分很有可能是被告出于要向承运人支付亏舱费的考虑，为了减少手续上的烦琐而暂时留下的8 000美元，从而导致原告事后要求被告出具亏舱费的实际证明，如承运人的收费凭证。这8 000美元的性质，如果的确是并已经向承运人支付了的亏舱费，原告要求被告出具证明的主张是合理的，被告也应当能够举证证明。

原告取消运输，撤销货运代理委托事项，根据《合同法》第408条的规定，应该承担责任，但被告主张该 8 000 美元作为赔偿金予以扣除的观点，未能得到法院的支持。依据《民法通则》第 115 条规定，合同法第 97、98 条规定，合同终止，当事人有权要求赔偿损失。但损害赔偿作为双方协商解除合同的辅助性经济手段时，也要遵循特定的法律原则和操作规范，赔偿范围的确定是进行赔偿前的先决问题。被告既不能证明与原告有合同关于违约赔偿的约定，又不能证明损失的客观存在和具体数额，所以被告扣除原告预付款的行为没有事实和法律的依据。

开篇案例参考答案

关于集装箱船舶大型化发展的必要性一直是一个非常有争议的问题，主要是围绕成本问题进行。当然这也是一个可以启发学生认真思考、积极探索的问题。不管怎样，集装箱船舶大型化是一个必然的趋势，但由于大型化的同时会对各方面的成本有较大影响，从系统论的角度出发，大型化与成本之间也必然存在着一个经济范畴，不同的货源水平及经济发展需求都会一定程度地影响这一关系曲线经济范畴的变化。一般来讲，船舶大型化会导致以下几方面的成本变化：港口建设成本、维持成本，如航道、水深等；船舶制造成本；运营成本；天然航道的限制（苏伊士运河，甚至马六甲海峡）、货源以及管理等其他因素。因此，这是一个很好的讨论话题，为使学生对这一问题有更深的认识，指导教师可以以灵活的形式组织学生进行讨论。话题没有正确与错误之分，但需要学生查找大量资料，认真总结分析，讨论时要有理有据。

参 考 文 献

[1] 汪益兵. 集装箱运输实务 [M]. 北京：机械工业出版社，2006.
[2] 杨茅甄. 集装箱运输实务 [M]. 北京：高等教育出版社，2007.
[3] 楼伯良. 集装箱运输管理 [M]. 上海：华东师范大学出版社，2007.
[4] 吴永富. 国际集装箱运输与多式联运 [M]. 北京：人民交通出版社，1998.
[5] 王义源. 远洋运输业务 [M]. 北京：人民交通出版社，2003.

第 2 章

集装箱及箱务管理

本章要点

- ➢ 掌握集装箱及其标准化的含义；
- ➢ 理解集装箱的种类、结构及其标记；
- ➢ 掌握航线集装箱需备量的确定方法；
- ➢ 掌握集装箱箱务管理的主要内容。

【开篇案例】

五花八门的集装箱

到了 20 世纪 50 年代晚期，集装箱成了运输界谈论的话题。卡车运输公司在拖运集装箱，铁路公司在运载集装箱，泛大西洋公司的海陆联运业务在把集装箱装到轮船上，美国军方也在把集装箱运往欧洲。但是对于不同的群体来说，"集装箱"意味着不同的东西。在欧洲，集装箱通常是带着钢筋、高四五英尺的木板箱。对美国军方来说，集装箱主要是钢制的"康乃克斯箱子"，长 8.5 ft、高 6 ft 10.5 in，用来装运军人家庭的日用品。有些集装箱的设计便于带吊钩的起重机吊运，而有些则是底部有狭窄的沟槽，便于叉车搬运。纽约的制造商海运钢铁公司做广告的集装箱有 30 多个不同的型号。根据 1959 年的一项调查，在美国的 58 000 只私人所有的航运集装箱中，有 43 000 只的箱底不超过 8 ft×8 ft。而超过 8 ft 长的仅有 15 000 只，主要由海陆联运公司和麦特森公司拥有。

这种多样性威胁到了萌芽状态中的集装箱运输。如果一家运输公司的集装箱不适合装在另一家的轮船或火车车厢上，那么各家公司就都需要有一支其客户专用的庞大集装箱运输队。一家出口商在把货物装进集装箱时将必须小心谨慎，因为这些箱子或许只能装在某一家运输公司的船上，尽管有另一家公司的船能更早起航。一家欧洲铁路公司的集装箱将无法越过大西洋，因为美国的卡车和铁路不适合欧洲的集装箱尺寸；同时，美国各铁路公司也采用不兼容的集装箱系统，而这意味着纽约中央火车站上的一只集装箱将不能很容易地转运到密苏里太平洋铁路公司。随着集装箱变得越来越普遍，各家轮船公司将都需要在每一个港口有自己的码头和起重机,不管它们在那里的业务是不是很少,也不管它们的轮船是不是很少在那里停泊。因为其他公司的设备将无法装卸它们的集装箱。只要集装箱的形状和尺寸五花八门,那么它们对降低货物运输的总成本不会起到多大作用。

思考题: 根据以上叙述,讨论集装箱标准化的意义。

2.1 国际集装箱及其标准化

2.1.1 集装箱定义

集装箱(Container)是我国国家标准术语,在有的地区称为"货框"或"货箱"。关于它的定义,在各国的国家标准、各种国际公约和文件中,都有具体规定,其内容不尽一致。下面仅列举国际标准化组织(ISO)、《集装箱海关公约》(CCC)及《国际集装箱安全公约》(CSC)中集装箱的定义。

1. 国际标准化组织关于集装箱的定义

1968年,国际标准化组织(ISO)第104技术委员会起草的国际标准(ISO/R 830—1968)《集装箱术语》中,对集装箱已下了定义。该标准后来又作了多次修改。国际标准ISO:830—1981《集装箱名词术语》中,对集装箱定义如下:

"Definitions

A freight container is an article of transport equipment:

(1) Of a permanent character and accordingly strong enough to be suitable for repeated use;

(2) Specially designed to facilitate the carriage of goods, by one or more modes of transport, without intermediate reloading;

(3) Fitted with devices permitting its ready handling, particularly its transfer from one mode of transport to another;

(4) So designed as to be easy to fill and empty;

(5) Having an internal volume of 1 m^3 or more.

The term freight container includes neither vehicles nor conventional packing."

即:"集装箱的定义

集装箱是一种运输设备:

(1) 具有足够的强度,可长期反复使用;

(2) 适于一种或多种运输方式的运送,途中转运时箱内货物不需换装;

(3) 具有快速装卸和搬运的装置,特别便于从一种运输方式转移到另一种运输方式;

(4) 便于货物装满和卸空;

(5) 具有1 m^3 及1 m^3 以上的容积。

集装箱这一术语,不包括车辆和一般包装。"

目前,许多国家制定标准(如日本工业标准 JISZ 1613—72《国际大型集装箱术语说明》、法国国家标准 NFH90—001—70《集装箱的术语》和我国国家标准 GB 1992—85《集装箱名词术语》)都引用了这一定义。

2.《集装箱海关公约》关于集装箱的定义

1972 年制定的《集装箱海关公约》(CCC)中,对集装箱作了如下定义:

"集装箱一词是指一种运输装备(货箱、可移动货罐或其他类似结构物):

(1) 全部或部分封闭而构成装载货物的空间;

(2) 具有耐久性,因而其坚固程度能适合于重复使用;

(3) 经专门设计,便于以一种或多种运输方式运输货物,无须中途换装;

(4) 其设计便于操作,特别是在改变运输方式时便于操作;

(5) 其设计便于装满和卸空;

(6) 内部容积在 $1~m^3$ 或 $1~m^3$ 以上。

集装箱一词包括有关型号集装箱所适用的附件和设备,如果集装箱带有这种附件和设备。

集装箱一词不包括车辆、车辆附件和备件或包装。"

该定义与国际标准化组织的定义有如下几点不同。

(1) 指出了集装箱是货箱、可移动货罐及其他类似结构物。

(2) 增加了一条"全部或部分封闭而构成装载货物的空间"作为主要条件之一。

(3) 把国际标准化组织定义中"集装箱这一术语,不包括车辆和一般包装"一句改为"集装箱一词应包括有关型号集装箱所适用的附件和设备……不包括车辆、车辆附件和备件或包装"。

3.《国际集装箱安全公约》关于集装箱的定义

《国际集装箱安全公约》(CSC)第二条,对集装箱下了如下定义:

"集装箱是指一种运输装备:

(1) 具有耐久性,因而其坚固程度足能适合重复使用;

(2) 经专门设计,便于以一种或多种运输方式运输货物而无须中途换装;

(3) 为了坚固和(或)便于装卸,设有角件;

(4) 四个外底角所围闭的面积应为下列两者之一:

至少为 $14~m^2$($150~ft^2$);如顶部装有角件,则至少为 $7~m^2$($75~ft^2$)。

集装箱一词不包括车辆及包装,但集装箱在底盘车上运送时,则底盘车包括在内。"

该定义与国际标准化组织的定义又有如下不同。

(1) 把国际标准化组织定义中的"具有快速装卸和搬运的装置,特别便于从一种运输方式转移到另一种运输方式"一句,改为"为了紧固和(或)便于装卸,设有角件",从而明确了该"装置"是指角件。

(2) 省略了国际标准化组织定义中"便于货物装满和卸空"一句。

(3) 把"具有 1 m³ 及 1 m³ 以上的容积"改为"四个外底角所围闭的面积至少为 14 m²；如顶部装有角件，则至少为 7 m²"。这就把原来规定的集装箱应具有一定的内容积，改为具有一定尺寸的底面积了，无形中就打破了集装箱是一种"容器"的概念，从而奠定了后来把平台集装箱也包括在集装箱中的基础。这一变化可以说是一个重大的突破。

4. 我国关于集装箱的定义

我国 GB/T 1992—2006《集装箱术语》中对集装箱定义如下：

"集装箱

一种供货物运输的设备，应满足以下条件：

(1) 具有足够的强度和刚度，可长期反复使用；

(2) 适于一种或多种运输方式载运，在途中转运时，箱内货物不需换装；

(3) 具有便于快速装卸和搬运的装置，特别是从一种运输方式转移到另一种运输方式；

(4) 便于货物的装满和卸空；

(5) 具有 1 m³ 及其以上的容积；

(6) 是一种按照确保安全的要求进行设计，并具有防御无关人员轻易进入的货运工具。"

2.1.2 集装箱标准

1. 集装箱国际标准化的必要性

随着集装箱运输的发展，集装箱的标准化问题成为发展过程中必须解决的核心问题。

1）国际间运输的必然要求

集装箱运输是一种国际间的运输方式，应保证所经过的各个国家、地区都能通过，使各个国家的装卸设备、运输工具均能适应。

2）多式联运方式的必然要求

集装箱运输本质上是一种"多式联运"，所以集装箱的外形和结构必须标准化，以便能方便地在船舶、火车、卡车、飞机之间实施快速换装，并且便于紧固和绑扎。

3）集装箱运输自身特点的必然要求

集装箱运输是一种消除了具体运输货物的物理、化学特性区别的运输方式。在这种运输方式中，外形、特征各异的具体货物，都演变成了千篇一律的金属箱子，这就要求集装箱有一些标准化的标记，便于相互识别，便于记录与传递信息。

4）集装箱运输过程安全的必然要求

集装箱是用来运输货物的，本身必须承载较大的负荷。集装箱经常需要在较为恶劣的环境下运营,如必须能承受远洋运输途中船舶的剧烈摇晃;火车、卡车启动与刹车的冲击;装卸过程中的冲击等。所以集装箱在强度上也必须有相应的标准规定,并有必要的检验与准用程序和规定。

2. 集装箱标准

为了有效地开展国际集装箱多式联运,必须强化集装箱标准化。集装箱标准按使用范围可以分为国际标准、国家标准、地区标准和公司标准四种。

1) 国际标准集装箱

指根据国际标准化组织(ISO)第 104 技术委员会制定的国际标准来建造和使用的国际通用的标准集装箱。

集装箱标准化历经了一个发展过程。国际标准化组织 ISO/TC104 技术委员会自 1961 年成立以来,对集装箱国际标准作过多次补充、增减和修改,现行的国际标准为第 1 系列共 13 种,其宽度均一样(2 438 mm)、长度有四种(12 192 mm、9 125 mm、6 058 mm、2 991 mm)、高度有四种(2 896 mm、2 591 mm、2 438 mm、<2 438 mm)。详见表 2-1。第 1 系列集装箱长度关系图如图 2-1 所示。第 2 系列和第 3 系列均降格为技术报告。

表 2-1 国际标准集装箱规格尺寸和总重量

规 格	箱 型	长	宽	高	最大总重量
40 ft	1AAA	12 192 mm (40 ft)	2 438 mm (8 ft)	2 896 mm(9 ft 6 in)	30 480 kg (31 lt)
	1AA			2 591 mm(8 ft 6 in)	
	1A			2 438 mm(8 ft)	
	1AX			<2 438 mm(8 ft)	
30 ft	1BBB	9 125 mm (29 ft 11.25 in)	2 438 mm (8 ft)	2 896 mm(9 ft 6 in)	25 400 kg (25 lt)
	1BB			2 591 mm(8 ft 6 in)	
	1B			2 438 mm(8 ft)	
	1BX			<2 438 mm(8 ft)	
20 ft	1CC	6 058 mm (19 ft 10.5 in)	2 438 mm (8 ft)	2 591 mm(8 ft 6 in)	24 000 kg (24 mt)
	1C			2 438 mm(8 ft)	
	1CX			<2 438 mm(8 ft)	
10 ft	1D	2 991 mm (9 ft 9.75 in)	2 438 mm (8 ft)	2 438 mm(8 ft)	10 160 kg (10 lt)
	1DX			<2 438 mm(8 ft)	

注:mt 指公吨(metric ton),1 mt = 1000 kg;1 t 指长吨(long ton),1 lt = 1016 kg;$i = 3$ in(76 mm),为两箱之间间距,则各类国际标准箱长度之间关系为:

1A = 1B+1D+i = 9 125 mm+2 991 mm+76 mm = 12 192 mm;

1B = 3D+2i = 3×2 991 mm+2×76 mm = 9 125 mm;

1C = 2D+i = 2×2 991 mm+76 mm = 6 058 mm。

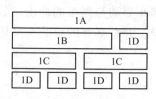

图 2-1 国际标准第 1 系列
集装箱长度关系图

上述 A、B、C、D 四类集装箱中，以 A 类与 C 类（长度分别为 40 ft 和 20 ft）集装箱最为通用，其总数量也较多。从统计的角度，将一个 C 类集装箱（长度为 20 ft），称为 1 个标准箱（TEU）；一个 40 ft 的集装箱计为 2 个标准箱；一个 30 ft 的集装箱计为 1.5 个标准箱；一个 10 ft 的集装箱计为 0.5 个标准箱。

2）国家标准集装箱

各国政府参照国际标准并考虑本国的具体情况，而制定本国的集装箱标准。

1978 年 10 月，我国由国家标准总局发布的国家标准（GB 1413—78）中，规定了我国集装箱重量系列为 5 t、10 t、20 t、32 t 等四种，其相应的型号为 5D、10D、1CC 和 1AA。1985 年该标准又作了修改《集装箱外部尺寸和额定重量》（GB/T 1413—85），增加了 1A，1AX 和 1C，1CX 四种箱型。在国家标准中，1AA，1A，1AX，1CC，1C，1CX 用于国际间运输；10D，5D 用于国内运输。在我国集装箱的外部尺寸标准中，未列入 30 ft 与 10 ft 的集装箱。

2008 年 10 月，由中国国家标准化管理委员会发布的国家标准（GB/T 1413—2008）中，规定了我国集装箱系列，如表 2-2 所示。

表 2-2 我国现行集装箱标准

型 号	高度（H）/mm	宽度（W）/mm	长度（L）/mm	额定重量（最大重量）/kg
1EEE	2 896	2 438	13 716	30 480
1EE	2 591			
1AAA	2 896	2 438	12 192	30 480
1AA	2 591			
1A	2 438			
1AX	<2 438			
1BBB	2 896	2 438	9 125	30 480
1BB	2 591			
1B	2 438			
1BX	<2 438			
1CC	2 591	2 438	6 058	30 480
1C	2 438			
1CX	<2 438			
1D	2 438	2 438	2 991	10 160
1DX	<2 438			

3）地区标准集装箱

此类集装箱标准，是由地区组织根据该地区的特殊情况制定的，此类集装箱仅适用于该地区。如根据欧洲国际铁路联盟（VIC）所制定的集装箱标准而建造的集装箱。

4）公司标准集装箱

此类集装箱标准是由某些大型集装箱船公司，根据本公司的具体情况和条件而制定的集装箱船公司标准，这类箱主要在该公司运输范围内使用。如美国海陆公司的 35 ft 集装箱。

此外，目前世界还有不少非标准集装箱。如非标准长度集装箱有美国海陆公司的 35 ft 集装箱、总统轮船公司的 45 ft 及 48 ft 集装箱；非标准高度集装箱，主要有 9 ft 和 9.5 ft 两种高度集装箱；非标准宽度集装箱有 8.2 ft 宽度集装箱等。

2.1.3 集装箱分类

随着集装箱运输的发展，为适应装载不同种类货物的需要，出现了不同种类的集装箱。这些集装箱不仅外观不同，而且结构、强度、尺寸等也不相同。按照集装箱不同的用途、制造材料及结构来分也有不同的种类。

1. 根据集装箱的用途分类

1) 干货集装箱

干货集装箱（Dry Cargo Container），也称杂货集装箱，这是一种通用集装箱，用于装载除液体货、需要调节温度货物及特种货物以外的一般件杂货。这种集装箱使用范围极广，目前在国内外运营中的集装箱，大部分属于杂货集装箱。常用的有 20 ft 和 40 ft 两种，其结构常为封闭式，一般在一端或侧面设有箱门，可 270°开启。有的杂货集装箱，其侧壁可以全部打开，属于敞侧式集装箱，主要是便于在铁路运输中进行拆装箱作业。

2) 开顶集装箱

开顶集装箱（Open Top Container），也称敞顶集装箱，除有整块钢板或可折式顶梁支撑的帆布、塑料布制成的顶篷外，其他构件与干货集装箱类似。开顶集装箱适于装载较高的大型货物和需吊装的重货，如钢材，木材，玻璃等。货物从箱顶吊入箱内，这样不易损坏货物，可减轻装箱的劳动强度，又便于在箱内把货物固定。

3) 台架式集装箱

台架式集装箱（Platform Based Container）是没有箱顶和侧壁，甚至有的连端壁也去掉，而只有底板和四个角柱的集装箱，可以用吊车从顶上装货，也可以用叉车从箱侧装货。台架式集装箱有很多类型。它们的主要特点是：为了保持其纵向强度，箱底较厚。箱底的强度比普通集装箱大，而其内部高度则比一般集装箱低。在下侧梁和角柱上设有系环，可把装载的货物系紧。台架式集装箱没有水密性，怕水湿的货物不能装运，适合装载形状不一的货物。台架式集装箱可分为：敞侧台架式、全骨架台架式、有完整固定端壁的台架式、无端仅有固定角柱和底板的台架式集装箱等。

4) 平台式集装箱

平台式集装箱（Platform Container）是仅有底板而无上部结构的一种集装箱。该集装箱装卸作业方便，适于装载长、重大件。平台集装箱在欧洲使用较多。

5) 通风集装箱

通风集装箱（Ventilated Container）一般在侧壁或端壁上设有 4~6 个通风孔，适于装载不需要冷冻而需通风、防止汗湿的货物，如水果、蔬菜等。当船舶驶经温差较大的地域时，通风集装箱可防止由于箱内温度变化造成"结露"和"汗湿"而使货物变质。如将通风孔关闭，可作为杂货集装箱使用。

6）冷藏集装箱

冷藏集装箱（Reefer Container），是专为运输要求保持一定温度的冷冻货或低温货，如鱼、肉、新鲜水果、蔬菜等食品而设计的集装箱，具有制冷或保温功能。它分为带有冷冻机的内藏式机械冷藏集装箱和没有冷冻机的外置式机械冷藏集装箱。

前者称为"机械式冷藏集装箱"，这种集装箱内装有冷冻机，只要外界供电，就能制冷。这类集装箱冷冻装置装在箱体内，不会妨碍集装箱专用机械的搬运和装卸。后者称为"离合式集装箱"，箱体只是一个具有良好隔热层的箱体，在陆上运输时，一般与冷冻机相连；在海上运输时，则与冷冻机分开。箱内冷却靠船上的冷冻机舱制冷，通过冷风管道系统与冷藏箱连接。冷藏集装箱造价较高，营运费用较高，且货运事故较多，使用中应注意冷冻装置的技术状态及箱内货物所需的温度。

7）散货集装箱

散货集装箱（Bulk Container）除了有箱门外，在箱顶部还设有 2~3 个装货口，适用于装载粉状或粒状货物。在箱门的下方还设有两个长方形的卸货口。箱顶的装货口与端门的卸货口有很好的水密性，可以有效防止雨水浸入。使用时要注意保持箱内清洁干净，两侧保持光滑，便于货物卸货。散货集装箱也可用于装运普通的件杂货。

8）动物集装箱

动物集装箱（Pen Container）是一种专供装运牲畜的集装箱。为了实现良好的通风，箱顶采用胶合板覆盖，箱壁用金属丝网制造，侧壁下方设有清扫口和排水口，并设有喂食装置。

动物集装箱在船上必须装在甲板上，而且不允许多层堆装，所以其强度可低于国际标准集装箱的要求，其总重也较轻。

9）罐式集装箱

罐式集装箱（Tank Container）是一种专供装运液体货而设置的集装箱，如酒类、油类及液状化工品等货物。它由罐体和箱体框架两部分组成，装货时货物由罐顶部装货孔进入，卸货时，则由排货孔流出或从顶部装货孔吸出。有些液体货物随外界温度的降低会增加黏度，装卸时需要加温，所以在某些罐式集装箱的下部设有加热器。

需要注意的是：罐体的强度在设计时是以满载为条件的，所以，在运输途中货物如呈半罐状态，可能对罐体有巨大的冲击力，造成危险。因此装货时，应确保货物为满罐。

10）汽车集装箱

汽车集装箱（Car Container）是专为装运小型轿车而设计制造的集装箱。其结构特点是无侧壁，仅设有框架和箱底，箱底应采用防滑钢板。可装载一层或两层小轿车。由于一般小轿车的高度为 1.35~1.45 m，如装在 8 ft（2 438 mm）高的标准集装箱内，只利用了其箱容的

3/5，所以轿车是一种不经济的装箱货。为提高箱容利用率，有一种装双层的汽车集装箱，其高度有两种，一种为 10.5 ft（3 200 mm），另一种为 12.75 ft（8.5 ft 的 1.5 倍）。所以，汽车集装箱一般不是国际标准集装箱。

11）服装集装箱

服装集装箱是杂货集装箱的一种变形，是在集装箱内侧梁上装有许多横杆，每根横杆垂下若干绳扣。成衣利用衣架上的钩，直接挂在绳扣上。这种服装装载法无须包装，节约了大量的包装材料和费用，也省去了包装劳动。这种集装箱和普通杂货集装箱的区别仅在于内侧上梁的强度需略加强。将横杆上的绳扣收起，这类集装箱就能作为普通杂货集装箱使用。

12）其他用途集装箱

集装箱现在的应用范围越来越广，不但用于装运货物，还广泛被用于其他用途。如"流动电站集装箱"，可在一个 20 ft 集装箱内装置一套完整的发电机组，装满燃油后可连续发电 96 h，供应 36 只 20 ft 或 40 ft 冷藏集装箱的耗电。还有"流动舱室集装箱"、"流动办公室集装箱"，可在一个 20 ft 的集装箱内装备舒适的居室和办公室。美国已研制成了由若干只 20 ft 集装箱组成的"战地医院"，有几十个床位，配有药房、化验室、手术室、护理室等，可用 C130 运输机运输，在战地迅速布置。

2. 根据集装箱的制造材料分类

1）钢制集装箱

钢制集装箱其框架和箱壁板皆用钢材制成。最大优点是强度高、结构牢、焊接性和水密性好、价格低、易修理、不易损坏，主要缺点是自重大、抗腐蚀性差。

2）铝制集装箱

铝制集装箱有两种：一种为钢架铝板；另一种仅框架两端用钢材，其余用铝材。主要优点是自重轻、不生锈、外表美观、弹性好、不易变形，主要缺点是造价高，受碰撞时易损坏。

3）不锈钢制集装箱

一般多用不锈钢制作罐式集装箱。不锈钢制集装箱主要优点是强度高、不生锈、耐腐性好，缺点是投资大。

4）玻璃钢制集装箱

玻璃钢制集装箱是在钢制框架上装上玻璃钢复合板构成的。主要优点是隔热性、防腐性和耐化学性均较好，强度大，能承受较大应力，易清扫，修理简便，集装箱内容积较大等；主要缺点是自重较大，造价较高。

3. 根据集装箱的结构分类

1）内柱式与外柱式集装箱

这类集装箱主要是指铝合金集装箱，内柱式集装箱是指侧柱（或端柱）位于侧壁或端壁之内；外柱式集装箱是指侧柱（或端柱）位于侧壁或端壁之外。

2）折叠式集装箱与固定式集装箱

这类集装箱是指集装箱的主要部件（侧壁、端壁、箱顶等）能简单地折叠或分解，再次使用时可以方便地再组合起来。反之，各部件永久组合在一起的称为固定式集装箱。

3）薄壳式集装箱与预制骨架式集装箱

薄壳式集装箱是把所有部件组成一个钢体，它的优点是重量轻，可以适应所发生的扭力而不会引起永久变形；预制骨架式集装箱由许多预制件组合起来，并由它来承受主要载荷，由于外板和骨架均为预制件，故称为预制骨架式集装箱。

2.1.4 集装箱的结构与强度

1. 集装箱的结构

通用集装箱各构件，如图2-2及图2-3所示。

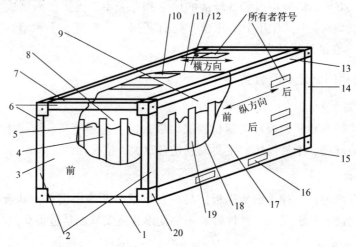

图 2-2 集装箱各构件名称

1—下横梁；2—角柱；3—端壁；4—端柱；5—端壁板；6—端框架；7—上横梁；8—端壁内衬板；
9—侧壁内衬板；10—顶梁；11—顶板；12—箱顶；13—上桁材；14—角柱；15—下桁材；
16—叉槽；17—侧壁；18—侧壁板；19—侧壁柱；20—角配件

1）集装箱的方位性术语

前端（Front）：指没有箱门的一端。

后端（Rear）：指有箱门的一端。

左侧（Left）：从集装箱后端向前看，左边的一侧。

右侧（Right）：从集装箱后端向前看，右边的一侧。

纵向（Longitudinal）：指集装箱的前后方向。

横向（Transverse）：指集装箱的左右与纵向垂直的方向。

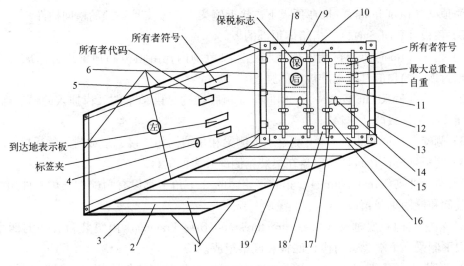

图 2-3 集装箱各构件名称

1—箱底结构；2—底横梁；3—箱底；4—门扣沟槽；5—箱门横构件；6—侧框架；7—门板；8—门楣；9—门锁凸轮；10—凸轮托座；11—端门；12—门铰链；13—门锁把手；14—把手锁；15—门槛；16—箱门锁杆；17—门锁杆托架；18—门钩；19—门底缘材

2) 通用集装箱上主要部件名称和说明

通用集装箱是一个矩形箱体，由两部分组成：一部分是承受货物重量和冲击等外力的主要构件，其中包括角柱、上端梁、下端梁、上侧梁、下侧梁等，这些主要构件都采用高强度材料制造；另一部分主要用于保护货物日晒雨淋的外表面，包括箱顶板、侧壁、端壁和箱门等。下面就部分构件给予说明。

(1) 下横梁（Bottom End Transverse Member）。指箱体端部与左、右底角件连接的横向构件。

(2) 角柱（Corner Post）。指连接顶角件与底角件的立柱，是集装箱的主要承重部件。

(3) 端壁（End Wall）。在端框架平面内与端框架相连接形成封闭的板壁。

(4) 端壁板（End Panel）。覆盖在集装箱端部外表面的板。

(5) 端框架（End Frame）。指集装箱前端的框架，由前面的两组角结构、上端梁和下端梁组成。后端的框架实际上为门框架，它由后面的两组角结构、门楣和门槛组成。

(6) 上横梁（Top End Transverse Member）。指箱体端部与左、右顶角件连接的横向构件。

(7) 上侧梁（Top Side Rail）。指侧壁上部与前、后顶角件连接的纵向构件。左面的称左上侧梁，右面的称右上侧梁。

(8) 下侧梁（Bottom Side Rail）。指侧壁下部与前、后底角件连接的纵向构件。左面的称左下侧梁，右面的称右下侧梁。

（9）顶梁（Roof Bows）。指在顶板下连接上侧梁，用于支承箱顶的横向构件。

（10）顶板（Roof Sheet）。指箱体顶部的板。

（11）箱顶（Roof）。指在端框架上和上侧梁范围内，由顶板和顶梁组合而成的组合件，使集装箱封顶。箱顶应具有标准规定的强度。

（12）叉槽（Fork Lift Pockets）。横向贯穿箱底结构、供叉车的叉齿插入的槽。通过叉槽一般不能叉实箱，只能叉空箱。

（13）侧壁（Side Wall）。与上侧梁、下侧梁和角结构相连接，形成封闭的板壁。

（14）侧板（Side Panel）。覆盖在集装箱侧部外表面的板。

（15）角配件（Corner Fitting）。集装箱箱体的8个角上都设有角配件。角配件用于支承、堆码、装卸和栓固集装箱。

（16）箱底结构和底框架（Base Structures and Base Frame）。由集装箱底部的四个角件、左右两根下侧梁、下端梁、门槛、底板和底梁组成。

（17）底横梁（Floor Bearers or Cross Member）。在底板下连接下侧梁，用于支承底板的横向构件。底梁从箱门起一直排列到端板为止。底梁一般用"C"、"Z"或"T"形型钢或其他断面的型钢制作。

（18）箱底板（Floor）。铺在底梁上承托载荷的板。一般由底梁和下端梁支承，是集装箱的主要承载构件。

（19）门楣（Door Header）。指箱门上方的梁。

（20）门锁凸轮（Locking Bar Cams）。设于锁杆端部的门锁件，通过锁件的转动，把凸轮嵌入凸轮座内，将门锁住。

（21）门锁凸轮托座（Locking Bar Cam Retainer or Keeper）。保持凸轮成闭锁状态的内撑装置，又称卡铁。

（22）端门（End Door）。设在箱端的门，一般通用集装箱前端设端壁，后端设箱门。

（23）门铰链（Door Hinge）。靠短插销使箱门与角柱连接起来，保证箱门能自由转动的零件。

（24）门锁把手（Door Locking Handle）。装在箱门锁杆上，在开关箱门时用来转动锁杆的零件。

（25）把手锁（Door Locking Handle Retainer or Handle Lock）。用来保持箱门把手使它处于关闭状态的零件。

（26）门楣（Door Sill）。指箱门下方的梁。

（27）箱门锁杆（Door Locking Bar or Door Locking Rod）。设在箱门上垂直的轴或杆。

（28）锁杆托架（Door Lock Rod Bracket）。把锁杆固定在箱门上并使之能转动的承托件。

（29）箱门（Door）。通常为两扇后端开启的门，用铰链安装在角柱上，并用门锁装置进行关闭。

2. 集装箱的尺寸与强度

1) 集装箱的尺寸

(1) 集装箱外尺寸（Container's Overall External Dimensions）。包括集装箱永久性附件在内的集装箱外部最大的长、宽、高尺寸。它是确定集装箱能否在船舶、底盘车、货车、铁路车辆之间进行换装的主要参数，是各运输部门必须掌握的一项重要技术资料。

(2) 集装箱内尺寸（Container's Internal Dimensions）。是指集装箱内部的最大长、宽、高尺寸。高度为箱底板面至箱顶板最下面的距离，宽度为两内侧衬板之间的距离，长度为箱门内侧板量至端壁内衬板之间的距离。它决定集装箱内容积和箱内货物的最大尺寸。

(3) 集装箱内容积（Container's Unobstructed Capacity）。是指按集装箱内尺寸计算的装货容积。同一规格的集装箱，由于结构和制造材料的不同，其内容积略有差异。集装箱内容积是物资部门或其他装箱人必须掌握的重要技术资料。

2) 集装箱的强度

集装箱由于承受运输途中、装卸作业等各种载荷，必须具有既能保护货物又能承受外力的足够强度。即集装箱的强度要求在满载货物状态下，能承受在运输过程中由于船舶摇摆或陆上车辆的震动和冲击及在装卸、栓固和堆装时对集装箱产生的载荷。

集装箱的强度根据国际标准化组织的 ISO：1496《集装箱技术条件和试验方法》的规定，可分为外部强度和内部强度两种。

外部强度是指集装箱要能承受外力对集装箱所产生的各种载荷的能力。内部强度是指集装箱要能承受箱内货物及装卸货物时机械对集装箱所产生的各种载荷的能力。集装箱的操作人员必须掌握这些有关集装箱强度的基本知识，方能避免或减少集装箱在作业中的损坏。

(1) 集装箱的外部强度。

① 堆码强度。国际标准化组织在 1972 年以前的标准中，要求集装箱在满载（均布负荷）条件下，纵向允许偏离 38 mm，横向允许偏离 25.4 mm 时能堆码 6 层的强度。现在已经出现堆码 9 层的高度，对集装箱的堆码强度要求也已提高到 216 000 kg。

② 起吊强度。集装箱起吊方法有吊顶角和吊底角两种。

- 吊顶角时的强度：吊顶角时一般利用集装箱吊具从集装箱四角吊起，通常称作四点吊。四点吊时角件上所受的载荷力是垂直方向力，一般要求每个角件应具有 $2R$（总重）/4 的强度。
- 吊底角时的强度：利用集装箱的底角件把集装箱吊起时，应使起吊力平行于集装箱的侧壁，并要求吊索中心线与底角件外侧的距离不应大于 38 mm，而且不得触及箱体的任何部位，还要求根据不同的箱型，吊索与水平面要有一定的角度。见表 2-3。

表 2-3　吊索与水平面角度

集装箱类型	1AA, 1A, 1AX	1BB, 1B, 1BX	1CC, 1C, 1CX	1D, 1DX
最小夹角	30°	37°	45°	60°

③ 箱顶强度。集装箱的箱顶上允许有两名操作人员聚在一起进行作业。故第 1 系列集装箱要求箱顶在 300 mm×600 mm 面积内能承受 300 kg 的均布负荷,即载荷值应为 1.63 N/cm²。

④ 栓固强度。这是以铁路车辆在连接时所遇到的情况为假定条件的,即集装箱装在铁路货车上,四角角件栓固后,在编组站车辆与车辆连接时将发生碰撞,要求集装箱能承受碰撞时所产生的冲击力,这种冲击力作用在集装箱一端的两个底角件上,考虑到 $2g$ 的加速度,故一端水平方向的作用力为 $2R$,即平均每一个角件上将承受 $1R$ 的载荷。

⑤ 系紧强度。集装箱在甲板上堆装 2 层以上的集装箱时,由于船舶的摇摆,上层集装箱的重量,通过固定件,对下层集装箱的顶角件在横向(或纵向)将产生一定的作用力。根据 ISO 的要求,如果集装箱在船上是纵向装载的,则其横向作用力每个顶角件平均为 150 kN,如果集装箱是横向装载的,则其纵向水平作用力每个顶角件平均应为 75 kN。

⑥ 叉槽强度。用叉式装卸车的叉齿叉举集装箱时,在集装箱满载均布负荷,叉齿宽度为 200 mm,插入深度为 1 825±3 mm 的条件下,要求叉槽具有即使在垂直方向上加 $1.25g$ 的加速度也能承受的强度。

⑦ 抓臂起吊槽强度。铁路上常用抓臂(Grappler arm)起吊集装箱。用抓臂起吊集装箱时,集装箱的下侧梁上必须有抓臂起吊槽(Grappler arm lifting areas)。抓臂起吊槽的强度要求在集装箱满载均布载荷,垂直方向上加 $1.25g$ 的加速度的条件下也能承受,故抓臂起吊槽能承受的载荷值应为 $1.25R$。

(2) 集装箱的内部强度。

① 箱底强度。集装箱的箱底要求能承受均匀积载重量的货物,并能允许起重量 2.5 t 左右的叉式装卸车进入箱内作业而箱底不会损坏。因此箱底要承受两种载荷即货物对箱底的载荷和装卸机械对箱底的载荷。前者是均布载荷,而后者是集中载荷。

② 端壁强度。装在集装箱内的货物,在运输过程中由于急刹车而使货物靠在端壁或箱门上时,端壁或箱门将承受一定的载荷。按 ISO 的规定,端壁要求每平方米能承受 13.72 kN 的均布载荷。

③ 侧壁强度。与端壁载荷的情况相同,由于船舶横摇而使货物靠在箱的侧壁上时,将使侧壁承受一定的负荷。按 ISO 的规定,侧壁要求能承受每平方米能承受 7.8 kN 的均布载荷。

2.1.5　集装箱标记

为了便于对集装箱在流通和使用中识别和管理,便于单据编制和信息传输,所以国际标准化组织制定了集装箱标记,此标准即《集装箱的代号、识别和标记》(ISO 6346:1981(E))。

国际标准化组织规定的标记有必备标记和自选标记两类,每一类标记中又分识别标记和作业标记。每类标记都必须按规定大小标识在集装箱规定的位置上。

1. 必备标记

1) 识别标记

（1）箱主代号（Owner No.）。即集装箱所有人代号，它用三个大写拉丁字母表示。为防止箱主代号出现重复，所有箱主在使用代号之前应向国际集装箱局（BIC）登记注册。目前国际集装箱局已在 16 个国家和地区设有注册机构。我国北京设有注册机构。国际集装箱局每隔半年公布一次在册的箱主代号一览表。部分代号见表 2-4。

表 2-4 部分船公司和租箱公司的箱主代号表

国家和地区	公司名称	箱主代号
美国	AMERICAN PRESIDENT LINES CO.	APL
巴拿马	BONAMI SHIPPING CO. LTD	BNM
韩国	JINGHAN SHIPPING CO. LTD	COH
中国	CHINA OCEAN SHIPPING COMPANY	COS
中国	CHINESE POLISH JOINT STO	CPJ
中国	CHINA SHIPPING CO.	CSC
韩国	HYUNDAI	HMM
日本	K'LINE SHIPPING CO.	KLN

（2）设备识别代号。由一个大写拉丁字母表示，分别为"U"、"J"和"Z"三个字母：

U——表示所有的集装箱；

J——表示集装箱所配置的挂装设备；

Z——表示集装箱专用车和底盘车。

箱主代号和设备识别代号一般是四个字母连续排列，如 ABCU，其中箱主代号为 ABC，设备识别代号为 U。通常也将这两部分合在一起统称为箱主代号。

（3）顺序号（Serial No.）。顺序号又称箱号，由 6 位阿拉伯数字表示。若有效数字不足 6 位，则在前面加"0"，补足 6 位。如有效数字为 1234，则集装箱号应为 001234。

（4）核对数字（Check Digit）。由一位阿拉伯数字表示，列于 6 位箱号之后，置于方框之中或者与箱号之间互相隔开空一个数字，例如 001234 ③ 或 001234 3。

设置核对数字的目的，是防止箱号在记录时发生差错。运营中的集装箱频繁地在各种运输方式之间转换，每进行一次转换和交接，就要记录一次箱号。在多次记录中，如果偶然发生差错，记错一个字符，就会使该集装箱从此"不知下落"。为不致出现此类"丢失"集装箱及所装货物的事故，在箱号记录中设置了一个"自检测系统"，即设置一位"核对数字"。该"自检测系统"的原理如下。

① 箱主代号四个拉丁字母与箱号 6 位阿拉伯数字视作一组，共 10 个字符。前四位拉丁字母字符——与等效数值对应，参见表 2-5。

表 2-5 等效数值表

箱主代码/设备识别码		箱主代码/设备识别码		顺 序 号
字符	等效数值	字符	等效数值	数字或等效数值[①]
A	10	N	25	0
B	12	O	26	1
C	13	P	27	2
D	14	Q	28	3
E	15	R	29	4
F	16	S	30	5
G	17	T	31	6
H	18	U	32	7
I	19	V	34	8
J	20	W	35	9
K	21	X	36	
L	23	Y	37	
M	24	Z	38	

注：① 表中省略了 11、22、33，因为它们是模数 11 的倍数。

② 箱号数字与等效数值完全相同。
③ 箱主代号的 4 个等效数值与 6 位顺序号，共 10 个数字，分别乘以 $2^0 \sim 2^9$ 的加权系数。
④ 将所有乘数累加，然后除以模数 11，所得的余数即为核对数字，余数 10 的核对数字为 0。
此外，还有一种用表来查找核对数字的方法，利用已有的表格，使用时较为简便。

【例 2-1】 某集装箱的箱主代号和顺序号为 TRIU583888，核对数字是 0，检验是否有误。
解：根据上述方法列表 2-6 进行计算。

表 2-6 例 2-1 表

序 号	项 目	箱主代号				顺 序 号						合计
		T	R	I	U	5	8	3	8	8	8	
1	等效数值	31	29	19	32	5	8	3	8	8	8	
2	加权数值	1	2	4	8	16	32	64	128	256	512	
3	乘数	31	58	76	256	80	256	192	1 024	2 048	4 096	8 117
4	余数					10						

经计算得余数为 10，则等效数字为 0，箱主代号和顺序号正确。

目前，由于"自动道口"的使用，特别是第二代自动道口采用射频识别技术，利用集装箱或集卡上配置的电子标签，将箱号信息读入道口的自动设施中，非常准确方便，出错的概率几乎可以忽略不计，这时核对数字的作用几乎不存在了。

2)作业标记

(1)额定重量和自重标记。额定重量即最大工作总重量(Max gross mass),是集装箱自重和箱内装载货物的最大容许重量之和,简称最大总重,以 R 表示。集装箱的自重(Tare Weight)又称空箱重量(Tare mass),以 T 表示。它包括各种集装箱在正常工作状态下应备有的附件和各种设备,如机械式冷藏集装箱的机械制冷装置及其所需的燃油;台架式集装箱上两侧的立柱;开顶集装箱上的帆布顶篷等。集装箱的最大净货载(Net Weight)为两者之差,通常省略不写。

质量的单位同时用千克(kg)和磅(lb)表示,按图 2-4 方式在箱体标出。

MAX GROSS	00000kg
	000001b
TARE	00000kg
	00001b
NET	00000kg
	000001b
额定重量、自重和最大净货载标记	

图 2-4 额定重量、自重和最大净货载标记

(2)空陆水联运集装箱标记。空陆水联运集装箱是指可在飞机、船舶、卡车、火车之间联运的集装箱,其容积为 1 m³ 或 1 m³ 以上,装有顶角件和底角件,具有与飞机机舱内栓固系统相配合的栓固装置,箱底可全部冲洗并能用滚装装卸系统进行装运。为适用于空运,这种集装箱自重较轻、结构较弱、强度仅能堆码两层,因而国际标准化组织对该集装箱规定了特殊的标志,该标记为黑色,位于侧壁和端壁的左上角,并规定标记的最小尺寸为:高 127 mm(5 in),长 355 mm(14 in),字母标记的字体高度至少为 76 mm(3 in)。如图 2-5 所示。

标记表示如下要求。

① 在陆地上堆码时只允许在箱上堆码 2 层。

② 在海上运输时,不准在甲板上堆码,在舱内堆码时只能堆装 1 层。

③ 登箱顶触电警告标记。该标记为黄色底黑色三角形,一般设在罐式集装箱顶上和位于登顶箱顶的扶梯处,以警告有触电危险。如图 2-6 所示。

④ 超高标记。凡高度超过 8.5 ft(2.6 m)的集装箱必须标出"超高标记",在箱体每端和每侧角件间的顶梁及上侧梁上标打长度至少为 300 mm(12 in)的黄黑斜条的条形标记,以便在地面或高处作业时能清晰识别。如图 2-7 所示。

图 2-5 空陆水联运集装箱标记

图 2-6 登箱顶触电警告标记

图 2-7 超高标记

2. 自选标记

1) 识别标记

1984 年的国际标准中,识别标记有国家代码,由 2 到 3 个拉丁字母组成。1995 年的新国际标准中,取消了国家代码。识别标记主要由"尺寸代号"与"类型代号"组成。

(1) 尺寸代号。尺寸代号以两个字符表示。第一个字符表示箱长,其中 10 ft 箱长代号为"1";20 ft 箱长代号为"2";30 ft 箱长代号为"3";40 ft 箱长代号为"4"。5~9 箱长代号为"未定号"。另外,英文字母 A~R 为特殊箱长的集装箱代号。见表 2-7。

表 2-7 尺寸代号第一位字符

代码	箱 长		代码	箱 长	
	mm	ft in		mm	ft in
1	2 991	10 0	D	7 430	24 6
2	6 058	20 0	E	7 800	
3	9 125	30 0	F	8 100	
4	12 192	40 0	G	12 500	41
5	备用号		H	13 106	43
6	备用号		K	13 600	
7	备用号		L	13 716	45
8	备用号		M	14 630	48
9	备用号		N	14 935	49
A	7 150		P	16 154	
B	7 315	24 0	R	备用号	
C	7 420				

第二个字符表示箱宽与箱高。其中 8 ft 高代号为"0";8 ft 6 in 高代号为"2";9 ft 高代号为"4";9 ft 6 in 高代号为"5";高于 9 ft 6 in 代号为"6";半高箱(箱高 4 ft 3 in)代号为"8";低于 4 ft 代号为"9"。另外,用英文字母反映箱宽不是 8 ft 的特殊宽度集装箱。见表 2-8。

表 2-8 尺寸代号第二位字符

H \ W	2 438 mm (8 ft)	2 438 mm (8 ft) <W≤2 500 (8 ft 2 in)	W>2 500 (8 ft 2 in)
2 438 mm (8 ft)	0		
2 591 mm (8 ft 6 in)	2	C	L
2 743 mm (9 ft)	4	D	M
2 895 mm (9 ft 6 in)	5	E	N
>2 895 mm (9 ft 6 in)	6	F	P
1 295 mm (4 ft 3 in)	8		
≤1 219 mm (4 ft)	9		

(2) 类型代号。类型代号可反映集装箱的用途和特征,由两位字符组成,第一位为拉丁字母,表示箱型;第二位为阿拉伯数字,表示箱体物理特征或其他特性。类型代号原用两个

阿拉伯数字表示，1995年改为用两个字符表示。其中第一个字符为拉丁字母，表示集装箱的类型。第二个字符为阿拉伯数字，表示某类型集装箱的特征。如通用集装箱，一端或两端有箱门，类型代号为G0。详见表2-9。

表2-9 集装箱类型代号

代码	箱型	箱型群组代码	主要特征	箱型代码
G	通用集装箱（无通风装置）	GP	一端或两端有箱门	G0
			货物的上方有透气罩	G1
			一端或两端设有箱门，并且在一侧或两侧亦设"全开式"箱门	G2
			一端或两端设有箱门并且在一侧或两侧亦设"局部"箱门	G3
			备用号	G4
			备用号	G5
			备用号	G6
			备用号	G7
			备用号	G8
			备用号	G9
V	通风式通用集装箱	VH	无机械排风装置，但在上、下两侧设有自然通风窗	V0
			备用号	V1
			箱内设有机械式通风装置	V2
			备用号	V3
			外置式机械通风装置	V4
			备用号	V5
			备用号	V6
			备用号	V7
			备用号	V8
			备用号	V9
B	无压干散货集装箱	BU	封闭式	B0
			气密式	B1
			备用号	B2
	承压干散货集装箱	BK	水平方向卸货，试验压力 150 kPa	B3
			水平方向卸货，试验压力 265 kPa	B4
			倾斜卸货，试验压力 150 kPa	B5
			倾斜卸货，试验压力 150 kPa	B6
			备用号	B7
			备用号	B8
			备用号	B9
S	以货物种类命名的集装箱	SN	牲畜集装箱	S0
			汽车集装箱	S1
			活鱼集装箱	S2
			备用号	S3
			备用号	S4
			备用号	S5
			备用号	S6
			备用号	S7
			备用号	S8

续表

代码	箱型	箱型群组代码	主要特征	箱型代码
R	保温集装箱机械制冷	RE	机械制冷	R0
	制冷/加热集装箱	RT	机械制冷/加热	R1
	自备电源的机械制冷/加热集装箱	RS	机械制冷 机械制冷/加热 备用号 备用号 备用号 备用号 备用号 备用号	R2 R3 R4 R5 R6 R7 R8 R9
H	保温集装箱带挂装式机械制冷/加热装置	HR	外置式挂装，制冷/加热装置 $K=0.4\,\text{W}/(\text{m}^2\cdot\text{K})$ 内置式挂装，制冷/加热装置 外置式挂装，制冷/加热装置 $K=0.7\,\text{W}/(\text{m}^2\cdot\text{K})$ 备用号 备用号	H0 H1 H2 H3 H4
H	隔热式集装箱	HI	隔热层 $K=0.4\,\text{W}/(\text{m}^2\cdot\text{K})$ 隔热层 $K=0.7\,\text{W}/(\text{m}^2\cdot\text{K})$ 备用号 备用号 备用号	H5 H6 H7 H8 H9
U	敞顶式集装箱	UT	一端或两端开口 一端或两端开口并有活动的上端梁 一端或两端以及一侧或两侧开口 一端或两端以及一侧或两侧开口并有活动的上梁 一端或两端开口以及一侧部分开口和另一侧全部开口 全部敞顶，带固定的侧壁（无开门） 备用号 备用号 备用号	U0 U1 U2 U3 U4 U5 U6 U7 U8 U9
P	平台（和台架式）集装箱上部结构不完整	PL	平台集装箱	P0
	固端结构	PF	双固端结构 固定角柱，活动侧柱或活动顶结构	P1 P2
	折端结构	PC	可折的完整端结构 可折角柱，活动侧柱或活动顶结构	P3 P4
	带完整的上部结构的台架式集装箱	PS	散顶、敞端（骨架式） 备用号 备用号 备用号 备用号	P5 P6 P7 P8 P9

续表

代码	箱型	箱型群组代码	主要特征	箱型代码
T	罐式集装箱——非危险性液体货	TN	最低试验压力 45 kPa 最低试验压力 150 kPa 最低试验压力 265 kPa	T0 T1 T2
	非危险性液体货	TD	最低试验压力 150 kPa 最低试验压力 265 kPa 最低试验压力 400 kPa 最低试验压力 600 kPa	T3 T4 T5 T6
	气体货物	TG	最低试验压力 910 kPa 最低试验压力 2 200 kPa 最低试验压力（未定）	T7 T8 T9
A	空/陆/水联运集装箱	AS		A0

对于能确定类型，但特征尚未确定或不明确的集装箱，可直接用类型组代号标示。如属于"通用集装箱"类型，但无法确定特征的，可直接标识为"GP"。

按照《标记的标志方法》，箱型和尺寸代码应作为一个整体在集装箱上标识。其组配代码结构为：××××，前两位是尺寸代码，后两位是箱型代码。

2）作业标记

作业标记主要为国际铁路联盟标记。欧洲各国边界相连，铁路车辆往来频繁，而各国铁路都有各自的规章、制度，手续也极为复杂，为了简化手续，故对旅客、货物、车体及其他业务方面作了专门的规定，并制定了《国际铁路联盟条例》。

《国际铁路联盟条例》对集装箱的技术条件作了许多规定，满足该条例中规定的集装箱，可以获得"国际铁路联盟"标记，即表示该集装箱已取得"国际铁路联盟"各缔约国的承认。在欧洲铁路上运输集装箱时，该标记是必备的通行标志。

标记中方框上部之"i""C"字样表示国际铁路联盟（Union International des Chemins de Fer），方框下部之数字表示各铁路公司的代号（数字代号及字母代号）。

图2-8中"33"表示"中华人民共和国铁路"的代号。

图2-8 国际铁路联盟标记

3. 通行标记

为使集装箱在运输过程中能顺利地通过或进入它国国境，箱上必须贴有按规定要求的各种通行标志，否则，必须办理烦琐证明手续，延长了集装箱的周转时间。

集装箱上主要的通行标记有安全合格牌照、集装箱批准牌照、防虫处理板、检验合格徽等。这些"通行标记"是集装箱进行国际运输时必需的。有些国家还有一些特殊要求，必须加以注意。例如，凡进入澳大利亚和新西兰的集装箱，必须有"防虫处理板"标记。不带这些通行标记的集装箱，会在卸船后被扣押在码头上，经过必须的相关检验，认为符合规定以后，才会被放行。

2.2 集装箱箱务管理

集装箱箱务管理涉及集装箱配置、租赁、调运、保管、交接、发放、检验、修理等多项工作。集装箱箱务管理在国际集装箱运输中是一项非常重要的工作。做好箱务管理工作，对加快集装箱的周转、提高集装箱的装载质量、提高企业的经济效益均具有重要意义。本节就集装箱需备量确定、集装箱租赁及集装箱存量管理这三方面一一介绍。

2.2.1 航线集装箱需备量确定及船公司的置箱策略

1. 航线集装箱配置的确定方法

集装箱运输通常为班轮运输。下面介绍一条班轮航线如何配置箱量。

1) 假设前提

为了简化问题，假设：

（1）该航线为简单直达航线，即仅挂靠两个端点港（假定为 A 港、B 港）；

（2）班轮公司在两个端点港既无调剂箱，也无周转机动箱。

2) 相关因素

在以上假设前提下，集装箱班轮航线应配置集装箱的数量与以下因素有关。

（1）该航线集装箱需备套数与每套集装箱的数量。Q 代表航线需备集装箱总量（TEU），S 代表需备箱套数，N 代表每套集装箱数量（如船舶满载则为船舶自载箱量），则有：

$$Q = S \cdot N \tag{2-1}$$

其中 S 与航线集装箱平均总周转天数和航线的发船间隔有关。航线集装箱平均总周转天数取决于三个因素（T_R, T_A, T_B）；班轮航线上每两艘船之间的发船间隔又与两个因素（T_R, C）有关。即：

$$S = \frac{T}{I} \tag{2-2}$$

$$T = T_R + T_A + T_B \tag{2-3}$$

$$I = \frac{T_R}{C} \tag{2-4}$$

式中：T——航线集装箱平均总周转天数；

I——航线发船间隔；

T_R——船舶在 A，B 两个端点港之间往返的时间；

T_A, T_B——集装箱分别在 A，B 港内陆周转时间及港口堆存期；

C——航线配备船舶艘数。

上面公式中的 N 通常以每艘集装箱船满载箱量表示,但实际上,航线上集装箱船航行时,通常并不满载,所以要考虑"船舶载箱率"因素。如以字母 N 代表每艘船满载箱量,以字母 f 表示每艘船实际载箱率,则每套集装箱的数量可表示为 $D = N \cdot f$。

（2）考虑"航线特种箱往返航次不平衡所需箱数"与"全程周转期内港口内陆修箱量"。航线特种箱往返航次不平衡所需箱数是指航线上可能需要使用一些特种箱,如冷藏箱、罐状箱、开顶箱等。这类箱子所载货种在航线上往返运量通常难以平衡,且无法从公司内部或联营体调剂运箱量时,通常需要多配置一些数量。

全程周转期内港口内陆修箱量,是指集装箱在运营中总会有一定的损坏率,需进行修理,这些进行修理的箱子应予以增加配置。

综合以上两个因素,航线需备集装箱总量 Q：

$$Q = S \cdot N \cdot f + S_N + R_N \tag{2-5}$$

式中：S_N——特种箱往返船次不平衡所需增加箱数；

R_N——全程周转期内港口内陆修箱量。

【例 2-2】 某集装箱班轮公司,开辟一条仅有 A、B 两端点港的简单航线,航线配置 6 艘载箱量为 5 000 TEU 的全集装箱船,船员往返航次时间为 60 天,在端点港 A 的港口堆存期和内陆周转期的时间有以下比例变化,20% 的箱为 15 天,20% 的箱为 22 天,60% 的箱为 11 天,在端点港 B 的港口堆存期和内陆周转时间平均为 9 天,船舶载箱量利用率为 80%,该航线全程周转期内修箱量为 120 TEU,试确定该班轮公司在该航线上集装箱需备量。

解：发船间隔：$I = T_R \div C = 60 \div 6 = 10$ 天

端点 A 的港口堆存期及内陆周转时间为：

$$T_A = 15 \times 20\% + 22 \times 20\% + 11 \times 60\% = 14 \text{ 天}$$

端点 B 的港口堆存期及内陆周转时间为：$T_B = I = 10$ 天

航线集装箱平均总周转天数：$T = T_R + T_A + T_B = 60 + 14 + 10 = 84$ 天

航线集装箱配备总套数：$S = \dfrac{T}{I} = \dfrac{84}{10} = 8.4$ 套

每套集装箱数量：$D = N \cdot f = 5\,000 \times 80\% = 4\,000$ TEU

航线集装箱需配总量：$Q = S \cdot N \cdot f + S_N + R_N = 8.4 \times 5\,000 \times 80\% + 120 = 33\,720$ TEU

上述航线配置箱计算方法简化了许多因素。如一条航线不止有两个端点港,或在若干挂靠港存一些中转箱量,则问题会复杂得多。有些因素的变化,只需少量调整以上计算；而有些情况的变动,则需整个改变航线集装箱配置量计算的思路。

2. 船公司的置箱策略

在班轮航线集装箱配置数量可大致估算的情况下,班轮公司考虑自身的投资能力、管理能力和经济效益,通常也不全数置备所需的箱量,一般的"置箱策略"有以下三种。

1) 需配置箱量全部由班轮公司自备

采取这种策略的班轮公司数量不是很多。原因是：一艘船舶需配置的箱量通常是其满载箱量的三倍左右，班轮公司用于购船已花费巨额投资，为置箱又花费巨额投资，既难以负担，又增加了投资的风险；巨大的置存箱量，将给班轮公司带来非常烦琐沉重的箱务管理工作量，很大程度上会分散班轮公司的管理精力。

2) 需配置箱量部分由班轮公司自备

这是一种灵活而合理的操作方法，多数班轮公司采用这种方法。根据班轮公司的规模、航线特点，各班轮公司在自备箱量与租箱量的比例各有不同，采用的具体租赁方法也不同。

3) 需配置箱量全部向租箱公司租入

这是另一种极端的做法。这样做的好处是班轮公司可大大节约初始投资，降低投资的风险。现代经济变数众多，尤其是国际远洋运输往往变幻莫测。降低初始投资，规避风险，是一种聪明的选择。同时班轮公司可省却箱务管理的工作，专心从事航线运营。这样做的缺点是班轮公司的自主经营经常会受到租箱公司的牵制，由于自己完全没有自备箱，在租箱条件的谈判中，有时会处于不利位置。

2.2.2 集装箱租赁业务

集装箱租赁业务兴起于20世纪60年代末，是一个随着集装箱运输的发展而派生出来的行业。即所有人将空箱租给使用人的一项业务。集装箱所有人为出租的一方集装箱，与使用人，一般是船公司或货主，为承租的一方，双方签订租赁合同。由出租人提供合格的集装箱交由承租人在约定范围内使用。由于出租方和承租方均有利可图。所以在近十几年来，发展迅速。目前全世界运营中的集装箱总数，有50%左右属租赁。集装箱租赁业务的发展，对集装箱运输的总体发展起着促进的作用。

1. 集装箱租赁的优点

集装箱租赁的优点，可从出租方和承租方两方面加以分析。

1) 集装箱租赁的出租方

(1) 投资风险相对小。将资金投于集装箱船舶，开展航线运营，或将资金投于集装箱，从事集装箱租赁，后者的风险明显小于前者。因为水路运输市场对租箱量的需求相对稳定，而对特定航线船舶的需求波动相对大。而且投资于船舶，单位资金需求量比投资于集装箱要大得多。

(2) 加强了集装箱运输的专业化分工。专业集装箱租赁公司的出现与发展，实际上意味着集装箱运输本身专业分工的进一步细分，将"箱务管理"这一块业务独立了出来，有利于箱务管理合理程度的提高，有利于集装箱更有效地调配、提高利用率、加强维修，从而降低费用，提高集装箱运输的经济效益，使这种运输方式的优越性更充分发挥。

(3) 提高了集装箱的利用率。班轮公司自备的集装箱，一般只供某一特定班轮公司船舶与航线使用，其利用率总是受到一定的限制，调度得再好，也必定存在空箱调运的情况。对于规模较小的班轮公司，利用率不高、空箱调运占用大量运力的现象更是难以避免。而租箱公司则不然，其箱子可供各个班轮公司租用，所以箱子的利用率高，空箱调运次数通常明显低于班轮公司自备集装箱。

2）集装箱租赁的承租方

（1）可有效降低初始投资，避免资金被过多占用。班轮公司贷款购箱，初始投资巨大，背负沉重的利息负担；出资租箱，则只用少量资金就可取得集装箱的使用权，投资风险大为下降。

（2）节省空箱调用费用，提高箱子利用率。班轮公司自置集装箱，由于客观存在航线运量不平衡，必定要花费大量的空箱调运费，而且箱子的利用率会下降；而采用租箱，可避免这些费用。如班轮公司合理利用单程租赁、短期租赁与灵活租赁等方式，则更能既满足对集装箱的需求，又节省租金，使公司经济效益得以提高。

（3）避免置箱结构的风险。班轮公司自备箱，其尺寸、型号必须形成一定的比例，这就带来了置箱结构上的风险。因为航线所运货物的结构一变，虽然班轮公司总箱量没有减少，但由于对特定箱型需求的变化，仍会面临无法满足所需箱量的情况。采用租箱，就可对所需特殊箱型随时予以调整，可规避由此带来的风险。有时由于国际标准的修订，有些箱型被淘汰，班轮公司会由此带来损失。

2. 集装箱租赁的方式

集装箱租赁主要有以下几种方式。

1）期租

期租是指定期租赁的方式。按其租期的长短，可分为长期租赁和即期租赁两类。

（1）长期租赁。一般指租期达 3～10 年的租赁。根据租期届满后对集装箱的处理方式，又可分为融资租赁和实际使用期租赁两种。

① 融资租赁（金融租赁）。指租赁期内，像正常租赁一样支付租金。租期届满后，承租人支付预先约定的转让费（通常为一个象征性的较低的金额），将箱子所有权买下的租赁方式，这种租赁方式的实质是通过"融物"而进行融资。承租人表面上是租用集装箱，而实际上是向出租人借钱，购入集装箱。所以融资租赁租入集装箱，实际上和班轮公司自备箱没有太大的区别。

② 实际使用期租赁。这是一种最为实质的长期租赁，承租人在租赁合同期满后，即将箱子退回给出租人，是一种纯粹的"融物"，不带任何融资的因素。

长期租赁的特点是承租人只需按时支付租金，即可如同自备箱一样使用；租金较低，租期越长，租金越低。因此，对于货源稳定的班轮航线，采用这种方式租用一定数量的集装箱，既可保证航线集装箱需备量的要求，又可减少置箱费、利息及折旧费的负担，是一种比较经济的方式，因此，目前采用长期租赁方式较多。这种方式在租期未满前，承租人不得提前退租，但可在合同中附有提前归还集装箱的选择条款。对租箱公司而言，采用这种方式可在较长的租期内获得稳定的租金收入，减少租箱市场的风险，也可减少大量的提、还箱等管理工作。

（2）即期租赁。即期租赁是指租箱人根据自己的需要及市场情况与租箱公司签订租赁合同的一种租赁方式。它的特点是与租赁公司事先没有任何约定，而是经磋商后达成临时短期租箱协议。这种租赁对班轮公司风险较小，较为灵活，租箱人可在自己需要时间、地点，确定租用期限，但其租金较高。

2）程租

程租是指根据一定的班轮航次进行租箱的租赁方式。这种方式对班轮公司灵活度大，对租箱公司相对不利。所以根据不同的实际情况，集装箱的单位租金会有很大的区别。程租又可分为单程租赁和来回程租赁两种。

（1）单程租赁。其特点是从发货地租箱，到目的地还箱。采取从起运港至目的港的单程租用，一般适用于货源往返不平衡的航线。它可以满足承租人单程租箱的需要。如果从缺箱地区单程租赁到集装箱积压地区，承租人需要支付较高的租金，因为此时租箱公司需要从集装箱积压地区往短缺地区调运空箱，租金中一般要包含空箱调运费，有时还需支付提箱费及还箱费。如果从积压地区租赁到短缺地区，所以承租人可享受租金优惠（因为租箱公司集装箱积压会产生很多费用），可较少支付甚至免除提箱费和还箱费，有时还可能在一定时间内免费租箱。

（2）来回程租赁。这种方式通常是指提、还箱同在一个地区的租赁方式，一般适用于往返货源较平衡的航线，原则上在租箱点还箱（或同一地区还箱）。租期可以是一个往返航次，也可以是连续几个往返航次。由于不存在空箱回运的问题，因而租金通常低于单程租赁。

3）灵活租赁

这是一种在租箱合同有效期内，承租人可在租箱公司指定地点灵活地进行提、还箱的租赁方式。它兼有"期租"和"程租"的特点。一般租期为一年。在大量租箱情况下，承租人可享受租金的优惠，租金甚至接近于长期租赁。在集装箱货源较多，且班轮公司经营航线较多，往返航次货源又不平衡的情况下，多采用这种租赁方式。

在灵活租赁的情况下，由于提、还箱灵活，因而给租赁公司带来一定的风险，所以在合同中规定有一些附加约束条件。如规定最短租期、基本日租金率等。一般最短租期不得少于30 d，承租人须按租期支付租金。有时还可能规定起租额，如规定承租人在合同租期内必须保持一定租箱量，并按超期租额支付租金（即当实际租箱量少于起租箱量时采用）；规定全球范围内月最大还箱限额；规定月最小提箱量；规定各还箱地区的月最大还箱量等。

集装箱班轮公司应根据自身航线特点、货物特点、投资能力等，确定自备箱量与租赁箱量的合理比例及通过什么方式租赁集装箱，在进行租箱业务时，工作应细致、周到，充分了解并掌握各租赁公司的特点，尽可能利用各公司的长处，以使自身取得最好的经济效益。

3. 集装箱租赁合同主要条款

集装箱租赁合同是规定租箱人与租箱公司双方权利、义务与费用的协议和合同文本。

租箱合同是规定承租人与租箱公司之间权利、义务、费用的法律文件。各租箱公司在开展租箱业务时，均应制定具有一定固定格式的租箱合同文本，就双方承担责任、义务、费用等方面的问题作出条款规定，其内容通常涉及以下方面：

(1) 租金；
(2) 租箱方式；
(3) 租箱数量与箱型；
(4) 交箱期与还箱期；
(5) 租、退箱费用；
(6) 交、还箱地点；
(7) 损坏修理责任；
(8) 保险。

1) 交箱条款

交箱条款是制约租箱公司的条款。通常规定租箱公司应在合同规定的时间、地点，将符合合同条款的集装箱交给承租人。这一条款一般有三个内容。

(1) 交箱期。指租箱公司必须在多少天时间界限内交箱，从目前租箱合同中对交箱期的规定看，这一期间通常为 7~30 d。

(2) 交箱量。租箱合同中对交箱量有两种规定办法，一种是最低交箱量，也就是租箱合同中规定的交箱量；另一种是实际交箱量，也就是超出或不足租箱合同规定的交箱量。一般来说，采用哪一种交箱量，与集装箱租赁市场上箱、货供求关系十分密切。通常，租赁公司都愿意承租人超量租箱。

(3) 交箱时箱子状况。交箱时箱子的实际状况，通常用设备交接单来体现。每一个集装箱在交接时，承租人与租箱公司都共同签署设备交接单，以表明交接时的箱子状况。在实际租箱业务中，租箱公司为简化手续，规定承租人所雇用的司机在提箱时签署的设备交接单，可视为本人签署，具有同等效力。而箱子堆场的交箱员或大门门卫，则可视为租箱公司的代表。

2) 还箱条款

承租人在租期届满后，按租箱合同规定的时间、地点，将状况良好的箱子退回租箱公司。这一条款主要内容也有三个。

(1) 还箱时间。租箱合同中规定有还箱时间，但在实际操作中经常会发生承租人提前还箱或延期还箱的情况，这类情况在租箱业务中称为"不适当还箱"。当发生提前还箱时，如租箱合同中订有"提前终止条款"，则可相应少付租金；否则，则应补付追加租金。

(2) 还箱地点。承租人应按租箱合同中规定的地点，或经租箱公司书面确认的地点，将箱子退还给租箱公司。还箱地点与最终用箱地点的距离有较密切的关系，作为承租人来说，还箱地点应是最终用箱地点或接近地点，这样，发生的费用较少；反之，则费用多。

（3）还箱状况。还箱状况是指承租人应在箱子外表状况良好的情况下，将箱子退还给租箱公司。如还箱时箱子外表有损坏，租箱公司或其代理人即应通知承租人，并作出修理估价单。如租箱合同中已订立损害赔偿修理条款，则其费用由租箱公司承担。如到租箱合同规定的还箱期满若干天（有的是 30 天）后，承租人仍没有还箱，租箱公司可自动认为箱子"全损"，承租人应按合同规定的赔偿办法支付赔偿金。而且，在租箱公司收到赔偿金之前，承租人应仍按天支付租金。

3）损害修理责任条款

损害修理责任条款（Damage Protection Plan），简称 DPP 条款，指在承租人支付 DPP 费用的前提下，在归还箱子时，可不对租赁期间箱子的损坏负责，损坏的箱子由租箱公司负责修理。租赁合同中订有 DPP 条款，对承租人来说，可避免一旦发生箱子损坏所引起的有关修理安排、查核、检验、支付修理费用等繁杂事务，并可节约将受损的箱子运至修理厂的额外费用。承租人在订立 DPP 条款时应注意以下问题：DPP 费用只保箱子的部分损坏，不保箱子的全损。如系全损，则属保险责任中的全损险，由保险公司负责赔偿。另外，DPP 条款也不包括共同海损分摊对第三者的民事损害责任及对箱子内有关货物的责任。习惯上，DPP 只负责到比箱子本身价值低一点的一个固定限额。例如，20 ft 箱的价值为 3 000 美元，而合同中的 DPP 条款负责的最高费用可能只有 2 500 美元。如箱子在租赁期间发生损坏，其修理费用和其他费用在 2 700 美元，租赁公司则根据合同条款规定只负责 2 500 美元，超出部分则由承租人负责。DPP 费用一般按租箱天数收取。一旦订立了 DPP 条款，不论集装箱在租赁期间是否发生损坏，租箱人必须支付 DPP 费用，而且该费用一律不允许退还。

4）租箱人的责任、义务

租赁合同中租箱人的主要责任、义务有：

（1）按合同规定的时间、方式支付租金；

（2）租赁期内，租箱人与租箱公司共同承担《国际集装箱安全公约》规定的检验和修理责任；

（3）租箱人在租赁期内，应承担本国或他国的一切有关集装箱的法律、法规规定的罚款、费用损失；

（4）租箱人应承担租箱期内箱子的全损或灭失；

（5）租箱人可在租赁的箱子外表贴上自己的标志，但不得任意更动原有的标志；

（6）租赁期内，租箱人应按有关规定使用箱子，不得超负荷装载，或长期堆存有损箱体的货物；

（7）租箱期内，租箱人应对箱子进行良好的保养、维修，包括箱子的清洗、防污、油漆，以及更换必要的部件；

（8）租赁期内，租箱人应对第三者造成的箱子损坏责任负责，对其代理人或雇用人员对箱子造成的损坏负责。

5) 租金

租金支付条款主要内容如下。

(1) 租期。一般租箱合同均规定以提箱日为起租日，退租日则根据租箱合同规定的租期或实际用箱时间确定。长期租赁的退箱时间，根据合同确定。灵活租赁的退租日，则为将箱子退至租箱公司指定堆场的日期。承租人在终止租箱时，应按合同规定的时间事先通知租箱公司，无权任意延长租期或扣留使用箱子。

(2) 租金。一般按每箱天计收，即从交箱当日起算至租箱公司接受还箱的次日时止。长期租赁或无 DPP 条款的租箱，原则上在修复箱子后退租。有的租箱公司为简化还箱手续，在合同中订立提前终止条款，承租人在支付提前终止费用后，集装箱进入租箱堆场，租期即告终止。此项费用一般相当于 5~7 d 的租金。对于超期还箱，其超期天数的租金通常为正常租金的一倍。

(3) 租金支付方式。租金支付方式有两种，一种是按月支付，另一种是按季预付。租箱人在收到租箱公司的租金支付通知单后的 30 d 之内必须支付租金，如果延迟支付租金，则按合同规定的费率支付利息。

(4) 交、还箱手续费。承租人应按合同规定的费率支付交、还箱手续费，此项费用主要用于抵偿租箱公司支付租箱堆场的有关费用（如装卸车费、单证费等），其支付方式主要有两种，一种是按当地租箱堆场的费用规定支付，另一种是按租箱合同的规定支付。

6) 保险条款

这是租箱合同中有关出租公司向租箱人提供集装箱损害修理保险的条款。虽然这一条款常约定出租公司只对租箱人租用的集装箱本身的损害负责，而对于集装箱中装载货物的损害和集装箱运输中涉及第三者的损伤或损害并不负责。但是，在保险公司的集装箱保险以集装箱本身的保险为基本险，兼保货物损害赔偿责任和第三者赔偿责任保险的条件下，经过特约，出租公司也可能同意扩大集装箱损害修理保险范围。其具体做法通常是，先针对集装箱本身的损害扩大保险的范围，然后再适当地扩展其他险别的承保，以扩充其补偿的范围，减轻租箱人可能承担的风险。

(1) 保险条件。

① 每一只标有唛头标志的集装箱为一个单独的投保单位。

② 被保险人对投保的集装箱应做好维修、保养工作。

③ 保险期可视具体情况修改。如有的租箱公司规定，在租期内的箱子修理损坏率超过一定的比例，租箱公司有权修订保险条款。

(2) 保险方式。

① 有限额保险。有限额保险是指保险公司有限度地承担集装箱的损坏修理费，如损坏修理费超过投保的限度，其超过部分由承租人支付。

② 全值保险。全值保险是指保险公司按保单或协议规定的使用价值支付修理费用，其使

用价值根据对箱子规定的金额决定。

当然，在采用上述两种方式中的任何一种方式时，都可能有免赔额的规定，比如有的合同就规定对于 250 美元以下的损害修理费免赔。

（3）除外责任。保险公司对以下原因造成的箱子损坏、修理不承担责任和费用：

① 战争、敌对行为、武装冲突；

② 集装箱所在国政府对箱子的征用、没收、封锁；

③ 由于集装箱内在的缺陷造成的损坏；

④ 集装箱的自然耗损、正常磨损；

⑤ 超负荷装载导致的集装箱损坏；

⑥ 装载高度易燃品、爆炸品、腐蚀品及其他烈性危险品造成的损坏；

⑦ 集装箱对第三者造成的损害赔偿；

⑧ 间接损失；

⑨ 共同海损分摊；

⑩ 救助费用分摊。

（4）损坏修理程序。

① 提出损坏报告。集装箱在发生损坏后，投保人应提出有关箱子的损坏报告，并得到有关方面的确认（租箱公司或保险公司）。

② 对箱子进行检验。在箱子发生损坏后，投保人和保险公司都可安排自己的专业检验人员对箱子的损坏进行检验。

③ 修理。根据专业检验人员的检查报告，对箱子的损坏部分进行修理，但这种修理不包括箱子的自然耗损部分。

（5）保险期与退租。集装箱的保险期限从租箱协议订立、集装箱交箱起生效，至集装箱退还租箱公司指定的租箱堆场时终止。如果是由承租人投保，应在对箱子修复、符合条件后才能退租。如果发生集装箱全损，退租的日期为租箱公司收到有效证明文件的当日。

（6）保险金。

① 保险金与租金同时支付给租箱公司；

② 保险金与租金一样按箱天计算，即使有免费期，保险金也不能减免；

③ 保险金可根据承租人使用箱子的情况定，租箱公司可定期进行测试和调整。

2.2.3 集装箱存量管理

集装箱存量管理工作非常复杂，对于船公司和租箱公司来说，其管理内容和方式有很大的区别。总的来说，集装箱存量管理大约有以下一些主要工作。

1. 集装箱跟踪管理

集装箱在全球多式联运过程中，投入箱量巨大，运动路线复杂，因此对集装箱跟踪管理的实际工作量很大。据统计，目前集装箱运输过程中，由于集装箱灭失所造成的经济损失，每年高达数十亿美元。在集装箱跟踪控制方面，还没有非常有效的方法。一般来说，集装箱跟踪管理，有手工跟踪管理和计算机跟踪管理两类方法。

1) 手工跟踪管理方式

手工跟踪管理方式适用于拥有箱量较少、经营规模和范围较小的船公司和租箱公司。

首先制作一套包括自备箱在内的集装箱档案记录卡和一张集装箱动态跟踪图表，每个集装箱一张卡片。为便于控制与管理，集装箱档案记录卡可采用不同式样，如以不同大小的卡片表示不同尺寸的集装箱；用不同颜色卡片表示不同类型的集装箱等。船公司或租箱公司的箱务管理部门将每只集装箱的有关信息登记在相应的档案记录卡上。箱务管理部门将业务部门和各港口的箱务代理报来的信息随时登入集装箱档案记录卡，再将档案记录卡插入集装箱动态跟踪图表。这样，通过集装箱动态跟踪图表，就可了解本公司集装箱的全面动态。

手工跟踪管理方式十分麻烦，滞后性大，无法及时地向集装箱管理部门提供盘存所需的各种报表，特别是当船公司经营集装箱运输规模扩大、集装箱拥有量越来越多、周转加快时，这种跟踪管理方式无法适应集装箱运输管理的需求。

2) 计算机跟踪管理方式

集装箱计算机跟踪管理方式，是目前集装箱班轮公司和租箱公司普遍采用的高效管理方式。这种方式基本做法是先将集装箱必要的特征，如箱号、箱型、尺寸、购（租）箱及其地点、日期等预先存储在计算机内，然后再将集装箱日常动态和信息利用某种特定的代码形式及时输入计算机，并根据事先编好的程序，通过计算机进行有效的数据处理，随时可直观地显示或打印出集装箱管理部门盘存所需的各种类型的报表。

集装箱计算机跟踪管理方式按其信息和传递系统可分为联机和脱机两大类。

(1) 联机传递系统。所谓联机传递系统，是指船公司的计算机中心与其各港代理处所设立的终端机联成计算机网络，有关的集装箱动态信息可直接由代理人随时通过终端输入至船公司计算机中心存储处理，并能将所需处理结果返回至终端的打印设备上。这种系统实时性好，信息处理迅速及时，但初期形成计算机网络的工作量较大。

(2) 脱机传递系统。所谓脱机传递系统是指信息的传递系由各代理处采用普通的通信或卫星交换方式，传递给船公司，然后再由船公司计算机输入至计算机内存储处理。这种方式实时性较差，但对远距离的信息传递，还比较合适。

目前，利用计算机对集装箱进行管理，已由初级阶段的动态控制，即跟踪管理，发展到高级阶段的编目控制动态业务处理。船公司不仅能够掌握及跟踪分布在国内外集装箱码头堆场、集装箱货运站、货主仓库及运输途中的有关集装箱的地理位置和使用状态变化的动态信息，而且还可以对各个运输环节的箱子需求情况作出预测。

2. 集装箱空箱调运及管理

"空箱调运"即集装箱放空进行运输。集装箱应尽可能不发生空箱调运，船公司对集装箱的空箱调运量越少，其集装箱的使用效率越高，相应经济效益越好。但由于集装箱运输本身的复杂性，空箱调运在所难免。例如，欧洲四大港口（鹿特丹、汉堡、安特卫普、马赛）的总吞吐量中平均有15%是空箱。美国西海岸港口奥克兰1996年空箱的比例高达26%，其中出口货流中只有8%的空箱，而进口货流中有44%的空箱。

1）空箱调运的原因

集装箱空箱调运，其根本原因在于货运需求与运力供给之间的不平衡。其中有些是客观原因造成的，不可避免；有些则是主观原因造成的，属于不合理调运。总结如下：

（1）管理原因导致空箱调运。航运企业与港口代理机构之间的管理性信息系统不完善，管理水平落后。如由于单证交接不全，流通不畅，影响箱子的调运与周转。有时箱子损失或灭失的责任不清，无法追回或未及时追回，只能调运空箱补充；又如货主提箱超期，造成港口重箱积压，影响到箱子在内陆的周转，为保证船期，不得不从附近港口调运空箱。

（2）进、出口货源不平衡，造成进、出口箱子比例失调，产生空箱调运。

（3）由于贸易逆差，导致集装箱航线货流不平衡，因而产生空箱调运。

（4）由于进出口货物种类和性质不同，因而使用不同规格的箱子，产生航线不同规格箱子短缺现象，不得不调运不同规格的箱子，以满足不同货物的需要。

（5）各运输方式之间衔接不够协调。

（6）其他原因。如出于对修箱费用和修箱要求考虑，船公司将空箱调运至维修费低、修箱质量高的地区去修理。

2）减少空箱调运的措施

由于客观货物流向、流量与货种不平衡，产生一定数量的空箱调运是必然的。但采取一定的措施，使空箱调运量下降到较低水平，是完全可以做到的。

（1）组建联营体，实现船公司之间集装箱共享。

联营体通过互相调节使用空箱，可减少空箱调运量和航线集装箱需备量，节省昂贵的空箱调运费和租箱费。

（2）强化集装箱集疏运系统，缩短集装箱周转时间。

通过做好集装箱内陆运输各环节工作，保证集装箱运输各环节紧密配合，缩短集装箱周转时间和在港时间，以提供足够箱源，不致因缺少空箱而进行空箱调运。

（3）建立高效的集装箱箱务管理系统，实现箱务管理现代化。

通过优化计算机集装箱管理系统，采用 EDI 技术，以最快、最准确的方式掌握集装箱信息，科学而合理地进行空箱调运，做到最大限度减少空箱调运量及调运距离。

（4）准确预测货流。倘若货流预测的准确度较高，则空箱调运的及时性、合理性就有了一定保证，在此基础上及时安排和调运空箱，以满足不同的货主对不同的箱型和箱量的需求。

（5）加强修箱管理。箱况的好坏关系到航运公司的服务形象，而修箱费用又与航运公司的盈利息息相关，必须通过管理解决两者之间的矛盾。

3. 集装箱堆存与保管

1）空箱的堆存与保管

集装箱所有人或箱管部门所管理的空箱一般在码头堆场、货运站堆场等地堆存和保管，通常委托箱管代理或各堆场经营人作为代理人进行实际管理，并需支付堆存、管理费用。这些费用也是集装箱运输成本的重要组成部分，因而加强集装箱空箱的堆存、保管的管理具有重要的意义。

集装箱箱管代理人在安排空箱堆存过程中，应将各航运公司的集装箱分别堆放，通公司的集装箱也应按照箱型分别堆放，便于提箱。在搬运过程中，应规范操作，避免集装箱出现残损。在收箱时，应做好集装箱的核查工作，一旦出现集装箱损坏的现象，要及时通知箱主安排修理事宜。

集装箱所有人在掌握各堆场的空箱类型、数量的基础上，应充分利用各堆场入场初期的免费条款，并将堆存期较长的集装箱优先调运出堆场。

2）重箱的堆存与保管

集装箱码头为了避免堆场内集装箱的大量积压，往往规定了出口重箱应在限定的入港开始时间和截止时间内将重箱运至指定的堆场存放；同时，对于进口重箱，也规定了免费堆存期限，促使收货人及时提取货物，一旦超出了免费堆存期限，就要收取堆存费用。

复习思考题

一、名词解释

集装箱　集装箱额定重量　集装箱融资租赁

二、多项选择题

1. 下列属于集装箱必备标记的是（　　）。
   A. 箱主代号　　　　B. 设备识别代号　　　　C. 类型代号　　　　D. 安全合格牌照
2. 集装箱租货的方式有（　　）。
   A. 长期租赁　　　　B. 即期租赁　　　　C. 程租　　　　D. 灵活租赁

三、判断题（正确的用 T，错误的用 F）

1. 设备识别代码 U 表示集装箱底盘车。（　　）
2. 类型代号第一位为拉丁字母，表示箱型。（　　）
3. 为了保证船公司的正常营运，集装箱应该全部自备。（　　）
4. 对承租方来说，集装箱租赁可有效降低初始投资，避免资金被过多占用。（　　）

四、简答题

1. 集装箱租赁有哪些方式？各有什么优缺点？
2. 简述航线集装箱配备量的计算方法。

部分习题参考答案

二、多项选择题

1. AB　　2. ABCD

三、判断题

1. F 2. T 3. F 4. T

案例分析

集装箱租赁合同纠纷案

一、案情概况

原告：上海中海物流有限公司（以下简称中海物流）

被告：上海品圆贸易有限公司（以下简称品圆公司）

被告：上海科宁油脂化学品有限公司（以下简称科宁公司）

被告：南京林通水运有限责任公司（以下简称林通公司）

2001年8月，被告品圆公司受被告科宁公司委托，为科宁公司将桶装液体助剂从上海运输至汕头。为此，品圆公司与原告中海物流签订协议，向中海物流租借24只20 ft集装箱。品圆公司将该24只集装箱装载在被告林通公司的"苏林立18"轮上。该轮从上海港出发，开航时船舶无不适航情况。次日，"苏林立18"轮航行至浙江温州洞头海面遇到雷雨大风，船舶、船上货物及集装箱一并沉没。事故发生后，品圆公司将集装箱灭失的消息及时通知了中海物流。温州海事局制作的事故调查报告书认为，造成本次事故的主要原因是天气海况恶劣，次要原因是船员应变能力差、操作不当。涉案24只集装箱系中海物流向中海集装箱运输有限公司（以下简称中集公司）租赁。中海物流已向中集公司赔付集装箱灭失损失71 700美元及租金247.8美元。

二、法院裁判

海事法院经审理认为，本案诉由为违约之诉。

中海物流与品圆公司之间的集装箱租赁合同合法有效。

中海物流与科宁公司、林通公司无租箱合同关系，故科宁公司、林通公司无须承担赔偿责任。因温州海事局制作的事故调查报告书未对天气海况恶劣程度作出结论，且船员应变能力差、操作不当也是沉船事故的原因之一，故品圆公司等有关不可抗力的抗辩理由不能成立。中海物流未举证证明涉案集装箱价值，依据《国际集装箱超期使用费计收办法》的集装箱全损最低赔偿额标准计算损失为每只20 ft干货箱1 280美元。品圆公司在集装箱灭失后及时通知中海物流，故无须支付超期使用费。据此，法院判决品圆公司向中海物流支付集装箱灭失赔偿金30 720美元、用箱费人民币12 000元及利息。

中海物流及品圆公司不服提起上诉。二审期间，几方当事人在高级人民法院主持下达成和解协议，法院据此制作了调解书。林通公司向中海物流支付人民币20万元，最终解决了本案纠纷。

思考题："第三人原因"致集装箱灭失时的租金支付时应该怎样处理？

案例分析参考答案

本案是一起集装箱租赁合同项下请求还箱及支付集装箱使用费、超期使用费的纠纷。

被告品圆公司援引《合同法》第二百三十一条的规定:"因不可归责于承租人的事由,致使租赁物部分或全部毁损、灭失的,承租人可以要求减少租金或者不支付租金;因租赁物部分或者全部毁损、灭失,致使不能实现合同目的的,承租人可以解除合同。"把集装箱的灭失原因说成是"因不可归责承租人的事由"和"不可抗拒力"进行抗辩,未得到法院的采信。被告科宁公司和被告林通公司均辩称"与原告没有租赁合同关系,不承担违约赔偿责任",均得到了法院的采信。最后法院认定此次海上事故不属"不可克服、不可避免、不可预见",被告品圆公司不能免责,根据合同法第一百二十一条"当事人一方因第三人的原因造成违约的,应当向对方承担违约责任。当事人一方和第三人之间的纠纷,依照法律规定或者按照约定解决"。集装箱租赁人品圆公司应对"第三人原因"造成的集装箱灭失承担不能还箱的违约责任,同时须支付集装箱使用费;而被告科宁公司和被告林通公司不承担违约赔偿责任。一审法院的判决是正确的。

开篇案例参考答案

集装箱标准化为集装箱的各种基本技术条件,即尺寸、结构、试验方法等建立标准,从而使集装箱在海、陆、空运输中具有通用性和互换性,提高集装箱运输的经济性及安全性,为集装箱的运输工具和装卸设备的选型、设计和制造提供依据,使集装箱运输成为相互衔接配套、专业化、高效化的运输体系。集装箱标准化极大地促进了集装箱运输在全球的广泛开展,使多式联运成为可能。

参考文献

[1] 王鸿鹏.集装箱运输管理[M].北京:电子工业出版社,2007.
[2] 江静.国际集装箱运输与多式联运[M].北京:中国商务出版社,2006.
[3] www.portcontainer.com.中国港口集装箱网.
[4] 杨茅甄.集装箱运输实务[M].北京:高等教育出版社,2003.

第 3 章

集装箱货物及其组织

本章要点

- ➢ 掌握集装箱货物的分类；
- ➢ 掌握集装箱货物装箱方式；
- ➢ 掌握集装箱货物的交接方式。

【开篇案例】

1997年8月15日，东方公司接受土畜产公司的订舱，开具了一份已装船正本提单，该提单注明货物的品名为二氧化硫脲，船名"鳄鱼坚强"号，起运港青岛，卸货港洛杉矶，托运人为土畜产公司。1997年8月19日晚，当"鳄鱼坚强"轮停泊在上海港时，船上发现二舱冒烟，经消防部门及港务公司共同检测，倒箱166个，将货物自燃冒烟的OOLU3360121集装箱卸下船，堆放在港区的危险品码头，同时卸下的还有编号为OOLU3429526的集装箱，因该箱散发浓烈的气味，开箱检查时，有6名工人发生轻微中毒。上海市浦东新区环境监测站到场检查，认定是OOLU3360121集装箱内装载的货物二氧化硫脲自燃。"鳄鱼坚强"轮将OOLU3360121集装箱滞留在码头，其他集装箱装船后于1997年8月21日起航，同年8月23日到达日本神户港。船到日本后，东方公司聘请海鸥海事（横滨）有限公司对船上的污染进行检查，结论是装载OOLU3360121集装箱的二舱有污染，25个集装箱的表面有化学污染痕迹。船上的集装箱在日本的横滨港、东京港进行了倒箱、清洗。船舶开航后，船员又对船舱进行了清洗。货物到达目的港后，发生了多起收货人因货物受损引起的索赔，东方公司聘请美国的FREEHILL HOGAN & MAHAR LLP处理索赔事宜，发生了大量的费用。事故发生后，东方公司即委托了上海中衡咨询有限公司于1997年8月26日和1998年8月对出事的集装箱进行检验，后一次检验东方公司还委托了香港专家EDMONDSON、新加坡专家MULLEN一同参加，几份检验报告的一致意见是货物是由于装载不当引起自燃的。

东方公司遂诉至法院，请求中化公司和土畜产公司赔偿其各项损失。

另查明，1997年5月，中化公司与土畜产公司签订了一份"出口外贸代理协议书"，约定由中化公司自行对外签约，办理涉案货物出运的手续，由此而产生的一切纠纷由中化公司自己解决，被告土畜产公司提供全套的出口单据，收取一定的代理费用。

思考题：对于特殊货物应该怎么装载才能确保安全？

3.1 集装箱货物

集装箱化后，由于各种不同的集装箱适合装载各种不同的货物，所以货物分类的方法与普通货船运输时有所不同。

一般可分为普通货物和特殊货物。

1) 普通货物（General Cargo）

一般通称为杂货，是指不需要用特殊方法进行装卸和保管、可按件计数的货物。其特点是批量不大，单价较高，具有较强的运费负担能力，经常用定期船运输。杂货根据其包装形式和货物的性质又可分为清洁货和污货两类。

（1）清洁货（Clean Cargo），又称"细货"（Fine Cargo）或"精良货"，是指清洁而干燥，在积载和保管时本身无特殊要求，如与其他货物混载，不会损坏或污染其他货物的货物。如纺织品、棉纱、布匹、橡胶制品、陶瓷器、漆器、电气制品、玩具等。

（2）污货（Dirty Cargo），又称"粗货"（Rough Cargo，Troublesome Cargo），是指按本身的性质和状态，容易发潮、发热、风化、融解、发臭，或者有可能渗出液汁、飞扬货粉、产生害虫而使其他商品遭受损失的货物。这类货物包括可能渗出液汁的兽皮；飞扬粉末的水泥、石墨；污损其他货物的油脂、沥青；生虫的椰子核、牛骨、干燥生皮；发生强烈气味的胡椒、樟脑、牛皮等。

2) 特殊货物（Special Cargo）

特殊货物是指在性质、重量、价值、形态上有特殊性，运输时需要用特殊集装箱装载的货物。它包括冷藏货、动（植）物、重货、高价货、危险货、液体货、易腐货和散货等。

（1）冷藏货（Refrigerated Cargo）。指需用冷藏集装箱或保温集装箱运输的货物，如水果、蔬菜、鱼类、肉类、鸡蛋、奶油、干酪等。

（2）活动（植）物（Livestock and plants）。指活的家禽、家畜和其他动物及树苗等植物。

（3）重货（Heavy Cargo）。指单件重量特别大的货物，如重型机械等。我国对水路运输中笨重货物规定有以下三个标准。

① 交通部沿海直属水运企业规定：重量超过 3 t；长度超过 12 m。

② 长江航运和各省（市、自治区）沿海水运企业规定：重量超过 2 t；长度超过 10 m。

③ 各省（市、自治区）内河水运企业规定：重量超过 1 t；长度超过 7 m。在国外，一般平均每件重量超过 3.6 t 的货物，按笨重货处理。

（4）高价货（Valuable Cargo）。指按容积或重量来计算，其价格都比较昂贵的货物，如生丝、绸丝、丝织品、照相机、电视机，以及其他家用电器等。

（5）危险货（Dangerous Cargo）。指本身具有易燃、易爆、有毒、有腐蚀性、放射性等危险特性的货物。危险货物装箱时必须有特别的安全措施，有危险货物的集装箱装船时，也必须有特别的安全措施，以保证运输设备及人身的安全。

（6）液体货（Liquid Cargo）。指需装在罐、桶、瓶等容器内进行运输的液体或半液体货。许多液体货还具有一定程度的危险性。液体货易泄漏和挥发，经常会出现污损或污染其他货物的情况。

（7）易腐货（Perishable Cargo）。指在运输途中因通风不良或温度高、湿度大而易腐败变质的货物。

（8）散货（Bulk Cargo）。指粮食、盐、煤、矿石等无特殊包装的散装运输的货物。随着集装箱运输的发展，水泥、糖等也可用集装箱散装运输。

3.2 集装箱装箱方式

集装箱是一个容器，它装载货物的数量较多，而且是在封闭情况下进行运送的，一旦箱内货物装载不良或变质而危及运输安全和货物完好时，不易被及时发现，即使发现了，可能为时已晚，且要纠正不正当的积载也比较困难。

3.2.1 集装箱装箱前的检查

开展集装箱的国际多式联运，应以实行门到门运输为原则。因此，在选用集装箱运输时，还必须注意到内陆运输的条件。选用集装箱时，主要考虑的还是根据货物的不同种类、性质、形状、包装、体积、重量及运输要求采用其合适的箱子。首先要考虑的是货物是否装得下，其次考虑在经济上是否合理，与货物所要求的运输条件是否符合。

集装箱在使用前，必须进行严格检查。一只有缺陷的集装箱，轻则导致货损，重则在装卸中有可能发生严重人身伤亡。所以，对集装箱的检查是货物安全运输的基本条件之一。通常，对集装箱的检查应做到以下几点。

（1）符合集装箱国际标准（ISO）和国际安全公约标准（CSC），具有合格检验证书。

（2）集装箱的4个角柱、6个壁、8个角要外表状态良好，没有明显损伤、变形、破口等不正常现象。板壁凹损应不大于30 mm，任何部件凸损不得超过角配件外端面。

（3）箱门应完好、水密，能开启270°，栓锁完好。

（4）箱子内部清洁、干燥、无异味、无尘污或残留物，衬板、涂料完好。

（5）箱子所有焊接部位牢固、封闭好、不漏水、不漏光。

（6）附属件的强度、数量满足有关规定和运输需要。

(7) 箱子本身的机械设备（冷冻、通风等）完好，能正常使用。

在使用前应对集装箱进行仔细全面的检查，包括外部、内部、箱门、清洁状况、附属件及设备等。通常发货人（用箱人）和承运人（供箱人）在箱子交接时，共同对箱子进行检查，并以设备交接单确认箱子交接时的状态。

3.2.2 集装箱货物装载要求

集装箱适于装运多种品类的货物，但这些货物并非都是能够互相配载的，装箱前如没能根据货物的性质、特点、规格等加以合理挑选组合，运输过程中就容易发生货运事故。

为了确保集装箱货运质量，必须注意集装箱货物的合理装载和固定，集装箱货物的装载应满足以下两个基本要求。

(1) 确保货物的完好和运输安全，不断提高运输服务质量。

(2) 集装箱载重量和内容积应得到充分利用，不断提高集装箱的利用率。

货物集装作业的质量，直接关系到货物完好与运输安全，在装箱作业进行之前，应对集装箱的卫生条件和技术条件进行认真的目测检查。

1. 集装箱装载货物的一般要求

1) 质量和载荷

在货物装箱时，任何情况下箱内所装货物的重量不能超过集装箱的最大装载量。根据货物的体积、质量、外包装的强度，以及货物的性质进行分类，把外包装坚固和质量较大的货物装在下面，外包装脆弱、质量较轻的货物装在上面，装载时要使货物的质量在箱底上平均分布。箱内负荷不得偏于一端或一侧，特别是要严格禁止负荷重心偏在一端的情况。如箱子某一部位装载的负荷过重，则有可能使箱子底部结构发生弯曲或有脱开的危险。

2) 衬垫

装载货物时，要根据包装的强度决定衬垫。夹衬采用缓冲材料，防止装载下面的货物压坏，并使负荷平均分布，特别是包装脆弱货物或易脆商品，以及湿货（包括桶装或罐装液体货）等，更应注意采用适宜的隔热物料，装箱时不要用不同包装的货物填塞集装箱的空位，除非这种包装的货物是完全适合拼装的。

3) 固定

货物与货物之间，集装箱侧壁与货物之间如有空隙，在运输中由于摇摆而会使货物移动，造成塌货和破损，还有可能损坏其他货物，破坏集装箱的侧壁，甚至损坏其他集装箱，有时集装箱到达目的地打开门时，由于装在箱门附近的货物倒塌，还会引起人身伤亡和货物损坏，因此货物需要进行充分的固定。

使运输过程中的货物在集装箱内不产生移动的作业叫做"固定"，通常有如下几种方法。

(1) 支撑。用方形木条等支柱使货物固定。

(2) 塞紧。货物之间，或货物与集装箱侧壁之间用方木等支柱在水平方向加以固定，或者插入填塞物、缓冲垫、楔子等防止货物移动。

（3）系紧。集装箱内的系紧就是用绳索、带子等索具把货物捆绑。

在任何情况下，都不能把货物直接固定在集装箱内部任何一个平面上，因为把集装箱钻孔会破坏箱子的水密性。

由于集装箱的侧壁、端壁、门板处的强度较弱，因此在集装箱内进行固定作业时要注意支撑和塞紧的方法，不要直接撑在这些地方使它承受局部负荷，而必须设法使支柱撑在集装箱的主要构件上。此外，为了使货物能有效地固定并保护货物，有时也将衬垫材料、扁平木材等，制成栅栏来固定。

4）缓冲材料

为了填补货物之间和货物与集装箱侧壁之间的空隙，防止货物的破损、湿损、污损，有必要在货物之间插入木板、覆盖物之类的隔货材料，这些材料多半为货板、木框、缓冲垫等填塞物。

最新的方法是使用合成橡胶制的空气垫。它是利用牵引车上的压缩空气把气垫吹膨起来，除了能固定货物外，同时还起着缓冲作用，但有价值昂贵的缺点。

5）货物的混载

把许多种货物装在同一集装箱内时，要注意货物的性质和包装，如有可能会引起事故时就要避免混载，例如，有水分的货物与干燥货物；一般货物与污臭货物及粉末货物；危险货物与非危险货物、两种以上不同的危险货物等。

为了防止发生货物事故，需要采用与该包装相适应的装载方法，利用集装箱装载的典型货物有油箱装货、波纹纸板箱货、捆绑货、袋装货、货板（托盘）货、危险货物等。

集装箱货物的现场装箱作业，通常有三种方法。

（1）全部用人力装箱。

（2）用叉式装卸车（铲车）搬进箱内再用人力堆装。

（3）全部用机械装箱，如货板（托盘）货用叉式装卸车在箱内堆装。

这三种方式中，第三种方法最理想，装卸率最高，发生货损事故最少。因此集装箱内进行货物装卸作业时，应严格按照有关的操作规程，应尽可能采用相应的装卸搬运机械作业，例如手推搬运车、输送式装箱机、叉车等，以减轻劳动强度，提高装卸作业效率。

2. 特殊货物的装载要求

对一些特殊货物和特种集装箱进行货物装载时，除上述一般要求与方法外，还有一些特殊的要求。这些货物和集装箱装载时，必须充分保证满足这些特殊要求。

1）超尺度和超重货物装载要求

超尺度货物是指单件长、宽、高的实际尺度超过国际标准集装箱规定尺度的货物；超重货物指单件重量超过国际标准集装箱最大载货量的货物。国际标准集装箱是有统一标准的，特别在尺度、总重量方面都有严格的限制，集装箱运输系统中使用的装卸机械设备、运输工具（集装箱船、集卡等）也都是根据这一标准设计制造的。如果货物的尺寸、重量超出这些标准规定值，对装载和运输各环节来说，都会带来一些困难和问题。

(1) 超高货。一般干货箱箱门有效高度是有一定范围的，如货物高度超过这一范围，则为超高货，超高货物必须选择开顶箱或板架箱装载。集装箱装载超高货物时，应充分考虑运输全程中给内陆运输车站、码头、装卸机械、船舶装载带来的问题。内陆运输线对通过高度都有一定的限制（各国规定不甚一致），运输时集装箱连同运输车辆的总高度一般不能超过这一限制。

集装箱船舶装载超高货箱时，只能装在舱内或甲板上的最上层。

(2) 超宽货物。超宽货物一般应采用板架箱或平台箱运输。集装箱运输下允许货物横向突出（箱子）的尺寸要受到集装箱船舶结构（箱格）、陆上运输线路（特别是铁路）允许宽度限制，受到使用装卸机械种类的限制（如跨运车对每边超宽量大于 10 cm 以上的集装箱无法作业），超宽货物装载时应给予充分考虑。

集装箱船舶装载超宽货箱时，如超宽量在 150 mm 以内，则可以与普通集装箱一样装在舱内或甲板上；如超宽量在 150 mm 以上，只能在舱面上装载，且相邻列位必须留出。

(3) 超长货物。超长货物一般应采用板架箱装载，装载时需将集装箱两端的插板取下，并铺在货物下部。超长货物的超长量有一定限制，最大不得超过 306 mm（即 1 ft 左右）。

集装箱船舶装载超长货箱时，一般装于甲板上（排与排之间间隔较大）；装在舱内时，相邻排位须留出。

(4) 超重货物。集装箱标准（ISO）对集装箱（包括货物）总重量是有明确限制的，所有的运输工具和装卸机械都是根据这一总重量设计的。货物装入集装箱后，总重量不能超过规定值，超重是绝对不允许的。

2) 冷藏（冻）货装载要求

装载冷藏（冻）货的集装箱应具有供箱人提供的该箱子的检验合格证书。

货物装箱前，箱体应根据使用规定的温度进行预冷。货物装箱时的温度应达到规定的装箱温度。温度要求不同或气味不同的冷藏货物绝不能配入一箱。运往一些宗教（特别是伊斯兰教）国家的集装箱货，不能把猪肉与家禽、牛羊肉配装在同一箱内。

货物装载过程中，制冷装置应停止运转；注意货物不要堵塞冷气通道和泄水通道；装货高度不能超过箱中的货物积载线。装货完毕关门后，应立即使通风孔处于要求的位置，并按货主对温度的要求及操作要求控制好箱内温度。

3) 危险货物装载要求

集装箱内装载的每一票危险货物必须具备危险货物申报单。装箱前应对货物及应办的手续、单证进行审查，不符合《国际危规》的包装要求或未经商检、港监等部门认可或已发生货损的危险货物一律不得装箱。

危险货物一般应使用封闭箱运输，箱内装载的危险货物任何部分不得凸出箱容。装箱完毕后应立即关门封锁。

不得将危险货物与其他性质与之不相容的货物拼装在同一集装箱内。当危险货物仅占箱内部分容积时,应把危险品装载在箱门附近,以便于处理。

装载危险品货物的集装箱上,至少应有4幅尺度不小于250 mm×250 mm 的危险品类别标志牌贴在箱体外部4个侧面的明显位置上。

装箱人在危险货物装箱后,除提供装箱单外,还应提供集装箱装箱证明书(Container Packing Certificate),以证明已正确装箱并符合有关规定。

装载危险货物的集装箱卸完后,应采取措施使集装箱不具备危险性并去掉危险品标志。

4) 干散货物装载要求

用散货集装箱运输干散货可节约劳动力、包装费、装卸费。散货集装箱的箱顶上一般都设有2~3个装货口,装货时利用圆筒仓或仓库的漏斗或使用带有铲斗的起重机进行装载。散货集装箱一般采用将集装箱倾斜使散货产生自流的方法卸货。在选定装载散货的集装箱时,必须考虑装货地点和卸货地点的装载和卸载的设备条件。

运输散装的化学制品时,首先要判明其是否属于危险货物;在运输谷物、饲料等散货时,应注意该货物是否有熏蒸要求。因此,在装货前应查阅进口国的动植物检疫规则,对需要进行熏蒸的货物应选用有熏蒸设备的集装箱装运。

在装运谷物和饲料等货物时,为了防止水湿而损坏货物,应选用有箱顶内衬板的集装箱装运。在装载容易飞扬的粉状散货时,应采取措施进行围圈作业。

5) 液体货物装载要求

液体货物采用集装箱运输有两种情况。一是装入其他容器(如桶)后再装入集装箱运输,在这种情况下货物装载应注意的事项与一般货物或危险货物(属危险品)类似;二是散装液体货物,一般需用罐式箱运输,在这种情况下,货物散装前应检查罐式集装箱本身的结构、性能和箱内能否满足货物运输要求;检查应具备必要的排空设备、管道及阀门,其安全阀应处于有效状态。装载时应注意货物的比重(密度)要和集装箱允许载重量与容量比值一致或接近。在装卸时如需要加温,则应考虑装货卸货地点要有必需的热源(蒸汽源或电源)。

6) 动、植物及食品装载要求

运输该类货物的集装箱一般有两类:密闭和非密封式(通风)。装载这类货物时应注意,货物应根据进口国要求经过检疫并得到进口国许可。一般要求托运人(或其代理人)事先向港监、商检、卫检、动植物检疫等管理部门申请检验并出具合格证明后方可装箱。需做动植物检疫的货物不能同普通货装在同一箱内,各类特殊货物装箱完毕后,应采取合适的方法进行,以免熏蒸时造成货损。

3.3 集装箱货物的交接方式

集装箱运输实现了"门到门"的运输。这些变化必然引起集装箱运输系统中货物的交接和流转方式发生变化。为使集装箱运输的优越性得到充分发挥，集装箱货物的交接和流转方式都具有鲜明的特点。

1. 集装箱货物的交接形态

在集装箱运输中，货方（发、收货人）与承运方货物的交接形态有两种，即整箱货交接与拼箱货交接。

整箱货（Full Container Load，FCL）交接，是指发货人、收货人与承运人交接的货物是一个（或多个）装满货物的整箱货。发货人自行装箱并办好加封等手续，承运人接收的货物是外表状态良好、铅封完整的集装箱；货物运抵目的地时，承运人将同样的集装箱交付收货人，收货人自行将货物从箱中掏出。

拼箱货（LCL）交接，一般发生在发货人一次托运的货物数量较少，不足以装满一个集装箱，而针对这些货物的贸易合同又要求使用集装箱运输，为了减少运费，承运人根据流向相同的原则将一个或多个发货人的少量货物装入同一个集装箱进行运输。这一般意味着承运人以货物原来的形态从各发货人手中接收货物，由承运人组织装箱运输，运到合适的地点时，承运人将货物从箱中掏出后，以原来的形态向各收货人交付。拼箱货物的交接、装拆箱可在码头集装箱货运站、内陆货运站或中转站等地进行。

在集装箱运输中，有时也会出现这两种交接形态结合的情况，即承运人从发货人处以整箱形态接收货物，而以拼箱形态交付货物（针对每个箱中的货物只有一个发货人，多个收货人的情况）或相反（针对每个箱中的货物有多个发货人，而只有一个收货人的情况）。

2. 集装箱货物的交接地点

在集装箱运输中，集装箱货物的交接地点一般有三类，即发、收货人的工厂和仓库（DOOR）、集装箱码头堆场（CY）和集装箱货运站（CFS）。

1）发货人或收货人的工厂或仓库交接（DOOR 交接）

指承运人或其代理人在发货人的工厂或仓库接收货物或在收货人的工厂或仓库交付货物。DOOR 交接的集装箱货物都是整箱交接。一般意味发货人或收货人自行装（拆）箱。运输经营人负责自接收货物地点到交付货物地点的全程运输。

2）集装箱码头堆场交接（CY 交接）

集装箱码头堆场交接，一般意味着发货人应自行负责装箱及集装箱到发货港码头堆场的运输，承运人或其代理人在码头堆场接收货物，责任开始。货物运达卸货港后，承运人或其代理人在码头堆场上向收货人交付货物时，责任终止。由收货人自行负责集装箱货物到最终目的地的运输和掏箱。

在集装箱码头堆场交接的货物都是整箱交接。在有些资料中和有些情况下，"CY 交接"一词的含义要更广泛一些。除在码头堆场交接外，还包括在内陆地区的集装箱内陆货运站的交接（即内陆 CY 交接）。在内陆 CY 交接情况下，与货主进行集装箱运输经营堆场货物交接的一般是联运经营人，他还要负责从接收货物的堆场到码头堆场间的运输。集装箱货物内陆

CY 交接也是整箱交接。

3）集装箱货运站交接（CFS 交接）

一般包括集装箱码头的货运站、集装箱内陆货运站或中转站。CFS 货物交接通常是拼箱交接，因此 CFS 交接一般意味着发货人自行负责将货物送到集装箱货运站，承运人或其代理人在货运站以原来形态接收货物并负责安排装箱，然后组织海上运输或陆海联运。货物运到目的地货运站后，运输经营人负责拆箱并以货物的原来形态向收货人交付。收货人自行负责提货后的事宜。

3. 集装箱货物的交接方式

在集装箱运输中，根据实际交接地点不同，集装箱货物的交接有多种方式，在不同的交接方式中，集装箱运输经营人与货方承担的责任、义务不同，集装箱运输经营人的运输组织的内容、范围也不同。

集装箱货物的交接方式有以下几种。

1）CY—CY

即 FCL—FCL 的交货类型。承运人从出口国集装箱码头整箱接货，运至进口国集装箱码头整箱交货的一种交接方式。

2）CY—CYS

即 FEL—LCL 的交货类型。承运人从出口国集装箱码头整箱接货，运至进口国指定的集装箱货运站，拆箱后散件交收货人。

3）CY—DOOR

即 FCL—FCL 的交货类型。承运人从出口国集装箱码头整箱接货，运至进口国收货人的工厂或仓库整箱交货。

4）CFS—CY

即 LCL—FCL 的交货类型。承运人从出口国指定的集装箱货运站散件接货，拼箱后运至进口国集装箱码头整箱交货。

5）CFS—CFS

即 LCL—LCL 的交货类型。承运人从出口国指定的集装箱货运站散件接货，拼箱后运至进口国指定的集装箱货运站，拆箱后散件交收货人。

6）CFS—DOOR

即 LCL—FCL 的交货类型。承运人从出口国指定的集装箱货运站散件接货，拼箱后运至进口国收货人的工厂或仓库整箱交货。

7）DOOR—CY

即 FCL—FCL 的交货类型。承运人从出口国发货人的工厂或仓库整箱接货，运至进口国集装箱码头整箱交货。

8) DOOR—CFS

即 FCL—LCL 的交货类型。承运人从出口国发货人的工厂或仓库整箱接货，运至进口国指定的集装箱货运站，拆箱后散件交收货人。

9) DOOR—DOOR

即 FCL—FCL 的交货类型。承运人从出口国发货人的工厂或仓库整箱接货，运至进口国收货人的工厂或仓库整箱交货。

以上 9 种交接方式是集装箱运输中集装箱货物基本的交接方式。除 CY—CY 交接方式适用于海运单一方式运输（包括海上转运和海海联运）外，其他交接方式都是集装箱货物多式联运下的交接方式。最方便货主并体现集装箱综合运输优越性的是 DOOR—DOOR。

复习思考题

一、名词解释

细货　污货　整箱货　拼箱货

二、多项选择题

1. 以下可用集装箱装载的货物有（　　）。

A. 纺织品　　　　　B. 水果　　　　　C. 电视机　　　　　D. 废钢铁

2. 对集装箱的检查包括（　　）。

A. 箱门应完好、水密　　　　　B. 箱子内部清洁、干燥

C. 附属件的强度满足需要　　　D. 箱子本身设备应正常使用

3. 整箱交接方式有（　　）。

A. CY—CY　　　B. CY—DOOR　　　C. DOOR—CY　　　D. DOOR—DOOR

三、判断题（正确的用 T，错误的用 F）

1. 把许多种货物装在同一集装箱内时，如有可能会引起事故时就要避免混载。（　　）
2. 活的动植物一律禁止使用集装箱运输。（　　）
3. 集装箱内装载的每一票危险货物必须具备危险货物申报单。（　　）

四、简答题

1. 简述集装箱货物的分类。
2. 集装箱货物的交接方式有哪几种？
3. 简述集装箱装载货物的一般要求。

部分习题参考答案

二、多项选择题
1. ABC 2. ABCD 3. ABCD

三、判断题
1. T 2. F 3. T

案 例 分 析

福峡茶厂诉福州港务管理局马尾港务公司集装箱货物运输损害赔偿纠纷案

原告：福州市福峡茶厂。地址：福建省福州市城门乡龙江村。

法定代表人：张庆和，厂长。

被告：福州港务管理局马尾港务公司。地址：福州市马尾港口路6号。

法定代表人：林景清，经理。

第三人：交通部上海海运管理局。地址：上海市广东路20号。

法定代表人：蔡国华，局长。

1989年9月12日，原告与被告签订了经上海中转至青岛运输12 000 kg茉莉花茶的水路联合运输运单式合同，收货人是青岛市茶叶集团公司（简称茶叶公司）。该批茶叶为"春风"、"超特"、"特级"三种，价值361 630元，分装于第三人所有的5个国产集装箱，由原告自行检查箱体并装箱施封。被告代中国人民保险公司福州经济开发区支公司与原告办理了货物运输保险，原告投保金额为8万元，为不足额保险。

被告接收承运的货物后，原计划9月15日装船，由于台风影响，延滞于9月27日才得以起运。这期间，起运地受到3次台风袭击，连降暴雨和大雨。集装箱按规定和惯例始终露天置放，被告未采取任何防护措施。启运时，箱体完好，铅封完整。该批货物由第三人所属"鸿新"轮承运。"鸿新"轮装船时未提出异议。

"鸿新"轮于9月28日抵达上海港，次日在汇山码头作业区卸箱交由第三人所属"长力"轮承运。"长力"轮于10月3日抵达青岛港，次日卸箱。5日，收货人茶叶公司将集装箱提走，运至本公司仓库。5个集装箱仍然箱体完好，铅封完整，茶叶公司也未向终点承运人提出异议。至此，承运人已将集装箱"清洁"交付收货人，联合运输合同履行完毕。该批货物在上海汇山码头期间，天气为阴天，有时小雨，两船均将集装箱载于舱内；抵青岛港后运至收货人仓库期间，天气晴朗。

茶叶公司收货后，在仓库开箱时，发现5个集装箱底部均有不同高度的水湿，茶叶受潮霉变。于是电告原告，表示拒收货物。同时，为防止损失扩大，茶叶公司将茶叶全部卸箱，将5个集装箱放回青岛港区。原告接电后，在找保险人的同时，亦与被告交涉，要求被告派人同去青岛。在未得到被告正式答复的情况下，原告于10月8日同保险公司的一名人员赶赴青岛。中国人民保险公司青岛分公司受该批货物保险人的委托，派员抽检了13箱茶叶，出具了"全部受潮，部分木箱有水渍痕迹"的查勘证明；茶叶公司也出具了"茶叶霉变"的证明。此后，茶叶全部运回原告本厂，重新烘干后降级出售。保险人根据受损情况，以8万元投保额，按47.125%的比例计算，赔付原告37 700元。

原告因保险赔款不足以弥补损失，向厦门海事法院提起诉讼称：委托被告承运的茶叶，价值362 000元。被告接收货物后，将装载货物的集装箱堆在露天货场18天，因淋雨致茶叶水湿霉变，损失210 126.40元。除保险公司赔偿37 700元外，尚损失172 426.40元。被告拒赔，故请求法院判令被告赔偿上述损失及其利息。

被告辩称：双方签订的是联合运输合同。根据《中华人民共和国经济合同法》第四十一条第四款和《水路货物运输规则》的有关规定，茶叶霉变即使是在承运中造成的，原告也应向终点承运人即青岛港务局索赔。现原告向起点承运人索赔，不符合法定索赔程序，要求法院变更诉讼主体。货物滞运，属受台风影响，系不可抗力所致。集装箱运输凭箱体完好和铅封完整交接，被告已将集装箱清洁交付上海海运局"鸿新"轮承运，其后环节甚多，原告指认茶叶在我港中受湿霉变证据不足。集装箱是上海海运局所有并提供的，被告只是代理该局与托运人办理租箱手续。如是集装箱箱体问题，因集装箱渗入雨水造成货损，被告是没有责任的。故拒绝赔偿。

厦门海事法院受理案件后，认为本案的处理与集装箱所有人上海海运管理局有法律上的利害关系，决定追加其为第三人参加诉讼。上海海运管理局辩称：此次运输所用集装箱是其所有并委托被告代理租箱。本案运输方式是原告自行装箱的港至门集装箱运输。装箱前原告检查了箱体，认为适货。根据《水路货物运输规则》的有关规定，谁装箱谁负责，故本案货损应由原告自负。该批茶叶从发现霉变到重新加工处理，本局从未得到原告的通知。原告在未经商检部门作出残损检验的情况下，单方面处理残值，并以此索赔证据不足。因此，所有责任应由原告承担。

【审判】

厦门海事法院经审理认定：原告的茶叶在托运前，经茶叶质检站和茶叶公司技术人员检验合格，原价值361 630元。该批茶叶从青岛全部运回本厂后，剔除了50余公斤已失去饮用价值的霉变茶叶，掺入本厂原有部分茶叶并进行加工，售给了湖南长沙茶厂。以卖给长沙茶厂的全部茶叶中最高价计算，推定差价损失为133 803.10元，扣除保险人的赔偿后，尚损失96 103.30元。对托运茶叶本身的质量和包装，被告和第三人均未能举出证明其有缺陷的确实证据。

厦门海事法院认为，集装箱运输凭箱体和铅封交接。本案5个集装箱运抵目的港并由收货人提离港区时，箱体完好，铅封完整，目的港未作货运记录，表明集装箱并未损坏，也未

"灭失"、"短少"。这一事实与《经济合同法》第四十一条第四款的终点阶段承运方赔偿的前提条件不符,故被告要求变更诉讼主体为青岛港务局的请求,不能采纳。该批茶叶霉变系水湿所致。因不能证明是装入集装箱前受水湿,故应推定水湿发生在装箱之后。而集装箱离开被告堆场直至茶叶公司仓库,整个运输过程中,箱体均无受湿的可能,只有在被告滞运期间连降过暴雨。因此,应推定被告滞运期间雨水渗入集装箱,这是造成茶叶湿损的唯一原因。《水路货物运输规则》第六十条第一项规定,装箱施封的托运人对货物发生灭失、短少、变质、污染、损坏等5种后果自行处理,并未规定托运人对货物湿损负责。《水路货物运输管理规则(试行)》第四十八条第三项第4点规定,因箱体本身潜在缺陷,如透光检查无法发现渗漏等,造成货物湿损,由集装箱所属单位负责。因此,本案茶叶水湿事实已超出托运人承担"装箱施封"责任的范围。第三人将水密性能不符合要求的集装箱投放使用,造成货物湿损,应承担赔偿责任,其主张"谁装箱谁负责"的理由,不能成立。被告对第三人投放的集装箱疏于验收,经交托运人检箱装载茶叶,在台风暴雨袭击的情况下,又未采取相应的防护措施,故应对本案货损承担保管不善的责任。原告在处理茶叶残值中亦有一定过错,也应承担部分责任。

由于认定事实清楚,区分责任适当,三方当事人在法院的主持下,自愿达成如下协议:①被告补偿原告货物损失 5 000 元;②第三人补偿原告货物损失 45 000 元;③上述款项在调解书生效之日起十日内交付,逾期按《中国人民银行结算办法》中延期付款的规定处理。据此,厦门海事法院于1991年3月30日制发了调解书。

思考题:本例中法院的判决是否恰当?

案例分析参考答案

本案在分清责任的基础上调解解决,是正确的。

本案的基本事实是:原告自行装箱施封,交被告承运后,一直到收货人收货运至其仓库,集装箱都是清洁交接,而集装箱内的茶叶却因水湿致发生霉变、货损。按照谁装箱谁负责的原则,本应由原告对货损自行负责。但是,按照本案应予适用的《水路货物运输规则》的规定,装箱施封的托运人只是对货物发生灭失、短少、变质、污染、损坏等5种后果自行处理,而不包括货物湿损这种情况。显然,对这个规定的正确理解,成了处理本案的关键。由于集装箱运输的特点,是凭箱体和铅封交接。在箱体完好、铅封完整、清洁交接的情况下,箱内货物发生灭失、短少、变质、污染、损坏,只能是依据"谁装箱谁负责"的原则,推定由装箱人负责。但是,这不等于说,发生任何货损,都应按此原则处理。在装箱人有充分证据证明货损是他人过错造成的情况下,或者说已发生的事实能充分说明箱内货物货损是装箱人以外的人造成的,那么,就应根据过错原则处理。这才是公平合理的。所以,对所发生的货损,应当根据具体情况具体分析,不能一概而论。

经法院查明，本案茶叶霉变，系水湿所致。该批茶叶在装入集装箱前经检验合格，未受水湿。被告和第三人均举不出确实的证据来证明水湿系托运茶叶本身的质量问题。因此，只能推定湿损发生在装箱之后。而集装箱离开被告堆场直至收货人仓库期间，箱体均无受湿的可能。而在被告滞运期间，集装箱为露天堆放，其间有3次台风暴雨袭击，被告又未采取任何防护措施。因此，集装箱体受湿，只能推定发生在被告滞运期间。这说明，被告是有一定过错的，应承担一定责任。

在正常情况下，集装箱即使受雨淋，也不会发生渗漏。但是，如果集装箱水密性能不符合要求，在受水时就会发生渗漏致箱内货物水湿损坏。集装箱水密性能不符合要求属箱体本身潜在缺陷，是一般人用普通方法所不能发现的。因此，《水路货物运输管理规则（试行）》第四十八条第三项第4点规定，因箱体本身潜在缺陷，如透光检查无法发现渗漏等，造成货物湿损，由集装箱所属单位负责。本案集装箱内的货物水湿受损，因排除了托运人（装箱人）的原因，且又有受到雨淋的事实，只能说明是集装箱的水密性能不符合要求所造成的。因此，根据该规定，本案不适用"谁装箱谁负责"原则。由于集装箱属第三人所有，该货损就应由第三人负责。

本案认定第三人提供的集装箱水密性能不好，缺少直接检验证据。因为在诉前，涉案集装箱被放回港区周转使用，已经无法对其装载茶叶时的状况进行检验，只能运用排除法的逻辑推理进行推定。事实上，本案在认定案件的事实上，都是运用了逻辑推理的方法。这是在审判中较成功的尝试。这种根据已有事实，推定未知事实的逻辑推理，反映了事物联系的必然性，在审判思维和判断上，是可以采用的。

开篇案例参考答案

1. 涉案货物在事故发生时未载入生效的《国际海运危险货物规则》，但托运人仍负有将货物妥善包装并装箱的义务

按照《国际海运危险货物规则》，二氧化硫脲为白色至淡黄色结晶粉末，几乎无味。强还原剂，在100°C以上时强烈放热分解，释放大量的氧化硫、氨、一氧化碳、二氧化碳、氧化氮和硫化氢气体。在50°C以上时，水分可能使其明显分解。根据该规则，二氧化硫脲已被定为4.2类危险品，包装应当气密封口，积载时仅限舱面。《海商法》第六十八条也对托运人托运危险货物规定了"应当依照有关海上危险货物运输的规定，妥善包装，作出危险品标志和标签，并将其正式名称和性质以及应当采取的预防危害措施书面通知承运人……"等要求。同时规定，托运人对承运人因运输此类货物所受到的损害，应当负赔偿责任。虽然在涉案事故发生时，二氧化硫脲尚未被载入生效的《国际海运危险货物规则》，托运人并不需要进行危险品货物的申报，承运人也无须将货物装载在舱面。但这并不能免除托运人对涉案货物仍应承担的妥善包装和装箱的义务。根据《海商法》第六十

六条的规定，托运人对托运的货物，应当妥善包装。由于包装不良，对承运人造成损失时，托运人应当负赔偿责任。涉案货物的自燃，经检验，是由于集装箱内的货物本身的包装不良，在装入集装箱时又未尽职尽力，将货物与集装箱箱壁之间的缝隙用衬垫物固定，导致货物在运输过程中因震动等原因，包装破裂，货物暴露于空气中，与空气中的水分反应引起自燃。上海中衡咨询有限公司出具的检验报告注明第一次检验是在1997年8月22日进行的，当时在场的人员有东方公司、中化公司及提单列明的收货人的代表。对这一情况，当事双方并没有提出异议，对该检验报告法院予以确认。而提单又注明是托运人装箱，承运人接收的是整箱货物，对集装箱的内部情况并不了解。故法院认定土畜产公司违反了《海商法》关于托运人应将货物妥善包装、装箱的规定，属托运人的过失，对由此而引起的承运人的损失，托运人应当负责赔偿。

2. 承运人欲获得诉请支持，还须证明自己确实受到损失及对外支付的必要性与合理性

本案中承运人东方公司的诉请可分为损失、对外支付和赔偿、事故处理费用等几类。对于东方公司已完成举证责任的部分诉讼请求，法院依法予以了支持。但对于东方公司未能证明的损失和未能证明合理及必要的对外赔偿支付，法院未予支持。如东方公司在香港和新加坡为货物检验均发生了大量的检验费用、法律服务费用、报告费用等，经香港和新加坡专家所做的检验报告确实证实了上海中衡咨询有限公司所做的检验报告的结论，但该两份检验报告均是由东方公司单方面委托的，又是在事发一年后才进行的，重复了前一份检验报告的结论。所以法院认为，东方公司未能证明检验的合理性和必要性，对该项费用未予支持。

同时，本案中东方公司大量费用的支出是在境外发生的，所提供的许多证据也是来源于境外。虽然本案不适用最高法院证据规定，但在该证据规定出台以前，司法实践中一般就已经要求自境外提供证据应履行一定证明手续。在涉外海商事诉讼中，船舶周转于世界各个港口之间，某些证据在国外形成不可避免。如果证明案件事实的某些证据发生在国外、产生于国外，海事法院的司法权无法达到，对境外形成的证据的调查又存在着现实的诸多障碍，那么，在这种情况下，依据这些自境外提供的证据来判断案件事实自然多了一层误断的风险。因此，有必要对境外提供的证据本身施加若干程序或手续上的限制，以增强其真实性和合法性，尽力消除司法权的地域局限给涉外海商事诉讼带来的不利影响。本案中，在日本发生的检验费用、重新处理费用、对外赔偿支出等，都因原告未能对费用发生依据、支付账单等进行公证认证或履行其他相应的证明手续，而未获法院支持。

3. 托运人关于其与实际货主之间存在外贸代理关系，应由实际货主承担对外责任的抗辩不能对抗货物运输的相对方——承运人

在国际贸易实践中，外贸代理比较常见，有或没有对外贸易经营权的公司、企业（委托人）都可以委托有对外贸易经营权的公司、企业（受托人）在批准的经营范围内，依照国家有关规定为其代理进出口业务。这时，受托人往往以自己的名义对外签订贸易合同，外贸代理关系不公开，所订贸易合同的权利义务由受托人而不是委托人承担。新的《合同法》出台后,针对受托人不公开代理关系订立的合同,规定了受托人的披露义务、委托人的介入权、第三人主张权利的选择权等内容(第四百零三条)。在适用该条规定的情况下,委托人(实际货主)在受托人(外贸代理人)披露和第三人(贸易合同相对方)选择的情况下,可直接对第三人承担权利义务。但这是针对受托人与第三人签订的进出口贸易合同而言。对于独立于贸易合同之外的运输合同,即使按照新《合同法》的规定,为订立贸易合同而确立的外贸代理关系亦不足以对抗运输合同中的承运人。首先,从运输合同关系而言,提单是海上货物运输合同的证明,根据涉案提单记载,承运人为原告,托运人为土畜产公司。中化公司仅是实际的货主,与承运人之间并无海上货物运输合同关系。托运人应对由于托运人的过失而造成的承运人的损失负赔偿责任。其次,从外贸代理关系而言,土畜产公司与中化公司之间的代理协议,无论是从订约目的,还是从协议内容,均是针对涉案货物的出口贸易,而非运输安排。土畜产公司仅是中化公司的外贸代理人,而非货运代理人。因此即使本案适用新《合同法》,第四百零三条规定的情况也不适用于本案。同时,虽然土畜产公司提供了外经贸部及山东省人民政府的有关外贸代理规定,但这些规定均主要规范委托人和受托人之间的权利义务,并没有解除受托人对外应当承担的义务和责任。综上,承运人仅能依据提单运输合同关系向托运人土畜产公司追偿受到的损失,而土畜产公司关于其与实际货主之间存在外贸代理关系,应由实际货主承担对外责任的抗辩不能对抗承运人东方公司。

参 考 文 献

[1] 刘敏文.危险货物运输管理[M].北京:人民交通出版社,2002.
[2] 刘鼎铭.集装箱货物装箱方法[M].北京:人民交通出版社,1985.
[3] 高明波.集装箱物流运输[M].北京:对外经济贸易大学出版社,2008.

第 4 章

集装箱船及营运管理

本章要点

- ➢ 掌握国际集装箱三大干线，了解主要航线；
- ➢ 理解浮性、稳性、抗沉性、快速性、摇摆性和操作性等航行性能的含义；
- ➢ 理解船舶载重线标志的含义；
- ➢ 掌握集装箱船配载图的编制程序；
- ➢ 会识读船配载图。

【开篇案例】

图 4-1 是某轮某航次预配图及实配封面图的一部分。

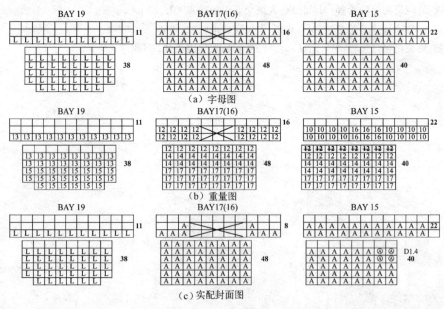

图 4-1　配载图

A—Antwerp；G—Glasgow；B—Bremen；H—Helsinki；L—Liverpool

思考题：描述该轮预配图中配载货物情况，并说明在实配图中有哪些调整？"160382"表示实配封面图中某位置的积载情况，说明其符号的含义。

4.1 国际集装箱运输航线

4.1.1 国际集装箱运输航线划分

世界三大国际集装箱海运干线：远东—北美航线；北美—欧洲、地中海航线；欧洲、地中海—远东航线。从航线的区域位置又可详细划分为以下航线组。世界主要海港和航线示意图如图4-2所示。

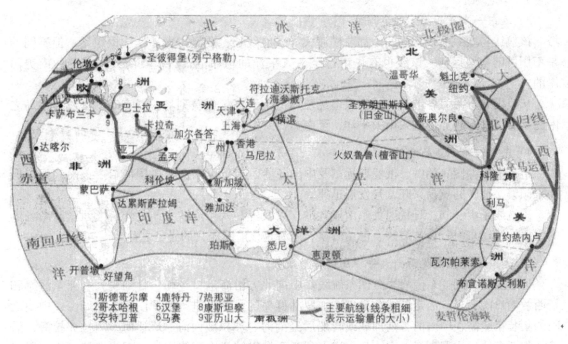

图4-2 世界主要海港和航线示意图

1. 太平洋航线组

太平洋航线主要可分为以下航线组

1) 远东—北美西海岸各港航线

该航线指东南亚国家、中国、东北亚国家各港，沿大洋航线横渡北太平洋至美、加西海岸各港。该航线随季节也有波动，一般夏季偏北、冬季南移，以避开北太平洋的海雾和风暴。

本航线是第二次世界大战后货运量增长最快、货运量最大的航线之一。

该航线包括从中国、朝鲜、日本、俄罗斯远东海港到加拿大、美国、墨西哥等北美西海岸各港的贸易运输线。从我国的沿海各港出发，偏南的经大隅海峡出东海；偏北的经对马海峡穿日本海后，或经清津海峡进入太平洋，或经宗谷海峡，穿过鄂霍茨克海进入北太平洋。

2）远东—加勒比海、北美东海岸各港航线

该航线不仅要横渡北太平洋，还越过巴拿马运河，因此一般偏南，横渡大洋的距离也较长，夏威夷群岛的火奴鲁鲁港是它们的航站，船舶在此添加燃料和补给品等，本航线也是太平洋货运量最大的航线之一。

该航线常经夏威夷群岛南北至巴拿马运河后到达。从我国北方沿海港口出发的船只多半经大隅海峡或经琉球庵美大岛出东海。

3）远东—南美西海岸各港航线

该航线与上一航线相同的是都要横渡大洋、航线长，要经过太平洋中枢纽站；但不同的是不用过巴拿马运河。该线也有先南行至南太平洋的枢纽港，后横渡南太平洋到达南美西岸的。

从我国北方沿海各港出发的船只多经琉球庵美大岛、硫黄列岛、威克岛、夏威夷群岛之南的莱恩群岛穿越赤道进入南太平洋，至南美西海岸各港。

4）东亚—东南亚各港航线

指日本、韩国、朝鲜、俄罗斯远东及中国各港西南行至东南亚各国港口。该航线短，但往来频繁，地区间贸易兴旺，且发展迅速。

该航线是中、朝、日货船去东南亚各港，以及经马六甲海峡去印度洋、大西洋沿岸各港的主要航线。东海、台湾海峡、巴士海峡、南海是该航线船只的必经之路。

5）远东—澳、新及西南太平洋岛国各港航线

远东至澳大利亚东南海岸分两条航线。中国北方沿海港口经朝、日到澳大利亚东海岸和新西兰港口的船只，需走琉球久米岛、加罗林群岛的雅浦岛进入所罗门海、珊瑚海；中澳之间的集装箱船需在中国的香港加载或转船后经南海、苏拉威西海、班达海、阿拉弗拉海，后经托雷斯海峡进入珊瑚海。中、日去澳大利亚西海岸航线去菲律宾的民都洛海峡、望加锡海峡及龙目海峡进入印度洋。

该航线不需要横跨太平洋，而在西太平洋南北航行，离陆近，航线较短。但由于北部一些岛国（地区）工业发达而资源贫乏，而南部国家资源丰富，因而初级产品运输特别繁忙。

6）远东—北印度洋、地中海、西北欧航线

该航线大多经马六甲海峡往西，也有许多初级产品经龙目海峡与北印度洋国家间往来，如石油等。经苏伊士运河至地中海、西北欧的运输以制成品集装箱运输为多，本航线货运繁忙。

7）东亚—东南非、西非、南美东海岸航线

该航线大多经东南亚过马六甲海峡或巽他海峡西南行至东南非各港，或再过好望角去西非国家各港，或横越南大西洋至南美东海岸国家各港，该航线也以运输资源型货物为主。

8）澳、新—北美西、东海岸航线

澳新至北美西海岸各港，一般都经过苏瓦和火奴鲁鲁等这些太平洋航运枢纽。至北美东海岸各港及加勒比海国家各港，需经巴拿马运河。

9）澳、新—南美西海岸国家各港航线

该航线需横越南太平洋。由于两岸国家和人口均少，故贸易量最少，航船稀疏。

10）北美东、西海岸—南美西海岸航线

本航线都在南北美洲大陆近洋航行，由于南美西岸国家，人口少，面积小，南北之间船舶往来较少。南北美西海岸至北美东海岸各港要经巴拿马运河。

2. 大西洋航线组

1）西北欧—北美东岸各港航线

该航线是西欧、北美两个世界工业最发达地区之间的原燃料和产品交换的运输线，航运贸易的历史也悠久，船舶往来特别繁忙，客货运量大。该航区冬季风浪大，并有浓雾、冰山，对航行安全有威胁。

2）西北欧—地中海、中东、远东、澳新各港航线

西北欧至地中海航线主要是欧洲西北部与欧洲南部国家之间的连线，距离较短。但过苏伊士运河至中东、远东、澳新地区航线就大大加长，然而它们是西北欧与亚太地区、中东海湾间最便捷的航线，货运量也大，是西北欧地区第二大航线。

3）西北欧、北美东海岸—加勒比航线

该航线大多出英吉利海峡后横渡北大西洋。它同北美东海岸各港出发的船舶一起，一般都经莫纳，向风海峡进入加勒比海。除去加勒比海沿岸各港外，还可经巴拿马运河到达美洲太平洋岸港口。

4）欧洲—南美东海岸或非洲西海岸各港航线

该航线多经加纳利群岛货达喀尔港歇脚，是欧洲发达国家与南大西洋两岸发展中国家的贸易航线，欧洲国家输出的大多是工业品，输入的都以初级产品为多。

5）北美东岸—地中海、中东、亚太地区航线

该航线与西北欧—地中海、中东、远东航线相似，但航线更长，需横渡北大西洋。货物以石油、集装箱货为主。

6) 北美东海岸—加勒比海沿岸各国港口航线

该航线较短,但航船密度频繁,不仅有该两地区各国港口间往来船只,还有过巴拿马运河至远东、南北美西海岸国家港口间往来船只。

7) 北美东海岸—南美东海岸港口航线

该航线是南北美洲之间工业品与农矿产品对流航线。

8) 南、北美洲东岸—好望角航线—远东航线

北美东海岸港口经好望角至中东海湾是巨型油轮的运输线,20万吨级以上油轮需经此,还有西北欧的巨型油轮也经此。佛得角群岛、加拿利群岛是过往船只停靠的主要航站,南美洲东岸港口过好望角航线不仅有原油,还有铁矿石等初级产品。中国、日本、韩国等运输巴西的铁矿石经过此航线。该航线处在西风漂流海域,风浪较大。一般西航偏北行,东航偏南行。

3. 印度洋航线组

印度洋航线以石油运输线为主,此外有不少是大宗货物的过境运输。

1) 中东海湾—远东各国港口航线

该航线东行都以石油为主,特别是往日本、韩国的石油运输,西行以工业品、食品为多。

2) 中东海湾—欧洲、北美东海岸港口航线

该航线的超级油轮都经莫桑比克海峡、好望角绕行。由于苏伊士运河的不断开拓,通过运河的油轮日益增多,目前25万吨级满载轮已能安全通过。

3) 远东—苏伊士运河航线

该航线多半仅为通过,连接远东与欧洲、地中海两大贸易区各港,航船密度大,尤以集装箱船运输繁忙。

4) 澳大利亚—苏伊士运河、中东海湾航线

该航线把澳大利亚、新西兰与西欧原有"宗主国"间传统贸易连接在一起,也将海湾的石油与澳新的农牧产品进行交换。

5) 南非—远东航线

该航线将巴西、南非的矿产输往日本、韩国和中国,也把工业品回流。

6) 南非—澳新航线

该南印度洋横渡航线在印度洋中航船最少。

4. 北冰洋航线组

由于北冰洋系欧、亚、北美三洲的顶点,为联系三大洲的捷径。鉴于地理位置的特殊性,目前,北冰洋已开辟有从摩尔曼斯克经巴伦支海、喀拉海、拉普捷夫海、东西伯利亚海、楚

科奇海、白令海峡至俄国远东港口的季节性航海线；以及从摩尔曼斯克直达斯瓦尔巴群岛、冰岛的雷克雅未克和英国的伦敦等航线。随着航海技术的进一步发展和北冰洋地区经济的开发，北冰洋航线也将会有更大的发展。世界主要航线集装箱运力如表4-1所示。

表4-1 世界主要航线集装箱运力统计

航线	船舶/艘	标箱	航线	船舶/艘	标箱
东亚—东北亚	400	844444	东南亚区内	190	144012
远东—北美西海岸	365	1875779	地中海区内支线	188	167446
欧洲—远东	314	2190665	中美加勒比海—远东	183	746922
东亚—东南亚	279	633875	远东—北美东海岸	180	786322
远东—中东	239	1304561	东北亚—东南亚	167	354821
远东—印度次大陆	221	728664	欧洲—地中海	159	522859
中美加勒比海—北美东海岸	210	496510	欧洲区内	158	83289
印度次大陆—中东	205	679891	欧洲—北美东海岸	151	469182
欧洲—斯堪的纳维亚/波罗的海	199	145456	地中海—中东	149	808831
远东—地中海	196	1279855	南非—远东	124	370955

数据来源：Ci-online，截至2009年5月1日。

4.1.2 我国始发的集装箱航线

（1）东亚航线（日本、韩国、附近岛屿）。

（2）香港航线（中国的香港、台湾、澳门）。

（3）南亚航线（新加坡、马来西亚、泰国、越南、缅甸等）。

（4）新西兰航线（新西兰、附近岛屿）。

（5）澳洲航线（澳大利亚、附近岛屿）。

（6）欧洲航线（法国、德国、英国、葡萄牙、荷兰、比利时等）。

（7）北欧航线（瑞典、芬兰、丹麦等）。

（8）美加航线（美国、加拿大、附近岛屿）。

（9）中南美航线（巴西、智利、阿根廷、墨西哥等）。

（10）西地中海航线（意大利、西班牙、摩洛哥、马耳他等）。

（11）东地中海航线（土耳其、埃及、黎巴嫩等）。

（12）非洲航线（南非、坦桑尼亚、肯尼亚、尼日利亚等）。

（13）中东航线（阿联酋、科威特、约旦、阿曼等）。

（14）印巴航线（印度、巴基斯坦、孟加拉国、也门、加蓬等）。

实践中，不同的船舶经营人对船舶的航行路线、挂靠港口的制定均不同，即使同一船舶经营人已确定了航线，运营中也会随着世界经济变化、政治变化等带来的货运市场的变化而随时作出调整。

4.2 集装箱船

4.2.1 集装箱船的分类

1. 全集装箱船

全集装箱船（Full Container Ship）是指船舶的甲板和舱内结构都是专门为装运集装箱而设计的，不能装载其他货物，这种船也称为集装箱专用船。根据其装卸方式如下。

1) 吊装式全集装箱船（LO/LO-lift on /lift off）

这种集装箱船舶的装船、卸船采取吊进、吊出的操作方式，在这种集装箱船舶上一般不设起重设备，而是利用岸上专用的集装箱装卸桥进行装卸。舱内设有固定式或活动式的格栅结构，舱盖上和甲板上设置固定集装箱的系紧装置。吊装式全集装箱船如图 4-3 所示。

吊装式全集装箱船结构特点如下。

图 4-3 吊装式全集装箱船

（1）吊装箱船的机舱基本上设置在尾部或偏尾部。这样布置主要是为了使货舱尽可能的方整，以便更多地装载集装箱。

（2）集装箱船船体线型较尖瘦，外形狭长，船宽及甲板面积较大，以保证较高的航速和合理的甲板装载。为防止波浪对甲板上集装箱的直接冲击，设置较高的船舷或在船首部分设置挡浪壁。

（3）集装箱船为单甲板，上甲板平直，无舷弧和梁拱，一般不设置起货设备，在甲板上可堆放 2~5 层集装箱，直接堆装在舱口盖上，并有专用的紧固件和绑扎装置，以利于固定货箱。

（4）船体由水密横舱壁分隔为若干货舱，货舱口大，有的船呈双排并列。货舱口宽度等于货舱宽度，可达船宽的 70%~90%，以便于集装箱的装卸和充分利用货舱容积。

（5）货舱内装有固定的格栅结构，以便于集装箱的装卸和防止船舶摇摆时箱子移动。格栅结构由角钢立柱、水平桁材和导箱轨组成。在装卸时，集装箱可通过导箱轨顶端的喇叭口形的导槽，顺着导箱轨顺利地出入货舱。装在舱内的集装箱被放置在格栅结构的箱格中，因此无须紧固。

（6）船体为双层结构，具有两重侧壁和双层底。一般船体两侧和船底部不能装载集装箱的部位设置边舱和双层底舱，可装压载水以调整船舶的稳性。这种结构大大地增强了船舶的纵向强度。

2）滚装式集装箱船

把装有集装箱及其他杂货的半挂车或装有货物的带轮的托盘作为货运单元，由牵引车或叉车直接通过船侧、船首或船尾的开口处跳板进出货船装卸的船舶称为滚装船（RO/RO, roll on /lift off）。装运汽车、卡车等机动车时，车辆可直接开上开下。如图4-4所示。

滚装船最大的特点就是车辆可以直接驶上、驶下，装卸效率很高，每小时可达1000~2000 t，而且实现了从发货单位到收货单位的"门—门"直

图4-4　滚装式集装箱船

接运输，减少了运输过程中的货损和差错。此外，船与岸都不需起重设备，即使港口设备条件很差，滚装船也能高效率装卸。因此，滚装船成为迅速发展的新船型。

滚装船缺点也显而易见，滚装船甲板层数多，一般有2~6层。为使车辆在舱内通行无阻，货舱内不设横舱壁，舱内支柱也很少，因此，滚装船的结构强度和抗沉性较差。

2. 半集装箱船

所谓半集装箱船（Semi-Container Ship），是指把船体中部最适于装载集装箱的货舱安装格栅装置后，作为集装箱专用舱，其余船舱因形状不规则，若用于装载集装箱势必浪费舱容，故作为杂货舱。

由于集装箱与杂货混装于一船，有时既需停靠集装箱码头又要停靠杂货码头进行装卸作业，因此与全集装箱船相比，半集装箱船营运效率较低，也增加了港口使用费。但是，对于那些适箱货源不足而有大批钢材等重件货的航线，或因港口设施不能装卸全集装箱船的航线，半集装箱船有其独特的优越性。

在世界船队中，半集装箱船的比重逐年下降，仅在某些特殊航线中采用。

3. 多用途船

多用途船（Conventional Ship）通用性强，使用范围广，一般是以某一干货为主，兼运其他干货。近年建造的多用途船主要有以载运集装箱为主的，有以运输重大件、超长件为主的，有兼运集装箱及重货的，有可兼运散货的，出现了各种类型的多用途船。

虽然多用途船运输某一类货物不如专用船舶效率高、成本低，但是，在航线货种多、变化大、货源不稳定的情况下，多用途船由于其适应性强，揽货能力高，并可减少回空及待泊，提高船舶的航行率，利用多用途船运输集装箱，既可节约船舶投资，又可减少集装箱码头投资，所以多用途船仍得到较快发展。

4. 载驳船

载驳船（Barge Carrier）是20世纪50年代初期发展起来的一种船型，专门用于载运货驳的一种运输船舶，又称子母船。它是首先将货物或集装箱装载在规格统一的驳船上，再把驳

船装上载驳船，运抵目的港后，卸下货驳由推船分送内河各地，载驳船再装上等候在锚地的满载货驳驶向新的目的港。

载驳船的优点是不需码头和堆场，装卸效率高，停泊时间短，便于河海联运。其缺点是造价高，需配备多套驳船以便周转，需要泊稳条件好的宽敞水域作业，且适宜于货源比较稳定的河海联运航线。根据装卸货驳的方式，载驳船分为下述三种。

1) 门式起重机式载驳船

门式起重机式载驳船又称拉西式载驳货船（Lighter Aboard Ship，LASH），如图4-5所示。船的上甲板上沿两舷铺有轨道，并有沿轨道纵向移动的门式起重机，在船尾部有两个向后伸出的悬臂梁式构架，构架下面即为水面装卸区。推船将货驳推到水面装卸区，由起重机将货驳吊起送到货舱内。标准型的门式起重机式载驳船的货舱用垂直导轨分成驳船格，每格可装4层货驳，每舱可装40多艘货驳。载驳船两舷因不能堆放货驳，所以制成深舱装压载水或液体货。这种载驳船载运的货驳，每艘载重约375 t，全重约460 t。货驳呈长方形，为双层底，两端有防撞舱壁，主尺度是根据美洲和欧洲内河航道的标准尺度确定的。

2) 升降机式载驳船

升降机式载驳船又称海蜂式或西比式载驳货船（See-Bee Carrier），如图4-6所示。船尾设有起重能力为2000 t的升降平台。装卸时将平台降到水下一定深度，推船将两艘货驳推到平台上固定，平台上升到各层甲板高度，再用输送车将货驳送到相应位置安放。升降机式载驳船有三层甲板，船尾部敞开，由一个垂直滑门封住。下甲板装卸时，滑门升起。每层甲板都有承放货驳的支座以堆放货驳。需堆放在上甲板的货驳可穿过桥式驾驶台直抵艉楼后缘。升降机式载驳船可在船尾加装跳板而改成滚装船，还适用于装运大件货，在战时可装运重武器。

图4-5　拉西式载驳船

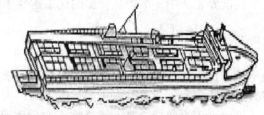

图4-6　西比式载驳船

3) 浮船坞式载驳船

这种载驳船能下沉到一定深度，然后将船首或尾部的门开启，让货驳浮进、浮出。这种船不需要笨重的起重设备，比前两种优越。联邦德国使用这种载驳船航行于欧洲—西非航线，货驳可在莱茵河和尼日尔河的河口装卸。浮船坞式载驳船因吃水很深，一般港口不能适应，所以在使用上受到限制。

4.2.2 集装箱船的技术性能

海洋环境复杂多变,风浪、浓雾、夜暗、水下的暗礁、漂浮的冰山、往来的船舶,都是潜在的危险。尤其在恶劣的海况下,狂风巨浪,船舶如果不具备优良的性能,是很难抗御的。全世界每年都会发生许多起海损海难事故,造成不同程度的生命、财产的损失。造成这些事故的原因除了海洋条件恶劣之外,船舶性能较差,强度不够,设备失灵,操作不当也是导致事故发生的重要原因。因此,设计和建造各类船舶,应使其具有良好的性能,以适应复杂的海洋环境,把航行的危险降到最低的程度。为了确保船舶在各种条件下的安全和正常航行,要求船舶具有良好的航行性能,这些航行性能包括浮性、稳性、抗沉性、快速性、摇摆性和操作性。

1. 船舶的航行性能

1)浮性

船舶在各种装载情况下保持一定浮态的性能,称为船舶的浮性(Buoyancy)。船舶具有浮性是由于船舶具有浮力,浮力的大小等于船舶所排开同体积水的重量。

储备浮力的大小与船的用途、结构、航行季节和区域等因素有关。为了保证船舶具有一定的储备浮力,其吃水绝不允许超过相应的装载水线。

2)船舶吃水

船舶吃水(Draft)是指船底龙骨外缘到实际水线间的垂直距离。船舶吃水是一个变数,在不同的载重量情况下有不同的吃水,同时也反映了船舶一定的载重量。

船舶首部吃水量值称为艏吃水(Draft Forward,DF),船舶尾部吃水量值称为艉吃水(Draft Aft,DA),船中部吃水量值称为船中吃水或平均吃水(DM)。船舶的平均吃水也可以用六面水尺求得。

3)船舶吃水差

当船体由于装载或其他原因产生船舶纵倾时,其首尾吃水就会不相等,产生的首尾吃水差额称为吃水差(Trim)。

4)稳性

稳性(Stability)是指船舶在外力矩(如风、浪等)的作用下发生倾斜,当外力矩消除后能自行恢复到原来平衡位置的能力。

船舶稳性,按倾斜方向可分为横稳性和纵稳性;按倾斜角度大小可分为初稳性(倾角100°以下)和大倾角稳性;按外力矩性质可分为静稳性和动稳性。对于船舶来说,发生首尾方向倾覆的可能性极小,所以一般都着重讨论横稳性。

当船舶在平衡位置时,由于船舶构造上是左右对称的,船上重量分布也要求左右对称,所以重心(G)是在船舶中线上。如前所述,重力(W)是从重心(G)垂直向下。船舶浮心(C)是船舶水下体积的几何中心,当船舶正浮时,也在船舶中心线上,浮力(B)是从浮心(C)垂直向上,如图4-7(a)所示。

当外力矩迫使船舶倾斜,若货物不移位,则重心位置不变。但由于水下体积形状发生变化,而浮心则由 C 点移到 C_1 点。此时重力和浮力组成一个反抗倾斜的力偶,如图4-7(b)所示。当外力矩消失后,船舶在上述力偶所产生的力矩作用下恢复到初始位置。此力矩称为复原力矩。当船舶处于稳定平衡状态时,称船舶具有稳性。

如果船舶的重心过高,或船宽较窄,当船舶受外力矩作用横倾时,由于船宽较窄的船舶浮心横移的距离较小,因而重力和浮力组成的力偶所产生的力矩,反而使船舶继续倾斜,以至于倾覆,此力矩称为倾覆力矩。当船舶处于不稳定平衡状态时,称船舶没有稳性,如图4-7(c)所示。

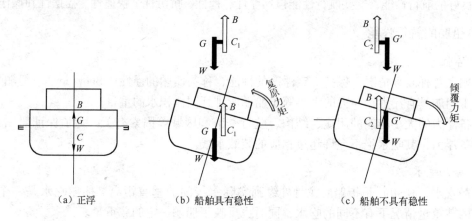

图4-7 船舶稳性状态图

5)抗沉性

船舶遭受海损事故而使舱室进水,但仍能保持一定的浮性和稳性而不致沉没或倾覆的能力,称为船舶的抗沉性(Insubmersibility)。

为了保证抗沉性,船舶除了具备足够的储备浮力外,一般有效的措施是设置双层底和一定数量的水密舱壁。一旦发生碰撞或搁浅等致使某一舱进水而失去其浮力时,水密舱壁可将进水尽量限制在较小的范围内,阻止进水向其他舱室蔓延,而不致使浮力损失过多。这样,就能以储备浮力来补偿进水所失去的浮力,保证了船舶不沉,也为堵漏施救创造了有利条件。

对于不同用途、不同大小和不同航区的船舶,抗沉性的要求不同。它分"一舱制"船、"二舱制"船、"三舱制"船等。"一舱制"船是指该船上任何一舱破损进水而不致造成沉没的船舶。一般远洋货船属于"一舱制"船。"二舱制"船是指该船任何相邻的两个舱破损进水而不致造成沉没的船舶。"三舱制"船以此类推。一般化学品船和液体散装船属于"二舱制"船或"三舱制"船。对"一舱制"船也不是在任何装载情况下一舱进水都不会沉没,因为按抗沉性原理设计舱室时是按照舱室在平均渗透率下的进水量来计算的。所谓渗透率是指某舱的进水容积与该舱的舱容的比值。所以满载钢材的杂货船,货舱进水时其进水量就会较大地超过储备浮力,就不一定保证船舶不沉。

还应指出,船舶在破损进水后是否会倾覆或沉没,在一定程度上还与船上人员采取的抗沉性措施有关。船舶破损进水后的措施有很多,如抽水、灌水、堵漏、加固、抛弃船上载荷、移动载荷或调驳压载水等。抽水、灌水、堵漏、加固、抛弃船上载荷、移动载荷是为了保证船舶浮力,有时为了减少船舶倾斜、改善船舶浮态和稳性,常常通过采用灌水或调驳到相应的舱室的办法来达到。

6) 快速性

船舶的快速性(Speedability),就是指船舶在主机输出功率一定的条件下,尽量提高船速的能力。快速性包含节能和速度两层意义,所以,提高船舶快速性也应从这两方面入手,即尽量提高推进器的推力和减小船舶航行的阻力。

船舶阻力包括水阻力和空气阻力。由于水的密度比空气大800多倍,所以船舶在海上航行时,主要考虑船体水阻力。船体水阻力分摩擦阻力、涡流阻力(形状阻力)和兴波阻力三个部分。它们的总和就是船体的总的水阻力。

(1) 摩擦阻力是由水黏性引起,船在水中运动时,总有一层水黏附在船体表面,并跟着船体一起运动。船舶运动带动水分子运动所消耗的能量,即为船舶克服摩擦阻力所消耗的能量。摩擦阻力的大小与船体浸水表面积、船体表面滑度、航速高低有关。因此,船舶定期进坞清除污底,是减少摩擦阻力的重要措施。

(2) 船体运动时除产生摩擦阻力之外,还同时产生涡流阻力。当船体向前运动时,产生一相对水流,由于水具有黏性,靠近船体表面处的相对水流速度就小,到达船尾时,断面扩大,流速很快下降,可达到零或者倒流,就造成船尾部的涡流运动,使船尾压力下降,对船舶就形成一个压力差阻力,就叫涡流阻力,或叫形状阻力。在船体弯曲度较大部分就容易产生涡流,尾部横剖面作急剧收缩的船舶所引起的涡流阻力较为严重,而流线型船体就不产生涡流阻力或只产生极小的涡流阻力。因此,改善水下船体的线型,对船舶快速性影响很大。

(3) 兴波阻力是由于船舶航行中掀起的船行波,产生与船舶前进方向相反的阻力。船行波分船首波和船尾波,在船行波传播中,如果船首波与船尾波在船尾处互相叠加,兴波阻力就大;如果船首波和船尾波在船尾处互相抵消,兴波阻力就小。所以兴波阻力的大小主要与航速和船长有关。航速越快,兴波阻力越大,在一定的设计航速下,适当选择船长,可以减少兴波阻力。远洋船多采用球鼻船首型,就是为了调整船长,以达到减少兴波阻力的目的。

至于提高推进器推力,由于目前海船的推进器主要是采用螺旋桨,在主机输出功率和转速一定的条件下,正确设计或选择螺旋桨的几何形状,对产生推力大小有很大关系。因此营运中的船舶应采用可调螺距的螺旋桨,适当地选择螺旋桨的螺距,调整合适的吃水和吃水差,航行中保持螺旋桨在水下有足够的深度。

7) 摇摆性

船舶在外力的影响下,做周期性的横纵向摇摆和偏荡运动的性能叫船舶摇摆性(Yawing)。这是一种有害的性能,剧烈的摇荡会降低航速,造成货损,损坏船体和机器,使人晕船，影响船员生活和工作等。

船舶的摇摆，可以分为横摇、纵摇、立摇和垂直升降四种运动形式。横摇是船舶环绕纵轴的摇摆运动；纵摇是船舶环绕横轴的摇摆运动；立摇是船舶环绕垂直轴偏荡运动；垂直升降是船舶随波做上下升降运动。船舶在海上遇到风浪时，往往是以上四种摇摆的复合运动。由于横摇比较明显，影响也较大，所以这里仅介绍横摇，了解其规律性。

船舶横摇的剧烈程度从外部条件来讲，与风浪大小有关，但从船舶本身条件来讲，又与稳性大小有关。

船舶在外力作用下，离开原来平衡位置向一侧横倾，当外力停止后，由于船舶具有稳性，会产生复原力矩使船向原来平衡位置方向运动。当船回到平衡位置时，由于惯性的作用使船继续向另一侧横倾，当惯性力被相应的复原力矩相互抵消时，船舶又在复原力矩作用下，向原来平衡位置运动。船舶就按照这样的运动规律，左右反复地摇摆，只有当船舶所受的外力全部为水阻力耗尽后，船舶才可能停止在原来的平衡位置上，在静水中这种摇摆运动叫"自由摇摆"。船舶从倾斜一侧，经过左右完整的一次摇摆周期时，船舶摇摆就剧烈；当船舶自由摇摆周期长时，船舶摇摆就缓慢。而自由摇摆的长短，与船舶的稳性高度 GM 值有关，如果船舶的 GM 值太大，复原力矩很强。回复速度很快，摇摆周期就短，形成剧烈的摇摆；反之，摇摆周期长，船舶摇摆缓慢。当船舶在波浪中航行时，还有波浪引起的强迫摇摆。波浪的波峰移动一个波长距离所需要的时间叫"波浪周期"。对于运动的船舶，当第一个波峰打到船上至第二个波峰打到船上所经历的时间叫"波浪视周期"。波浪视周期的大小，决定于波浪周期和船舶的航向、航速。

当船舶自由摇摆周期大于波浪视周期时，船舶在波浪中摇摆会减弱；当自由摇摆周期小于波浪视周期时，摇摆会增强。如果船舶自由摇摆周期与波浪视周期相似，船舶摆幅会急剧增大，这种现象叫"谐摇"。谐摇是一种对船舶有危险的现象，对船员、货物、船体结构和机器都会产生不良影响，严重时将会危及船舶的安全。

如果发现船舶处在谐摇中，应当立即采取改变谐摇现象的措施。可改变航向和航速，使航向与波浪之间夹角发生变化或使波浪视运动速度改变，从而达到避免谐摇的目的。

为了减轻船舶横摇，一般船舶在船体外的舭部安装舭龙骨，其结构简单，不占船体内部位置，且有较明显的减摇效果，实践表明舭龙骨约能减小摆幅 20%～25%，舭龙骨的缺点是增加水阻力，影响航速。大型客轮也有用减摇水柜、减摇鳍、陀螺平衡减摇装置等来减小船舶在风浪中摇摆的。

8）操纵性

船舶操纵性（Manouverability）是指船舶在航行中保持运动状态的能力（即航向稳定性），或者根据需要迅速改变运动状态的能力（即回转性）。

2. 船舶载重性能

船舶载重性能是通过船舶在各种状态下的总重量来反映的，通常有两种表示方法，一是排水量，二是载重量。

1）排水量

排水量是船体入水部分所排开水的重量，它等于船舶当时的总重量。排水量分为空船排水量和满载排水量，此外还有实际排水量。

（1）空船排水量。船舶装备齐全但无载重时的排水量称为空船排水量。空船排水量等于空船时的重量，是船舶最小限度的重量。

（2）满载排水量。船舶载重达到载重线时所排开水的重量称为满载排水量。通常是指夏季满载吃水的排水量。

船舶常数是指船舶经过营运后，船上存有的残损器材和废品，污水沟、压载舱中残留的积水，船体粘连的附着物等的重量总和。它等于测定时的空船实际排水量减去出厂时的空船排水量。

（3）实际排水量。船舶实际载重未达到载重线时所排开水的重量称为实际排水量，实际排水量可分为航次实际排水量和空船实际排水量。

航次实际排水量是指每个航次的实际载重所排开水的重量。

空船实际排水量是指空船的实际重量加上船舶常数所排开水的重量。

2）载重量

载重量是指船舶在营运过程中所具有的载重能力。船舶载重量一般分为总载重量和净载重量。

（1）总载重量。在一定的水域和季节里，船舶所能装载最大限度的重量，称为总载重量。总载重量等于满载排水量减去空船排水量，即装载客、货、燃料、淡水、备品、船员及其供应品和船舶常数的重量，即

$$总载重量=客、货+燃料+淡水+备品+船员及其供应品+船舶常数$$

（2）净载重量。在一定的水域和季节里，船舶所能装载最大限度的客、货重量，称为净载重量。净载重量等于总载重量减去燃料、淡水、备品、船员及供应品和船舶常数，即

$$净载重量=总载重量-储备品总重量-船舶常数排水量$$

3）船舶载重线标志

船舶载重线指船舶满载时的最大吃水线。它是绘制在船舷左右两侧船舶中央的标志，指明船舶入水部分的限度。船级社或船舶检验局根据船舶的用材结构、船型、适航性和抗沉性等因素，以及船舶航行的区域及季节变化等制定船舶载重线标志。此举是为了保障航行的船舶、船上承载的财产和人身安全，它已得到各国政府的承认，违反者将受到法律的制裁。

载重线标志包括：甲板线、载重线圆盘和与圆盘有关的各条载重线。图4-8中的各条载重线含义如下。

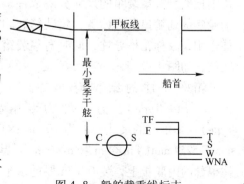

图4-8 船舶载重线标志

① TF（Tropical Fresh Water Load Line） 表示热带淡水载重线，即船舶航行于热带地区淡水中，总载重量不得超过此线。

② F（Fresh Water Load Line） 表示淡水载重线，即船舶在淡水中行驶时，总载重量不得超过此线。

③ T（Tropical Load Line） 表示热带海水载重线，即船舶在热带地区航行时，总载重量不得超过此线。

④ S（Summer Load Line） 表示夏季海水载重线，即船舶在夏季航行时，总载重量不得超过此线。

⑤ W（Winter Load Line） 表示冬季海水载重线，即船舶在冬季航行时，总载重量不得超过此线。

⑥ WNA（Winter North Atlantic Load Line） 表示北大西洋冬季载重线，指船长为100.5 m以下的船舶，在冬季月份航行经过北大西洋（北纬36°以北）时，总载重量不得超过此线。

标有 L 的为木材载重线。

我国船舶检验局对上述各条载重线，分别以汉语拼音首字母为符号。即以"RQ"、"Q"、"R"、"X"、"D"和"BDD"代替"TF"、"F"、"T"、"S"、"W"和"WNA"。

3. 船舶的容积性能

1）集装箱船舶货舱容积

集装箱船因其货舱和甲板均装载集装箱，故以船舶标准箱容量来表示。

2）船舶登记吨位

登记吨位是指按吨位丈量规范所核定的吨位。它是为船舶注册登记而规定的一种以容积折算的专门吨位。

4. 与容积有关的装置和设备

1）箱格导柱

全集装箱船的船舱内均采用箱格结构，它是利用角钢把船舱按集装箱的尺寸分隔成许多箱格。箱格从货舱底部到舱口垂直设置，集装箱装卸时角钢起导向柱作用，故称箱格导柱，同时对集装箱在舱内进行了定位，如图4-9所示。

箱格导柱的结构有两种，一种为组合型（Composite Type），另一种为专用型（Individual Type）。其角钢的尺寸一般为101 mm×101 mm～152.4 mm×152.4 mm（4 in×4 in～6 in×6 in），焊接结构。在导柱根部的内底板上，装有 1 in 厚的水平垫板，以承受集装箱的重量。

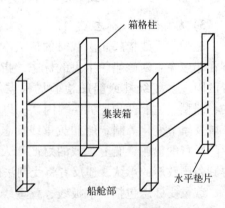

图 4-9 集装箱船的箱格导柱

箱格导柱与集装箱之间的空隙一般长度方向是 38.0 mm（1.5 in），宽度方向为 25.4 mm（1 in），超过了这一限度，集装箱就会受到较大的冲击力，是不利的。

有些船舶，为了减少集装箱的绑扎作业，在露天的甲板上还装有甲板箱格导柱。

2）箱格货舱

这是指装有箱格导柱的集装箱专用舱。舱内设有箱格的目的，一方面是减少舱内的绑扎作业，另一方面是使舱内的上下层集装箱之间堆码整齐，不致造成偏码状态。集装箱在舱内堆码时，在舱底板上承受了集装箱四角的集中载荷，因此，位于承受集中载荷的这一部分双层底板的面积应做必要的加强。此外，由于集装箱船是大舱口船，因船体翘曲或扭曲极容易造成箱格导柱变形，变形量过大甚至会造成装卸困难，这一点必须引起注意。

3）箱格导口

由于箱格导柱与集装箱之间的空隙较小，为了便于集装箱进入箱格内，在箱格导柱的上端设有倾斜面的导向装置，称为"导口"。导口分固定式导口、铰接式导口与调节式导口三种形式。

（1）固定式导口（Fixed Type Entry Guide）。这是最常用的一种形式。从装卸集装箱所受的冲击来看，这是一种最安全的形式，缺点是造成箱与箱之间的空隙较大，如图 4-10(a) 所示。

（2）铰接式导口（Hinged Type Entry Guide）。该导口设置在舱口围板上方，在装卸完毕时兼作搁舱口盖装置用，与固定式导口相比较，可以减少箱格导柱间的空隙，如图 4-10(b) 所示。

（3）调节式导口（Adjustable Entry Guide）又分翻转型和移动型两种。翻转型导口如果改变导口的方向，就能把集装箱引入与舱口围板相垂直的任何一列箱格中去。采用此种形式，可以缩小箱格导柱的横向间隙，如图 4-10(c) 所示。移动型导口和翻转型导口一样，在与舱口相垂直的箱格导柱上设有可移动的导口装置，使其横向移动，就能方便地把集装箱引入任何一列箱格中去。这种方式也可缩小箱格导柱的横向间隙，如图 4-10(d) 所示。

4）舱口

在研究集装箱船船舱和舱内箱格结构的同时，还必须研究舱口的布置。集装箱船的舱口有单列、双列和三列三种。

（1）单列舱口（One-row Hatch）。此舱口的长度可覆盖 1 行集装箱，宽度方向可覆盖好几列集装箱（一般可盖住 7 列以内）。

（2）双列舱口（Two-row Hatch）。此舱口的长度可覆盖 2 行集装箱，宽度方向可覆盖两列集装箱。

（3）三列舱口（Three-row Hatch）。此舱口的长度可覆盖 2 行集装箱，宽度方向可覆盖三列集装箱。

单列舱口对于船体结构及甲板上和舱内集装箱的装卸是十分有利的，但只限于装载 7 列 6.1~7.3 m（20~24 ft）的集装箱，而且不能兼装 1C 型和 1A 型集装箱。

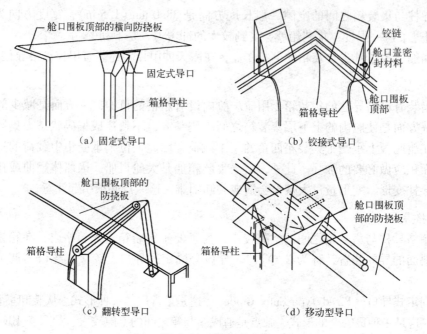

图 4-10 导口形式

对于双列和三列舱口,它有利于兼装 1C 型和 1A 型两种集装箱,但给甲板上集装箱的装卸带来了不利。

5) 舱盖

集装箱船的舱盖为了能承受较大的集装箱载荷,一般采用钢质箱型舱盖,用集装箱装卸桥进行开闭,靠舱盖四周内侧的橡皮垫和舱口围板顶部的密封材料保持水密。舱盖端板和侧板的下面与舱口围板顶部相接触,把装在舱盖上面的集装箱重量和舱盖本身的重量传给舱口围板。

由于舱盖是利用集装箱装卸桥进行吊装的,因此,舱盖的重量应与装卸桥的额定负荷相一致,有时要利用浮吊等特殊设备作为重大件来装卸。因此,大型集装箱船的舱盖尺寸有时会受到限制,对大型舱盖的重量一般限制在 150 kg/cm^2 左右。

集装箱堆放在舱盖上时,其载荷集中在集装箱四角的角件底部,由于这几个载荷承载点靠近舱盖的边板,因此在结构上是能够承受这些载荷的。但是,在装 1A 型箱船舱的舱盖上,若要堆装两行 1C 型箱,则舱盖中央部位承受的载荷相当大,这就要求在这一部位增加舱盖桁材和舱盖板的厚度,以提高这一部位舱盖的强度,但这会使甲板集装箱重心提高。

4.3 集装箱船配积载

为了船舶的航行安全,减少中途港的倒箱,缩短船舶在港停泊时间,保证班期和提高经济效益,必须事先对出港集装箱进行配积载。

集装箱船由于既要在舱内装载一定数量的集装箱,又要在甲板上堆放几层集装箱,载箱量较大。为了更好地对集装箱船进行管理,下面分几部分对集装箱配积载问题进行论述。

4.3.1 集装箱船的箱位容量和箱位编号方法

1. 集装箱船舶的箱位容量

1) 标准箱容量

标准箱容量是指集装箱船舶所能承载最大标准集装箱(即 20 ft 集装箱)的数量,如系 40 ft 集装箱,则换算成两个 20 ft 标准箱。标准箱容量是表示集装箱船舶规模大小的标志。

2) 20 ft 集装箱容量

这是指集装箱船舶最多能装载 20 ft 集装箱的数量。在一般情况下,集装箱船舶最大的 20 ft 集装箱容量与集装箱船舶的标准箱容量相同。但是,在某些集装箱船舶上,由于船上的某些集装箱箱位是专为装载 40 ft 集装箱设计的,不能装载 20 ft 集装箱,因此会有一个 20 ft 集装箱的最大箱容量的问题。

3) 40 ft 集装箱容量

这是指集装箱船舶最多能承载 40 ft 集装箱的数量,它并不等于船舶标准箱容量的一半。不论何种类型的集装箱船,由于船舶结构的原因,总有一些箱位只能装 20 ft 集装箱,如靠近船首或船尾的部分舱室,因船体下部瘦削,只能装 20 ft 集装箱。

集装箱箱位的配置应考虑 20 ft 和 40 ft 的集装箱是否可以兼容。由于集装箱船舶甲板上和舱内的箱格导轨结构和集装箱箱脚底座位置设计的不同,产生在两个纵向 20 ft 集装箱之上能否堆装一个 40 ft 集装箱的问题,有以下三种情况。

(1) 无论在甲板上还是在舱内,两个纵向 20 ft 集装箱上均可堆装 40 ft 集装箱。这是因为在箱脚底座位置设计时,考虑到两个纵向 20 ft 集装箱堆装后,两箱之间的间距为 76 mm,正好堆装一个 40 ft 集装箱。

(2) 舱内两个纵向 20 ft 集装箱上可堆装一个 40 ft 集装箱,而甲板上则不能。这是因为在甲板上集装箱需绑扎,两箱之间的间距要供人作绑扎通道使用,往往大于 76 mm。

(3) 舱内和甲板上两个纵向 20 ft 集装箱上均不能堆装 40 ft 集装箱。这是因为在舱内箱格导轨结构只能装 20 ft 集装箱,甲板上两个纵向 20 ft 集装箱堆装后,两箱的间距大于 76 mm。

综上所述,20 ft 和 40 ft 集装箱是否可以兼容,应分别就不同集装箱船舶情况予以确定。

4) 特殊箱容量

集装箱船舶承运如危险货箱、冷藏箱、非标准箱、平台箱等特殊箱数量的最大限额。

集装箱船的危险货箱装载容量有一定限制。同一船舶常常有些货舱的设计决定了不容许装载任何危险货箱,另一些货舱的设计则仅限于装载《国际海运危险货物规则》(简称《国际危规》)定义的几类危险货箱。因此,在为集装箱船选配大量仅限于舱内积载的危险货集装箱时，必须考虑船舶的这一限制条件。如"中河"轮的船舶资料规定，第1、第7和第8舱不容许装载任何危险货箱，第2和第3舱（舱内没有灭火或降温的喷水装置）容许装载除第5.2类以外的危险货箱，其余货舱容许装载除第1类（不包括1.4类）和5.2类以外的危险货箱。

冷藏集装箱装船后多数需要船舶电站连续提供电源。受船舶电站容量和电源插座位置的限制，每一集装箱船所能承运的冷藏箱最大数量和装箱位置通常是确定的。如"中河"轮冷藏箱容量为240 TEU，其中有20 TEU仅适合装20 ft的冷藏箱，20 TEU仅适合装40 ft的冷藏箱，以及180 TEU既适合装20 ft又适合装40 ft的冷藏箱。

5）巴拿马运河箱容量

巴拿马运河当局对通过运河船舶的盲区有特殊的要求，根据这一规定，集装箱船舶中不少的船舶，在舱面前部许多箱位上不能承载集装箱，因此集装箱船舶除有一般箱数量外，还有一个通过巴拿马运河的标准箱容量。

2. 集装箱船的箱位编号方法

为准确地表示每一集装箱在船上的装箱位置，以便于计算机管理和有关人员正确辨认，集装箱船上每一装箱位置应按国际统一的代码编号方法表示。目前，集装箱船箱位代码编号是采用ISO/TC104委员会规定的方法。它以集装箱在船上呈纵向布置为前提，每一箱位坐标以6位数字表示。其中最前两位表示行号，中间两位表示列号，最后两位表示层号。

1）行号（Bay No.）

行号为集装箱箱位的纵向坐标。自船首向船尾，装20 ft箱的箱位上依次以01、03、05、07……奇数表示。当纵向两个连续20 ft箱位上被用于装载40 ft集装箱时，则该40 ft集装箱箱位的行号以介于所占的两个20 ft箱位奇数行号之间的一个偶数表示，如图4-11所示。

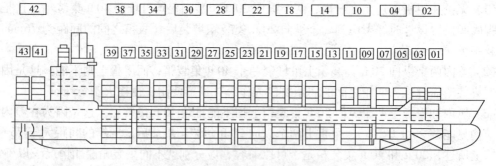

图4-11 集装箱船的行号编号

2）列号（Row No. or Slot No.）

列号为集装箱箱位的横向坐标。以船舶纵中剖面为基准，自船中向右舷以01、03、05、07……奇数表示，向左舷以02、04、06、08……偶数表示，如图4-11所示。若船舶纵中剖面上存在一列，则该列列号取为00。

3）层号（Tier No.）

层号为集装箱箱位的垂向坐标。舱内以全船舱内最底层作为起始层，自下而上以02、04、06、08、10、12、14……偶数表示。舱面也以全船舱面最底层作为起始层，自下而上以82、84、86、88、90……偶数表示，如图4-12所示。显然，全船每一装箱位置，都对应于唯一的以6位数字表示的箱位坐标；反之，一定范围内的某一箱位坐标，必定对应于船上一个特定而唯一的装箱位置。

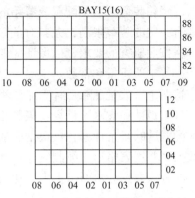

图4-12 集装箱船的列、层号编号

4.3.2 集装箱船配载所需的资料和船图编制程序

1. 集装箱船舶配载所需的资料

1）集装箱船舶资料

（1）集装箱船舶箱位容量和箱位分布。集装箱船舶的箱位容量是配载必须掌握的极限数据，一般配载时不能超过这个数值。集装箱船舶箱位分布，主要是指集装箱船舶标准箱容量在甲板上和大舱内的分配量，即在甲板上和大舱内各有多少标准箱箱位，以及在甲板上和大舱内20 ft和40 ft集装箱箱位的分配情况。在掌握箱位容量的同时，还应了解船舶的箱位分布情况，这是因为在一些箱位上20 ft箱与40 ft箱是不能兼容的。

此外，还应了解船舶冷藏箱箱位的多少及其分布，船舶对危险货物装载的限制，以保证冷藏箱和危险货物箱的安全装运。

（2）船舶堆积负荷强度。船舶堆积负荷强度包括舱底和甲板所设集装箱底座所允许堆积的集装箱最大重量，它又分为20 ft箱和40 ft箱两种，配载时必须做到无论舱内还是舱面，每一列集装箱的总重量不能超过船舶规定的堆积负荷强度，尤其在一列内配有较多重箱或配有超重箱时更应引起注意。

（3）船舶的长度、宽度和吃水要求。船舶长度一般包括总长（LOA）和两柱间长（LBP）。船舶的总长是指船舶的最前端至最层端的水平距离，该参数不仅是船舶靠泊的依据；也是配载人员考虑装卸作业路数的依据。船舶的两柱间长是指从船舶首柱前缘至尾柱后缘的水平距离，该参数是配载后计算船舶吃水差必需的数据。

船舶宽度通常是指型宽，即船舶两舷之间的最大水平距离。它是配载人员考虑安排不同外伸距集装箱装卸桥的依据，也是计算船舶摇摆周期和确定船舶初稳性高度范围的必需数据，船舶吃水通常是指满载吃水，它是配载人员必须掌握的极限吃水。此外，由于现代集装箱船舶的大型化，吃水较深，配载人员还应考虑本码头及其航道的水深状况，必要时应减少配箱，以保证船舶顺利出港。

（4）冷藏箱位和对危险货物箱的装载限制。集装箱船舶通常设有一定数量的冷藏箱位，以供冷藏箱装运。这是配载冷藏箱的最大数值，不能超过。同时，每艘集装箱船舶对危险货物都有一定的装载限制，尤其对危险货物装载要求更严格，因此，在配载危险货物集装箱时应严格按照船方的要求，以保证船舶和货物的安全。

（5）空船重量和常数。空船重量是指新船出厂或上坞修理后的船舶重量，等于空船排水量。这两个参数是配载后计算船舶稳性和吃水差的必需数据。

（6）稳性和吃水差计算。集装箱船舶建成出厂后，其尺寸、形状、结构已定，为了减少每次配载后的繁杂计算，可根据船舶既定的特点，事先计算出船舶在不同排水量情况下的各项数据，并用表格形式编制成稳性和吃水差计算。配载完成后，可根据船舶排水量直接查取所需的各项数据，从而可大大简化稳性和吃水差的计算，提高计算的准确性。

2）堆场集装箱资料

（1）集装箱装箱单。集装箱装箱单是详细记载箱内货物情况的单证，包括货名、重量、包装、件数等，同时装箱单还提供了配载必需的信息，包括箱号、铅封号、提单号、箱尺寸、箱型、箱总重量及船名航次、装船港、卸船港等。装箱单是配载人员安排集装箱船舶箱位的必需单证。

（2）装货单。装货单是场站收据的第五联，是出口报关的必需单证，配载人员应验明装货单，只有加盖海关放行章的装货单，才能配载装运出口。

（3）特种箱清单。冷藏箱、开顶箱、框架箱、平台箱、罐状箱等特种集装箱，对配载有特殊的要求，配载人员可通过特种箱清单事先了解有哪些特种箱及每种特种箱的数量，为配载做好充分考虑和准备。

（4）危险货物箱清单和危险品船申报。危险货物箱清单和危险品船申报向配载人员提供了危险货物箱的数量、箱型、尺寸，并提供箱内货物的名称、重量、国际危规类别等资料，配载人员可据此掌握这些危险货物箱的配载要求。集装箱码头凡进行危险品货物集装箱装船作业，船舶代理必须递交危险品船申报或危险品船电子申报信息，否则不予配载装船。

（5）预配船图。预配船图是船公司或船代根据订舱资料并综合考虑航线挂港情况而编制的船图，它是集装箱码头配载人员在配载作业时应考虑的重要依据。下文将对此内容进行详述。

（6）集装箱的堆场位置。出口集装箱进入集装箱码头堆放后，每个集装箱都有一个相应的堆场箱位，掌握集装箱在堆场的具体位置，可以方便配载人员根据码头作业的特点进行配载，减少翻箱倒箱，提高装船作业效率。

2. 船图编制程序

在集装箱码头作业中，经常会用到集装箱船舶配载图（Pre-stowage Plan）、积载图（Stowage Plan）这类文件，制作和认识集装箱船舶配、积载图是集装箱码头操作人员应掌握的一项基本技能，特别是对于从事船舶策划、管理的职员，更应该好好掌握。

一般来讲，配载图指预先配载计划，是船公司对订舱单进行分类整理后编制而成的。积载图指积载计划，是在集装箱装上船之后，码头上或理货公司根据实际装箱编制而成的。在实务中,常称配、积载图为船图。集装箱船舶配、积载图主要用来表示所装货物的卸港、装港、重量、性质、状态及装载位置等,它分为预配图、实配图和最终积载图三种。其中集装箱预配图是集装箱船舶配、积载中最重要、最关键的环节,集装箱预配图由字母、重量图、特殊箱图组成;集装箱实配图由两张封面图组成,一张是封面,另一张是每一行位(排位)的行箱位图,集装箱实配图是港口装卸公司收到预配图后,根据预配图和码头实际进箱情况编制而成的,因此它又叫集装箱码头配载图;最终积载图是根据集装箱预配图与集装箱实配图确定的,又称主积载图。

实配图和最终积载图都是以预配图为基础的,其编制过程如下。

(1) 由船公司的集装箱配载中心或船上的大副,根据代理公司整理的订舱单,编制本航次集装箱预配图。

(2) 航次集装箱预配图由船公司直接寄送给港口的集装箱装卸公司,或通过船舶代理用电报、电传、E-mail 或传真形式传给港口集装箱装卸公司。

(3) 港口装卸公司收到预配图后,由码头船长(Terminal Captain)或码头集装箱配载员,根据预配图和码头实际进箱情况,在不违反预配图提出的积载原则下,编制集装箱实配图。由于实配图由码头制作,它又叫码头配载图(Container Terminal Bay Plan)。

(4) 待集装箱船舶靠泊后,码头配载员持实配图上船,交由大副审查,经船方同意后由船方签字认可。

(5) 码头按大副签字认可的实配图装船。

(6) 集装箱装船完毕后,由理货公司的理货员按船舶实际装箱情况,编制最终积载图。

4.3.3 预配图

集装箱船舶的预配图是集装箱船舶配载中最重要、最关键的环节,它是制作集装箱船舶实配图的基础,不仅关系着船舶的安全航行,也关系着船公司的经济效益,只有正确、合理地制作好预配图,才能制作好实配图,从而保证集装箱船舶装卸作业高效率,保证班期和营运的经济性、安全性。

对于每一艘集装箱船,根据其大小、形状及舱位布置不同,船上所装载货物的情况也不一样,因而它们各自的船舶配、积载图也互不相同。在实际操作中,也应指出是哪艘船舶的配、积载图。但由于船舶配载图是按照一定规则绘制出来的,因而其图样形式、图示内容、符号特征等均有共同之处,只要掌握了某一艘船的船舶配载图,就可触类旁通,其他集装箱船的船舶配载图同样可以掌握。通常集装箱船舶配载图的绘制应遵守以下几个基本原则。

1. 预配原则

1) 在保证集装箱船舶有足够稳性的条件下,充分利用船舶的箱位

由于集装箱船货舱容积利用率比较低,为了充分利用集装箱的装载能力,需在甲板上堆装一定数量的集装箱,一般为总箱位数的 20%~50%,可堆装数层。当然,必须保证集装箱船舶稳性的要求,因而货舱内装箱量一般应大于全船装箱总重的 60% 左右。

充分利用集装箱船箱位容量的主要途径如下。

(1) 在集装箱船预配时，如船舶某离港状态箱源数量接近船舶标准箱容量时，应当注意使该离港状态下订舱单上所列的 20 ft 箱数量和 40 ft 箱数量与船舶 20 ft 箱容量和 40 ft 箱容量相适应，以提高船舶的箱位利用率。

(2) 为提高在中途港承载该港以后卸港的集装箱承载能力，减少或避免集装箱的倒箱数量，应尽量保持不同卸港集装箱垂向选配箱位和卸箱通道各自独立。

(3) 在装箱港箱源充足的条件下，选配特殊箱箱位时，应当尽量减少承运这类货箱引起的箱位损失数量。例如，在条件许可时，可以将原安排于舱内占用两个箱位的超高集装箱，选配于舱面的顶层，以减少舱内箱位的损失。

(4) 要考虑稳性和吃水差要求的制约。集装箱船一般艏部箱位较少，故在配载时极易产生过大的艉吃水，艉吃水过大就需要用压载水来调整，从而增加压载重量，减少集装箱的装载量。满载时重心高度较高，为保证航行时的稳性，需在双层底加一定数量的压载水，同样会增加压载重量，减少集装箱的装载量。因此，努力提高集装箱船配积载计划的编制水平，合理确定不同卸港轻重集装箱在舱内和舱面的配箱比例，减少用于降低船舶重心所需打入的压载水重量，是充分利用集装箱船载重能力的主要措施。

2) 合理地安排轻重箱的位置，以保持船舶良好的稳性和正浮

船舶的初稳性是衡量船舶受外力作用时仍能保持正浮能力的一个主要指标。初稳性越大，船舶侧倾后恢复到原来位置的能力越强，抵抗恶劣气象的能力也越强。但是初稳性越大，其船舶的横摇周期越小，船舶摇摆频率越高，这对于船舶是不利的，尤其是集装箱船，因其堆码高度较高，摇摆周期越短，意味着甲板上的集装箱将受到较大的加速度，可能会使集装箱的绑扎松动或箱体受损，后果不堪设想。因此在预配载时，对初稳性高度值应控制在适当的范围，既能保证船舶有足够的稳性，又能获得适当的横摇周期。一般来说具有 12 列集装箱箱宽的集装箱船舶，初稳性高度为 1.0 m 左右，其横摇周期约为 25 s 时较佳，而具有 8 列集装箱箱宽的小型集装箱船初稳性高度值在 1.2 m 左右，其横摇周期为 15 s 时较佳。

在预配时应全面考虑上述情况，当集装箱船舶预配的集装箱箱量与船舶的集装箱容量相近时，集装箱重量大时，应将重箱配在下面，轻箱及结构强度高的箱配在上面，以满足稳性要求。如果重箱少，轻箱多，此时重箱不宜全部配在下面。整航次集装箱量不足时，则更不应在甲板上不配箱，必要时，甚至可将舱内一些箱位空着不配集装箱，而将集装箱较多的配于船舶的甲板上，以求降低初稳性高度，求得较佳的横摇周期。

集装箱合理的配载，除上下外，还有横向的左右问题，在预配时，应尽可能使集装箱重量在船舶横向方面左右对称。具体做法上，可将同卸港的同重量或近等重量的集装箱配在同行同层上，左右对称，这样不但可保持船舶的正浮，而且还可以减少船舶因左右不对称受力，产生的扭转弯矩对船体结构的不利影响。

3) 保持船舶良好的纵向强度

集装箱船大多是单甲板、大开口；再加上集装箱船舶大多数是尾机型船舶，机舱、油舱、

淡水舱也集中在尾部，使集装箱船舶长期处于中拱状态，且纵向强度较差。因此在集装箱预配中要考虑集装箱船的这些特点，将一些比较重的集装箱堆码在中部，以抵消船舶的中拱变形。

在起始港预配时，也应充分考虑到途中挂港的装卸情况，预防在中途港装卸后，出现船舶中部集装箱箱量或重量过少，而影响船舶的纵向强度。如有可能，在起始港预配时，将目的港的较重的集装箱配于船中。

4) 保证船舶的局部强度

集装箱船舶积载时应注意堆积负荷，即集装箱船舶的舱底、甲板和舱盖上所允许堆积集装箱的最大重量，此数值可以从船舶资料中查取，要求在集装箱船舶的舱内、甲板和舱盖上，每列集装箱的重量均不应超过其允许的堆积负荷，否则将影响船舶的结构强度。近年来，集装箱装货后的总重量愈来愈大，容易出现超负荷现象，尤其在甲板和舱盖上更易超负荷。因此，必要时应减少集装箱的堆积层数，以防损伤船体结构。

5) 保证船舶具有适当的吃水差

船舶是不允许有艏倾的，因为这会造成螺旋桨产生空泡；但也不宜有过大的艉倾，因为这会增加船舶的吃水，减少装载量，而且还会影响航速。因此集装箱船应具有适当的吃水差，以保证具有良好的操纵性。在集装箱船舶积载时应注意集装箱重量在船舶纵向上的分配。在船首附近的箱位，由于船舶线型和驾驶视线良好的要求，应尽可能减少艏部甲板上的装箱层数，形成艏部箱位少的装载，加上集装箱船一般采用艉机型，艉部较重，为防止艉吃水过大，或避免用较多的压载水来调整吃水差，预配时应将较重的集装箱配置在船首的箱位上。

在预配船舶进出吃水受港口水深限制的货载时，更应注意集装箱的纵向分布，以减少使用压载水来调整吃水差，从而减少船舶的总排水量和平均吃水，使船舶顺利进出吃水受限的港口。

比如，上海港是一个潮汐港，加上航道中的浅滩，使进出口的船舶吃水受到很大的限制。如出口船舶的集装箱箱量和箱重均很大时，预配时应使船舶近平吃水，且在不影响船舶稳性前提下，尽可能少用压载水，以减少船舶的最大吃水，力求减少候潮出港的时间。另外，上海港的集装箱码头，均在近吴淞口的张华浜码头和军工路码头，而且集装箱船舶开航时间选在落没或初涨时开的情况很多，所以当集装箱箱量和重量均不很大时，预配时如有可能，应将船舶配载为平吃水，最大吃水时开船的情况要尽可能减少，争取不要候潮，趁潮时出港以争取船期。

6) 避免中途港倒箱，提高装卸效率

集装箱船舶的中途挂港很多，中途挂港的装卸也较频繁，特别是跨洋和环球航行的集装箱班轮更是如此。为此，在预配时，应有全航线整体的观点，即应按集装箱船舶挂港的顺序和各挂港箱源的情况进行综合考虑，前港要为后面港口考虑，起始港要为全航线港打基础，不应产生后港集装箱压前港集装箱的现象，否则将产生倒箱，从而降低装卸速度，增加费用，

7) 避免同卸港的集装箱过分集中

集装箱装卸桥不可能并列在一起,同时为集装箱船上两个相邻舱位上的集装箱起吊。为了加速船舶在港的装卸速度,保证集装箱船舶的班期,如遇同一卸港的集装箱量超过一个舱的容量必须分舱时,不应在两个相邻的舱中,配置同一卸港的集装箱,而应最少间隔一个舱来配置,使多台装卸桥同时作业成为可能,以提高集装箱船舶在港的作业速度,缩短在港的停泊时间。

8) 满足特殊集装箱积载的特殊要求

这里特殊集装箱所指的范围较广,它不仅涉及集装箱的结构,更多的是涉及集装箱所装的货物,通常有下列几种:冷藏箱、危险货物箱、超重箱、超长箱、超宽箱、超高箱、"特殊"高箱、平台箱、选港箱等。现将这些箱在预配中应掌握的原则分别叙述如下。

(1) 冷藏箱。冷藏集装箱由于需要船上提供外接电源插座和监控插座,所以它们在集装箱船舶上的位置是固定的。同时为了便于在运输中对冷藏集装箱检查和必要时对冷冻压缩机系统的维修,通常集装箱船舶的冷藏箱电源插座和监控插座,大多数设置在近驾驶室附近的甲板上。预配中,由于冷藏箱位置在船上是固定的,不能任意配置,故对冷藏箱应先在预配图上定位,再根据冷藏箱的卸港情况,在冷藏箱箱位的行里配不会被冷藏箱压港的其他集装箱。在起始港制定集装箱预配图时,对于中途挂港可能加载冷藏箱应有充分的考虑,以便加载冷藏箱时,有适合的箱位可提供。

(2) 危险货物箱。在预配时应首先了解清楚船舶本航次共配了多少危险货物集装箱,这些箱的国际危规级别,危险货物箱间的积载与隔离要求等,一定要严格按照国际危规的要求来配危险货物集装箱的箱位。在对中途挂港的加载,还应查看原配载图,了解船舶是否已装载危险货物箱,这些危险货物箱与加载的危险货物箱是否符合国际危规的积载隔离要求。若不符合,一定要加以调整。在预配时,还应考虑船舶建造规范的要求,因为有一些船舶规定,在某些箱位上不能配置危险货物箱。如"香河"、"玉河"、"银河"、"星河"等轮均有此种情况。"香河"轮的第一舱和第二舱,按船舶规范上规定,该舱内不能装载危险货物,因为在船舶设计时,该两舱没有按能装载危险货物的要求来设计。在预配时,这些舱是不能配载危险货物箱的。

(3) 超重箱。此种箱用码头的装卸桥不能起吊,它在港口的装卸作业,必须雇用浮吊或陆上的其他起吊设备来进行,在预配时,其配位应便于所雇起吊设备在作业时的方便,且尽可能不妨碍码头装卸桥吊装集装箱的正常作业。例如,使用浮吊来装或卸超重箱时,此超重箱就不应配位于船首或船尾附近的箱位上,因在这些部位,由于船体导流线型浮吊船并靠作业难以进行。

(4) 超长和超宽箱。应充分考虑此种类型集装箱的特点。一方面,这种类型的集装箱在船上积载时,当其超长的长度超过两行集装箱之间的间隙或超宽的宽度超过两列集装箱之间的间隙时,它将侵占相邻行或相邻列的集装箱箱位,造成箱位损失。另一方面,装超长货物或超宽货物使用的集装箱一般是用平台箱,也可能用台架式集装箱,如系平台箱,还应按平台箱预配的原则处理。在预配时对于超长和超宽集装箱的配位,应在不妨碍按卸港配位的前提下,相对集中,合理安排箱位,以减少箱位过多的损失。

(5) 超高箱。通常在积载中所说的超高箱,是指集装箱在装载货物后,货物的高度超过了集装箱顶部角件的高度,使该集装箱顶部不能再堆装其他的集装箱。所以超高箱的积载位置,不论在甲板上,还是在舱内,它永远应配在该列所堆装的集装箱的最上面一层。如配超高箱在舱内,只要其超高的尺寸不大于该舱内舱盖和最高一层集装箱的间隙,则不必减少集装箱的堆积层数,如超过间隙,则应减少集装箱的层数。

(6) "特殊"高箱。在我国使用的集装箱,通常的箱高是 8.5 ft,但在运输中有时也会遇到一些比 8.5 ft 高的集装箱,有的箱箱高达 9.5 ft,此种"特殊"高箱如配于舱中,则应根据舱内的净高,重新计算堆积层数。如将"特殊"高箱配于甲板上,其堆积高度不应妨碍驾驶室的视线。另外,应根据卸港将其集中配位,以利于集装箱的绑扎。

(7) 平台箱。此种集装箱只能配于舱内或甲板上最高一层,它的上面不能再堆积任何集装箱。此种集装箱由于经常用于装大件设备,所以在配载时应掌握它装货后,包括货物在内的总长度、宽度和高度,当其总长度、宽度和高度,超过常规集装箱的长度、宽度和高度(即 20 ft 集装箱尺寸超过:20 ft×8 ft×8.5 ft;40 ft 集装箱尺寸超过:40 ft×8 ft×8.5 ft)时除考虑是平台箱外,还应按超长、超宽或超高箱进行配位。

(8) 选港箱。是指卸港可以自由选择的集装箱,该箱应配在可能选择的卸港都能自由卸下的位置。配载时常将此类集装箱配于集装箱船舶的后甲板平台的箱位上,或被选择卸港中的最后一港集装箱的箱位上。选港集装箱箱位的上面,除被选择卸港中可配在第一港及其前面卸港的集装箱外,其他卸港集装箱不能配在选港箱的上面。

2. 集装箱船舶预配图的编制

预配图的编制是整个集装箱船舶积载中的第一步,也是最关键的一个步骤。它关系到船舶航行安全和货运质量,关系到船舶装载能力的充分利用,关系到运输效率和经济效益。为了保证集装箱预配的科学和合理,应按上述配积载基本要求和原则编制集装箱预配图。

预配图是由船公司(或其代理人)编制的,是依据船舶积载能力和航行条件等,按不同卸货港顺序及集装箱装货清单上拟配的集装箱数量,编制而成的全船行箱位总图,将集装箱船上每一装 20 ft 箱的行箱位横剖面图自船首到船尾按顺序排列而成的总剖面图。

1) 订舱单的分类整理

这是制定预配图的第一步,由船舶代理或船舶的调度将集装箱船该航次在一个装货港的订舱单,按集装箱的不同卸港、不同重量、不同箱型尺寸分类整理,如遇特殊箱还应加以必要的说明,然后送交或用电传传送给船公司的集装箱配载中心或船舶。集装箱配载中心或船舶的大副,根据分类整理后的订舱单,进行预配。

2) 集装箱船舶预配图的组成

集装箱船舶预配图由字母图(Letter Plan)、重量图(Weight Plan)和冷藏箱和危险货物箱图（Reefer/Dangerous Plan）组成。

（1）字母图。字母图是指集装箱的目的港用字母在图中进行表示（通常为目的港英文名称的首写字母），如 K 代表神户港（Kobe），L 代表长滩港（Longbeach），N 代表纽约港（New York），H 代表休斯敦港（Houston），C 代表查尔斯顿（Charleston）等，一般在预配图中都有标注。这样从字母图中就很容易了解到达各个港口的集装箱的数量、装载位置、作业顺序。除了字母图外，也有用彩色标绘的情况，即各个目的港分别用不同的颜色表示，各个目的港的标色在图上给予说明。

图 4-13 为某集装箱船的一张字母图，从图上可以看到，第 05 行舱内配有 36 个去纽约港的箱位，甲板上配有 1 个去休斯敦的箱位，到神户的集装箱安排在 13 行（有 23 个）、27 行（甲板上 27 个、舱内 24 个）和 25 行（甲板上 27 个、舱内 20 个）。第 37 行甲板上配有 23 个去长滩（Longbeach）的箱位，舱内配有 36 个去长滩的箱位，有 8 个去休斯敦的箱位。

（2）重量图。重量图用来表示每个集装箱的总重量，图中每个小方格代表 1 个 20 ft 集装箱，小方格中所标的数字是以吨表示的集装箱总重，如图 4-14 所示。从图中可见，第 27 行舱内共装 24 个集装箱，其中总重为 17 t 的集装箱有 8 个，总重为 20 t 的集装箱有 16 个。第 25 行舱内共装有 20 个箱位，其中总重为 18 t 的集装箱有 3 个，总重为 20 t 的集装箱有 17 个。

有时为了便于区分，20 ft 箱通常只在小方格中涂一半颜色（◨）。40 ft 集装箱用相邻在同一舱的前后两个小方格表示，集装箱的总重和卸港的着色均标绘在前一小方格上，将小方格全部着色（■），后一小方格用（⊠），表示此箱位已被 40 ft 集装箱占用。

（3）冷藏箱和危险货物箱图。如图 4-15 所示。冷藏箱和危险货物箱图也叫特殊箱图，用于反映特殊集装箱的情况，该图上所配的集装箱均为冷藏箱和危险货物箱，冷藏箱在图上的小方格上用字母"R"表示，空箱在小方格上标注"E"。图 4-15 中，第 33 行甲板上最底层装有 6 个冷藏箱。这 6 个冷藏箱的卸货港，从图 4-13 中可见是 N（纽约港），其重量从图 4-14 中可见每箱为 21 t。

危险货箱用"○"圈在所配箱位的小方格上，旁边用"D"加上数字表示在《国际危规》中的类别等级，如"D6.1"表示该箱装的是《国际危规》6.1 类危险品。有的不用"○"，而用深颜色标绘，也有的不用"D"，而用"H"或用"IMO"或"IMCO"表示危险货物箱，但在其后仍需注上危险货物的《国际危规》类别等级。如图 4-15 中第 05 行舱内 08、10、12 层共装有 5 个 1.4 级危险货物箱，第 17 行舱内 12 层装有 1 个 6.1 级危险货物箱。这 6 个危险货物箱从图 4-13 可见，卸货港为 N（纽约港），其重量从图 4-14 查得，5 个 1.4 级危险货物箱，每箱重为 19 t，1 个 6.1 级危险货物箱，其重量为 8 t。

（4）对其他特殊集装箱，应加以标注或文字说明。如超高箱可在箱位小方格上方加"∧"作为超高标记，并加注超高尺寸；超宽箱则用"＜"或"＞"作为超宽标记，标记旁还可加注超宽尺寸。选卸港箱，可在旁边加注所选择的卸港港名，如汉堡、伦敦选港箱，则在箱位旁加注"HAM/LON"或"H/L"。

3) 预配图的审核

对绘制好的预配图，不论是哪一种形式的预配图，都必须进行认真的审核，审核的内容如下。

(1) 集装箱每个卸港的数量与集装箱订舱单是否符合？

(2) 核对每列集装箱的堆积负荷是否超过船舶允许的负荷？发现超过，应设法进行调整，使其符合。

(3) 核对冷藏箱、危险货物箱、超高箱、超宽箱等特殊的配位是否适当？如不适当，应予调整。

(4) 审查集装箱各卸港的箱位安排是否合理？下一挂港加载是否方便？后面挂港卸箱时是否会产生倒箱？

(5) 对预配图进行稳性、吃水差和纵向强度的校核，以保证船舶的适航。

如审核无误，则可将集装箱预配图发出。

其实这些规定都是人为的，各个集装箱码头均有自己的习惯和规定，其目的就是用简单的符号表示不同的意义，使图面整洁、美观、清楚明了。在实际工作中，只要了解一下码头制作船舶配载图的习惯和规定，即可看懂船舶配载图，亦可制作船舶配载图。

4.3.4 实配图

上一节所讲的预配图只是对待装集装箱在船上的装载位置按不同卸货港作了一个初步的分配，如图4-13中，09行位（BAY 09）所配载的为到纽约港的集装箱，其中甲板上装27个箱，舱内装46个箱，共装73个箱，但是，具体每个装箱位置上装哪个号码的箱，该箱的箱主是谁，箱内货种是什么，等等问题，预配图则没有明确规定。此外，预配图也没有考虑船舶稳性、船舶结构、装卸工艺，以及可能存在的不合理配置等原因。在实配图上，不仅规定了不同卸货港的集装箱的装载位置，而且对到同一卸货港的各个集装箱的具体装载位置（箱位）也有明确规定，所以，实配图是码头现场操作的指导性文件，是码头装卸作业的依据。

集装箱装卸公司收到预配图后，按照预配图的要求，根据码头上集装箱的实际进箱量及在码头上的堆放情况，着手编制集装箱实配图（Container Terminal Bay Plan）。

集装箱实配图是由全船行箱位总图（封面图）和每行一张的行箱位图（Bay Plan或Hatch Print）组成，如图4-16和图4-17所示。封面图又叫总图（Master Plan），表明集装箱纵向积载情况；行箱位图是船舶某一装20 ft箱的行箱位横剖面图，表明集装箱横向积载情况。它是对集装箱船行箱位总图上某一行箱位横剖面的放大。在该图上可以标注和查取某一特定行所装每一集装箱的详细数据。

1. 封面图

封面图是一份反映集装箱船舶整体装卸计划的图纸，分装箱图和卸箱图两种。一份完整的封面图，至少应反映以下内容。

(1) 装卸所用的装卸桥数量，即对该船的装卸同时采用几个班组对其作业。

(2) 对于每一个作业班组，图上表明了其负责作业的行位、作业顺序及作业量的大小。

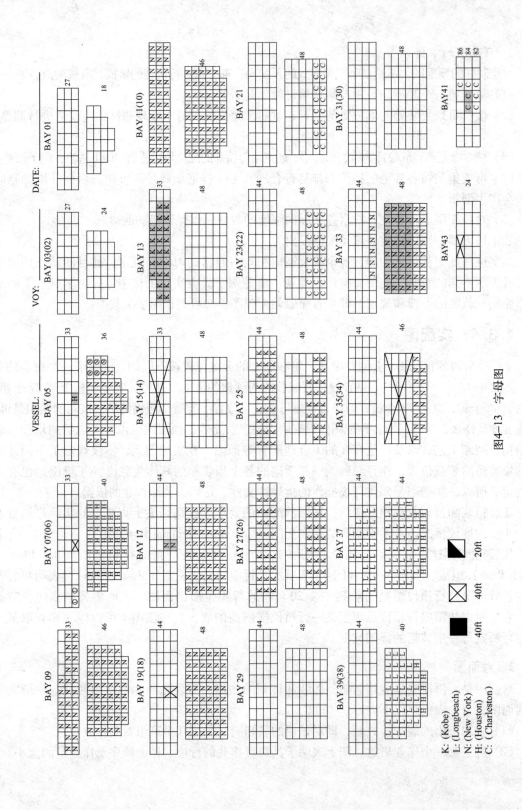

图4-13 字母图

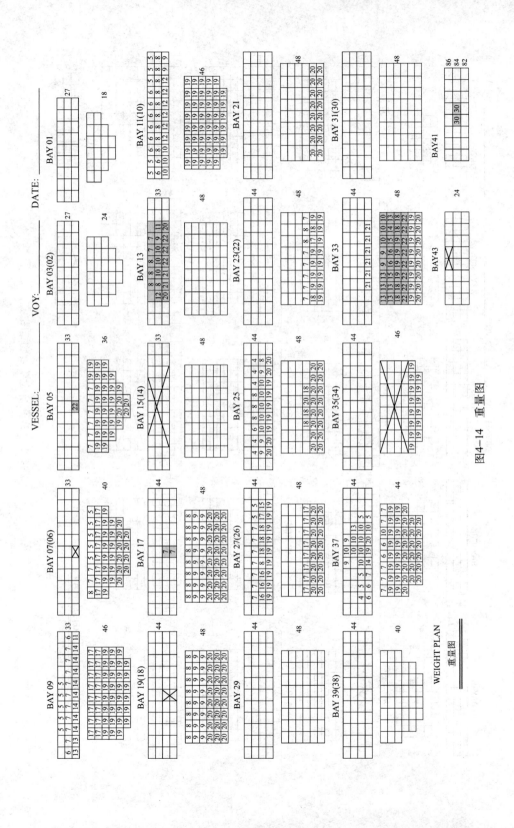

图4-14 重量图

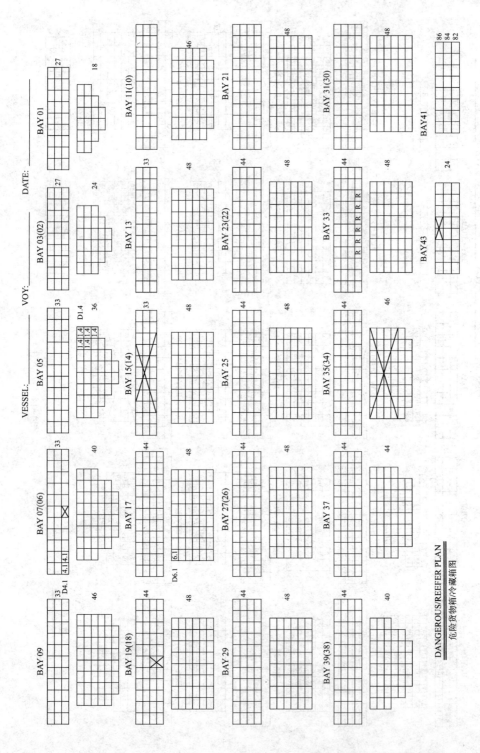

图4-15 冷藏箱/危险货物箱图

(3) 反映各集装箱货物的种类、卸货港及装载位置。

在集装箱实配图的封面图上，通常只标注集装箱的卸港和特殊箱的标记。

封面图上卸货港的表示方法有两种：一种与预配图一样用一个英文字母表示，另一种是用不同的颜色来表示不同的卸货港。两者比较起来后一种表示更简单清楚一些。

封面图上特殊箱的表示方法与预配图一样，冷藏箱用"R"表示，危险货物箱因图上的箱格内又表示了卸货港，故一般在该箱格上画一圆圈"○"，圈中再标上代表卸货港的英文字母，并在旁边注明危险等级，如"D4.1"、"D6.1"等。如果用不同颜色来表示不同的卸货港，则可将危险品等级注明在图上箱格内，再涂上代表该卸货港的颜色。

图 4-16 为某集装箱班轮的实配封面图，该图采用英文字母表示卸货港，图中第 07 行甲板上底层有两个到长滩的危险货物箱，其危险等级为 4.1 级，第 05 行舱内有 5 个到纽约的危险货物箱，其危险等级为 1.4 级。在预配图中（见图 4-13 和图 4-14），第 33 行甲板上最底层的 6 个冷藏集装箱，在实配图（见图 4-16）中转移到第 35 行，并增加 1 个变为 7 个。在图上箱位中的表示方法是在卸箱港 N 的右边加下标 R，即 N_R，以表示该箱是一个到 N 港的冷藏箱。但是，这份实配封面图只反映了集装箱货物的种类、卸箱港及装载位置，而对于作业班组的安排、作业顺序、各班组的作业量等则没有反映，操作性不强，这是该图的缺陷。

在集装箱码头实际操作中，为方便作业，增强可操作性，各个集装箱码头在编制实配图时，大都会加上一些自己的规定，这些规定只在码头内部适用。图 4-17 为某国际集装箱码头船舶策划（Ship Planning）所制作的一份装船作业实配图，该图有以下几个特点。

(1) ○、◇、□、▽、△等符号是不同装卸桥的代号，用来表示符号所在的行位的作业是由该符号所代表的装卸桥来进行。因为集装箱船船身长，分有许多行位，为保证船期和快速装卸，必须用几部装卸桥同时对其进行装卸作业。通常在作船舶计划时，会将总的集装箱装卸数量（即总的作业量）平均分配给每部装卸桥，每部装卸桥各负责几个行位的装卸作业，于是实配图上使用这些符号区别，以免实际操作时出现盲目操作的混乱局面。譬如○表示位于船首附近的装卸桥，称为"头更（Gang）"，担任"头更"的装卸桥号码不一定是 01 号，可能是 03 号、06 号，也可能是 09 号、04 号等，具体编排是根据船舶所停靠的位置及靠泊方向来决定。从"头更"到"尾更"的符号可依次为○（头更）、◇（二更）、□（中间更）、▽（四更）、△（尾更）等，根据具体情况来确定。

符号中的数字并不代表装卸桥的号码，而是表示该装卸桥的作业顺序，每一部装卸桥的作业都严格按照作业顺序号的规定来进行。符号的规定是人为的，为了方便作业，完全可以用截然不同的符号来代替它们，但一旦确定下来，就应该相互统一，以免混淆不清。比如图 4-17 中采用三部装卸桥同时作业，分别用○（头更）、□（中间更）、△（尾更）表示。

(2) 用首写字母表示不同的卸货港，在图 4-17 的左下角对每个字母所代表的卸货港作了说明。图中左下方还有一个小表格，表中第一栏为卸货港，第二、三、四栏为集装箱的种类和数量。除了用字母来表示卸货港以外，也有用不同颜色表示不同的卸货港的表示方法，即每一港用一种颜色表示，这些都是人为规定的。用颜色表示卸货港，可以减少书写字母的麻

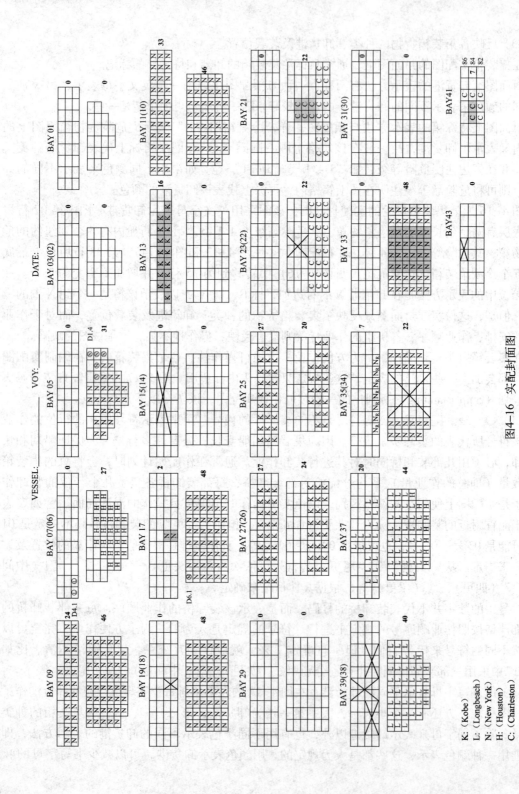

图4—16 实配封面图

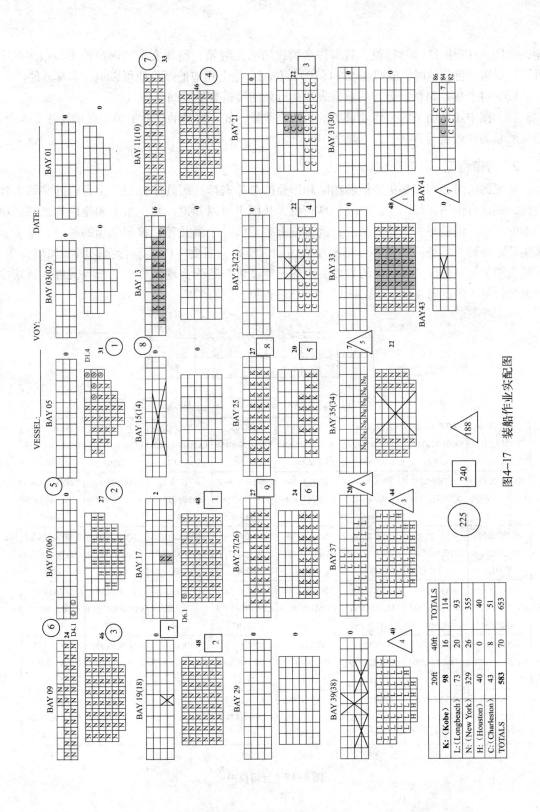

图 4—17 装船作业实配图

烦，如图 4-17 中 11(10) 行位，装有许多到纽约的集装箱，制作实配图时，需书写很多的字母 N，而用颜色表示时，就只需在 11(10) 行位图上涂上相应的颜色便可以了，非常方便。

（3）每个集装箱行位旁边的数据表示此行处的装箱数量或卸箱数量。

（4）图中还注明了每个作业班组的总的作业量，如○班总的作业量为装载集装箱 225 个，□班的总的作业量为 240 个，△班为 188 个。

2. 行箱位图

实配图的封面图只是集装箱船舶装卸作业的总体安排，而具体到每一个行位的装卸怎样进行，则没有说明。如图 4-17 中的 09 行位，从图上可以知道，其甲板上和舱内均装载到纽约港的货物，但就每一个箱位来说，该箱位上装载哪一个集装箱，该集装箱的种类、重量及该集装箱在码头堆场的位置等，则都没有说明，所以，需要专门绘制行箱位图来加以说明。行箱位图就是一份反映该行位的具体装箱情况的图纸，是码头现场作业的指导文件，行箱位为每个行位一张。图 4-18 为图 4-17 中第 33 行的行箱位图。

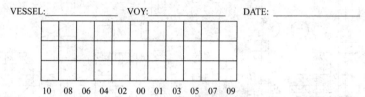

NYK 19.50 COSU5000154 G2901	NYK 19.35 COSU8131754 G2902	NYK 19.35 COSU8129037 G2904	NYK 19.69 ICSU3355394 G2904	NYK20.42 COSU5000160 G3801	NYK20.27 COSU8154385 G3802	NYK 19.87 COSU8231615 G3903	NYK20.06 COSU8201254 G3904
NYK 20.27 COSU8156958 G3905	NYK 19.21 ICSU3787649 G3906	NYK 19.43 ICSU4157217 G3907	NYK 19.67 COSU8178664 G3908	NYK 18.69 HTMU8039953 G3909	NYK 18.72 COSU8013469 G3910	NYK 20.33 COSU0117550 G3911	NYK 20.06 COSU8075650 G3912
NYK 20.19 COSU8023169 G3913	NYK 20.05 COSU8035973 G3914	NYK 20.24 COSU8175069 G3915	NYK 19.96 HTMU8038319 G3916	NYK 18.69 HTMU8047780 G3909	NYK 20.15 COSU8183932 G3918	NYK 19.92 IEAU2353700 G3919	NYK19.95 GSTU4557788 G3920
NYK 19.48 HTMU8058207 T2501	NYK 17.60 COSU8210621 T2502	NYK19.53 TOLU2722771 T2503	NYK19.91 COSU8028833 T2504	NYK17.18 COSU8011419 T2505	NYK19.32 COSU8157511 T2506	NYK19.30 COSU5022908 T2507	NYK19.91 CTIU3404773 T2508
NYK19.62 COSU3116770 T2509	NYK19.51 COSU8092869 T2510	NYK17.12 COSU8233191 T2511	NYK18.51 COSU8101739 T2512	NYK19.18 COSU8190540 T2513	NYK19.12 COSU8199883 T2514	NYK18.09 COSU5037641 T2515	NYK19.35 COSU8139164 T2508
NYK19.70 ICSU4395750 T2517	NYK19.34 COSU5034025 T2518	NYK19.43 COSU5021199 T2519	NYK18.86 COSU8219906 T2520	NYK18.90 COSU8143483 T2521	NYK19.61 COSU8208922 T2522	NYK19.51 COSU8095683 T2523	NYK19.52 COSU8230757 T2524
08	06	04	02	01	03	05	07

图 4-18　行箱位图

在行箱位图中应标有如下内容。

(1) 集装箱的卸箱港和装箱港。表示方法一般为卸箱港在前，装箱港在后，中间用"×"（符号）隔开，例如，NYK×SHA 。也有的只标注卸箱港，不标注装箱港。卸箱港和装箱港用 3 个英文字母代号表示（但有的港口却只标两个英文字母），此代号表示方法借用国际航空港标准代码，不另定标准，如上海港以"SHA"标注。

(2) 集装箱总重。包括货物重量和空箱重量，单位"吨"通常省略。例如，19.32。

(3) 集装箱箱号。集装箱箱号按箱主代号、顺序号和核对数字共 11 位代码组成。例如，COSU2001373。

(4) 该集装箱在堆场上的箱位号。堆场箱位号表示该集装箱在堆场上的位置，实际装船时，理货员按照行箱位图的指示，告诉拖车司机到什么位置去取箱。例如，图 4-18 中的"330308"箱位，其集装箱的情况如下。

NYK：卸箱港纽约。

20.15：该集装箱的总重为 20.15 t。

COSU：箱主代号。

8183932：顺序号和核对数。

G3918：堆场上箱位号。

(5) 特殊箱的标注。

① 危险货物箱。应在箱位小方格内，标注危险货物的国际危规等级。标注的方法目前尚未统一，如国际危规 3.1 级的危险货物，有的港口标为"IMDG3.1"；有的标为"D3.1"；有的标为"H3.1"；有的标为"IMCO3.1"。

② 冷藏箱。应在箱位小方格内，标注该箱的特征代码和温度要求。通常有两种标法：一是以英文字母 R 后跟随温度要求，如"R—18"表示该冷藏箱的运输温度，应不高于零下 18℃，"R+2+4"表示该冷藏箱运输温度，应保持在 2℃～4℃之间；另一种是以英文字母 T 后跟温度要求。

③ 超宽箱。应根据超宽的部位，在箱位小方格的左边或右边，或两边标注超宽的符号">"、"<"，并在符号旁加注超宽的尺寸。

④ 超高箱。在箱位小方格的上方标注超高符号"∧"，并在符号旁加注超高的尺寸。

⑤ 选港箱。在箱位小方格内，注上所选港的港名代码。

超限箱如图 4-19 所示。

(a) 超高表示方法　　(b) 左超宽表示方法　　(c) 右超宽表示方法

图 4-19　超限箱表示

⑥ 空箱。没有装货的集装箱，应在箱位小方格内注上英文字母 E 或 EM。

3. 实配图的审核

集装箱船舶的船长和大副了解航线状况、本船航次油水的配置与消耗、船舶的装载特性、途中各挂靠港的作业特点等细节内容，并对船舶和集装箱的运输安全负责。因此，集装箱实配图编制完毕后，集装箱装卸公司在装船前应送给船长或大副做全面审核。经船方审核确认后，方可通知装卸工班，按实配图进行集装箱的装船作业。如船长和大副对实配图有修改，则应按修改后的实配图进行装船作业。

实配图的审核内容和预配图相同，这里不再赘述。

4.3.5 最终积载图

集装箱船实配积载计划在装箱过程中会因某些原因需要作一些修改。当集装箱装船结束后，由船舶的理货员根据船舶实际装载的集装箱，以及每只集装箱在船舶上的箱位，编制出集装箱积载图。大副负责进行实际装载条件下船舶稳性、船体受力、吃水和吃水差的核算。为了与预配图和实配图相区别，通常称这种积载图为最终积载图（Final Bay Plan）或主积载图（Master Plan）。

最终积载图反映集装箱船舶实际装卸情况的最终结果，是下一挂靠港集装箱卸船和加载集装箱配载的根据，也是计算集装箱船舶的稳性、吃水差和强度的依据。

集装箱船最终配积载文件通常包括集装箱最终封面图、最终行箱位图、稳性及吃水差计算表及集装箱装船统计表等内容。

1. 最终封面图和最终行箱位图

最终封面图和最终行箱位图标注格式及内容与实配封面图、实配行箱位图基本相同，只是实配行箱位图中场箱位号改为装船后集装箱箱位号（见图 4-20）。最终配积载文件中行箱位总图和各行箱位图应当由船舶代理通过某种通信手段送交船舶各有关的挂靠港，它是港口有关部门编制船舶中途卸箱或加载计划的主要依据。

2. 装船统计表

集装箱装船统计表是用于统计实船装载的不同装港和卸港、不同箱状态（重箱、空箱、冷藏箱和危险货箱）、不同箱型（20 ft 和 40 ft 箱）的数量和重量，以及各卸港和航次装船集装箱的合计数量和重量，如表 4-2 所示。统计表中包括下列内容。

（1）装箱港、卸箱港和选港箱。

（2）集装箱状态：分重箱、空箱、冷藏箱、危险货物箱以及其他特种箱。

（3）箱型：分 20 ft 和 40 ft。

（4）数量和重量的小计和总计。

VESSEL: _____ VOY: _____ DATE: _____

351088	350888	350688	350488	350288	350088	350188	350388	350588	350788	350988
		COSU8134157 19.7 350686	COSU8231500 19.1 350486	COSU8226870 12.4 350286	COSU8237638 12.7 350086	TOLU2886287 10.4 350186	ICSU3063290 14.5 350386	HTMU8057089 9.5 350586	CTIU0341780 12.7 350786	UFCU3962201 25 350986
351086 ICSU4223047 19.5 351084	ICSU4020857 19.2 350884	COSU8236930 20.0 350684	HTMU5006278 19.6 350484	COSU8212049 20.0 350284	CTTU2291923 16.9 350084	ICSU3725204 20.0 350184	IEAU2166680 19.2 350384	TOLU2632275 19.2 350584	ICSU3336250 20.9 350784	TOLU2786272 17.4 350984
COSU8225431 17.3 351082	CTIU1518777 19.6 350882	IETU2016838 19.1 350682	COSU8232359 18.9 350482	COSU8195548 19.4 350282	TOLU2662292 20.0 350082	COSU8237155 15.8 350182	COSU8226280 17.0 350382	ICSU4009919 19.4 350582	COSU8089124 19.60 350782	COSU8239158 15.8 350982

DEST	No.OF CONT
88	
86	136.0
84	211.9
82	201.9
12	57.9
10	57.1
08	115.9
06	110.8
04	101.5
02	105.8
TOTAL	1098.8

				350712	
				350710 COSU8236879 19.3 350708	
			350512	CHS/KOB UFCU3770317 19.3 350508	COSU2830510 17.2 350506
			350310	CHS/KOB UFCU3990836 19.6 350306	TOLU8451160 16.7 350304
		350312	COSU5028280 19.3 350308	ICSU4013924 18.6	350704
		350212	350110 ✕	COSU8195511 11.9	CHS/SHA
	350212	350210 ✕	350108 ✕	UFCU3602997 15.6 350104	TOLU2818750 19.9 350102
		✕ 350212	✕ 350210	✕ 350208	COSU8236415 19.6
	350412	ICSU3843260 20.0 350416	✕ 350208	CHS/SHA ICSU3897097 18.2 350204	HTMU8048739 20.4 350202
CHS/KOB COSU8149835 19.4 350412	CHS/KOB TOLU2624348 17.9 350410	CHS/KOB UFCU3757275 19.3 350408	CHS/KOB COSU8028345 18.5 350406	CHS/SHA COSU5023102 15.7 350404	HTMU8048739 20.4 350402
COSU8151621 19.4 350812	HTMO8055960 19.1 350612	TOLU2624348 17.9 350610	COSU8089802 19.3 350608	COSU8072667 18.5 350606	COSU8215916 6.3 350604	ICSU9053992 19.9 350602
COSU8097541 19.2 350810	ICSU3170111 19.4 350808	COSU8018882 18.4 350806	COSU8173678 6.5 350804	COSU8229550 12.1 350602	

图4—20 最终行箱位图

举例说明如下：

（1）从表 4-2 中可见，由上海装船到各港的重箱，20 ft 有 204 TEU，重量总计 3566.7 t，40 ft 有 40 TEU，重量总计 584.9 t；冷藏箱 20 ft 有 4 TEU，重量总计 68.7 t；危险货物箱 20 ft 有 15 TEU，重量总计 226.2 t；空箱 20 ft 有 12 TEU，重量总计 27.6 t，40 ft 有 8 TEU，重量总计 28.8 t。

表 4-2　某轮某航次装船统计表

船名：×××　　　　　航次：×××　　　　　日期：×年×月×日

装货港	集装箱类别、箱量及重量		卸货（箱）港								TOTAL		OPTION
			LONG BEACH		NEW YORK		CHARLESTON		HOUSTON				
			20 ft	40 ft	20 ft	40 ft	20 ft	40 ft	20 ft	40 ft	20 ft	40 ft	40 ft
SHANG HAI	FULL 重箱	箱量/个	35	4	105	29	28	5	36	2	204	40	
		重量/t	582.1	66.4	1980	410.6	419.8	92.3	584.8	15.6	3566.7	584.9	
	REEFER 冷藏箱	箱量/个	4								4		
		重量/t	68.7								68.7		
	DANGEROUS 危险货箱	箱量/个			12		3				15		
		重量/t			186.5		39.7				226.2		
	EMPTY 空箱	箱量/个			12	8					12	8	22
		重量/t			27.6	28.8					27.6	28.8	76.8
KOBE	FULL 重箱	箱量/个	145	76	329	138	58	55	21	19	553	288	
		重量/t	2239	1212	5468	1964	1017	753	379	221.4	9103	4150.4	
	REEFER 冷藏箱	箱量/个											
		重量/t											
	DANGEROUS 危险货箱	箱量/个	1		12	1	3		2		18	1	
		重量/t	20.4		215.5	20.2	57.6		30.9		324.4	20.2	
	EMPTY 空箱	箱量/个											
		重量/t											
TOTAL 总计	CONTAINER 箱量/个		185	80	470	176	92	60	59	21	806	337	22
	WEIGHT 重量/t		2910.2	1278.4	7877.6	2423.6	1534.1	845.3	994.7	237	13316.6	4784.3	76.8
GROSS TOTAL 总重量/t			4188.6		10301.2		2379.4		1231.7		18100.9		76.8

（2）由神户装船到各港的重箱，20 ft 有 553 TEU，重量总计 9103 t；40 ft 有 288 TEU，重量总计 4150.4 t。危险货物箱 20 ft 有 18 TEU，重量总计 324.4 t；40 ft 有 1 TEU，重量为 20.2 t。

（3）表 4-2 是在神户港装船完毕后编制的，因此表中已扣除了上海到神户的集装箱，因在神户港已卸下。

（4）船上装载的总箱量：20 ft 有 806 TEU，总重量为 13316.6 t，40 ft 有 337 TEU，总重量

为 4784.3 t,合计为 18100.9 t。此外尚有 22 TEU 选港箱,总重量为 76.8 t。

3. 稳性和吃水差的计算

1) 稳性的计算

船舶稳性的计算公式为:

$$GM = KM - KG \tag{4-1}$$

式中:GM——船舶初稳性高度(m);
KM——船舶稳心高度(m);
KG——船舶重心高度(m)。

公式中的 KM 可根据配载后船舶的排水量在稳性计算书中直接查取,而 KG 则需要根据配载的实际情况计算。集装箱船舶的重量包括空船重量、常数、燃油重量、压载水及淡水重量、船员粮食重量及所装运的集装箱重量,前面几项重量通常由船方给出,而集装箱重量由于每次配载装运不同需要计算。在计算出上述各项重量后,可根据船舶资料计算出全船总的垂向力矩,继而计算全船的重心高度即 KG,最后按稳性计算公式求出 GM。

2) 吃水差的计算

船舶的吃水通常计算三个数据,即吃水差(TRIM)、艏吃水(F. DRAFT)和艉吃水(A. DRAFT)。

(1) 吃水差(TRIM)的计算公式为:

$$TRIM = \frac{(DISP \times LCB - LMT)}{MTC} \tag{4-2}$$

式中:DISP——船舶排水量(t),即船方给出的各项重量与所配的集装箱重量之和,由配载人员计算;
LCB——船舶浮心距尾柱的水平位置(m),根据排水量查取;
LMT——船舶总的纵向力矩(t·m),根据船舶各项重量包括集装箱重量在船舶的前后分布,由配载人员计算;
MTC——船舶每米纵倾力矩(t·m/m),根据排水量查取。

(2) 艏吃水(F. DRAFT)的计算公式为:

$$F. DRAFT = DRAFT + \frac{TRIM \times LCF}{LBP} - TRIM \tag{4-3}$$

式中:DRAFT——船舶平均吃水(m),根据排水量查取;
LCF——船舶漂心距尾柱的水平距离(m),根据排水量查取;
LBP——船舶两柱间长(m),由船舶资料给出。

(3) 艉吃水(A. DRAFT)的计算公式为:

$$A. DRAFT = DRAFT + \frac{TRIM \times LCF}{LBP} \tag{4-4}$$

3）稳性和吃水差计算举例

下面以 MILD UNIN VOY 0226E 航次为例，说明稳性和吃水差的计算。在人工计算方式下，通常列表的计算方法。

（1）GM 的计算。根据表 4-3 的计算，该航次的排水量 DISP = 9904.56 t，垂向力矩 V.MT = 68506.8 t·m，查该船的稳性吃水差计算书得稳心高度：

$$KM = 7.52 \text{ m}$$

根据合力矩定律，该船的重心高度：

$$KG = \frac{V.MT}{DISP} = \frac{68506.8}{9904.56} \approx 6.92 \text{ m}$$

所以，GM = KM−KG = 7.52−6.92 = 0.60 m

该船的自由液面力矩 I_p = 990.456 t·m

所以，$GG_0 = I_p \div DISP$ = 990.456÷9904.56 = 0.10 m

所以，该船经自由液面修正后的初稳性高度：

$$G_0M = GM - GG_0 = 0.60 - 0.10 = 0.50 \text{ m}$$

（2）吃水差的计算。该船两柱间长 LBP = 106.28 m，根据该船的排水量 DISP = 9904.56 t，查该船的稳性、吃水差计算得：

每米纵倾力矩 MTC = 10251 t·m

浮心距 LCB = 54.75 m

漂心距 LCF = 52.56 m

平均吃水 DRAFT = 6.86 m

① 吃水差：

$$TRIM = \frac{DISP \times LCB - LMT}{MTC}$$

$$= \frac{9904.5 \times 54.75 - 528065.16}{10251}$$

$$= 1.39 \text{ m}$$

② 艏吃水：

$$F.DRAFT = DRAFT + \frac{TRIM \times LCF}{LBP} - TRIM$$

$$= 6.86 + \frac{1.39 \times 52.56}{106.28} - 1.39$$

$$= 6.16 \text{ m}$$

③ 艉吃水：

$$A.DRAFT = DRAFT + \frac{TRIM \times LCF}{LBP}$$

$$= 6.86 + \frac{1.39 \times 52.56}{106.28}$$

$$= 7.55 \text{ m}$$

表 4-3 稳性吃水差计算表

BAY	WEIGHT	CARGO MOMENTS V. MT	LCG	L-MG	
MILD UNIN VOY 0226E 稳性吃水差计算表					
1	158	1 900.9799	92.23	14 572.34	
2	144.56	1 452.02	89.16	12 888.97	
3	232	2 214.9	86.09	19 972.88	
5	24	392.839	79.51	1 908.24	
6	402	3 662.011	76.44	30 728.88	
7	55	441.33	73.37	4 035.35	
9	102	754.61	67.14	6 848.28	
10	182	3 488.33	60.91	11 085.62	
11	234	691.89	57.85	13 536.90	
13	171	1 456.872	54.77	9 365.67	
14	156	1 418.598	48.19	7 517.64	
15	216	1 195.6	45.11	9 743.76	
17	181	1 213.52	42.05	7 611.05	
18	147	1 609.55	35.47	5 214.09	
19	292	1 505.2401	32.40	9 460.80	
21	105	123.675	29.34	3 080.70	
22	0	1 159.875	2.097	0	
23	73	96.63	-0.10	-7.3	
25	6	1 131.57	-3.16	-18.96	
CARGO	2 880.56	27 082.59		167 544.91	
LIGHT SHIP CONSTANT	3 763 227	28 551 2 927		184 297 3 870	I_P
TOTAL	3 990.0	31 478.0		188 149.00	
TANK	3 034.0	9 946.21		172 371.25	990.456
C. TOTAL	9 904.56	68 506.8		528 065.16	990.456

4.3.6 重大件货物的积载

重大件货物指重量或尺寸超过最大集装箱标准的货物。它的特点是重量大或体积大,或两者兼而有之。由于这类货物不能先装上集装箱,然后通过装卸桥再将其装船,故集装箱船舶在运输这些重大件货物时,要根据这些货物的特性、重量、体积和形状等来合理地积载,为保证船舶积载的科学合理,应考虑下列几种情况。

1. 位置的选择

集装箱船舶承运重大件货物时，应首先考虑其安全，其次在积载配位时应尽量少占箱位。

重大件货物的积载，应先根据货物的要求，确定其配在舱内，还是配在甲板上。如配于舱内，为了减少箱位的损失，通常是不会直接配于舱内的底部，而是在舱内其他集装箱的上部加上一只或数只平台箱或台架箱，再将重大件货物吊装到平台箱或台架箱上。如装在甲板上，可根据需要，将重大件货物直接配于甲板上，也可以在甲板上或其他集装箱上先放一只或数只平台箱或台架箱，然后再将重大件货物吊装到平台箱或台架箱上。

为了配好重大件货物的位置，可根据集装箱船舶的总布置图，按重大件货物的特性、体积、重量和形状（必要时可按总布置图的比例，将重大件货物的平面图剪成纸型）在图上找出最佳的装载位置。

位置确定后，应考虑在此位置上是否使用平台箱或台架箱；如果使用，要用多少只。

2. 局部强度和堆积负荷

如将重大件货物直接配于甲板上，应计算受力部分的局部强度是否能保证。如能保证，应将重大件货物的受力点，尽可能选择在集装箱底角件的甲板底座上，因为集装箱底角件底座是船体的结构加强部分。

当重大件货物通过平台箱或台架箱，装于其他集装箱上面时，首先，应确定这些平台箱或台架箱的负荷能否承载重大件货物；其次，应核算每列的堆积负荷是否在允许的范围之内。

3. 装卸重大件货物的起吊点

集装箱船舶在承运重大件货物时，应确定重大件货物能不能使用码头上的集装箱装卸桥或船上的起吊设备来进行装卸，应想方设法使用装卸桥或船吊来装卸重大货物，如重大件货物的重量超过了装卸桥或船吊的负荷时，应通过与货主协商，将重大件货物适当地分解，使其重量能使用装卸桥或船吊来进行装卸。这样不仅可减少租用其他装卸设备的大量费用，而且还能保证装卸作业的安全和连续性，减少装卸作业的时间。

不论使用何种设备来装卸重大件货物，均应要求货主在重大件货上提供足够安全的起吊点，并要求货主在这些起吊点上，按照国际规定进行标注，对一些重大件货物根据装卸的需要，必要时还要求货主提供专用的吊架。

4. 重大件的绑扎

集装箱船舶由于现代化程度高，船员少，加上集装箱堆积高度高，集装箱之间的空隙小，所以，在航行中对重大件货物的检查和绑扎加固是比较困难的。因此在装船时，对重大件货物的绑扎，应非常认真和符合要求。在绑扎过程中，应严格检查，千万不能疏忽。否则，后果不堪设想。

4.3.7 最后一港的集装箱预配

前面讲述了集装箱船舶积载的全过程，但实践中告诉我们，在集装箱船舶航次装港中的前面几港的积载较易掌握和调整，出现问题后，调整和弥补的余地也较大，而关键是要为后一港的积载打好基础。而最后一个装箱港则必须把好关，特别是当船舶预计的装箱量和箱重量接近船舶的额定箱位或控制重量时，更应该严格把关。否则可能造成装船后，船舶稳性不足不适航，或满足了稳性而出现吃水差或强度不佳的状态。通常最后一港的积载应注意以下几点。

1. 剩余箱位的预配审核

如最后一港代理能较早提供订舱的箱量和各箱的箱重，这是最好处理的情况。只要在最后第二港的实配图编出后，在其剩余的箱位上，按卸港将最后一港的订舱箱配上，并填好箱重。随即可进行稳性、吃水差和强度等的校核，调整。根据校核情况如要减少订舱箱量或还有剩余箱位，均可通知最后一港代理，以便其控制订舱。

2. 剩余箱位的总重量限制

如果最后一港的代理只能提前提供一个订舱的箱量和一个经验的平均箱重，再加上这些箱量和箱重已接近或超过本船的箱量和载重量的控制数时。在最后第二港的实配图编出来后，可在这图的剩余箱位上将最后一港的订舱箱配上，然后用代理提供的经验平均箱重，或少于此箱重的重量，或多于此箱重的重量，求得一个能满足船舶安全适航的平均箱重量，从而得出最后一港的限制总重量。在船舶抵最后一港装箱前，将代理提供的箱量和箱的总重量和预配求得的限制总重量比较，即可判断出能否接受或须再进一步校核。

3. 分层重量限制

当留给最后一港的剩余箱位和控制重量均不大时，为充分满足最后一港集装箱订舱的需要，可在最后第二港的实配图剩余箱位上给予分层，用不同层不同重量的方法，求得一个船舶安全适航的允许分层重量。例如：

82层　余箱位 50TEU　可配重量 750 t
84层　余箱位 50TEU　可配重量 650 t
86层　余箱位 90TEU　可配重量 950 t

通知最后一港代理，以便其在接受订舱时有选择地接受要求订舱的集装箱。

4.4　集装箱船运行组织

由于集装箱运输投资大，固定成本高，市场竞争激烈，投资风险大，因此，船公司组织集装箱船舶运行时，应做好集装箱船舶运行组织工作，进行投资风险分析，做好市场预测，做到精心组织、科学调配船舶和管理，以提高船舶运输效率和企业经济效益。

集装箱船舶运行组织主要内容包括航线配箱、航线配船、确定基本港和编制船期表等。由于航线配箱的内容在其他章节介绍，本节主要介绍以下三方面的内容。

4.4.1 航线配船

航线配船就是研究集装箱船舶在各航线上的合理配置问题,即在集装箱运输航线上如何最合理地配置船型、船舶规模及其数量,使其不仅满足每条航线的技术、营运方面的要求,而且能使船公司获得良好的经济效益。航线配船应遵循的基本原则如下。

(1) 船舶与货源状况相适应。所配备的集装箱船舶的技术性能和营运性能应与航线上的货源种类、流向、流量相适应。因此,在进行航线配船之前,船公司应对与航线有关的情况进行经济调查和运输市场分析,了解和掌握适箱货源及市场竞争情况。

(2) 船舶与港口条件相适应。集装箱船舶的尺度性能要适应航道水深、泊位水深;集装箱船舶的结构性能、装卸性能及船舶设备等应满足港口装卸条件的要求等。

(3) 船舶与航行条件相适应。船舶的尺度性能应与航线水深、船闸尺度、桥梁或过江电线净空高度等相适应;船舶的航行性能应与航线航行条件相适应。

(4) 遵循"大线配大船"的原则。在适箱货源充足,且港口现代化水平高的集装箱航线上,配置大吨位全集装箱船是最经济合理的;而在集装箱箱管现代化程度不高;集装箱货源较少,或处于集装箱运输发展初期的航线上,则宜使用中小型半集装箱船或多用途船。

(5) 处理好船舶规模、船舶数量与航行班次、航线货运量、挂靠港数目以及船舶航速之间的关系。在货运量一定的情况下,发船间隔越大,航行班次越少,船舶数越少,船舶规模则越大;在发船间隔或航行班次一定的情况下,船舶规模与货运量成正比,即货运量越大,船舶规模也越大;在货运量和发船间隔一定的情况下,船舶规模与往返航次的时间和船舶数有关,即船舶规模与往返航次时间成正比,与船舶数成反比;当船舶数和挂靠港数目不变时,航线上船舶航速越高,往返航次时间将减少,船舶规模可减少。

在以上各种因素中,船舶航速、航行班次、挂港数目以及航线货运量是自变量,船舶规模与船舶数是因变量,二者之间呈函数关系,这就存在着一定条件下满足航线运输需求的各种最低限度的数量组合。在航行条件一定的情况下,通过改变船舶航速及船舶数量,都可具有相同的运输能力,均可完成相同的货运量。应该看到,由于船舶航速的提高,可以减少船舶需要量,从而减少船舶投资。但是,由于船舶航速的提高,船舶航行燃料费用必然大大增加,将明显提高船舶运输成本,从而影响企业经济效益。所以,应通过航线经济论证后,确定最佳的船舶航速及船舶数量。

应该指出,以上的分析是在假定其他条件不变的情况下,船舶数量与航速之间的函数关系,如果条件变化,情况就更复杂了。当船舶载箱量增加时,则船舶单位运输成本降低,这必须在航线适箱货源充足及港口装卸效率能满足的条件下才能实现。否则,增加船舶载箱量,即船舶大型化反而造成箱位利用率大幅度降低,其结果反而使单位运输成本提高。可见,在航线配船时,应综合分析论证后确定。

对于规模较小的班轮公司来讲,航线、船型比较单一,基本上无须考虑运用系统分析模型进行航线运行组织优化。然而,如果班轮公司经营的航线较多,船队规模也较大,航线决策所需考虑的因素较多,也较复杂时,就需要借助系统分析模型进行优化决策,这是因为在航线和船型较多的情况下,可行方案作为配选的数量很多,欲确定最佳方案比较困难,通过优化模型则可在复杂情况下获得正确的结论。

4.4.2 确定基本港

集装箱航线基本港的选择和确定,是集装箱船舶运行组织的重要问题。所谓基本港指班轮定期挂靠,港口设备现代化程度较高,进出口贸易量及海运需求较大,具有相当规模的港口。对于不同的班轮公司及航线,其基本港的确定也不同。

航线挂港数的确定指基本港的确定,基本港的数量关系到承揽航线港口货运量的多少及船舶往返航次时间的长短。对于货源充足的航线,船舶规模越大,挂靠港数目应越少;当货源不是很充足时,为了提高船舶载箱量利用率,也可适当增加挂靠港口,以提高船公司经济效益。通常情况下,考虑到运输成本和航线的竞争力,在确定基本港时,应考虑以下因素。

1. 地理因素

基本港的地理位置应处于集装箱航线上或离航线不远处。同时,为了便于开展支线运输,还应考虑基本港与其附近港口之间的地理位置,便于与内陆运输相连接,有利于开展国际集装箱多式联运。

2. 货源因素

运输货当先,货源是否充足和稳定,是选择和确定航线基本港的前提条件和重要因素。因此,航线基本港理所当然地设置在货源较集中的港口,这样可减少集装箱的转运成本,提高发船密度,有利于加速船舶周转,提高运输效率。同时,基本港要有大城市作依托,优先考虑货源集中的沿海大城市作为基本港。

3. 港口因素

港口因素主要是指港口的自然条件、装卸设施及装卸效率、港口的集疏运条件等。港口的自然条件是一个极其重要的因素。港口必须具备和满足大型集装箱船舶靠泊及装卸作业的要求。应具备船舶吃水所必需的泊位水深、船舶靠泊所需的泊位长度,应具备集装箱船舶所必需的进港航道的水深和尺度,应具备足够的陆域等。

港口装卸设施及装卸效率应能满足集装箱船舶装卸作业的要求,应具有高效率的集装箱装卸工艺系统和装卸机械,应具有满足集装箱进、出口需要堆存的堆场容量和堆存能力。

港口的集疏运条件主要是指支线和内陆的集疏运能力。一个功能良好的基本港,应拥有多渠道的集疏运系统,包括铁路、公路和水路,依靠这些集疏运系统,可与内陆广大腹地相连,实现集装箱集疏运的高速化,有效地解决港口堵塞,加速车、船、箱的周转,提高集装箱运输系统的综合效率和经济效益。

4. 其他因素

一个良好的基本港应具有高度发达的金融、保险、服务设施等行业和部门,以满足集装箱运输的要求。

根据以上各个基本因素，经综合分析和论证后确定航线基本港。

4.4.3 编制船期表

制定集装箱班轮船期表是集装箱运输营运组织工作的又一项重要内容。

1. 船期表的作用

公司制定并公布船期表有多方面的作用。首先，有利于船公司及其代理揽货，便于货主了解货运市场及服务，提高运输服务水平；其次，有利于船舶、港口和货物及时衔接，缩短船舶挂港时间，提高港口作业效率；最后，利于支线船舶的经营，提高航运服务水平。

船期表通常以月作为发布周期，本月底发布下一月的船期表。

集装箱班轮船期表的主要内容包括：航线编号、船舶名称、航次编号、挂靠港名（始发港、中途港、终点港）、到达和驶离各港时间；其他有关的注意事项等（如表4-4所示）。各集装箱运输公司根据具体情况，编制公布的船期表略有差异。

表4-4 上海到鹿特丹航线船期表

ID	航线	船名	航次	截关时间	装货港	预计离港时间	卸货港	预计抵达时间	可提货时间	在途时间
1	HPSX	HANJIN PARIS	0091E	Jan 12, 2010 09：00	Shanghai	Feb 15, 2010	Long Beach	Feb 26, 2010	Mar 10, 2010	23
2	AWE2	HS BERLIOZ	017E	Jan 17, 2010 05：00	Shanghai	Jan 19, 2010	New York	Feb 14, 2010	Feb 16, 2010	26
3	PSW4	YM PLUM	072E	Jan 17, 2010 17：00	Shanghai	Jan 20, 2010	Los Angeles	Feb 02, 2010	Feb 13, 2010	24
4	PSW4	YM PLUM	072E	Jan 17, 2010 17：00	Shanghai	Jan 20, 2010	Tacoma	Feb 01, 2010	Feb 10, 2010	21
5	PNW	HANJIN LISBON	0043E	Jan 18, 2010 12：00	Shanghai	Jan 21, 2010	Seattle	Feb 07, 2010	Feb 17, 2010	27

拟制船期表除了考虑上述因素外，还应考虑船舶数量、船舶规模、航速、挂港数量港口工班工作制度，以及与其他运输方式运行时刻表的衔接配合等因素。

一般来说，集装箱班轮航线的发船密度比传统杂货班轮要大。航次的增加，在相当程度上意味着船公司竞争能力的提高和运输服务质量的提高，同时也是防止与其他船公司在同一航线、相同挂靠港之间竞争的一种有效手段，这些都有利于提高船公司的营运经济效益。

2. 船期表参数计算

集装箱船期表的班期、航线配船数和发船间隔可按以下公式计算确定。

1）集装箱航线班期计算公式

确定班期即拟定往返航次周转时间，此时间应满足定班运行组织的要求。

$$t_{往返} = t_{航} + t_{港装卸} + t_{港其他} \tag{4-5}$$

式中：$t_{往返}$——往返航次时间（d）；

$t_{航}$——往返航行时间（d）；

$$t_{航} = \frac{L_{往返}}{24 \cdot V} \tag{4-6}$$

$L_{往返}$——往返航次运距（n mile）；

V——平均航速（h）；

$t_{港装卸}$——航线往返航次各港总装卸时间（d）。

$$t_{港装卸} = \frac{Q}{24 \cdot M} \tag{4-7}$$

Q——航线往返航次各港装卸总量（TEU）；

M——航线往返航次各港装卸总效率（TEU/h）；

$t_{港其他}$——航线往返航次船舶在各港其他停泊时间（d）。

2）集装箱航线配船数计算公式

$$N = \frac{t_{往返} \cdot Q_{\max}}{f \cdot D_{定} \cdot T_{营}} \tag{4-8}$$

式中：N——集装箱航线配船数（艘）；

$t_{往返}$——往返航次时间（d）；

$Q_{\max}$——航线两端之间年最大发运量（TEU）；

f——船舶载箱量利用率（%）；

$D_{定}$——船舶定额载箱量（TEU）；

$T_{营}$——船舶年营运时间（d）。

3）集装箱航线发船间隔计算公式

$$t_{间} = \frac{t_{往返}}{N} = \frac{f \cdot D_{定} \cdot T_{营}}{Q_{\max}} \tag{4-9}$$

式中：$t_{间}$——发船间隔（d）。

3. 编制船期表注意事项

1）船舶的往返航次时间应是发船间隔的整倍数

因为船舶往返航次时间与发船间隔时间之比应等于航线配船数，而航线上投入的船舶艘数不能为小数。在实际中，按航线参数及船舶技术参数计算得到的往返航次时间往往不能达到这项要求，需要对其进行调整，多数情况下采取延长实际往返航次时间的办法，人为地使其成为倍数关系。

2）船舶到达和驶离港口的时间要恰当

船舶应避免在非工作时间（周末、节假日、夜间）到达港口，以减少船舶在港口的非工作停泊，加速船舶的周转。

3）船期表要有一定的弹性

船期表制定出的各项船舶运行时间应留有余地，以适应外界条件变化带来的影响。例如，船舶的航行时间是根据航线距离除以船舶速度定额得到的。由于海上风浪、水流对航速的影响较为复杂,所以,在船期表制定过程中,应按照统计资料或经验数据,对航行时间加以调整。港口停泊时间的计算也应根据具体情况,如码头装卸效率的不稳定、潮水的变化规律等,预先给出一定的机动时间。

【例 4-1】 某集装箱班轮航线航次集装箱装卸总量为 4680 TEU,港口装卸效率 65 TEU/h,往返航次总航行距离 7200 n mile,平均航速 23 节,船舶在港其他停泊时间为 3 天。航线端点港 A 年集装箱发运量 1.9×10^5 TEU,另一端点港 B 年集装箱发运量 2.6×10^5 TEU,航线配置集装箱船箱位容量为 4800 TEU,假设箱位利用率为 78%,年营运时间 320 d,试求船公司在该航线上需配备的集装箱船艘数和航班发船间隔。

解:(1)求往返航次时间 $t_{往返}$:

$$t_{航} = \frac{L_{往返}}{24 \cdot V} = \frac{7200}{24 \times 23} = 13 \text{(d)}$$

$$t_{港装卸} = \frac{Q}{24 \cdot M} = \frac{4680}{24 \times 65} = 3 \text{(d)}$$

$$t_{港其他} = 3 \text{(d)}$$

$$t_{往返} = t_{航} + t_{港装} + t_{港其他} = 13 + 3 + 3 = 19 \text{(d)}$$

(2)求集装箱航线配船数 N:

$$N = \frac{t_{往返} \cdot Q_{\max}}{f \cdot D_{定} \cdot T_{营}} = \frac{19 \times 2.6 \times 10^5}{0.78 \times 4800 \times 320}$$

$$= 4.12 \approx 5 \text{(艘)}$$

(3)求集装箱航线发船间隔:

$$t_{间} = \frac{t_{往返}}{N} = \frac{19}{5} = 4 \text{(d)}$$

复习思考题

一、名词解释

标准箱容量　20 ft 集装箱容量　40 ft 集装箱容量　集装箱船舶箱位分布

二、多项选择题

1. 世界三大国际集装箱海运干线有(　　)。
   A. 远东—北美航线　　　　　　　　B. 北美—欧洲、地中海航线
   C. 中东海湾—欧洲、北美　　　　　D. 欧洲、地中海—远东航线

2. 按照航线的区域位置可以将航线划分为下列几组航线组(　　)。
   A. 太平洋航线组　　B. 大西洋航线组　　C. 印度洋航线组　　D. 北冰洋航线组

3. 全集装箱船按照其装卸方式可分为（　　）。
   A. 半集装箱船　　　　　　　　B. 吊装式全集装箱船
   C. 载驳船　　　　　　　　　　D. 滚装式集装箱船
4. 吊装式全集装箱船的结构特点有（　　）。
   A. 尾机型　　B. 船体瘦长　　C. 多层甲板　　D. 单甲板大开口
5. 船舶在水中航行时船体所受的水阻力分为（　　）。
   A. 摩擦阻力　　B. 空气阻力　　C. 涡流阻力　　D. 兴波阻力
6. 集装箱船图表示所装货物的卸港、装港、重量、性质、状态以及装载位置等，一般包括（　　）。
   A. 预配图　　B. 实配图　　C. 最终积载图　　D. 行箱位图

三、判断题（正确的用 T，错误的用 F）

1. 船舶的摇摆性是一种对行船有利的性能。（　　）
2. 20 ft 集装箱容量是表示集装箱船舶规模大小的标志。（　　）
3. 40 ft 集装箱的数量等于船舶标准箱容量的一半。（　　）
4. 集装箱预配图由字母、重量图、特殊箱图组成。（　　）
5. 集装箱船舶的初稳性越大越好。（　　）
6. 为保持船舶良好的纵向强度，预配是应将一些比较重的集装箱堆码在船舶中部，以抵消船舶的中拱变形。（　　）
7. 从船舶线型和保证良好的驾驶视线等方面考虑，预配时应将适量较重的集装箱配置在船艏的箱位上。（　　）
8. 船舶在受到外力时发生倾斜，当外力消除后能自行恢复平衡的能力是船舶的稳性。（　　）

四、简答题

1. 集装箱船舶预配的原则有哪些？
2. 预配图审核的内容有哪些？
3. 什么是实配图，有何作用？
4. 试述实配图的行箱位图与封面图的区别。
5. 实配图由哪几张图组成，各有何作用？
6. 制作预配图或实配图习惯上有哪些规定？
7. 最终积载图由哪几张图组成，各有何作用？
8. 航线配船应遵循的基本原则有哪些？

五、计算题

某集装箱班轮航线各船全年投入营运，航线货源较多的一端的年待运量为 100 000 TEU，船舶载箱量 2 500 TEU，发航装载率 90%，每往返航次时间 73 d。求：航线配船数及发船间隔时间。

部分习题参考答案

二、多项选择题

1. ABD 2. ABCD 3. BD 4. ABD 5. ACD 6. ABC

三、判断题

1. F 2. F 3. F 4. T 5. F 6. T 7. T 8. T

五、计算题

该航线配船数是 9，发船间隔时间为 8 天。

案 例 分 析

危险品集装箱积载错误

2004 年春天，某轮 0012E 航次停靠在比利时的安特卫普港装货，欧控操作部负责公司船舶在欧洲地区的集装箱配载工作。做预配时，欧控德籍配载员将五个 8 类危险品小柜配在 39BAY 舱内，根据该轮《危险品适装证书》记载规定，第五货舱内不允许积载危险品箱，而 39BAY 属于第五货舱的前半部分，显然是配错了地方。在装货前，该轮船长、大副没有认真检查码头提供的预装船图，没有及时发现问题。船航行到下一港西班牙的瓦伦西亚，被港口当局检查发现，造成倒箱 73 个，损失两天船期和被迫出具 10 万欧元的担保，给公司造成很大的经济损失，并损害了中海集运的声誉。

思考题：请分析事故的原因及实践中如何防止此类事情发生？

案例分析参考答案

1. 事故分析

（1）通过欧控的事故报告和当时的工作记录分析，欧控操作部德籍配载员没有认真研究分析该轮的《危险品适装证书》记载规定，没有掌握船舶的货舱结构，集装箱配载位置是由 BAY 区分，《危险品适装证书》记载的是货舱位置，没有弄清楚两者间的关系是导致事故发生的直接原因。

（2）码头公司集装箱配载员没有对危险品配载引起高度重视，没有审核船舶的《危险品适装证书》，而完全按照预配方案实配集装箱，未能发觉所配危险品的位置是错误的。

（3）该船船长、大副没有把好集装箱装载的最后一关，根据公司（SMS）文件和危险品装载的相关规定，船舶船长、大副必须严格审核危险品的装载计划，按照《国际危规》和《危险品适装证书》的记载规定，确定危险品的装载，文件明确船舶船长对危险品的装载有最后的决定权。

2. 防范措施

（1）集装箱的积载一直是航运界高度重视的问题，每个环节对处理危险货物的重视程度将直接影响到船货的安全，因此，中海集运预配中心、海外配载部门、航线部门、安技部和船工各部及所属船舶应按照公司（SMS）文件 ZJ-CZ0701-42《危险品集装箱运输管理规定》的各项要求，严格遵守危险货物集装箱运输管理制度，各负其责，确保一方平安。

（2）预配中心和海外配载部门的配载员必须按照《国际危规》的各项隔离要求和船舶《危险品适装证书》及相关法规的规定来安排指定危险品的积载位置，各口岸现场代理要督促和协调好港方优先安排落实危险品箱的积载，若发现配载不合理，应及时向配载员提出并通知港方按要求调整。

（3）装载危险货物的集装箱船舶船长、大副必须认真审核码头危险货物集装箱装船计划，尤其是危险品品名、类别、联合国编号、位置和隔离等是否符合相关证书及法规的规定，检查危险货物集装箱装船的一切手续和证明是否符合装船要求，在满足各项规则、规定、证书等各项要求的基础上，方能签字同意装船，认真仔细把好危险品运输最重要的一关。在审定预配计划时，有权对危险货物集装箱的配载位置提出修改意见，同时需核对《国际危规》及船存危险货物集装箱的实际情况，重新制订危险货物集装箱装载计划并及时联系中海集运预配中心或中海海外操作部门配载人员协调解决。

（4）船舶在装载危险品货箱时，当值驾驶员应亲临现场进行监装，认真核对箱号、箱位是否与预配图相一致。核实危险品箱是否按规定贴妥相应的 IMO 危险品标志，甲板、梯口是否悬挂了严禁吸烟或严禁明火作业的警示牌，并在开航前仔细检查和落实危险品箱的绑扎情况。

（5）对于危险品的操作必须加强工作责任心，落实岗位责任制，按照"安全工作重如泰山"的指示，纵向到底、横向到边、一查到底，不留死角，认真学习公司（SMS）体系文件和相关制度规定，时刻牢记《国际危规》和船舶《危险品适装证书》及港口国的特殊规定要求，切实做好装船前的审核和航行途中的保管照料工作，确保危险货物的安全运输。

开篇案例参考答案

（1）第 15 行舱面装有 16 个重 10 t 的 20 ft 集装箱，目的地是安特卫普，舱内装载有 40 个 20 ft 的集装箱（其中 8 个重 12 t，16 个重 14 t，16 个重 17 t），目的地是安特卫普。（19 行略）

第 16 行装有 6 个重 16 t 的 40 ft 的集装箱，目的地是安特卫普。

第 17 行舱面装有 16 个重 12 t 的 20 ft 集装箱,目的地是安特卫普,舱内装载有 48 个 20 ft 的集装箱(其中 8 个重 12 t,16 个重 14 t,24 个重 17 t),目的地是安特卫普。

(2) 实配图中第 15 行舱内有 4 个危险等级为 1.4 的危险货箱,第 15 行舱面装载 20 ft 集装箱 12 个,第 16 行舱面增加了 4 个 40 ft 的集装箱,第 17 行舱面装载 8 个 20 ft 集装箱。

(3) "160382" 的含义是一个 40 ft 的集装箱积载在舱面第一层第 16 行右舷第 2 列。

参 考 文 献

[1] 王鸿鹏,许路,邓丽娟. 国际集装箱运输与多式联运[M]. 大连:大连海事大学出版社,2004.
[2] 王鸿鹏. 集装箱运输管理[M]. 北京:电子工业出版社,2007.
[3] 楼伯良. 集装箱运输管理[M]. 上海:华东师范大学出版社,2007.
[4] 江静. 国际集装箱运输与多式联运[M]. 北京:中国商务出版社,2006.
[5] 陈洋. 集装箱码头操作[M]. 北京:高等教育出版社,2001.
[6] 李雪蔚. 集装箱船舶积载[M]. 北京:人民交通出版社,1997.

第 5 章

集装箱运输节点管理

本章要点

- 掌握集装箱码头的布局和组织；
- 掌握集装箱装卸工艺方案；
- 掌握集装箱货运站的管理；
- 掌握公路、铁路集装箱运输节点管理。

【开篇案例】

上海一家公司（以下称发货人）出口 30 万美元的皮鞋，委托集装箱货运站装箱出运，发货人在合同规定的装运期内将皮鞋送货运站，并由货运站在卸车记录上签收后出具仓库收据。该批货出口提单记载 CY—CY 运输条款、SLAC（由货主装载并计数）、FOB 价、由国外收货人买保险。国外收货人在提箱时箱子外表状况良好，关封完整，但打开箱门后一双皮鞋也没有。也许有人会提出，皮鞋没有装箱，怎么会出具装箱单？海关是如何验货放行的？提单又是怎样缮制与签发的？船公司又是怎样装载出运的？收货人向谁提出赔偿要求呢？

思考题：谁应该对本案中的损失承担责任？

5.1 集装箱码头

集装箱码头是水陆联运的枢纽站，是集装箱货物在转换运输方式时的缓冲地，也是货物的交接点，因此，集装箱码头在整个集装箱运输过程中占有重要地位。做好集装箱码头工作，对于加速车船和集装箱的周转，提高集装箱运输效益和降低运输成本有着十分重要的意义。

集装箱码头的主要业务是组织各种装卸机械在各个不同的运输环节中迅速有效地进行集装箱装卸和换装作业，以及负责集装箱和箱内货物的交接或保管。由于集装箱运输是一种高效率大规模的生产方式，加上集装箱船舶日益大型化，作业量大且集中。因此，集装箱码头不仅需要配备各种现代化设备，还需要有一套十分严密的组织管理办法，才能确保集装箱码头以最少的人力、物力，安全迅速地完成任务。

1. 集装箱码头的功能

1）集装箱码头是海运与陆运的连接点，是海陆多式联运的枢纽

现代运输中，海运占有75%以上的份额，国际集装箱运输都是以海运为中心，通过码头这一连接点，将海运与两岸大陆的陆运连接起来，并通过内陆运输，实现货物从发货人直至收货人的运输过程。

2）集装箱码头是换装转运的中心

随着集装箱船舶的大型化，国际集装箱海运格局发生了根本的变化，从原来单一的港-港运输转变为干线与支线相结合、以枢纽港中转为中心的运输，形成了"中心—辐射"的新运输格局。在这一新运输格局中，集装箱码头，尤其是处于重要地位的大型国际集装箱码头，成为不同区域的国际货物转运中心，通过集装箱码头的装卸转运，把干线与支线有机地结合起来，从而实现大型集装箱船舶的规模效益，实现货物从始发港到目的港的快速运输。

3）集装箱码头是物流链中的重要环节

现代物流把运输和与运输相关的作业构成一个从生产起点到消费终点的物流链，在这个物流链中，力求在全球寻求最佳的结合点，使综合成本最低、流通时间最短、服务质量最高。由于集装箱码头不可替代的重要地位和作用，它已成为现代物流中重要的环节，并为物流的运作提供了一个良好的平台。目前国内外的大型港口纷纷进军现代物流业，说明了现代物流赋予了集装箱码头新的功能，也为现代集装箱码头提供了更大的发展空间。

2. 集装箱码头的特点

（1）码头作业的机械化、高效化。一艘 3 000～4 000 TEU 的集装箱船，可以当天到港、当天离港。目前，国际先进的集装箱码头装卸桥的作业效率已超过 60 TEU/h，随着装卸机械和装卸工艺的不断改进，集装箱码头的装卸效率仍可进一步提高。

（2）码头生产管理的计算机化、信息化。

（3）码头设施的大型化、深水化。

3. 集装箱码头的基本条件

（1）具备保证大型集装箱船舶可以靠离的泊位、岸壁和水深，确保船舶的安全；泊位水深应能满足挂靠的最大集装箱船的吃水要求。

（2）具有一定数量技术性能良好的集装箱专用机械设备。

（3）具有宽敞的堆场和必要的堆场设施，能适应大量集装箱的妥善分类、保管、交换和修理的需要。

（4）具有必要的装拆箱设备和能力。

目前，我国集装箱运输中绝大部分采用 CY—CY 交接方式，但 CFS—CFS 交接方式仍不

断出现，集装箱码头仍应保留必要的装拆箱的设施和能力，以满足集装箱运输市场的要求。

（5）具有完善的计算机生产管理系统。

（6）具有通畅的集疏运条件。

（7）具有现代化集装箱运输专业人才。

4．集装箱码头的布局和基本组织

集装箱码头是以高度机械化和大规模生产方式作业的，要求有很高的生产作业效率，因此，集装箱码头的布局与传统的件杂货码头有着根本的不同。集装箱码头要以船舶作业为核心进行布局，将码头与船舶连接成一个有机整体，从而实现高效的、有条不紊的连续作业。图5-1为集装箱码头的标准平面布局图。

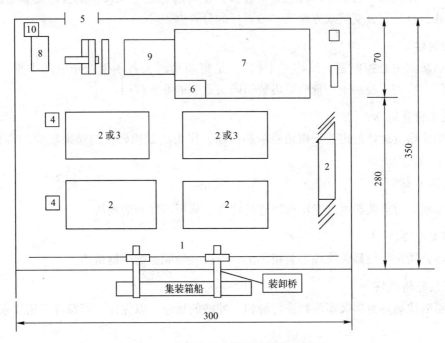

图 5-1　集装箱码头的标准平面布局图

1—码头前沿；2—前方堆场；3—后方堆场；4—调头区；5—大门；6—控制塔；
7—集装箱货运站；8—维修车间；9—码头办公楼；10—集装箱清洗场

1）码头前沿

码头前沿是指泊位岸线至堆场的这部分区域，主要用于布置集装箱装卸桥和集装箱牵引车通道。

2）堆场

堆场是集装箱码头堆放集装箱的场地，为提高码头作业效率，堆场又可分为前方堆场和后方堆场两个部分。

（1）前方堆场。前方堆场位于码头前沿与后方堆场之间，主要用于出口集装箱或进口集装箱的临时堆放。

（2）后方堆场。后方堆场紧靠前方堆场，是码头堆放集装箱的主要部分，用于堆放和保管各种重箱和空箱。

3）调头区

调头区设置在集装箱堆场周围，供集装箱运输车辆及作业机械调头使用。

4）大门

大门是进出口集装箱和各种运输机械的出入口，是区分码头内外责任和交接集装箱相关资料的地点。在我国，有的港口称之为检查桥，也有的称之为闸口，是公路集装箱进出码头的必经之处，也是划分交接双方对集装箱责任的分界点。

5）控制塔

控制塔又称中心控制室，简称"中控"，是集装箱码头各项生产作业的中枢，集组织、指挥、监督、协调、控制于一身，是集装箱码头重要的业务部门。

6）集装箱货运站

码头集装箱货运站的主要工作是装箱和拆箱，作为集装箱码头的辅助功能，集装箱货运站通常设于码头的后方。

7）维修车间

维修车间是对集装箱及其专用机械进行检查、修理和保养的场所。

8）码头办公楼

码头办公楼是行使经营管理集装箱码头各项设施的职能的中枢机构。

9）集装箱清洗场

集装箱清洗场是对集装箱污物进行清扫、冲洗的场所，以保证空箱符合使用要求。

5.2 集装箱码头装卸系统

5.2.1 集装箱码头装卸作业的基本机型

1. 岸壁集装箱装卸桥

1）岸壁集装箱装卸桥的构造

岸壁集装箱装卸桥是目前常用的集装箱装卸设备，是一种设置在码头岸边的高架可移动式的大型起重机，在临海（水）侧有外伸的悬臂，用以装卸船；在陆侧有后伸臂，上面设有平衡装置，以保持装卸桥的平衡与稳定；外伸臂是活动式的，平时吊起，放下后即可进行作业，装卸桥可以在轨道上自由行走，这样能方便地进行装卸作业。

通常岸壁集装箱装卸桥依其外表结构型式的特点，可分为 A 型框架式和 H 型框架式，有时也会出现 A 型和 H 型的混合型，还有一种折叠式装卸桥，其装卸桥的悬臂可以折叠，这样即使在悬臂仰起时，装卸桥的总高度也不会因此而增加。

装卸桥设计时要求在 16 m/s 以内的风速下可以正常使用，并要求在 50 m/s 风速下保持稳定。

岸壁集装箱装卸桥结构装置有：
（1）门架上部结构和载重小车架；
（2）俯仰悬臂；
（3）载重小车车架；
（4）驾驶室；
（5）机房；
（6）起升装置；
（7）横行装置；
（8）俯仰装置；
（9）换绳装置；
（10）行走装置。

2）岸壁集装箱装卸桥主要性能参数的确定

（1）起重量。岸壁集装箱装卸桥的起重量是依据该装卸桥的额定起重量和采用用具的重量之和决定的。

$$Q = Q_e + W \tag{5-1}$$

式中：Q——集装箱装卸桥的起重量（t）；

Q_e——集装箱装卸桥的额定起重量（t），根据所吊集装箱的自重加上所装货物允许的最大重量而定；

W——吊具自重（t）。

（2）外伸距。指集装箱装卸桥外侧轨道中心线向外至吊具铅垂中心线之间的最大水平距离。系根据船宽并考虑在甲板上堆放四层 8 ft 6 in 高的集装箱，在船舶横倾向外倾斜 3°时，仍能起吊走外舷侧最上层的集装箱。通常外伸距大于 30 m。

（3）内伸距。指集装箱装卸桥内侧轨道中心线向内至吊具铅垂中心线之间的最大水平距离。内伸距在作业时能起到缓冲作用，船舶的舱盖板及平衡机体都可在此范围内解决。通常内伸距大于 10 m。

（4）轨距。指装卸桥两行走轨道中心线之间的水平距离。轨距的大小对装卸桥的稳性有很大的影响，同时轨距的变化还会使装卸桥的轮压产生相应的变化；确定此值时，要考虑码头前沿的接运方式，如现在通常用的 16 m 轨距，就是考虑了在轨距范围内能设置三股接运车的通道。

(5)基距。指同一轨道上两个主支承轴的中心线间的距离。为保证 40 ft 长的集装箱在此距离内通过,并考虑作业时集装箱可能产生的摆动,以及大型舱盖板(14 m×14 m)能通过,此基距应取在 14 m 以上。

(6)起升高度。这里指全起升高度,又称全扬程。集装箱装卸桥进行装卸时从岸壁基准面(一般按轨道面算)起放下的距离叫轨下扬程,而从基准面往上吊起的距离叫轨上扬程,这两个扬程合计谓之全扬程。

这一高度主要根据船舶型深、吃水、潮差及集装箱的装载状况而定。一般应保证在轻载高水位时,能使装卸作业顺利进行;在满载低水位(通常能堆高到四层)时,能起吊舱底最下一层集装箱;同时,还应注意到船舶有 1 m 左右的纵倾或 3°的横倾时可能增加的高度。一般全起升高度大于 35 m。

(7)净空高度。指门架的净空高度。此高度主要取决于门架下所要通过的流动搬运机械的外形高度,如需通过堆码两层的跨运车,其净空高度应在 8 m 以上;如需通过堆码三层的跨运车,则净空高度应在 9 m 以上。

(8)腿距。指两支腿腿柱内侧之有效间距。

(9)升降速度。包括起吊额定重量时吊具匀速上升或下降的速度和空载时吊具匀速上升或下降的速度。一般要求空载升降速度应高于满载升降速度的一倍以上(空载时升降速度约为 72 m/min~120 m/min,满载时升降速度约为 36 m/min~50 m/min)。

(10)大车运行速度。指装卸桥起吊额定重量运行时的速度。此速度要求不能过高,通常在 45 m/min。但要求有较好的调速和制动性能。

(11)小车运行速度。指起重小车横向匀速运行时的速度。一般情况下,小车运行时间约占整个工作循环时间的 1/4。因此,如何提高小车运行速度,是提高装卸效率的重要一环,但小车高速运行时会产生摇摆,后来发明了一种防摇装置后运行速度可相对提高。

(12)俯仰速度。指装卸桥的悬臂梁起升的速度,以悬臂梁从水平位置移动到最高位置时所需的时间来表示,通常在 8 min 左右。

(13)生产率。集装箱装卸桥的生产率,是指在一定的作业条件下进行连续的装卸船作业,在单位时间内所能装卸的集装箱数量,多以箱/h 来表示。

$$Q_s = 3600/t \tag{5-2}$$

Q_s——集装箱装卸桥的生产率(箱/h);

t——装卸作业每次循环时间(s);

$$t = t_g + t_x + t_s + t_d + t_j + t_k + \cdots$$

t_g——起升时间(s);

t_x——小车行走时间(s);

t_s——下降时间(s);

t_d——吊具对位时间(s);

t_j——旋锁锁紧时间(s);

t_k——旋锁脱开时间（s）；

以上计算的是理论生产率。装卸桥的生产率有理论生产率和实际生产率之分。理论生产率反映的是平均水平，而实际生产率则反映了在特定的条件下所能达到的实际水平。就装卸作业循环时间来说，是按照假定的平均装载作业路线来进行计算的。在实际工作中，这种循环路线往往是不同的，典型的循环有单程操作循环、往复操作循环等几种形式。

3）集装箱装卸桥装船与卸船的作业过程

集装箱装卸桥是沿着与码头岸线平行的轨道行走，完成集装箱船舶的装船与卸船作业的。通常集装箱装卸桥装卸作业的一个工作循环耗时 120 s 左右。

（1）卸船作业步骤。

① 船靠码头前，将集装箱装卸桥运行至码头岸线的大致作业位置。

② 船靠码头后，将集装箱装卸桥移至具体的作业位置。

③ 按照装卸顺序，将小车移至船上待卸箱的正上方，放下吊具。

④ 吊具上的扭锁装置将集装箱锁定后，吊起船上的集装箱。

⑤ 小车沿悬臂向陆侧方向移动，将集装箱吊至码头前沿等待着的水平运输机械上。

⑥ 松开扭锁装置，吊具与集装箱分离。

⑦ 吊具起升，小车向海侧方向移动，进入下一个操作。

（2）装船作业步骤。

① 船靠码头前，将集装箱装卸桥运行至码头岸线的大致作业位置。

② 船靠码头后，将集装箱装卸桥移至具体的作业位置。

③ 按照装卸顺序，将小车移至水平运输机械上待装箱的正上方，放下吊具。

④ 待吊具上的扭锁装置将集装箱锁定后，吊起水平运输机械上的集装箱。

⑤ 小车沿悬臂向海侧方向移动，将集装箱吊至船上的指定位置。

⑥ 松开扭锁装置，吊具与集装箱分离。

⑦ 吊具起升，小车向陆侧方向移动，进入下一个操作。

2. 跨运车

集装箱跨运车是目前在码头上常见的一种短途装运机械和堆高机械。它是以门形车架跨在集装箱上，由装有集装箱吊具的液压升降系统吊起集装箱进行搬运、堆高作业的。此外，它还能装卸集装箱底盘车。

跨运车的最大特点是机动性好，既能单独进搬运及装卸作业，又能与其他机械（如龙门起重机和底盘车）配合使用。

跨运车水平运输时速度一般为 23 km/h，最高可达 32 km/h。

跨运车的传动方式主要有两种：一是机械传动，二是液力传动。

跨运车的升降系统，一般是由升降油缸、链条链轮组和吊具组成，并分为四个油缸或两个油缸驱动。

跨运车所使用的吊具有固定式吊具和伸缩式吊具两种，固定式吊具的构造为组合式，由主吊具和辅助吊具两部分组成。主吊具用于 20 ft 集装箱的起吊，而起吊 40 ft 集装箱时，则需将辅助吊具悬挂在主吊具下面，两者采用旋锁机构连接起来。伸缩式吊具能通过调整件缩架的长度来起吊不同规格的集装箱。

跨运车的悬挂装置均采用螺旋弹簧的弹性独立悬挂，以缓和冲击载荷。悬挂装置可分为驱动悬挂装置和从动悬挂装置，并且只有一对主动行走轮，其他均为从动行走轮。

跨运车的选型主要考虑以下因素。

1) 起吊能力

跨运车起吊能力的确定基本同集装箱装卸桥。所不同的是要考虑货物在箱内所造成的偏心载荷。

2) 堆码和通过集装箱的层数（高度）

跨运车的堆码和通过集装箱的层数(高度)与整个集装箱码头的堆存面积、堆存能力和作业条件等因素有密切的关系。确定时既要做到技术可行，又要保证经济上是合理的。

3) 装卸搬运效率

跨运车的装卸搬运效率应与码头前沿集装箱装卸场的生产率相适应，还应注意配置的台数及装卸搬运工作循环时间。

4) 宽度尺寸

这一尺寸包括跨运车的内部宽度和外型宽度两个方面。这一尺寸的大小不仅影响到跨运车的作业，而且还影响到堆场的总体布置。

5) 转弯半径

衡量跨运车性能的好坏，转弯半径的大小是一个重要的技术指标。它不仅反映出跨运车的机动性高低，而且关系到码头堆场面积是否能合理使用。

6) 稳定性

在选型时，稳定性对跨运车来说，显得尤为重要，这不单单要考虑其横向稳定性，还应注意其纵向稳定性。

跨运车的特点是机动灵活，回转半径小，缺点是视野不良，稳定性差。随着集装箱运输的发展，码头上的装卸机械要求不断更新换代，就跨运车来说，在改善其性能方面大致要求如下：

(1) 能堆装三层以上的高度；

(2) 具有更高的机动性和快速性；

(3) 要尽量地改善驾驶员的视野；

(4) 要大大地降低故障时间；

(5) 结构设计更为简单，以便于维修保养。

上述几点中，(3)、(4) 两点最为主要。因为这两方面的好坏，直接影响到集装箱码头的工作效率和营运经济性。

3. 集装箱叉车

集装箱叉车是从普通叉车逐步发展而来的一种专用叉车,用它可以在码头堆场等场合进行装卸、堆码和短距离的搬运作业,并能参与装卸船和装拆箱等作业。

集装箱叉车一般具有如下特点:

(1) 起重量要与各种箱型的最大总重量相适应;
(2) 根据其使用场合的集装箱堆码层数来确定起升高度;
(3) 负荷中心一般取集装箱宽度的1/2;
(4) 通过将司机室位置升高,装设在车体一侧等方法来改善操作视野;
(5) 为了方便装卸集装箱,一般采用标准货叉,同时备有顶部起吊和侧向起吊的专用吊具;
(6) 叉车货架具有侧移和左右摆动的性能。

4. 龙门起重机

集装箱龙门起重机,是一种装卸集装箱用的桥式衍架结构的起重机。它主要运用于集装箱码头堆场上的集装箱的堆装作业和对各种车辆的换装作业。

龙门起重机一般采用焊接的箱型结构,这种结构的优点在于:重量轻、强度大、刚性好、

龙门起重机大多自备内燃发电机,由它供给起重机所需的动力,转向装置常常采用油压机构操纵。为了方便地进行转场作业,起重机可作90°转向。

龙门起重机一般可堆高至3~5层,横间可跨2~6列集装箱和一条车辆作业线,跨距可达11~22.5 m,最大可为61 m。

常见的龙门起重机,按其行走方式的不同可分为两种形式,即轮胎式龙门起重机和轨道式龙门起重机。

轮胎式龙门起重机由前后两片门柜和底梁组成的门架,支撑在橡皮充气轮胎上,在堆场上行走。装有集装箱吊具的行走小车沿着门框横梁上的轨道行走,用以装卸底盘车和进行堆装作业。

轨道式龙门起重机由两片双悬臂的门架组成,两侧门腿用下横梁连接,支撑在行走轮胎上,可在轨道上行走。轨道式龙门起重机的装卸、堆装作业也是靠载重小车来完成的。

轮胎式龙门起重机最显著的特点是:机动灵活、通用性好。但单位面积的堆装能力不高,结构也较为复杂,不易维修、保养。

轨道式龙门起重机最显著的特点是:堆场面积的利用率高,提高了堆场的堆存能力。内部结构较为简单,因此操作较容易,维修方便,并且有利于实现单机自动化控制,在自动化集装箱码头上使用是一种比较理想的机种。

5.2.2 集装箱装卸工艺方案

1. 底盘车装卸工艺方案

底盘车装卸工艺方案首先为美国海陆航运公司所采用,故又称为海陆方式。其工艺流程如下。

卸船时，集装箱装卸桥将船上卸下的集装箱直接装在挂车上，然后由牵引车拉至堆场按顺序存放。存放期间，集装箱与挂车不脱离；装船的过程相反，用牵引车将堆场上装有集装箱的挂车拖至码头前沿，再由集装箱装卸桥将集装箱装到集装箱船上。

采用底盘车装卸工艺方案，提高集装箱装卸桥的装卸效率和解决集装箱装卸桥与挂车的快速对位，是提高整个工艺方案效率的关键。

1) 底盘车系统的主要优点
(1) 集装箱在港的操作次数减少，装卸效率高，损坏率小。
(2) 工作组织简单，对装卸工人和管理人员的技术要求不高。

2) 底盘车系统的主要缺点
(1) 底盘车的需求量大，投资大，在运量高峰期可能会出现因底盘车不足而间断作业的现象。
(2) 不易实现自动化。

2. 跨运车系统

码头前沿采用岸边集装箱装卸桥承担船舶的装卸作业，跨运车承担码头前沿与堆场之间的水平运输，以及堆场的堆码和进出场车辆的装卸作业。即"船到场"作业是由装卸桥将集装箱从船上卸到码头前沿，再由跨运车将集装箱搬运至码头堆场的指定箱位；"场到场"、"场到集装箱拖运车"、"场到货运站"等作业均由跨运车承担。

1) 跨运车系统的主要优点
(1) 跨运车一机完成多种作业（包括自取、搬运、堆垛、装卸车辆等），减少码头的机种和数量，便于组织管理。
(2) 跨运车机动灵活、对位快，岸边装卸桥只需将集装箱卸在码头前沿，无须准确对位，跨运车自行抓取运走，充分发挥岸边集装箱装卸桥的效率。
(3) 机动性强，既能搬运又能堆码，减少作业环节。
(4) 堆场的利用率较高，所需的场地面积较小。

2) 跨运车系统的主要缺点
(1) 跨运车机械结构复杂，液压部件多，故障率高，对维修人员的技术要求高，且造价昂贵。
(2) 跨运车的车体较大，司机室位置高、视野差，操作时需配备助手。
(3) 司机的操作水平要求较高，若司机对位不准，容易造成集装箱损坏。

3) 跨运车系统适用的码头
该系统适用于进口重箱量大、出口重箱量小的集装箱码头。

采用跨运车装卸工艺方案，跨运车的搬运效率应与集装箱装卸桥的效率相适应。理论上讲，跨运车的搬运效率约为普通型集装箱装卸桥效率的1/2。在采用全跨运车方式的集装箱专用码头，跨运车的典型的搬运过程可分为单程操作和往复操作两种情况。

(1) 单程操作循环。跨运车从码头前沿搬运重箱至堆场，由堆场空车返回码头前沿。

(2) 往复操作循环。跨运车从码头前沿搬运重箱至后方堆场，由后方堆场空车行驶至前方堆场，并从前方堆场搬运重箱至码头前沿。

3. 轮胎式龙门起重机系统

轮胎式龙门起重机系统的码头前沿采用岸边集装箱装卸桥承担船舶的装卸作业，轮胎式龙门起重机承担码头堆场的装卸和堆码作业，从码头前沿至堆场、堆场内箱区间的水平运输由集卡完成。轮胎式龙门起重机一般可跨6列和1列集卡车道，堆高为3~5层集装箱。轮胎式龙门起重机设有转向装置，能从一个箱区移至另一个箱区进行作业。轮胎式龙门起重机系统适用于陆地面积较小的码头。我国大部分集装箱码头采用这种工艺系统。

该工艺流程为：卸船时，集装箱装卸桥将船上卸下的集装箱装在拖挂车上，运至堆场，再用轮胎式龙门起重机进行卸车和码垛作业；装船时，在堆场由轮胎式龙门起重机将集装箱装上拖挂车，运往码头前沿，等待装卸桥装船。

该方案的特点是集装箱拖挂车只做水平运输，轮胎式集装箱龙门起重机担任堆拆垛作业，从而将集装箱拖挂车快速疏运和轮胎式集装箱龙门起重机堆码层数较多的特点结合起来，达到提高集装箱码头装卸效率的目的。

4. 轨道式龙门起重机系统

轨道式龙门起重机系统与轮胎式龙门起重机系统相比，堆场机械的跨距更大，堆高能力更强。轨道式龙门起重机可堆积4~5层集装箱，可跨14列甚至更多列集装箱。轨道式龙门起重机系统适用于场地面积有限，集装箱吞吐量较大的水陆联运码头。

该工艺流程包括两种类型。

一种是卸船时用集装箱装卸桥将集装箱从船上卸到码头前沿的集装箱拖挂车上，然后拖到堆场，采用轨道式集装箱龙门起重机进行堆码；装船时相反，在堆场上用轨道式集装箱龙门起重机将集装箱装到集装箱拖挂车上，然后拖到码头前沿，用装卸桥把集装箱装船。

另一种则是在船与堆场之间不使用水平搬运机械，而是由集装箱装卸桥与轨道式集装箱龙门起重机直接转运。轨道式集装箱龙门起重机将悬臂伸至集装箱装卸桥的内伸距的下方，接力式地将集装箱转送至堆场或进行铁路装卸。

5. 集装箱正面吊运机工艺方案

与叉车相比较，集装箱正面吊运机具有机动性强、稳性好、轮压低、堆码层数高、堆场利用率高等优点，集装箱正面吊运机的装卸作业特点主要有：吊具可以伸缩和旋转，能带载变幅和行走，能堆码多层集装箱及跨箱作业，可以采用吊爪作业，有点动对位功能，可以进行其他货种的装卸作业等。

采用集装箱正面吊运机工艺方案，其工艺流程有以下几种：

1) 码头前沿至堆场堆箱作业

用集装箱正面吊运机从码头前沿吊起重箱，运至堆场堆箱，空载返回码头前沿进行第二次循环作业。

2）堆场至半挂车的装箱作业

用集装箱正面吊从堆场吊起重箱，运至半挂车上放下，由半挂车运走，然后空载返回堆场准备第二次循环作业。

3）操作循环作业

正面吊运机从码头前沿吊运重箱至堆场堆箱，然后在堆场吊运空箱回码头前沿放下，再吊运重箱做第二次循环。

6. 集装箱滚装装卸工艺方案

集装箱滚装装卸工艺方案就是采用滚装船运箱的港口装卸工艺方案。滚装工艺所采用的船型为滚装船。

集装箱滚装装卸工艺方案中，集装箱拖挂车或其他用于搬运集装箱的搬运机、装载了货物的卡车及其他车辆通过滚装船船侧或船尾的舷门直接驶入滚装船舱内，停在舱内预订的位置，这种作业方式称为滚装方式，也称为滚上滚下方式或开上开下方式。由于其货物的装卸方式是在水平方向移动，所以又称为水平作业方式。

5.3 集装箱货运站管理

5.3.1 集装箱货运站概述

集装箱货运站（Container Freight Station，CFS）是集装箱公路运输系统的重要环节，起着独特的重要作用。在集装箱运输中，以 FCL 方式运输的，需要装箱和拆箱两个作业环节；以 LCL 方式运输的，在发货地需要把不同发货人的货物拼装入一个集装箱，或在收货地把同一集装箱不同收货人的货物拆箱分拨。集装箱货运站就是以装箱、拆箱、集拼和分拨为主要业务的运输服务机构，同时提供集装箱公路运输、箱务管理、报关报验、洗箱修箱等其他集装箱运输的相关服务。通过集装箱货运站，可形成一个有机的深入内陆的运输网络，有效地进行集装箱货物的集合和疏运，实现集装箱的"门—门"运输。

1. 集装箱货运站的种类

目前，集装箱货运站主要有以下三种类型。

1）设在集装箱码头内的货运站

它是整个集装箱码头的有机组成部分。它所处的位置，实际工作和业务隶属关系都与集装箱码头无法分割。我国大多集装箱专用码头均属于此类型。其主要任务是承担收货、交货、拆箱和装箱作业，并对货物进行分类保管。

2）设在集装箱码头附近的货运站

这种货运站设置在靠近集装箱码头的地区，处于集装箱码头外面。它不是码头的一个组成部分，但在实际工作中与集装箱码头的联系十分密切，业务往来也很多，它承担的业务与上述货运站相同。

3) 内陆货运站

集装箱内陆货运站的主要特点是设置于运输经济腹地，深入内陆主要城市及外贸进出口货物较多的地方。主要承担将货物预先集中，进行装箱，装箱完毕后，再通过内陆运输将集装箱运至码头堆场，具有集装箱货运站与集装箱码头堆场的双重功能。它既接受托运人交付托运的整箱货与拼箱货，也负责办理空箱的发放与回收。如托运人以整箱货托运出口，则可向内陆货运站提取空箱，如整箱进口，收货人也可以在自己的工厂或仓库卸空集装箱后，随即将空箱送回内陆货运站，它还办理集装箱拆装箱业务及代办有关海关手续等业务。

2. 集装箱货运站的作用

1) 货运站是联系经济腹地的纽带和桥梁

货运站作为集装箱货物的集散点，起到了与内陆联系的纽带和桥梁的作用。同时，随着改革开放的不断深入和商品经济的发展，我国内陆地区开展中外合资、合作，引进外资、引进先进技术和设备，使进出口贸易有了很大发展，外贸进出口货物的种类和数量也越来越多，通过内陆货运站，可以迅速集中和疏运进出口货源，加强进出口货物在内陆地区的流转，并为集装箱运输提供稳定可靠的货源。

2) 货运站可加强箱务管理，加快集装箱的周转

由于种种原因造成集装箱在内陆地区积压甚至流失，重箱卸完后空箱无人管，有的单位有空箱而无外贸货，只能将空箱运回港口；而有出口货源的单位又无空箱，影响外贸出口。而通过集装箱内陆货运站，则可对发往内陆地区的集装箱进行跟踪、查询，实行有效管理和调节使用，不仅可解决空箱在内陆地区长期积压、缩短集装箱在内陆的周转时间，而且还可提高空箱利用率和运输经济效益、促进集装箱运输的发展，为集装箱国际多式联运创造条件。

3. 集装箱货运站的主要任务

（1）集装箱货物的承运、验收、保管与交付；
（2）拼箱货的装箱和拆箱作业；
（3）整箱货的中转；
（4）重箱和空箱的堆存与保管；
（5）货运单证的处理，运费、堆存费的结算；
（6）集装箱及集装箱车辆的维修、保养；
（7）其他。如为办理海关手续提供条件，代办海关业务等。

集装箱内陆货运站除具备上述码头货运站基本功能外，还须负责接收托运人托运的整箱货及其暂存、装车并集中组织向码头堆场的运输；或集中组织港口码头向该站的疏运、暂存及交付；受各类箱主的委托承担集装箱代理人业务，对集装箱及集装箱设备的使用、租用、

调运保管、回收、交接等行使管理权。

4. 集装箱货运站的设备和设施

大型集装箱货运站为了有效地开展工作，需要有完成下述工作的机械和设施。

（1）办理集装箱货物交接和其他手续的门房及营业办公用房。

（2）接收、发放和堆存拼箱货物及进行装拆箱作业的场地、库房与相应的机械设备。

（3）集装箱堆存及堆场作业的机械设备。用于拆、装箱的机械，主要是小型叉车；用于堆场的机械，主要是集装箱叉车、汽车吊等。

（4）开展集装箱检验、修理、清洗等业务的车间和条件。

（5）拖挂车和汽车停车场及装卸汽车的场地和机械设备。

（6）能与港口码头、铁路车站及业务所涉及的各货主、运输经营人等方便、快速、准确地进行信息、数据、单证等的传输、交换的条件与设备。

（7）为海关派员及办理海关手续所需的各种条件及设施等。

5. 集装箱货运站管理

集装箱货运站的经营人是指对货运站进行投资建设、经营管理的机构。一般来说可以是海上运输的集装箱公司、铁路或公路运输经营人，也可以是开展集装箱多式联运的多式联运经营人、无船承运人和较有实力的货运代理人。从我国集装箱运输的发展来看，一些港口企业、地方主管机构也在其本地和内陆腹地采用独资或合作方式建立和经营码头货运站或内陆货运站。

集装箱货运站负责集装箱的中转、储存保管、拆装箱等业务，有的还兼营集装箱的清洗和修理等，涉及的单位很多，它既要配合船公司、港口做好出口集装箱货物到站装箱、拼箱工作，又要协助港口做好进口拼箱货的保管和交付工作。为了提高集装箱货运站的服务质量，加速集装箱的周转，必须对各项业务进行科学管理，使各项进出口业务顺利进行。

5.3.2 集装箱货运站业务

1. 拆箱提货业务

1）拆箱

CFS 交接条款由码头拆箱的，或 CY 条款由于收货人无整箱提运能力或其他原因要求码头拆箱的，由码头控制室根据拆箱计划，安排机械将要拆箱的进口重箱移入码头 CFS 拆箱区。拆箱前，码头 CFS 人员和外理人员应先共同核对箱号、检验箱体和封志，再由码头人员拆箱、外理人员理货。

2）库存

拆箱的货物应及时入库，根据货物的票数、重量、尺寸、包装等特性，选定合适的仓库货位，进行合理堆码。为便于保管和发货，通常还按票制作桩脚牌于该票货物正面明显之处。货物入库后，应即时将货物信息输入计算机，保证货物账货相符。

3) 受理

收货人办妥进口报关报验手续后，凭提货单到码头受理台办理提货手续。受理台审核提货单无误、收取码头有关费用后，开具提货凭证交收货人，并将提货作业计划按票输入计算机，通知码头 CFS 仓库做好发货准备。

4) 提货

收货人提货的方式主要为公路运输，此外还包括内河水运和铁路运输，因此集装箱码头受理提货申请后，根据提运方式的不同，分别编制车提、落驳和装火车的作业计划，以按不同出库去向操作。

2. 装箱出口业务

1) 受理

发货人根据所托运的船名航次的船期，完成备货和出口清关后，向码头受理台申请货物进库，受理台人员审核装货单并收取有关费用后，开具入库凭证交发货人，并将作业计划输入计算机，由计算机通知 CFS 仓库做好入库准备。

2) 入库

码头 CFS 仓库人员根据入库作业计划，做好货位安排准备。发货人将货物散件送仓库，仓库人员核对入库计划与入库凭证，双方当面清点、检验、交接货物，根据货物不同特性对货物进行合理堆码并如好桩脚牌。入库工作结束后，仓库人员应及时将货物信息输入计算机，做到账货一致。

3) 装箱

码头集装箱货运站人员根据装箱计划核对桩脚牌，并根据货物的不同特性，选定合适的集装箱箱型和尺寸，按照装箱的技术规范合理装箱。装箱时由外理负责理货，双方对装入箱子的货物进行清点、检验，如有异常应由外理做好记录，以区分装箱前后的责任。装箱完成后，由码头人员如实填制集装箱装箱单，并在海关监管下施封。需要注意的是，对于 CFS 条款装箱的，应注意避免各票货物之间因物理化学性能造成货损，同时各票货物不仅为同一船名航次，而且应为同一目的港。出库装箱完成后，仓库人员应及时将作业信息输入计算机，以保持仓库的货物与记录一致。

4) 出运

装箱完成后，码头安排将重箱及时移入出口箱区，配载人员完成船舶配载后，按船名、航次和船期组织装船出运。

5.4 公路集装箱运输节点

5.4.1 公路集装箱运输节点在联运中的作用

在国际集装箱由海上向内陆延伸的运输系统中，公路集装箱运输节点的作业是一个重要环节。公路中转站既是内陆的一个口岸,又是国际集装箱承、托、运等各方进行交易和提供服务的中介场所,为海上国际集装箱向内陆延伸的运输提供后勤保障作业。同时公路中转站的设立可在一定程度上改善内陆地区的投资环境,从而促进内陆地区经济的发展,随之又可带动国际集装箱运输在内陆的推广和应用。

(1) 公路中转站是国际集装箱运输在内陆集散和交换的重要场所。随着外向型经济和国际贸易的发展,内陆地区外贸商品的进出口频率和数量显著增多。内陆中转站的建立,可对现在腹地集中出口货物,按流向进行合理分配积裁并拼装成箱,再根据运输要求及时向港口发运。具备"一关三检"的中转站,货物还可就地通关。这样的运输组织形式可以显著提高进出口货物的集装化程度,有效地减少货损货差、缩短集装箱周转时间、提高集装箱的利用率。

(2) 公路中转站是港口向内陆腹地延伸的后方库场。通过公路中转站堆存、仓储和中转等功能的发挥,可使进口国际集装箱货物能够快速有效地从港口运往内地及时交付收货人。出口国际集装箱货物可根据货物的流量、流向、品类及船期安排,有计划、有准备地按期起运,进港上船。内陆公路中转站的设立,等于将港口的后方库场延伸到了内陆腹地,大大缩短船、箱、货的在港停留时间。

(3) 公路中转站是海上国际集装箱向内陆延伸运输系统的后勤保障作业基地。内陆中转站的设立起到海上国际集装箱向内陆延伸运输系统的后勤保障作业基地的作用。因为集装箱在使用寿命期间,为了保证不危及人身安全并及时消除其存在的缺陷,集装箱经营人都要通过合同方式委托集装箱堆场经营人按照《国际集装箱安全公约》对集装箱定期进行检验和修理。而公路中转站一般均具备上述作业所需的软硬件条件。

(4) 公路中转站既是内陆的一个口岸,又是国际集装箱承、托、运等各方进行交易和提供服务的中介场所。

公路中转站的设立是国际集装箱港口向内陆腹地延伸运输系统中的一个重要窗口。它既是内地办理国际集装箱进出口业务的一个口岸,又是国际集装箱货主、货代、船公司、集装箱管理部门、公路运输企业及与之有关的"一关三检"等各方面进行交易和为之监管服务的中介场所。由于公路中转站完善的设施和规范有效的运作,从而能保证国际集装箱在内陆延伸系统中的顺利进行。

(5) 公路中转站的设立可改善内陆地区的投资环境,从而能促进外向型经济的快速发展,随之又带动国际集装箱运输在内陆的推广和应用。

随着内陆外向型经济的快速发展,对国际集装箱运输的需求将更加迫切。这既是中国经济发展的需要,也是与国际贸易接轨的要求。而内陆公路中转站的建立将促进内陆集装箱运输的发展。由于国际集装箱运输的发展将进一步优化内陆招商引资环境、提高国际贸易管理水平、增强出口产品的竞争力,从而大大推动内陆外向型经济的快速发展。

5.4.2 集装箱公路运输中转站的分类

按我国国家标准 GB/T 12419—2005《集装箱公路中转站级别划分、设备配备及建设要求》，集装箱公路运输中转站有两种分类方法。

1. 按所运箱的类型分类

按该标准可分为国际箱中转站和国内箱中转站。对同时经营国际箱和国内箱的中转站，如果其国际集装箱年箱运量达到年总箱运量的70%以上者，视为国际集装箱中转站。

2. 按集装箱公路运输中转站年箱运量、年堆存量及其所在地理位置分类

按该标准可分成四级，即一级站、二级站、三级站和四级站。其划分标准如表5-1所示。

表5-1　集装箱公路中转站站级划分

一级站	① 位于大型海港附近，年箱运量在 $30×10^3$ 标准箱以上或年堆存量在 $9×10^3$ 标准箱以上的国际集装箱中转站
	② 位于大型河港或主要陆运交通枢纽附近，年箱运量在 $20×10^3$ 标准箱以上或年堆存量在 $6×10^3$ 标准箱以上的国内集装箱中转站
二级站	① 位于中型海港或主要陆运交通枢纽附近，年箱运量在 $16×10^3 \sim 30×10^3$ 标准箱或年堆存量在 $6.5×10^3 \sim 9×10^3$ 标准箱的国际集装箱中转站
	② 位于中型河港或主要陆运交通枢纽附近，年箱运量在 $10×10^3 \sim 20×10^3$ 标准箱或年堆存量在 $4×10^3 \sim 6×10^3$ 标准箱的国内集装箱中转站
三级站	① 位于中型海港或陆运交通枢纽附近，年箱运量在 $8×10^3 \sim 16×10^3$ 标准箱或年堆存量在 $4×10^3 \sim 6.5×10^3$ 标准箱的国际集装箱中转站
	② 位于中型河港或陆运交通枢纽附近，年箱运量在 $5×10^3 \sim 10×10^3$ 标准箱或年堆存量在 $2.5×10^3 \sim 4×10^3$ 标准箱的国内集装箱中转站
四级站	① 位于小型海港或陆运交通枢纽附近，年箱运量在 $4×10^3 \sim 8×10^3$ 标准箱或年堆存量在 $2.5×10^3 \sim 4×10^3$ 标准箱的国际集装箱中转站
	② 位于小型河港或陆运交通枢纽附近，年箱运量在 $2×10^3 \sim 5×10^3$ 标准箱或年堆存量在 $1×10^3 \sim 2.5×10^3$ 标准箱的国内集装箱中转站

5.4.3　集装箱公路中转站的组成

根据公路中转站的作业功能和业务经营范围，中转站一般包括运输车辆、集装箱装卸堆场、拆装箱作业场、货物仓库、车辆和集装箱的检测维修车间、管理信息系统、"一关三检"机构、生产调度和企业管理部门、动力供给、生产辅助设施及生活保障设施等。各单项工程的建筑物、构筑物需用面积和车辆设备的品种及配备数量要根据企业的生产规划和中转站的规模而定。站内一般划分为5个区域。

（1）集装箱堆存、拆装、仓储作业区，包括空重箱堆场、拆装箱作业场、拆装箱仓库、海关监管仓库等。

（2）车辆、箱体的检测、维修、清洁作业区，包括车辆机械检测维修车间、集装箱修理和清洁间、材料配件库、工具库等。

（3）辅助生产作业区，包括加油站、洗车检车台、变电室、水泵房、锅炉房、污水处理、消防设施、停车场等。

（4）生产业务管理区，包括由"一关三检"、货运代理、生产调度、管理信息系统、企业管理、银行保险等部门组成的综合业务楼、中转站大门、验箱桥、地秤房等。

（5）生活供应区，包括食堂、浴室、候工室、职工宿舍及对社会服务的生活福利设施等。

根据中转站所承担的生产业务范围，各作业区域可分别组成若干个基层单位，如运输车队、装卸车间、拆装箱作业间、集装箱修理间、车辆机械检测维修中心、生产调度室、信息中心等。

5.4.4 公路集装箱中转站应具备的主要作业功能

1）内陆集装箱堆场和集装箱货运站业务功能

根据货主在国际贸易中所签订的运输条款和箱货交接方式，在多式联运过程中需要停留、中转和交付的进出口国际集装箱重箱、空箱或拼箱货物，都可在中转站进行整箱或拼箱货物的交接，并划分其风险责任。

2）集装箱货物的集散、仓储、换装和拆装箱作业功能

对出口的货物，可提供集货、理货、装箱、拼箱，并向港区码头转运装船等服务；对进口的国际集装箱，可提供拆箱、卸货、理货、分发及上门送货等服务；对拆箱后、装箱前及需要换装的各种进出口货物，包括需要长期保存、周转的免税、保税商品，海关暂扣物资，进出口国际集装箱等，都可进入中转站的专门仓库进行储存和保管。

3）内陆口岸功能

根据区域经济和对外贸易发展的需要，在内地建立的某些中转站，经政府主管部门批准，可设置海关、商检、动植物检疫、卫检等口岸监管服务机构及其专业设施，以供各类集装箱货物及其他交通工具办理入境手续，使出入境口岸业务由沿海港口延伸到内陆的中转站。

4）集装箱箱管站功能

公路国际集装箱中转站经船公司集装箱运输管理中心认可并签订协议后，可作为船公司及其代理人调度、交接、集中、保管和堆存空集装箱的场所，并且通过 EDI 系统负责集装箱的动态跟踪，还可按规定的标准、工艺对集装箱进行定期的检验、修理、整新、清洁及维护等作业。

5）信息处理、传输功能

国际集装箱运输的实物流动是与相关的信息流伴随而行的。按照船方、货方、港口、中转站、海关及检验等协作单位对集装箱和集装箱运输进行管理的需要，中转站必须建立起管理信息系统，主要包括：对集装箱进行动态跟踪和管理；对集装箱货物和车辆的运输作业、调度计划及单证的流转、票务结算等进行统计并制表；处理在运输中涉及的单证；在与其他相关单位连接的管理信息系统网络上，传递交流各类信息。

6）国际货运代理功能

受国内外货主或承运人委托，办理托运或组织货源，代办接货、发运业务，办理货物经由公路、铁路、水路、航空的转运业务，缮制各种运输单证，签发提单，代办运输全过程的投保、结汇、支付运费、缴纳各种税费等业务。

7）其他配套服务功能

其他配套服务功能指为国际集装箱运输生产业务配套的服务，包括对车辆机械的技术监测与维修，车辆的清洗、加油和停放，对各类货物进行装卸、包装、分检及物流增值服务等，引入海关、检验、银行、保险公司、公安、税务等部门，以便为客户提供一条龙服务。

5.5 铁路集装箱运输节点

铁路集装箱运输节点，是具体办理集装箱业务的基层单位。大的节点对外业务往往是通过集装箱营业所或铁路子公司办理的，小的节点不论是对外与收、发货人或运输公司的有关业务，还是对内与行车等部门的有关业务，均由车站办理。

5.5.1 铁路集装箱运输节点必须具备的条件

（1）有一定数量且稳定的集装箱货源，这是开展集装箱运输的先决条件。因此，铁路方面要认真调查和掌握货源。货运来源不清，数量不准，即使开办了集装箱运输业务，也会因运量少、货运量不均衡给运力带来亏损。

（2）装卸、搬运集装箱的机械设备及硬化场地是开办集装箱运输节点的物质条件，没有硬化面的场地，集装箱直接放在地面上，装卸机械也不能很好作业。

（3）有办理集装箱业务的专业人员，而专业人员是提高工作效率和保证质量的根本。

（4）有与其他运输方式相衔接的条件。

铁路集装箱运输节点的开办与停办，由铁路局根据以上基本条件进行审查，报铁道部批准和公布。另外，自备大型集装箱运输专用线的开办和停办，可由铁路局根据专用线的场地、机械和取送车条件进行审查和批准，并报铁道部公布。

5.5.2 铁路集装箱运输节点的类型

凡办理集装箱运输的铁路车站均称为铁路集装箱运输节点，按其业务性质与办理范围的不同可分为两种。

1）基地站

基地站是指定期直达列车始发端到终点端的办理站，一般规模较大，处理集装箱运量较多，装卸集装箱与处理集装箱的设施较齐全。

2）办理站

办理站是指仅办理集装箱运输业务、运量较少的车站。

5.5.3 铁路集装箱运输节点的职能

从目前所有的集装箱运输节点来看，一般都具有两种职能。即商务职能和技术职能。

1)商务职能
(1)受理集装箱货物的托运申请;
(2)办理装、卸箱业务;
(3)编制用车计划;
(4)向到达站发出到达预报通知;
(5)编制有关单证;
(6)核收有关费用;
(7)装箱、拆箱及加封等。

2)技术职能
(1)提供适合装货、运输的集装箱(空箱);
(2)安排集装箱装卸、搬运的机械;
(3)联系其他运输方式;
(4)联系铁路之间的联运等。

5.5.4 铁路集装箱的中转

铁路集装箱中转站的主要任务是把来自不同车站的集装箱货物,通过有计划的组织重新接运到站装车,将集装箱货物以最快速度运至到站。

目前,在进行集装箱中转时,有时会发现集装箱箱体损坏或封印丢失、失效等情况,一旦发现,中转站要立即会同有关部门清点货物,编制详细记录说明情况,补封后继续运送。如箱体损坏危及货物运输质量时,要对箱内货物进行换箱。

中转站的中转作业分以下过程完成。

1)编制中转配装计划
(1)详细核对中转计划表。主要内容有方向、主要到站、存箱数、已开始作业和待运站的存箱数。
(2)确定中转车的去向。审核到达货票,并根据到达待送车的货票统计中转集装箱去向,确定重车卸后的新去向。
(3)做集配计划。集配计划是按去向、主要到达站分别统计得出的,内容包括停留在堆场的集装箱、各到达车装载的集装箱及各货车之间相互过车的箱数。
(4)确定中转车作业顺序。根据集配计划,结合送来顺序,确定货车送入后的中转车作业顺序。
(5)传达中转作业计划。货运员和装卸工组进行复查核对,做好作业前的准备。在复查中不但要对数字进行复查,还要检查箱体、铅封状态、标签、箱号是否与箱票记载一致。

2)中转作业
(1)集装箱中转作业顺序一般是在货车送到后,根据中转作业计划,首先卸下落地箱,再将过车箱装载到应过的车上,最后整理剩在车上的其他货箱。在进行车内整理作业时,要检查留于车内的集装箱的可见箱体和铅封的状态,以便划分责任。

(2) 进行装载。

(3) 中转作业完毕后对货车进行加封。

3) 中转作业后的整理工作

中转后的整理工作,既是中转作业结束后对中转工作质量的检查,也是下一次作业的开始。主要包括货运票据的整理、报表填记、复查中转作业完成的质量。

复习思考题

一、名词解释

集装箱货运站　公路集装箱运输节点　铁路集装箱运输节点

二、选择题

1. 属于集装箱装卸工艺方案的包括（　　）。

A. 底盘车装卸系统　　B. 跨运车系统　　C. 龙门起重机系统　　D. 滚装装卸方案

2. 铁路集装箱运输节点的类型（　　）。

A. 基地站　　　　　B. 办理站　　　　C. 国际中转站　　　D. 国际中转站

三、判断题（正确为 T,错误为 F）

1. 跨运车系统适用于进口重箱量大、出口重箱量小的集装箱码头。(　　)
2. 跨运车工艺流程可为:船→桥吊→码头前沿→跨运车→堆场。(　　)
3. 集装箱装卸桥的生产率根据作业路线的不同而不同。(　　)
4. 集装箱中转时若发生封印丢失情况就无法划分责任。(　　)

四、简答题

1. 集装箱码头的机械设备可分为哪几类?各包括哪些运输装卸设备?
2. 集装箱码头装卸工艺分为哪几类?比较各类装卸工艺的特点。
3. 公路集装箱中转站需具备的主要功能有哪些?
4. 试述集装箱铁路运输节点的职能。

部分习题参考答案

二、选择题

1. ABCD　2. AB

三、判断题

1. T 2. T 3. T 4. F

案例分析

原告：深圳赤湾港航股份有限公司。住所地：广东省深圳市蛇口工业区赤湾。

法定代表人：王芬，该公司董事长。

委托代理人：雷正卿，广东海信现代律师事务所律师。

被告：山东省烟台国际海运公司。住所地：山东省烟台市芝罘区环海路2号。

法定代表人：陶义忠，该公司总经理。

委托代理人：姜福宝，男，汉族，1980年6月24日出生，住山东省烟台市芝罘区环海路2号。

原告深圳赤湾港航股份有限公司与被告山东省烟台国际海运公司港口作业合同纠纷一案，本院于2008年9月25日受理后，依法由审判员詹卫全、邓锦彪，代理审判员邬文俊组成合议庭。在审理过程中，合议庭成员由代理审判员邬文俊改为代理审判员李民韬。本案于2008年11月24日召集双方当事人进行庭前证据交换，并公开开庭进行了审理。原告委托代理人雷正卿到庭参加诉讼，被告经本院合法传票传唤无正当理由拒不到庭。本案现已审理终结。

原告诉称：2006年12月31日，原、被告签订《集装箱堆存、维修合同》，约定原告为被告提供集装箱空箱的堆存维修服务，被告按约定的维修费标准支付维修费、材料费，并于账单确认后45日内支付给原告。自2007年7月开始，被告开始拖欠原告修理费，至2008年8月底，共欠原告维修费651 536.05元、堆存费856 800元（自2008年8月21日起计至2008年10月21日）、堆场转堆吊柜费按每柜200元为85 600元、逾期付款利息暂计至2008年9月31日为21 898.17元，合计1 615 834.22元。2008年8月21日，被告指示原告停止向任何人放柜，导致为被告修理的428个空箱滞留在原告修箱场内。请求法院判令：① 被告支付原告以上修箱费、堆存费、吊柜费及其从2008年8月21日起按照一年期流动资金贷款利率计算的利息（暂计至2008年9月31日）共计1 615 834.22元；② 原告对被告存放于原告修箱场内的集装箱享有留置权，留置权数额与第一项请求金额一致；③ 被告承担本案全部诉讼费用和财产保全费用。

原告在举证期限内提供了以下证据：①《集装箱堆存、维修合同》；② 指示停止放柜的电子邮件；③ 原告向被告发出的欠付维修费及应付堆存费、吊柜费的通知；④ 被告欠款总额表；⑤ 被告欠款的维修费估价单、确认邮件函；⑥ 赤湾集装箱有限公司与被告签订的关于装卸、堆存费和吊柜费的《港口操作费用协议》。原告另外补充提供了30份来往港澳小型船舶进出口货物舱单及被告滞留的集装箱堆存时间表。

被告辩称：被告确认欠付原告集装箱维修费651 536.05元，但对原告主张的堆存费和吊柜费不予认同，理由有三点。一是根据原、被告签订的《集装箱堆存、维修合同》，被告的集装箱，包括自有箱、租箱及被告控制的货主箱，在原告的堆场内是免费堆存的，同时没有约定被告需要向原告支付吊柜费。双方在合作过程中也从未收取过上述费用。二是原告没有提供证据证明被告曾经将428个集装箱放在原告的修箱场内，其收取堆存费和吊柜费是没有依据的。三是原、被告签订的是"车架维修协议"，被告的集装箱修理后会立即提走，不会堆放在原告的修箱场内。

被告在举证期限内没有提供证据。

被告经本院合法传唤，无正当理由拒不到庭，应视为其放弃质证的权利。原告提供的证据1《集装箱堆存、维修合同》、证据6《港口操作费用协议》经与原件核对无异，真实性应予认定。对于原告提供的其他证据，包括停止放柜、欠费通知、维修费估价和确认的电子邮件以及30份舱单等证据，在被告没有提供反驳的证据的情况下确认。根据原告的证据及其庭审陈述，合议庭认定事实如下：

2006年12月31日，原、被告双方签订《集装箱堆存、维修合同》，约定被告将其自有箱、租箱及其控制下的货主箱，在原告的堆场内是作空箱堆存、修理，并依据该合同条款支付原告相关的费用，原告依照该合同条款向被告提供修理、堆存等有关服务；原告以电子邮件方式在每日9:00时以前将被告在场坏箱盘存日报报给被告；原告同意在每天10:00时前将前一日被告集装箱的进场日报、出场日报及盘存日报发送给被告；所有与堆场有关的往来账单，被告收到账单并书面确认费用后在45天内支付；合同自2007年1月1日起生效，至2007年12月31日截止，在履行中如有异议可通过友好协商进行修改或补充，双方如无异议并无特别声明，合同自动无限延期。

被告通过电子邮箱对经过原告修理的集装箱费用分别予以确认。2007年7月份，被告向原告确认产生费用3 375.26美元，折25 381.95元人民币；2007年9月份，被告确认产生费用5 097.65美元，折38 334.33元人民币；2007年10月份，被告确认产生费用5 479.8美元，折41 208.09元人民币；2007年11月份，被告确认产生费用5 682.44美元，折42 050.06元人民币；2007年12月份，被告确认产生费用6 794.21美元，折49 597.73元人民币；2008年1月份，被告确认产生费用7 385.02美元，折53 098.29元人民币；2008年2月份，被告确认产生费用7 572.58美元，折54 046.12元人民币；2008年3月份，被告确认产生费用7 348.89美元，折51 589.21元人民币；2008年4月份，被告确认产生费用7 442美元，折52 094元人民币；2008年5月份，被告确认产生费用7 434.06美元，折51 666.72元人民币；2008年6月份，被告确认产生费用7 652.01美元，折52 416.27元人民币；2008年7月25日，被告确认产生费用7 403.69美元，原告对其中重复计算的6项费用予以扣除，实际费用为7 285.79美元；2008年8月26日，被告确认产生费用11 287.45美元，并于8月28日就原告发生的费用共2 128.89美元的清单表示由原告一同开具发票，不对各费用逐一确认，8月份共产生的费用折算人民币为90 072.76元。以上集装箱修理费用合计651 536.05元人民币，其中2007年7月至2008年6月产生的修理费用合计511 482.77元人民币，2008年7月产生的修理费折算人民币为49 980.52元,2008年8月产生的修理费折算人民币分别为75 780.12元、14 292.64元。被告没有向原告支付以上集装箱修理费。

2008年8月21日,被告通过电子邮件通知原告从即日起停止发放其空箱给客户。8月29日,原告通过电子邮件发函给被告称:鉴于被告在场箱数量较大,滞留时间较长,对其堆场资源占用较大,原告从即日起开始每天每个标准箱征收20元堆存费。9月5日,原告通过电子邮件告知被告其欠款情况,其中包括2007年7月至2008年8月被告确认欠款651 536.05元,截至2008年9月5日的428个箱的堆存费(算作714个箱)共114 240元,预计428个箱的吊柜费每个200元共85 600元。

原告在庭审中称,由于428个集装箱占用其码头堆场,需要转到码头外的堆场,应参照被告与赤湾港集装箱有限公司签订的《港口操作费用协议》中的翻舱与搬运费条款,对每个集装箱收取200元的吊柜费。

另查,被告与赤湾港集装箱有限公司签订了《港口操作费用协议》,有效期从2008年7月1日至2008年12月31日,在堆存费条款中约定每天每个标准箱收费25元,40 ft的箱算作两个标准箱,在翻舱与搬运费条款中约定对卸至码头后装上同一船只的集装箱每个收费300元。

根据原告提供的进出口货物舱单记载,付款人为代号"SYMS"的被告的集装箱从香港运至赤湾港,进堆场时间分别从2008年6月28日至8月16日。以上集装箱在赤湾港滞留共428个,其中40 ft有286个,20 ft有142个。

2008年9月2日,本院作出(2008)广海法保字第126-2号民事裁定,准许原告的诉前财产保全申请,查封被告位于原告堆场的367个集装箱。原告缴交了财产保全申请费5 000元。经原告申请,本院于2008年9月25日裁定解除对其中172个集装箱的查封,其余195个集装箱继续由本院查封。在继续查封的集装箱中,40 ft有131个,20 ft有64个。

2008年9月25日,本院作出(2008)广海法保字第136-2号民事裁定书,准许深圳赤湾轮船运输有限公司的诉前财产保全申请,查封被告位于原告堆场的79个集装箱,其中40 ft有1个,20 ft有78个。

2008年10月8日,本院作出(2008)广海法初字第475-2号民事裁定,准许深圳赤湾港集装箱有限公司的财产保全申请,查封被告位于深圳赤湾港集装箱有限公司堆场的154个集装箱,该批集装箱均为40 ft。

以上被查封的集装箱共428个。位于原告堆场的集装箱分别有195个和79个,共274个,其中40 ft和20 ft的分别有132个、142个。位于深圳赤湾港集装箱有限公司堆场的40 ft集装箱有154个。

思考题:本案例中集装箱所涉及的所有费用中各应该由谁承担?

案例分析参考答案

本案是港口作业合同纠纷。原、被告签订《集装箱堆存、维修合同》,约定被告将其集装箱在原告堆场内交由原告进行堆存、修理，并按合同条款支付原告相关费用。由于双方没有提交终止合同的特别声明，按照约定视为已对合同自动进行延期。合同中有关堆存的条款属于保管合同条款，有关维修的条款属于承揽合同条款。原告对被告的集装箱进行堆存和修理，是双方的真实意思表示，原、被告之间成立的由保管合同和承揽合同组成的港口作业合同合法有效，对双方均具有法律约束力。

关于修理费问题。原告已经为被告提供了集装箱修理服务，被告对原告的修理行为及产生的修理费总额 651 536.05 元人民币也予以确认。但被告没有按照约定的期限向原告支付修理费，根据《中华人民共和国合同法》第一百零七条的规定，除了支付修理费本金外，还应承担向原告赔偿利息损失的违约责任。按照合同约定，被告收到账单并书面确认费用后在 45 天内付款。对于 2007 年 7 月至 2008 年 6 月产生的修理费用合计 511 482.77 元人民币，原告提出从 2008 年 8 月 21 日起算利息损失的诉讼请求，由于请求的起算日期距离确认费用之日已届满 45 天，应予以支持。对于 2008 年 7、8 月份产生的修理费，由于计至 2008 年 8 月 21 日，45 天的付款期尚未届满，原告提出从 2008 年 8 月 21 日起算利息损失，本院不予支持。2008 年 7、8 月份产生的修理费的利息损失，应分别从被告确认费用之日届满 45 天后起算。被告对其中最后一笔费用虽然没有通过电子邮件予以确认，但在 2008 年 8 月 28 日表示可以对该费用开具发票，另在其提交的答辩状中对包括该费用在内的所有修理费拖欠总额予以确认，应视为其在 2008 年 8 月 28 日已经确认该笔费用。所以 2008 年 7 月 25 日确认的修理费 49 980.52 元从 2008 年 9 月 8 日起算利息损失，8 月 26 日确认的修理费 75 780.12 元从 2008 年 10 月 10 日起算利息损失，8 月 28 日确认的修理费 14 292.64 元从 2008 年 10 月 12 日起算利息损失。

原告请求修理费的利息损失按照中国人民银行一年期流动资金贷款利率计算，由于没有相应的按照一年期流动资金贷款利率计算利息的法律依据，利息应按中国人民银行同期流动资金贷款利率计算。

关于吊柜费问题。原告主张参照适用被告与赤湾港集装箱有限公司签订的《港口操作费用协议》中的翻舱与搬运费条款。由于该条款使用于将集装箱卸至码头后又装船的情况，原告所称的只是转移集装箱的堆场，不需要装船，本案不适用该条款。且原告没有进一步提供证据证明均对 428 个集装箱进行堆场转移工作，原告对其收取吊柜费用的主张未能提供充分依据，证明其收费符合约定或者交易习惯。对该吊柜费的诉讼请求，不予支持。

关于留置权问题。原告主张对被告存放于原告修箱场内的集装箱享有留置权，留置权数额与其请求债权金额一致。原、被告双方对集装箱的修理、堆存的约定分别属于承揽、保管合同条款。《中华人民共和国合同法》第二百六十四条规定，定做人未向承揽人支付报酬或者材料费等价款的，承揽人对完成的工作成果享有留置权，但当事人另有约定的除外。《中华人民共和国担保法》第八十四条第一款规定，因保管合同、运输合同、加工承揽合同发生的债权，债务人不履行债务的，债权人有留置权。鉴于原告已为被告提供了集装箱修理、堆存服务，而被告没有支付修理、堆存费用，且没有提供相反的证据，关于原告提出的对经过其修理或者保管的集装箱享有留置权的诉讼请求,应予以支持。本案中由于被告在原告堆场的集装箱只有 274 个,另 154 个集装箱不在原告堆场,故原告根据本案被认定的债权金额,对存放于其堆场的 274 个集装箱享有留置权。

开篇案例参考答案

1. 收货人向发货人提出赔偿要求

由于出口提单记载"由货主装载并计数",收货人根据提单记载向发货人索赔,但发货人拒赔,其理由:"尽管提单记载由货主装载并计数,但事实上皮鞋并非由货主自行装载,在皮鞋送货运站后,货运站不仅在卸车记录上签收,而且又出具了仓库收据。仓库收据的出具表明货运站已收到皮鞋,对皮鞋的责任已开始,同时也表明货主责任即告终止。因此,提单记载是没有任何意义的,不具有任何法律效力。此外,提单记载 CY—CY 运输条款并不能说明整箱交接,因为该批皮鞋由货运站装箱。而且,装载皮鞋的集装箱装船后,船公司已出具提单,更为重要的是,集装箱货物交接下买卖双方风险以货交第一承运人前后划分,由于集装箱运输下承运人的责任是从"接受货开始",因而随着货交承运人,其贸易风险也转移给了买方。

2. 收货人向承运人提出赔偿要求

当收货人向承运人提出赔偿时,承运人认为:"提单记载的运输条款是 CY—CY",即整箱交接,提单的反面条款也规定:"整箱货交接下,承运人在箱子外表状况良好下,关封完整下接货、交货。"既然收货人在提箱时没有提出异议,则表面承运人已完整交货。承运人进一步说:"至于提单上记载由货主装载并计数,因为对承运人来说是货运站接受的已装载皮鞋的整箱货,事实上并非知道箱内是否装载皮鞋。"提单正面条款内容对提单签发人、提单持有人具有法律效力。

3. 收货人向保险人提赔

当收货人向保险人提赔时,保险人也拒赔,并提出:"此种赔偿归属于集装箱整箱货运输下的隐藏损害,即无法确定皮鞋灭失区段和责任方。"如收货人向保险人提赔,收货人应向保险人举证说明皮鞋灭失区段、责任方,这样才可保证在保险人赔付后可行驶追赔权,即进行"背对背"赔偿。保险人进一步说:"整箱货隐藏损害同时应具备三个条件:① 货物灭失或损害发生在保险人责任期限内;② 货物灭失或损害属保险人承保范围的内容;③ 箱内货名称、数量、标志等装载必须与保单内容记载一致。"

参 考 文 献

[1] 杨志刚. 国际集装箱多式联运实务与法规 [M]. 北京:人民交通出版社,2004.

[2] 许明月,王晓东. 国际货物运输 [M]. 北京:对外经济贸易大学出版社,2007.

[3] 杨志刚,王立坤,周鑫. 国际集装箱多式联运实务法规与案例 [M]. 北京:人民交通出版社,2006.

第 6 章

集装箱海运提单

本章要点

- 掌握主要货运单证；
- 掌握提单的概念、种类、作用；
- 掌握集装箱提单的正面内容；
- 掌握集装箱提单的主要条款。

【开篇案例】

2001年12月6日，原告中达公司以海上货物运输合同无正本提单放货为由将被告某船公司诉至法院。原告称，2000年1月至2001年5月间，原告与韩国某公司签订服装贸易系列合同，由原告分期分批向韩国公司出口。合同签订后，原告分期分批委托被告承运出口服装，被告向原告签发了相应正本提单24份，而韩国公司并未付款赎单。2001年11月14日，原告持24份正本提单到釜山港保税仓库处理该批货物时，得知价值576728.06美元的货物已被他人提走。而被告则认为，其从未办理过放货手续，没有过失，不应承担责任。且根据海商法的规定，原告的起诉已超过诉讼时效。

海事法院经过审查，认为被告是否存在无单放货行为是争议的焦点。原告手持24票正本提单、售货合同、商业发票及韩国釜山港保税仓库的单证，证明被告未收回正本提单而将货物放行。被告则提供了韩国关税法、关税厅告示，其规定韩国进口的货物应储存在保税库，进口货物通关不需要提单正本及承运人的放货指示，还提供了保税运输申报书，证明其已将货物交给保税库，义务已经完成，放货是韩国主管部门的行为，被告无过错。

思考题：简述提单的作用及承运人的责任期间的确定。

6.1 主要货运单证

在国际海上货物运输过程中，从托运人向承运人办理货物托运手续开始到承运人接收货物、装船、配载、卸货……直至货物交付的整个过程的每一个环节，船方、港方、货方都需要伴随各种单证。这些单证的主要作用包括：货方（包括托运人、收货人或其代理人）与船方之间办理货物交接的证明；货方、船方和港方联系货物装卸工作的凭证；货方、港方、船方之间分清责任并处理各自业务的依据。

6.1.1 装货港常用货运单证

出口货运单证，即主要是在装货港编制和使用的单证，主要包括托运单、装货单、收货单、提单、装货清单、载货清单、载货运费清单、危险货物清单、货物积载图、积载检验报告等。

1）托运单

托运单（Booking Note，B/N）又称订舱单，是指托运人根据买卖合同和信用证条款的内容向承运人或其装港代理人，办理货物运输的书面凭证。经承运人或其代理人对该单证的签认，即视为已经接受托收，承运人与托运人之间的货物运输关系即告成立。实践做法是托运人以口头或订舱函电向承运人或其代理人预订舱位，然后再以书面形式提交详细记载有关货物的情况及对运输要求的托运单，船公司或其代理人接受承运后，便在托运单上编号并指定船名，将托运单留下，副本退还托运人，备查。

托运单的主要内容包括：托运人名称，收货人名称，货物的名称、重量、尺码、件数、包装形式、标志及号码，目的港，装船期限，信用证有效期，能否分批装运，对运输的要求及对签发提单的要求等。托运单的格式见表6-1。

2）装货单

装货单（Shipping Order，S/O）（俗称"下货纸"）是指由托运人按照托运单的内容填制交船公司或其代理人审核并签章后，凭以报关和要求船长将货物装船承运的凭证。

托运人拿到船公司或其代理人签章后的装货单，首先必须先到海关办理货物装船出口的报关手续，经海关查验后，加盖海关放行章，然后才能要求船长将货物装船。故此时的装货单习惯上称为"关单"。对于货价较高的货物或其他特种货物，通常以不同的颜色（如红色）的装货单与一般装货单相区别，并提醒船方装船时应引起注意。

装货单是国际上航运中通用的单证，多数由三联组成，称为"装货联单"。第一联是留底联（Counterfoil），用于缮制其他货运单证；第二联是装货单；第三联是收货单（Mate's Receipt）。除这三联外，根据业务的需要，还可增加若干份副本（Copy），如外代留底联、运费计算联等。

装货单的流转程序是：船公司或其代理人接受货物托收后，将确定的载运船舶的船名及编号填入托运单，然后将装货联单发给托运人填写，填妥后交回船公司的代理人，经审核无误后留下留底联，将装货单和收货单交给托运人前往海关办理出口报关手续，经海关审核准予出口，在装货单上加盖放行章后，便可持此单证要求船长装船。

装货单的内容包括托运人名称、承运船舶、卸货港、有关货物的名称、标志、件数、重量等详细情况，装船的时间及装舱的位置，理货人员签名等。装货单格式见表6-2。

表 6-1　海运出口托运单

托运人
Shipper _____

编号　　　　　　　　　　　　船名
No. _____　S/S _____

目的港
For _____

标 记 及 号 码 Marks & Nos.	件　数 Quantity	货　　　名 Description of goods	重量公斤 Weight　Kilos	
			净 Net	毛 Gross

共计件数（大写）			
Total number of packages in writing			运费付款方式

运费计算		尺　码 Measurement		

备注	

台头		可否转船		可否分批			
通知		装期		效期		提单张数	
		金额					
收货人		银行编号		信用证号			

制单　　　月　　　日

表 6-2 装货单

SHIPPING ORDER

托运人
Shipper _____

编号   船名
No. _____   S/S _____

目的港
For _____

兹将下列完好状况之货物装船后希签署收货单

Receive on board the undermentioned goods apparent in good order and condition and sign in accompanying Receipt for same.

标记及号码 Marks & Nos.	件数 Quantity	货名 Description of goods	重量公斤 Weight Kilos	
			净 Net	毛 Gross

共计件数（大写）
Total number of packages in writing

日期   时间
Date _____   Time _____

装入何舱
Stowed _____

实 收
Received _____

理货员签名   经办员
Tallied By _____   Approved By _____

3) 收货单

收货单（Mate's Receipt, M/R）是货物装船后，由承运船舶的大副签发的，表明已收到货物并已将货物装船的货物收据，因此习惯上称为"大副收据"。收货单是装货三联单中的一联，其记载内容与装货单相同。为了便于同装货单识别，常用淡红色或淡蓝色制成并在左侧纵向增加一较宽的线条。

收货单的作用表现在如下方面。一是划分船、货双方责任的重要依据。因为承运人对货物承担责任是在货物装船后开始的，因此当货物装船时，大副必须认真核对装船货物的实际情况是否与装货单上记载的情况相符合。如有不符，应将货物实收情况（如外表状态是否良好，有无标志不清、数量不足、货物是否有损坏等）明确而详尽地记载于收货单，即所谓大副批注。有了大副批注的收货单称为"不清洁的收货单"（Foul Receipt）；反之称为"清洁收货单"（Clean Receipt）。二是据以换取已装船提单的单证。货物装船后，经大副签字的收货单由理货公司转交给托运人或其代理人，然后托运人或其代理人持收货单到船公司或其代理人处付清有关费用，换取已装船提单。如果收货单上附有大副批注，除非经承运人同意，凭托运人提交的保函换取清洁提单外，承运人应如实地将大副批注转批到提单上，使之成为"不清洁提单"。

由于收货单具有上述重要作用，因此大副在收货单上批注时，应注意批注的准确性。批注的内容要符合事实，既不要扩大，也不要缩小；批注用词切忌含糊不清，并应注意防止两种倾向。其一是不管货物是否良好，件数是否正确，一律不加批注，而使承运人负担本来不需承担的责任；其二是不问有否损坏或残缺，为减轻承运人的责任，吹毛求疵地一概加以批注，致使货主无法结汇，影响双方的关系。另外，对价值不同的货物，批注的宽严程度应有所区别，贵重货物应从严掌握，反之适当宽松些。注意不重复提单中已有的免责内容，更不能与提单条款相矛盾。不应加注一些毫无实际意义的内容，如"新箱"、"勿用手钩"、"货物清洁装船"等。收货单格式见表6-3。

4) 提单

提单（Bill of Lading, B/L）是船公司或其代理人签发给托运人，"用以证明海上货物运输合同和货物已经由承运人接收或者装船，以及承运人保证据以交付货物的单证"。

5) 装货清单

装货清单（Loading list, L/L, Cargo list）是船公司或其代理人根据装货单留底联，将全船待装货物按卸货港和货物的性质归类，依航次挂靠顺序排列编制的装货单的汇总单证。

装货清单的主要内容包括：装货单号码、货名、件数及包数、重量、尺码及特种货物对运输的要求等。

装货清单是承运船舶的大副编制配载计划的重要依据，因此这个单据的内容是否正确，对能否正确、合理地编制配载计划具有十分重要的影响。同时它还是供现场理货人员进行理货，港方安排驳运、进出库场及掌握托运人备货及货物集中情况等的业务单据。

如有增加或取消货载的情况，船公司或其代理人须及时填制加载清单（Additional Cargo List）或撤载清单（Cancelled Cargo list），并及时通知船上。装货清单格式见表6-4。

表 6-3 收货单
MATE'S RECEIPT

托运人
Shipper ─────────────────────────────────────

编号   船名
No. ──────────────────   S/S ─────────────────

目的港
For ─────────────────────────────────────

兹将下列完好状况之货物装船后希签署收货单
Receive on board the undermentioned goods apparent in good order and condition and sign in accompanying Receipt for same.

标 记 及 号 码 Marks & Nos.	件 数 Quantity	货　　　名 Description of goods	重量公斤 Weight　Kilos	
			净 Net	毛 Gross

共计件数（大写）
Total number of packages in writing

日期   时间
Date ──────────────────   Time ─────────────────

装入何舱
Stowed ─────────────────────────────────────

实 收
Received ─────────────────────────────────────

理货员签名   大　副
Tallied By ────────────────── Chief officer ─────────────────

表 6-4　装货清单

装货清单　　　　　船名　　　　页数
Loading List of s.s/m.v. "　　" Page No.＿＿＿＿

关单号码 S/O No.	件数及包装 No. of P'kgs	货　名 Description of goods	重量公吨 Weight in Metric tons	估计立方米 Estimated Space In Cu.M.	备　注 Remarks

6）载货清单

载货清单（Manifest，M/F）又称舱单，是按卸货港顺序逐票罗列全船实际载运货物的汇总清单。它是在货物装船后，由船公司或其在装港的代理人根据提单编制的，编妥后再送交船长签认。

记载的事项包括：装船货物的详细情况（如提单号、标志和号数、件数及包装、货名、重量、收货人等），装货港、卸货港、船名、航次、托运人、开航日期等。

载货清单的主要作用如下。①办理船舶出（进）口报关手续的单证。载货清单是国际上通用的一份十分重要的单证。船舶装货完毕开航以前，应将由船公司或代理编制的经船长签认的载货清单送海关办理出口报关手续。海关凭此验货放行。如果船上载有的货物未在载货清单上列明，海关可按走私论处。②作为船舶载运所列货物的证明。载货清单须随船带走，所以船舶离港前，船长应向船代索取若干份以备中途挂靠港口或到达卸货港时办理进口报关手续时使用。同时还可作为计收运费和代理费的依据。

载货清单可分为"出口载货清单"（Export M/F）、"进口载货清单"（Import M/F）和过境货物载货清单（Through Cargo M/F）。即使是空船进出港，也须提交记有"无装卸货物"（Loading/discharging cargo bill）或"压载"（In ballast）字样的载货清单。出口载货清单格式见表 6-5。

7）载货运费清单

载货运费清单（Freight Manifest，F/M）又称运费清单或运费舱单。它是由船公司在装货港的代理人按卸货港及提单顺号逐票列明的所载货物应收运费的汇总清单。

载货运费清单是船公司营运业务的主要资料之一，既是船代向船公司结算代收运费明细情况的单证，又可以直接寄往卸货港船代处供收取到付运费和联系其他业务之用。

载货运费清单的内容除包括载货清单上记载的内容之外，增加了计费吨、运费率、预付或到付运费额等项内容。出口载货运费清单格式见表 6-6。

表 6-5 出口载货清单
EXPORT MANIFEST

船名　　　　　　　　航次　　　　　　　　船长　　　　　　　　从　　　　　　　　至
m.v. ────────── Voy. ────────── Caption ────────── From ────────── to ──────────

开航日期　　　　　　　　　　　　　　页 数
Sailed ────────────────────── Sheet No. ──────────────

提单号码 B/L No.	标记及号码 Marks & Numbers	件数及包装 No. of P'kgs	货名 Description of goods	重量 Weight 公斤 Kilos.	收货人 Consignees	备注 Remarks

表 6-6 出口载货运费清单
EXPORT FREIGHT MANIFEST

船名　　　　　　　　航次　　　　　　　　船长　　　　　　　　从　　　　　　　　至
m.v. ────────── Voy. ────────── Caption ────────── From ────────── to ──────────

开航日期　　　　　　　　　　　　　　页 数
Sailed ────────────────────── Sheet No. ──────────────

提单号码 B/L No.	标记及号码 Marks & Numbers.	件数及包装 No. of P'kgs	货名 Description of goods	重量 Weight 公斤 Kilos	发货人 Shipper	收货人 Consignees	运费吨 Scale Tons		运费 Freight		备注 Remarks
							立方米 Cu.M	公吨 Metric Tons	费率 Rate	预付 Prepaid	

8）危险货物清单

危险货物清单（Dangerous Goods List）是专门列出船舶所载运的全部危险货物的汇总清单。其记载的内容除装货清单、载货清单所应记载的内容外，特别增加了危险货物的性能及装舱位置两项。

为了确保船、货、港及装卸、运输的安全，国际上许多国家的港口都作出规定，凡载运危险货物的都必须另外再单独编制危险货物清单。该单证常用红色并附加特别标志制成，以便于识别。而且港口一般都规定，船舶装运危险货物时，船方应向有关部门申请监督装卸。装船完毕后，由监装部门签发一份"危险货物安全装载证书"（Dangerous Cargo Safe Stowage Certificate），这是船舶载运危险货物时必备的单证之一。危险货物清单格式见表6-7。

表 6-7 危险货物清单
DANGEROUS CARGO LIST

船名 _____ 航次 _____ 从 _____ 至 _____ 页数 _____
m.v. _____ Voy. _____ From _____ to _____ Sheet No. _____

提单号码 B/L No.	件数及包装 No. of P'kgs	货　名 Description of goods	重量(公斤) Weight(Kilos)	货物性能 Nature of good	船舶位置 Where Stowed	备注 Remarks

9）配载图和积载图

货物配载图（Cargo Plan）是承运船舶的大副在开始装货前，根据装货清单，按船舶结构、货舱容积、货物性质、重量、尺码及货物到港顺序，绘制的以标明货物装舱位置的汇总单证。

配载图主要用于向港口理货人员和装卸工人指明所装货物的计划装舱位置，以使装货作业有条不紊地进行。

在实际装船过程中，往往因种种客观原因，无法按计划装载，使实际装载的情况与配载计划不符，因此当全部货物装完后，应按照实际装载情况，重新绘制积载图（Stowage Plan）。

积载图是船舶运输、保管和卸载货物时必需的资料,也是卸货港安排卸货作业和进行现场理货的主要依据。

6.1.2 卸货港常用单证

船舶抵达卸货港准备卸货之前,船公司在卸港的代理人会根据装港代理人寄来的单证或随船带来的单证,预先安排船舶报关、卸货、理货等工作。此外,在卸货港卸货和交付货物过程中,为了明确交接责任,也要签发一些相关的单证。

1) 过驳清单和卸货报告

过驳清单(Boat Note,B/N)是在卸货港过驳卸船时,用以证明货物交接和所交接货物情况的单证。过驳清单是根据卸货时的理货单证编制的,主要内容包括:驳船名、货物标志、号码、件数、品名、舱口号、卸货港、卸货日期、过驳清单编号等。此外,还记载所卸货物的残损情况和程度。多用于日本及欧洲的一些港口,在一些不使用过驳清单的港口,则使用卸货报告(Outturn Report)。过驳清单格式见表6-8。

表6-8 货物过驳清单

No.

船　名　_____　　　　航　次　_____
卸货港　_____　　　　到港日期_____
舱口号　_____　　　　卸货日期_____
驳船号　_____

标　志	件数及包装	包装形式	货　　名	批　注

大副签字　_____　　　　理货组长签字_____

收货人签字_____

卸货报告是按照起运港编制的出口载货清单和在卸货港卸下的全部货物重新按票汇总的一份详细进口载货清单,比起运港的出口载货清单增加如下内容:卸货方式、实交数量、溢短数量、残损情况和备注。对货物外表状况、溢短等可在备注栏内批注,并经收货人和大副共同签字。

2）货物溢短单和货物残损单

我国的卸货交接单据是货物溢短单和货物残损单。

货物溢短单（Overlanded & Shortlanded Cargo List）是对卸下的每票货物的数量与载货清单上记载的数量不符时，由理货长待全部卸货完毕，理清数字后编制的表明货物溢出或短缺情况的证明。货物溢短单格式见表6-9。

表6-9 货物溢短单
OVERLANDED/SHORTLANDED CARGO LIST

编号：
No.

船名： 船次： 泊位： 国籍：
Vessel: Voy. Berth: Nationnality:

开工日期： 年 月 日   制单日期： 年 月 日
Tally Commenced on: Date of list:

提单 B/L No.	标准 Marks	货名 Description	舱单记载件数和包装 P'kgs.& packing on manifest	溢卸件数和包装 P'kgs.& packing overlanded	短卸件数和包装 P'kgs.& packing shortlanded
		总计 Total			

理货组长：   船长/大副：
Chief Tally: Master/Chief Officer:

货物残损单（Broken & Damaged Cargo List）是在货物卸完后，由现场理货人员根据卸货过程中发现的货物破损、水湿、水渍、油渍等情况汇总编制的表明货物残损状况的单证。货物残损单格式见表6-10。

货物残损单和溢短单是日后收货人向船公司提出损害赔偿要求的证明材料之一，也是船公司理赔的原始材料和依据之一，且须经船方（船长或大副）的签认才有效。所以船方在签字时应认真核对，情况属实才给予签认。即使存在不同意见，最好能根据当时情况，与理货人员、装卸工人协商，尽可能取得一致意见。协商不成的，也应在单证上做适当的保留批注。

表 6-10　货物残损单

DAMAGE CARGO LIST

编号：
No.

船名：　　　　船次：　　　　泊位：　　　　国籍：
Vessel:　　　　Voy.　　　　　Berth:　　　　Nationality:

开工日期：　年　　月　　日　　　　　　　　制单日期：　年　　月　　日
Tally Commenced on:　　　　　　　　　　　Date of list:

提单号 B/L No.	标　志 Marks	货　名 Description	货损件数及包装 P'kgs.&packing Damage	货 损 情 况 Condition of damage

理货组长：　　　　　　　　　　　　　　　　船长/大副：

Chief Tally:　　　　　　　　　　　　　　　Master/Chief Officer:

3）提货单

提货单（Delivery Order，D/O）是船公司或其卸港代理人，根据收货人或提单持有人提交的提单，签发给收货人或提单持有人的凭以在仓库或船边提取货物的凭证。

船公司或其代理人签发提单时，要在详细地对照提单和其他装船单据的基础上，详细地将船名、货物名称、件数、重量、标志、提单号、收货人姓名等记载在提货单上，并由船公司或其代理人签字。由于提货单的性质不同于提单，只不过是船公司或其代理人指令码头仓库或装卸公司向收货人交付货物的凭证而已，不具备流通作用，所以为慎重起见，提货单上记有"禁止流通"（Non Negotiable）的字样。签发提货单时应注意：

（1）只有凭合法提单持有人的正本提单或副本提单随同有效的担保才能签发提货单；

（2）提单上的非清洁批注应转至提货单；

（3）当发生溢短残缺情况时，收货人有权向承运人或其代理人获取相应的凭证；

（4）运费未付或到付时，应在收货人付清运费及有关费用后，才能签发提货单。

一般提货单共有五联。

第一联：提货单——是收货人向装卸区或货运站提货的凭证。

第二联：费用账单——由收货人结费留存。

第三联：费用账单——由港方供货留存。

第四联：交货记录——由港方留存。

第五联：交货记录——由港方退给船代。提货单格式见表 6-11。

表 6-11 提货单

进口货物 (现提/出库) 凭单   No.

进口船名		航次		起运港			填单日期 年 月 日			到船日期 年 月 日			
收货人	名 称（全名）			货物流向			出货日期 年 月 日			进仓日期 年 月 日			
	地址 电话			开户银行 帐 号			出货工具			停泊 浮筒	码头 浮筒	第 号	仓库 堆场
运输标志	提单或运单号码	标志	货名	件数	包装	重量吨		体积吨		工作过程	附 注		
						公吨	公斤	公吨	公斤				
共 计													

货物现提记录

年 月 日 至 月 日栈费已付

现提日期		货 名	现 提 数 量						尚 存 数 量						现提工具号数	收货人签章	发货人签章
月	日		件数	包装	重量吨		体积吨		件数	包装	重量吨		体积吨				
					公吨	公斤	公吨	公斤			公吨	公斤	公吨	公斤			
共 计																	
装货区签单章		仓库长章			收货人章				●不按时到达提货造成等工损失货主应负责任●								

4）货物查询单

指当货物发生短卸时，船公司或其代理人向航次中船舶装货港、挂靠港发出的调查函。

货物查询单（Cargo Tracer）的内容包括：短卸货物的名称、标志、件数或包数、提单号或舱单号、船名、航次、被查询的单位名称等。货物查询单一般分为查询联（Tracer A）和答复联（Tracer B）。船公司或其在卸货港的代理人将两联一并寄交被查询的单位，并在查询联中载明要求调查的情况。被查询结果填入答复联，并将此联寄回发函查询的单位。

除前述单证外，船舶在装卸两港装卸货物时，常常请理货人员现场理货、点数，并相应地出具一些理货单证。常见的有理货计数单、理货日报表、现场记录、理货人员待时记录等。

理货计数单（Tally Sheet）是现场理货的最基本的一种单据，是舱口理货员登记每吊货物实际数字的原始记录。理货计数单是填写装货单、收货单实装数字的来源，也是提单及载货清单数字的唯一原始依据，同时又是编制货物溢短单的依据。因此常常是日后收货人提出溢短索赔和船公司处理赔偿案件最原始的证据。理货计数单格式见表6-12。

表6-12 理货计数单（进港/出港）

TALLY SHEET (Inward/outward)

编号：
No.

船名：　　　　　泊位：　　　　舱口号：
Vessel:　　　　 Berth:　　　　 Hatch No.

仓库/堆场/车辆/驳船号：
Warehouse / Stake yard / Wagon / Lighter No.

工作时间从　　时至　　时　　　年　月　日
Warking time from Hrs,to　　Hrs

提单或装货单号 B/L or O/L No.	标志 Mark	件数 Packing	理货 Tally											总计 Total
			1	2	3	4	5	6	7	8	9	10	

Working time from Hrs, to　　Hrs　　,20

批注：
Remarks:

星期日或节假日
Sunday or holiday

夜班
Night shift

无货舱
Non-cargo hold

靠泊
Anchorage

熔化、冻结、凝固或粘连货物
Multed、frozen、solidified or stuck cargo

打捞的货物
Salvaged cargo

翻舱/出舱
Shifting within / outside the hold

分标志
Marks-assorting

待时
Stand- by time

总计件数：＿＿＿＿

Total P'kgs：＿＿＿＿

理货员：　　　　　　　　　　　　　　　　　　　　　　　　　　　　　　　　　复核
Tally Clerk:　　　　　　　　　　　　　　　　　　　　　　　　　　　　　　　Counterpart

日报单（Daily Tally Sheet）是理货组长每日根据每舱口的理货计数单编制的船舶每日装/卸作业进度小结的报表。记载了船舶各舱口及全船当天装/卸货物的数量（件数、吨数）及包括当天在内已经完成的装/卸数量。日报单格式见表6-13。

表6-13 日报单（进口/出口）

DAILY REPORT (Inward/outward)

编号：No.

船名：　　　泊位：　　　工作时间从　　时至　　时　　年　月　日
Vessel:　　　Berth:　　　Working time from Hrs, to　Hrs　,20

货名 Description	1舱 Hatch No.1		2舱 Hatch No.2		3舱 Hatch No.3		4舱 Hatch No.4		5舱 Hatch No.5								总计	
	件数 P'kgs	吨数 tons	件数 P'kgs	吨数 tons	件数 P'kgs	吨数 tons	件数 P'kgs	吨数 tons	件数 P'kgs	吨数 tons	件数 P'kgs	吨数 tons	件数 P'kgs	吨数 tons	件数 P'kgs	吨数 tons	件数 P'kgs	吨数 tons
本日合计 Today's total																		
以前合计 Previous total																		
累计 Grand total																		
备注 Remarks																		

（以上吨数仅供参考）　　　　　　　　　　　　　　理货组长：
（The above No. of tons for reference only）　　　Chief Tally:

现场记录（Record on the Spot）是用来记载进出口货物原残、混装和各种现场情况的原始记录，是编制货物残损单的主要依据。其特点是随时发现，随时记录，随时签认，就地解决，以避免日后可能发生的争执。现场记录格式见表 6-14。

表 6-14 现场记录
ON—THE—SPOT RECORD

编号：
No.

船名：　　　　泊位：　　　　舱口号：
Vessel:　　　Berth:　　　Hatch No.

工作时间从　　　时至　　　时　　　年　　月　　日
Working time from Hrs, to　　Hrs　　,20

兹证明装/卸你船时，于舱内发现了下列货物状况。
This record is hereby made out to certify that the following condition of cargo has been found in holds in the process of loading and/ or unloading your Vessel.

提单或装货单号 B/L or O/L No.	标　志 Mark	货　名 Description	件数和包装 P'kgs & packing	货物状况 Condition

理货员：　　　　　　　　　　　　　　　　　　　　　　　　　责任人：
Tally Clerk:　　　　　　　　　　　　　　　　　　　　　Duty officer:

待时记录（Stand-by Time Record）用来记载由于船方原因，如起货机故障、电源中断等致使理货员停工待时而作出的记录。经船方签认后，以便向船方收取待时费。其内容主要包括：舱口号、人数、起讫时间、待时时间、原因等。待时记录格式见表6-15。

表6-15 待时记录

STAND BY TIME RECORD　　　　　编号：
　　　　　　　　　　　　　　　　　　No.

船名：　　　　泊位：　　　　制单日期：　　年　月　日
Vessel:　　　　Berth:　　　　Date of list:　　　　,20

兹证明装/卸你船时，由于船方原因，而造成理货员待时。
This record is hereby made out to certify that the stand-by time of our tally clerks was caused by the ship in the process of loading and/ or unloading your Vessel.

舱口号 Hatch No.	人　数 No. of persons	时　间 Time		总时间 Time totaled	原因 Cause
		从 From	至 To		

理货组长：　　　　　　　　　　　　　　　　　　　责任人：
Chief Tally:　　　　　　　　　　　　　　　　　　Duty officer:

6.1.3 主要货运单证的流转

1) 主要货运单证的流转程序

班轮运输中,货物由发货人托运开始至收货人提取货物为止,各种主要货运单证的流转程序大致如下。

(1) 托运人向船公司在装货港的代理人(也可直接向船公司或其营业所)提出货物装运申请,递交托运单(Booking Note),填写装货联单(S/O)。

(2) 船公司在装货港的代理人同意承运后,指定船名,核对 S/O 与托运单上的内容无误后,签发 S/O,将留底联留下后退还给托运人,要求托运人将货物及时送至指定的码头仓库。

(3) 托运人持 S/O 及有关单证向海关办理货物出口报关、验货放行手续,海关在 S/O 上加盖放行图章后,货物准予装船出口。

(4) 船公司在装货港的代理人根据留底联编制装货清单(L/L)送船舶及理货公司、装卸公司。

(5) 大副根据 L/L 编制货物积载计划交代理人分送理货、装卸公司等按计划装船。

(6) 托运人将经过检验及检量的货物送至指定的码头仓库准备装船。

(7) 货物装船后,理货长将 S/O 交大副,大副核实无误后留下 S/O 并签发收货单(M/R)。

(8) 理货长将大副签发的 M/R 转交给托运人。

(9) 托运人持 M/R 到船公司在装货港的代理人处付清运费(预付运费情况下)换取正本已装船提单(B/L)。

(10) 船公司在装货港的代理人审核无误后,留下 M/R 签发 B/L 给托运人。

(11) 托运人持 B/L 及有关单证到议付银行结汇,取得货款,议付银行将 B/L 及有关单证邮寄开证银行。

(12) 货物装船完毕后,船公司在装货港的代理人编妥出口载货清单(M/F)送船长签字后向海关办理船舶出口手续,并将 M/F 交船随带,船舶起航。

(13) 船公司在装货港的代理人根据 B/L 副本(或 M/R)编制出口载货运费清单(F/M)连同 B/L 副本、M/R 送交船公司结算代收运费,并将卸货港需要的单证寄给船公司在卸货港的代理人。

(14) 船公司在卸货港的代理人接到船舶抵港电报后,通知收货人船舶到港日期,做好提货准备。

(15) 收货人到开证银行付清货款取回 B/L。

(16) 卸货港船公司的代理人根据装货港船公司的代理人寄来的货运单证,编进口载货清单及有关船舶进口报关和卸货所需的单证,约定装卸公司、理货公司、联系安排泊位,做好接船及卸货准备工作。

(17) 船舶抵港后,船公司在卸货港的代理人随即办理船舶进口报关的各项手续,船舶靠泊后即开始卸货。

(18) 收货人向海关办理货物进口手续,支付进口关税。

(19) 收货人持正本 B/L 向船公司在卸货港的代理人处办理提货手续，付清应付的费用后，换取代理人签发的提货单（D/O）。

(20) 收货人持 D/O 到码头仓库或船边提取货物。

2) 主要货运单证流转

主要货运单证流转示意图如图 6-1 所示。

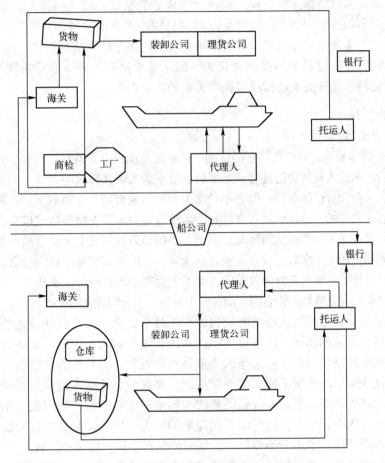

图 6-1 主要货运单证流转示意图

6.2 海运提单

6.2.1 提单的含义与作用

1. 提单的含义

传统上认为提单就是由承担海上货物运输任务的承运人或其代理人签发的表明货物已交付运

输,并承诺在目的地应提单合法持有人的请求交付货物的单证。我国的《海商法》借鉴《汉堡规则》将提单定义为:"提单,是指用以证明海上货物运输合同和货物已经由承运人接收或者装船,以及承运人保证据以交付货物的单证。"(中国《海商法》第七十一条,《汉堡规则》第一条)

业务中,提单所涉及的关系方主要有承运人、托运人、收货人、提单持有人等。其中提单的托运人、收货人、持有人在许多班轮公司标准提单格式条款中又被定义为货方。所谓承运人,是与托运人签订货物运输合同,承接运输任务的航运公司。托运人,是与承运人签订运输合同,送交所运送货物的人,经常是国际贸易中的卖方或出口商;收货人是有权提货的人,在国际贸易中常常是买方或进口商;提单持有人是提单的合法持有者,他可以是托运人,也可以是提单流通转让过程中的提单受让人。如果提单持有人去提取货物就又成了收货人。以上各方之间权利、义务关系就构成了提单关系的主要内容。

2. 提单的作用

它具有以下作用。

(1)提单是海上货物运输已经订立的证明。提单是在承托双方就货物运输事宜和运费支付等事项达成协议后,承运人对货物已接管或装船后,由承运人或其授权的人签发给托运人的载明了承托双方权利、义务和责任的单证,但它不是海上货物运输合同,原因如下。①提单是海上货物运输合同成立后方签发的,早在承托双方就海上运输事宜和运费支付等达成口头或书面协议时海上货物运输合同就成立了。②根据国际航运惯例,当提单条款与海上运输合同条款相冲突时,承托双方权利义务和责任应依据海上货物运输合同确定。③提单条款是承运人根据自身利益需要单方面制定的,并且是由承运人单方面签发的,而海上货物运输合同是由承托双方共同协议或签字的。因此,提单不是海上货物运输合同,而是海上货物运输合同成立的证明。

(2)提单是承运人给托运人签发的货物收据。提单是承运人收到托运人的货物经核查验收后签给托运人的表明承运人已按提单中所载内容收到货物,因此,承运人或收货人或提单持有人可以凭此收据在目的港向承运人提取货物。但是,提单作为货物收据的作用,视其在托运人或受让人手中而有所不同,提单对托运人来说,是承运人按照提单所列内容收到货物的初步证据,如果事实上承运人收到的货物与提单的记载不符,则可提出确切证据,对抗托运人,只要承运人举证充分,就可以否定提单的效力;但是,对善意接受提单的受让人来说,提单则是最终证据,承运人不得提出相反的证据否定提单所载的内容。

(3)提单是货物所有权的凭证。提单代表着提单项下的货物,谁持有提单,谁就拥有货物的所有权。

6.2.2 海运提单的种类

按不同的分类标准,提单可以划分为许多种类。

1. 按提单收货人的抬头划分

1)记名提单

记名提单(Straight B/L)又称收货人抬头提单,是指提单上的收货人栏中已具体填写收货人名称的提单。提单所记载的货物只能由提单上特定的收货人提取，或者说承运人在卸货港只能把货物交给提单上所指定的收货人。如果承运人将货物交给提单指定的以外的人，即使该人占有提单，承运人也应负责。这种提单失去了代表货物可转让流通的便利，但同时也可以避免在转让过程中可能带来的风险。

使用记名提单，如果货物的交付不涉及贸易合同下的义务，则可不通过银行而由托运人将其邮寄收货人，或由船长随船带交。这样，提单就可以及时送达收货人，而不致延误。因此，记名提单一般只适用于运输展览品或贵重物品，特别是短途运输中使用较有优势，而在国际贸易中较少使用。

2) 指示提单

指示提单（Order B/L）是指在提单正面"收货人"一栏内填上"凭指示"（To order）或"凭某人指示"（Order of...）字样的提单。这种提单按照表示指示人的方法不同，指示提单又分为托运人指示提单、记名指示人提单和选择指示人提单。如果在收货人栏内只填记"指示"字样，则称为托运人指示提单。这种提单在托运人未指定收货人或受让人之前，货物所有权仍属于卖方，在跟单信用证支付方式下，托运人就是以议付银行或收货人为受让人，通过转让提单而取得议付货款的。如果收货人栏内填记"某某指示"，则称为记名指示提单，如果在收货人栏内填记"某某或指示"，则称为选择指示人提单。记名指示提单或选择指示人提单中指名的"某某"既可以是银行的名称，也可以是托运人。

指示提单是一种可转让提单。提单的持有人可以通过背书的方式把它转让给第三者，而不须经过承运人认可，所以这种提单为买方所欢迎。而不记名指示（托运人指示）提单与记名指示提单不同，它没有经提单指定的人背书才能转让的限制，所以其流通性更大。指示提单在国际海运业务中使用较广泛。

3) 不记名提单

不记名提单（Bearer B/L，Open B/L，Blank B/L）是指提单上收货人一栏内没有指明任何收货人，而注明"提单持有人"（Bearer）字样或将这一栏空白，不填写任何人的名称的提单。这种提单不需要任何背书手续即可转让，或提取货物，极为简便。承运人应将货物交给提单持有人，谁持有提单，谁就可以提货，承运人交付货物只凭单，不凭人。这种提单丢失或被窃，风险极大，若转入善意的第三者手中时，极易引起纠纷，故国际上较少使用这种提单。另外，根据有些班轮公会的规定，凡使用不记名提单的，在给大副的提单副本中必须注明卸货港通知人的名称和地址。

《海商法》第七十九条规定："记名提单：不得转让；指示提单：经过记名背书或者空白背书转让；不记名提单：无需背书，即可转让。"记名提单虽然安全，不能转让，对贸易各方的交易不便，用得不多。一般认为：由于记名提单不能通过背书转让，因此从国际贸易的角度看，记名提单不具有物权凭证的性质。不记名提单无须背书即可转让，任何人持有提单便可要求承运人放货，对贸易各方不够安全，风险较大，很少采用。指示提单可以通过背书转让，适应了正常贸易需要，所以在实践中被广泛应用。背书分为记名背书

（Special Endorsement）和空白背书（Endorsement in Blank）。前者是指背书人（指示人）在提单背面写上被背书人的名称，并由背书人签名。后者是指背书人在提单背面不写明被背书人的名称。在记名背书的场合，承运人应将货物交给被背书人。反之，则只需将货物交给提单持有人。

2. 按货物是否已装船划分

1) 已装船提单

已装船提单（Shipped B/L，On Board B/L）是指货物装船后由承运人或其授权代理人根据大副收据签发给托运人的提单。如果承运人签发了已装船提单，就是确认他已将货物装在船上。这种提单除载明一般事项外，通常还必须注明装载货物的船舶名称和装船日期，即是提单项下货物的装船日期。

由于已装船提单对于收货人及时收到货物有保障，所以在国际货物买卖合同中一般都要求卖方提供已装船提单。根据国际商会1990年修订的《国际贸易术语解释通则》的规定，凡以CIF或CFR条件成立的货物买卖合同，卖方应提供已装船提单。在以跟单信用证为付款方式的国际贸易中，更是要求卖方必须提供已装船提单。国际商会1993年重新修订的《跟单信用证统一惯例》规定，如信用证要求海运提单作为运输单据，银行将接受注明货物已装船或已装指定船只的提单。

2) 收货待运提单

收货待运提单（Received for Shipment B/L）又称备运提单、待装提单，或简称待运提单。它是承运人在收到托运人交来的货物但还没有装船时，应托运人的要求而签发的提单。签发这种提单时，说明承运人确认货物已交由承运人保管并存放在其所控制的仓库或场地，但还未装船。所以，这种提单未载明所装船名和装船时间，在跟单信用证支付方式下，银行一般都不肯接受这种提单。但当货物装船，承运人在这种提单上加注装运船名和装船日期并签字盖章后，待运提单即成为已装船提单。同样，托运人也可以用待运提单向承运人换取已装船提单。我国《海商法》第七十四条对此作了明确的规定。

这种待运提单于19世纪晚期首先出现于美国，其优点在于：对托运人来说，他可以在货物交承运人保管之后至装船前的期间，尽快地从承运人手中取得可转让提单，以便融通资金，加速交易进程。而对于承运人来说，则有利于招揽生意，拓宽货源。但这种提单同时也存在一定的缺陷，首先，因待运提单没有装船日期，很可能因到货不及时而使货主遭受损失；其次，待运提单上没有肯定的装货船名，致使提单持有人在承运人违约时难以向法院申请；再次，待运提单签发后和货物装船前发生的货损、货差由谁承担也是提单所适用的法律和提单条款本身通常不能明确规定的问题，实践中引起的责任纠纷也难以解决。基于上述原因，在贸易实践中，买方一般不愿意接受这种提单。

随着集装箱运输业的发展，承运人在内陆收货越来越多，而货运站不能签发已装船提单，货物装入集装箱后没有特殊情况，一般货物质量不会受到影响。港口收到集装箱货物后，向托运人签发"场站收据",托运人可持"场站收据"向海上承运人换取"待运提单",这里的待运提单实质上是"收货待运提单"。由于在集装箱运输中,承运人的责任期间已向两端延伸,所以根据《联合国国际货物多式联运公约》和《跟单信用证统一惯例》的规定,在集装箱运输中银行还是可以接受以这种提单办理货款的结汇的。

我国《海商法》第七十四条规定:"货物装船前,承运人已经应托运人的要求签发收货待运提单或者其他单证的,货物装船完毕,托运人可以将收货待运提单或者其他单证退还承运人,以换取已装船提单,承运人也可以在收货待运提单上加注承运船舶的船名和装船日期,加注后的收货待运提单视为已装船提单。"

由此可见,从承运人的责任来讲,集装箱的"收货待运提单"与"已装船提单"是相同的。因为集装箱货物的责任期间是从港口收货时开始的,与非集装箱装运货物从装船时开始不同。现在跟单信用证惯例也允许接受集装箱的"收货待运"提单。但是在目前国际贸易的信用证仍往往规定海运提单必须是"已装船提单",使开证者放心。

3. 按提单上有无批注划分

1) 清洁提单

在装船时,货物外表状况良好,承运人在签发提单时,未在提单上加注任何有关货物残损、包装不良、件数、重量和体积,或其他妨碍结汇的批注的提单称为清洁提单(Clean B/L)。

使用清洁提单在国际贸易实践中非常重要,买方要想收到完好无损的货物,首先必须要求卖方在装船时保持货物外观良好,并要求卖方提供清洁提单。根据国际商会《跟单信用证统一惯例》第三十四条规定:"清洁运输单据,是指货运单据上并无明显地声明货物及/或包装有缺陷的附加条文或批注者;银行对有该类附加条文或批注的运输单据,除信用证明确规定接受外,当拒绝接受。"可见,在以跟单信用证为付款方式的贸易中,通常卖方只有向银行提交清洁提单才能取得货款。清洁提单是收货人转让提单时必须具备的条件,同时也是履行货物买卖合同规定的交货义务的必要条件。

我国《海商法》第七十六条规定:"承运人或者代其签发提单的人未在提单上批注货物表面状况的,视为货物的表面状况良好。"

由此可见,承运人一旦签发了清洁提单,货物在卸货港卸下后,如发现有残损,除非是由于承运人可以免责的原因所致,承运人必须负责赔偿。

2) 不清洁提单

在货物装船时,承运人若发现货物包装不牢、破残、渗漏、玷污、标志不清等现象时,大副将在收货单上对此加以批注,并将此批注转移到提单上,这种提单称为不清洁提单(Unclean B/L、Foul B/L),我国《海商法》第七十五条规定:"承运人或者代其签发提单的人,知道或者有合理的根据怀疑提单记载的货物品名、标志、包数或者件数、重量或者体积与实际接收的货物不符,在签发已装船提单的情况下怀疑与已装船的货物不符,或者没有适当的方法核对提单记载的,可以在提单上批注,说明不符之处、怀疑的根据或者说明无法核对。"

实践中承运人接收货物时,如果货物外表状况不良,一般先在大副收据上作出记载,在正式签发提单时,再把这种记载转移到提单上。在国际贸易的实践中,银行是拒绝出口商以不清洁提单办理结汇的。为此,托运人应对损坏或外表状况有缺陷的货物进行修补或更换。习惯上的变通办法是由托运人出具保函,要求承运人不要将大副收据上所作的有关货物外表状况不良的批注转批到提单上,而应根据保函签发清洁提单,以使出口商能顺利完成结汇。如果承运人因未将大副收据上的批注转移到提单上,承运人可能承担对收货人的赔偿责任,承运人因此遭受损失,应由托运人赔偿。那么,托运人是否能够赔偿,在向托运人追偿时,往往难以得到法律的保护,而使托运人承担很大的风险。承运人与收货人之间的权利义务是提单条款的规定,而不是保函的保证。所以,承运人不能凭保函拒赔,保函对收货人是无效的,如果承、托双方的做法损害了第三者收货人的利益,有违民事活动的诚实信用的基本原则,容易构成与托运人的串通,对收货人进行欺诈行为。

由于保函换取提单的做法,有时确实能起到变通的作用,故在实践中难以完全拒绝,我国最高人民法院在《关于保函是否具有法律效力问题的批复》中指出:"海上货物运输的托运人为换取清洁提单而向承运人出具的保函,对收货人不具有约束力。不论保函如何约定,都不影响收货人向承运人或托运人索赔;对托运人和承运人出于善意而由一方出具另一方接受的保函,双方均有履行之义务。"承运人应当清楚自己在接受保函后所处的地位,切不可掉以轻心。

4. 根据运输方式的不同划分

1) 直达提单

直达提单(Direct B/L),又称直运提单,是指货物从装货港装船后,中途不经转船,直接运至目的港卸船交与收货人的提单。直达提单上不得有"转船"或"在某港转船"的批注。凡信用证规定不准转船者,必须使用这种直达提单。如果提单背面条款印有承运人有权转船的"自由转船"条款,则不影响该提单成为直达提单的性质。

使用直达提单,货物由同一船舶直运目的港,对买方来说比中途转船有利得多,它既可以节省费用、减少风险,又可以节省时间,及早到货。因此,通常买方只有在无直达船时才同意转船。在贸易实务中,如信用证规定不准转船,则买方必须取得直达提单才能结汇。

2) 转船提单

转船提单(Transshipment B/L)是指货物从起运港装载的船舶不直接驶往目的港,需要在中途港口换装其他船舶转运至目的港卸货,承运人签发的这种提单称为转船提单。在提单上注明"转运"或在"某某港转船"字样,转船提单往往由第一程船的承运人签发。由于货物中途转船,增加了转船费用和风险,并影响到货时间,故一般信用证内均规定不允许转船,但直达船少或没有直达船的港口,买方也只好同意可以转船。

按照海牙规则，如船舶不能直达货物目的港，非中转不可，一定要事先征得托运人同意。船舶承运转船货物，主要是为了扩大营业、获取运费。转运的货物，一般均属零星杂货，如果是大宗货物，托运人可以租船直航目的港，也就不会发生转船问题。转运货物船方的责任可分下列三种情况。

（1）第一航程与第二航程的承运人对货物的责任各自负责，互不牵连。

（2）第一航程的承运人在货物转运后承担费用，但不负责任。

（3）第一航程的承运人对货物负责到底。

上述三项不同责任，须根据转运的过程和措施不同而定。

3）联运提单

联运提单（Through B/L）是指货物运输需经两段或两段以上的运输方式来完成，如海陆、海空或海海等联合运输所使用的提单。船船（海海）联运在航运界也称为转运，包括海船将货物送到一个港口后再由驳船从港口经内河运往内河目的港。

联运的范围超过了海上运输界限，货物由船舶经水域运到一个港口，再经其他运输工具将货物送至目的港，先海运后陆运或空运，或者先空运、陆运后海运。当船舶承运由陆路或飞机运来的货物继续运至目的港时，货方一般选择使用船方所签发的联运提单。

4）多式联运提单（Multimodal Transport B/L 或 Intermodal Transport B/L）

这种提单主要用于集装箱运输，是指一批货物需要经过两种以上不同运输方式，其中一种是海上运输方式，由一个承运人负责全程运输，负责将货物从接收地运至目的地交付收货人，并收取全程运费所签发的提单。提单内的项目不仅包括起运港和目的港，而且列明一程、二程等运输路线，以及收货地和交货地。

（1）多式联运是以两种或两种以上不同运输方式组成的，多式联运提单由参与运输的两种或两种以上运输工具协同完成所签发的提单。

（2）组成多式联运的运输方式中其中一种必须是国际海上运输。

（3）多式联运提单如果贸易双方同意，并在信用证中明确规定，可由承担海上区段运输的船公司、其他运输区段的承运人、多式联运经营人（Combined Transport Operator）或无船承运人（Non-vessel Operating Common Carrier）签发。

（4）我国《海商法》第四章"海上货物运输合同"中的第八节"多式联运合同的特别规定"及《联合国国际货物多式联运公约》制约着多式联运。

5. 按提单内容的简繁划分

1）全式提单

全式提单（Long Form B/L）是指提单除正面印就的提单格式所记载的事项，背面列有关于承运人与托运人及收货人之间权利、义务等详细条款的提单。由于条款繁多，所以又称繁式提单。在海运的实际业务中大量使用的是这种全式提单。

2) 简式提单

简式提单（Short Form B/L 或 Simple B/L），又称短式提单、略式提单，是相对于全式提单而言的，是指提单背面没有关于承运人与托运人及收货人之间的权利义务等详细条款的提单。这种提单一般在正面印有"简式"（Short Form）字样，以示区别。简式提单中通常列有如下条款："本提单货物的收受、保管、运输和运费等事项，均按本提单全式提单的正面、背面的铅印、手写、印章和打字等书面条款和例外条款办理，该全式提单存本公司及其分支机构或代理处，可供托运人随时查阅。"

简式提单通常包括租船合同项下的提单和非租船合同项下的提单。

（1）租船合同项下的提单。在以航次租船的方式运输大宗货物时，船货双方为了明确双方的权利、义务，首先要订立航次租船合同，在货物装船后承租人要求船方或其代理人签发提单，作为已经收到有关货物的收据，这种提单就是"租船合同项下的提单"。因为这种提单中注有"所有条件均根据某年某月某日签订的租船合同"（All terms and conditions as per charter party dated…）；或者注有"根据……租船合同开立"字样，所以，它要受租船合同的约束。因为银行不愿意承担可能发生的额外风险，所以当出口商以这种提单交银行议付时，银行一般不愿接受。只有在开证行授权可接受租船合同项下的提单时，议付银行才会同意，但往往同时要求出口商提供租船合同副本。国际商会《跟单信用证统一惯例》规定，除非信用证另有规定，银行将拒收租船合同项下的提单。

根据租船合同签发的提单所规定的承运人责任，一般应和租船合同中所规定的船东责任相一致。如果提单所规定的责任大于租船合同所规定的责任，在承租人与船东之间仍以租船合同为准。

（2）非租船合同项下的简式提单。为了简化提单备制工作，有些船公司实际上只签给托运人一种简式提单，而将全式提单留存，以备托运人查阅。这种简式提单上一般印有"各项条款及例外条款以本公司正规的全式提单所印的条款为准"等内容。按照国际贸易惯例，银行可以接受这种简式提单。这种简式提单与全式提单在法律上具有同等效力。

6. 按签发提单的时间划分

1) 倒签提单

倒签提单（Anti-dated B/L）是指承运人或其代理人应托运人的要求，在货物装船完毕后，以早于货物实际装船日期为签发日期的提单。当货物实际装船日期晚于信用证规定的装船日期，若仍按实际装船日期签发提单，托运人就无法结汇。为了使签发提单的日期与信用证规定的装运日期相符，以利结汇，承运人应托运人的要求，在提单上仍以信用证的装运日期填写签发日期，以免违约。

签发这种提单，尤其当倒签时间过长时，有可能推断承运人没有使船舶尽快速遣，因而应承担货物运输延误的责任。特别是市场上货价下跌时，收货人可以以"伪造提单"为借口拒绝收货，并向法院起诉要求赔偿。承运人签发这种提单是要承担一定风险的。但是为了贸易需要，在一定条件下，比如在该票货物已装船完毕，但所签日期是船舶已抵港并开始装货，而所签提单的这票货尚未装船，是尚未装船的某一天；或签单的货物是零星货物而不是数量很大的大宗货；或倒签的时间与实际装船完毕时间的间隔不长等情况下，取得了托运人保证承担一切责任的保函后，才可以考虑签发。

2）预借提单

预借提单（Advanced B/L）是指货物尚未装船或尚未装船完毕的情况下，信用证规定的结汇期（即信用证的有效期）即将届满，托运人为了能及时结汇，而要求承运人或其代理人提前签发的已装船清洁提单，即托运人为了能及时结汇而从承运人那里借用的已装船清洁提单。

这种提单往往是当托运人未能及时备妥货物或船期延误，船舶不能按时到港接收货载，估计货物装船完毕的时间可能超过信用证规定的结汇期时，托运人采用从承运人那里借出提单用以结汇，当然必须出具保函。签发这种提单承运人要承担更大的风险，可能构成承、托双方合谋对善意的第三者收货人进行欺诈。签发这种提单的后果如下。

（1）因为货物尚未装船而签发提单，即货物未经大副检验而签发清洁提单，有可能增加承运人的赔偿责任。

（2）因签发提单后，可能因种种原因改变原定的装运船舶，或发生货物灭失、损坏或退关，这样就会很容易使收货人掌握预借提单的事实，以欺诈为由拒绝收货，并向承运人提出索赔要求，甚至诉讼。

（3）不少国家的法律规定和判例表明，在签发预借提单的情况下，承运人不但要承担货损赔偿责任，而且会丧失享受责任限制和援引免责条款的权利，即使该票货物是因免责事项原因受损的，承运人也必须赔偿货物的全部损失。

签发倒签或预借提单，对承运人的风险很大，由此引起的责任承运人必须承担，尽管托运人往往向承运人出具保函，但这种保函同样不能约束收货人。比较而言，签发预借提单比签发倒签提单对承运人的风险更大，因为预借提单是承运人在货物尚未装船，或者装船还未完毕时签发的。我国法院对承运人签发预借提单的判例，不但由承运人承担了由此而引起的一切后果，赔偿货款损失和利息损失，还赔偿了包括收货人向第三人赔付的其他各项损失。

3）过期提单

过期提单（Stale B/L）有两种含义，一是指出口商在装船后延滞过久才交到银行议付的提单。按国际商会500号出版物《跟单信用证统一惯例》1993年修订本第四十二条规定："如信用证无特殊规定，银行将拒受在运输单据签发日期后超过21天才提交的单据。在任何情况下，交单不得晚于信用证到期日。"二是指提单晚于货物到达目的港，这种提单也称为过期提单。因此，近洋国家的贸易合同一般都规定有"过期提单也可接受"的条款（Stale B/L is acceptance）。

7. 按收费方式划分

1) 运费预付提单

成交 CIF、CFR 价格条件为运费预付，按规定货物托运时，必须预付运费。在运费预付情况下出具的提单称为运费预付提单（Freight Prepaid B/L）。这种提单正面载明"运费预付"字样，运费付后才能取得提单；付费后，若货物灭失，运费不退。

2) 运费到付提单

以 FOB 条件成交的货物，不论是买方订舱还是买方委托卖方订舱，运费均为到付（Freight Payable at destination），并在提单上载明"运费到付"字样，这种提单称为运费到付提单（Freight to Collect B/L）。货物运到目的港后，只有付清运费，收货人才能提货。

3) 最低运费提单

最低运费提单（Minimum B/L）是指对每一提单上的货物按起码收费标准收取运费所签发的提单。如果托运人托运的货物批量过少，按其数量计算的运费额低于运价表规定的起码收费标准时，承运人均按起码收费标准收取运费，为这批货物所签发的提单就是最低运费提单，也可称为起码收费提单。

8. 其他各种特殊提单

1) 运输代理行提单

运输代理行提单（House B/L）是指由运输代理人签发的提单。在航运实践中，为了节省费用、简化手续，有时运输代理行将不同托运人发运的零星货物集中在一套提单上托运，而由承运人签发给运输代理行成组提单，由于提单只有一套，各个托运人不能分别取得提单，只好由运输代理人向各托运人签发运输代理人（行）的提单。由于集装箱运输的发展，运输代理人组织的拼箱货使用这种提单有利于提高效率，所以这种提单的使用正在扩展。

一般情况下，运输代理行提单不具有提单的法律地位，它只是运输代理人收到托运货物的收据，而不是一种可以转让的物权凭证，故不能凭此向承运人提货。根据国际商会《跟单信用证统一惯例》1993 年修订本的规定，除非提单表明运输行作为承运人（包括无船承运人）或承运人的代理人出具的提单，或国际商会批准的"国际货运代理协会联合会"的运输提单可以被银行接受外，银行将拒收这种提单。

2) 合并提单

合并提单（Omnibus B/L）是指根据托运人的要求，将同一船舶装运的同一装货港、同一卸货港、同一收货人的两批或两批以上相同或不同的货物合并签发一份提单。托运人或收货人为了节省运费，常要求承运人将本应属于最低运费提单的货物与其他另行签发提单的货物合并在一起只签发一份提单。

3) 并装提单

将两批或两批以上品种、质量、装货港和卸货港相同，但分属于不同收货人的液体散装货物并装于同一液体货舱内，而分别为每批货物的收货人签发一份提单时，其上加盖有"并装条款"印章的提单，称为并装提单（Combined B/L）。在签发并装提单的情况下，应在几个收货人中确定一个主要收货人（通常是其中批量最大的收货人），并由这个主要收货人负责分摊各个收货人应分担的货物自然损耗和底脚损耗。

4）分提单

承运人依照托运人的要求，将本来属于同一装货单上其标志、货种、等级均相同的同一批货物，因托运人为了在目的港收货人提货方便，分开签多份提单，分属于几个收货人，这种提单称为分提单（Separte B/L）。只有标志、货种、等级均相同的同一批货物才能签发分提单，否则，会因在卸货港理货，增加承运人理货、分标志费用的负担。分提单一般除了散装油类最多不超过5套外，其他货物并无限制。

5）交换提单

交换提单（Switch B/L）是指在直达运输的条件下，应托运人的要求，承运人承诺，在某一约定的中途港凭在启运港签发的提单另换发一套以该中途港为启运港，但仍以原来的托运人为托运人的提单，并注明"在中途港收回本提单，另换发以该中途港为启运港的提单"或"Switch B/L"字样的提单。

当贸易合同规定以某一特定港口为装货港，而作为托运人的卖方因备货原因，不得不在这一特定港口以外的其他港口装货时，为了符合贸易合同和信用证关于装货港的要求，常采用这种变通的办法，要求承运人签发这种交换提单。

签发交换提单的货物，一般由同一艘船进行直达运输，中途港并不换装，只不过由承运人在中途港的代理人收回原来在启运港签发的提单，另签发以中途港为货物启运港的提单而已。

6）舱面货提单

舱面货提单（On Deck B/L）又称甲板货提单，这是指货物装于露天甲板上承运时，于提单上注明"装于舱面"（On Deck）字样的提单。

在贸易实践中，有些体积庞大的货物及某些有毒货物和危险物品不宜装于舱内，只能装在船舶甲板上。货物积载于甲板承运，遭受灭失或损坏的可能性很大，除商业习惯允许装于舱面的货物如木材，法律或有关法规规定必须装于舱面的货物，承运人和托运人之间协商同意装于舱面的货物外，承运人或船长不得随意将其他任何货物积载于舱面承运。如果承运人擅自将货物装于舱面，一旦灭失或损坏承运人不但要承担赔偿责任，而且还将失去享受的赔偿责任限制的权利。但是，如果签发的是表明承、托双方协商同意的，注有"装于舱面"字样的舱面提单，而且实际上也是将货物积载于舱面，那么，只要货物的灭失或损坏不是承运人的故意行为造成的，承运人仍可免责。否则即使货物装在甲板上而没有批注，承运人对此要像装舱内货一样负责。

为了减轻风险，买方一般不愿意把普通货物装在舱面上，有时甚至在合同和信用证中明确规定,不接受舱面货提单。银行为了维护开证人的利益,对这种提单一般也予以拒绝。

7) 包裹提单

包裹提单(Parcel Receipt B/L)是指以包裹形式托运的货物而签发的提单。这是承运人根据贸易上的特殊需要而设定的一种提单。它只适用于少量货物或行李,以及样品和礼品的运输。对于这种提单,承运人一般都对货物的重量、体积和价值规定了限制条件,比如重量不得超过 45 kg(或100 lb);体积不超过 0.15 m^3(或 5 立方英尺);价值在 10 英镑以下等。对于包裹提单的货物,收取较低的运费,小量样品甚至可免费运送。这种提单不能转让,对货物的灭失,承运人也不承担赔偿责任。

8) 集装箱提单

集装箱提单(Container B/L)是集装箱货物运输下主要的货运单据,负责集装箱运输的经营人或其代理人,在收到集装箱货物后而签发给托运人的提单。它与普通货物提单的作用和法律效力基本相同,但也有其特点。

(1) 由于集装箱货物的交接地点不同,一般情况下,由集装箱堆场或货运站在收到集装箱货物后签发场站收据,托运人以此换取集装箱提单结汇。

(2) 集装箱提单的承运人责任有两种:一是在运输的全过程中,各段承运人仅对自己承担的运输区间所发生的货损负责;二是多式联运经营人对整个运输承担责任。

(3) 集装箱内所装货物,必须在条款中说明。因为有时由发货人装箱,承运人不可能知道内装何物,一般都有"Said to Contain"条款,否则损坏或灭失时整个集装箱按一件赔偿。

(4) 提单内说明箱内货物数量、件数,铅封是由托运人来完成的,承运人对箱内所载货物的灭失或损坏不予负责,以保护承运人的利益。

(5) 在提单上不出现"On Deck"字样。

(6) 集装箱提单上没有"装船"字样,它们都是收讫待运提单,而提单上却没有"收讫待运"字样。

另外,提单按船舶经营性质划分为班轮提单和租船提单,按提单使用有效性可划分为正本提单和副本提单,按货物运输形式划分为件杂货提单和集装箱运输提单;按货物进出口划分为进口货运提单和出口货运提单,等等。

6.2.3 海运提单的内容与条款

1. 提单的内容

提单的正面大多记载与货物和货物运输有关的事项,主要内容如下。

1) 托运人提供并填写的部分

托运人提供并填写的部分,如托运人、收货人、通知方的名称,货物名称、标志和号码、件数、毛重、尺码等。各国海商法和国际公约大都明确规定，托运人应该对所填写资料的正确性负责，如填写错误，则托运人要赔偿因此给承运人造成的一切损失和增加的费用。

2) 托运人填写的部分

托运人填写的部分主要是船名，装、卸港，签单时间、地点等。承运人也要对所填写内容的正确性负责。此外，如果承运人需要对货物表面状况加批注或船货双方有特别约定，尤其是缩小承运人责任的约定，也要在提单上注明，否则这些约定对提单的善意受让人无效。

3) 提单印就的文字条款

提单印就的文字条款包括以下内容。

(1) 外表状况良好条款。说明外表状况良好的货物已装在相应船上，并应在相应卸货港或该船所能安全到达并保持浮泊的附近地点卸货。

(2) 内容不知条款。说明货物重量、尺码、标志、号数、品质、内容和价值是托运人提供的，承运人在装船时并未核对。

(3) 承认接受条款。说明托运人、收货人和本提单的持有人接受并同意提单和提单背面所记载的一切印刷、书写或打印的规定、免责事项和条件。

1993年7月1日颁布实施的《中华人民共和国海商法》第七十三条对提单正面法定应记载的事项规定有以下几项：

① 货物的品名（Description of Goods）、标志（Marks and Numbers）、包数或者件数（Numbers and Kind of Packages）、重量或者体积（Gross weight or Measurement），以及运输危险货物时对危险性质的说明；

② 承运人的名称和主管业所；

③ 船舶名称；

④ 托运人的名称（Shipper）；

⑤ 收货人的名称（Consignee）；

⑥ 装货港（Port of Loading）和在装货港接收货物的日期；

⑦ 卸货港（Port of Discharge）；

⑧ 多式联运提单增列接收货物地点和交付货物地点；

⑨ 提单的签发日期、地点和份数；

⑩ 运费的支付；

⑪ 承运人或者其代表的签字。

该条款还规定："——提单缺少本款规定一项或者几项的，不影响提单的性质……"

2. 提单背面条款

提单背面条款都是印就的条款，主要规定了承运人和货方之间的权利、义务和责任豁免。这些规定在双方出现争议时将成为重要的法律依据。多数航运公司提单的背面都包括以下条款。

1) 定义条款

定义条款（Definition）对提单中所使用的关键词语，如"承运人"、"托运人"的含义加以定义。外运公司在提单的定义条款中就规定"……托运人也指受货人、收货人、提单和货物的所有人"（... shipper shall be deemed also receiver, consignee, holder, of this Bill of Lading and owner of the goods），而承运人一般指与托运人订有运输合同的船舶所有人或租船人。

2) 首要条款或管辖权条款

首要条款（Paramount Clause）或管辖权条款（Jurisdiction）是承运人按照自己的意志，规定提单所适用的法律，即规定该提单以什么法律为准据法，发生纠纷时根据哪一国法律解决争议。

由于种种原因，不同国家的法律往往对同一问题有不同的看法。对一国法律是否熟悉也常常会导致当事人采取截然不同的措施，对其利益产生巨大影响，而国际公约由于有自己的适用范围，对许多情况下签发的提单无法适用，所以多数航运公司都会在提单中明确规定，以公司所在国的法律为准据法或者规定适用《海牙规则》等国际公约，以避免面对自己所不熟悉的异国法律，保护自身切身利益。中国的航运公司也不例外，一般都在提单中注明凡出自该提单或与该提单有关的一切争议都应依照中国法律在中国法院解决。

3) 承运人的责任和豁免条款

承运人的责任和豁免条款（Carrie's Responslbilitis and Immunilties）是规定承运人所承担的责任及所享受的免责事项的条款。一般都以所依据的法律或公约而概括加以规定。多数班轮公司都在这条规定承运人的权利、义务及赔偿责任与豁免以《海牙规则》的规定为准，具体内容在第11章进行论述。

4) 承运人责任期间条款

承运人责任期间条款（Duration of Liability）规定承运人对货物灭失或损害承担赔偿责任的期间，很多提单根据《海牙规则》规定责任期间为从货物装上船舶时起到货物卸离船舶时为止，集装箱货物除外。

5) 包装和标志条款

包装和标志条款（Packages and Marks）规定货物应妥善包装，标志应正确、清晰。如因标志不清或包装不良所产生的一切责任和费用由货方承担。具体来讲，外运和中远的提单里都要求应以不小于5cm长的字体将目的港清晰地标明在货物的外部，并且该标志须能保持到交货时依然清晰可读，否则将由托运人承担所导致的罚款和额外费用。

6) 运费和其他费用条款

运费和其他费用（Freight and Other Charges）主要规定运费支付方式、时间、币种和计算方法。运费支付主要有预付运费（Freight Prepaid）和到付运费（Freight to Collect）两种。

预付运费一般要求托运人在货物装船之后，提单交付之前支付；到付运费则是在货物抵达目的港，承运人交付货物以前付清。无论是预付运费还是到付运费，如果船舶和货物或其中之一遭受任何灭失或损坏，运费均不予退还，也不得扣减。如果应支付给承运人的运费和/或其他费用未能付清，承运人还可以对货物及单证行使留置权，甚至变卖货物，以补偿自己的损失。

7) 自由转船条款

自由转船条款（Trans-shipment Clause）规定虽然提单为直达提单，但如有需要，承运人可以采取一切合理措施，包括将货物交由属于承运人自己的船舶或属于他人的船舶，或经铁路或以其他运输工具直接地或间接地驶往目的港、转船、驳运、卸岸、在岸上或水面上储存及重新装船起运，上述费用由承运人负担，但风险由货方承担。承运人的责任仅限于其本身经营的船舶所完成的那部分运输。

8) 托运人错误申报条款（Inaccuracy in Particular Furnished by Shipper）

托运人错误申报条款规定托运人应对提单上所填写的货物数量、重量、尺码和内容的正确性负责。由于托运人错误申报或有意谎报致使船舶或货物遭受灭失或损坏，托运人须负责赔偿并承担由此产生的一切费用。这一点与海商法和国际公约的规定也是相一致的。错误申报条款同时赋予承运人在装船港或目的港核查托运人申报项目的权力。如果承运人发现所申报内容与事实不符，有权收取罚款。

9) 承运人赔偿责任限额条款

承运人赔偿责任限额条款（Limit of Liability）以一定的金额将承运人对货物的灭失或损坏所负的赔偿责任限制在一定范围之内。

责任赔偿限额一般以每一件或每计算单位若干货币表示，不同国家的法律，不同的国际公约甚至不同的航运公司有自己的标准；外运公司和中远公司的海运提单上规定，承运人对货物灭失或损坏赔偿时参照货物的净货价加运费及已付的保险费的总额。但应限制在每件或每一计费单位不超过 700 元人民币。如承运人接受货物前托运人已书面申报的货价高于此限额，而又已经填入提单并按规定支付额外运费的，则除外。如货物的实际价值超过申报价值，则以申报价值为准。

10) 危险品、违禁品条款

危险品、违禁品条款（Dangerous, Contrab and Goods）规定，托运人在运送危险品时必须事前通知承运人，并按有关法律、法规的要求在货物、集装箱或包装外加以注明。如未能做到，承运人为船货安全在必要时有权给予处置，使其不能为害，或抛入海中或卸下而不负任何责任。对违禁品，一经发现承运人也同样有权处置而不承担任何责任。

11) 共同海损条款

共同海损条款（General Average）规定发生共同海损时将在什么地点、按照什么规则理算共同海损。国际上通常采用的是《约克-安特卫普理算规则》（York-Antwerp Rules）。中国的航运公司一般规定按 1975 年北京理算规则理算。

12）留置权条款

留置权条款（Lien Clause）规定承运人对应收未收的运费、空舱费、滞期费及其他费用，可对货物或任何单证行使留置权，并有权出售或处理货物以抵偿应收款项。如果出售货物的所得不足以抵偿应收款项和由此产生的费用，承运人还有权向货方收取差额。

13）美国条款

美国条款（America Clause）主要针对来往美国的货物。因为美国没有参加世界性的有关航运方面的国际公约，特别是没有参加专门针对提单的《海牙规则》，所以来往美国港口的货物运输只能运用美国《1936 年海上货物运输法》（Carriage of Goods by sea Act 1936），运费也要按照联邦海事委员会登记的费率执行。如果提单背面条款的规定与美国海上货物运输法有抵触，则以美国法为准。来往美国港口运输货物的航运公司大多在提单中列有此条规定。

除以上条款外，提单背面一般还有装货、卸货和交货条款，驳船贸条款，冷藏货条款，索赔通知和诉讼时效条款，战争、冰冻、检疫、罢工、港口拥挤条款等。

6.3 集装箱提单的内容与条款

6.3.1 集装箱提单的内容

国际航运界比较有影响的集装箱提单正面记载事项内容的格式在国际上是统一的，但具体项目有所不同，通常记载的内容有：

（1）联运经营人的姓名、地址；

（2）发货人的姓名、地址；

（3）提单的签发日期、地点；

（4）接受、交付货物的地点；

（5）识别货物的标志；

（6）有关货物的详细情况（件数，重量，尺码等）；

（7）货物外表状况；

（8）联运提单的签发份数等（重量、尺码等）。

集装箱提单一般都应注明上述各项内容，如缺少其中一项或两项，只要所缺少的内容不影响货物的安全运输和当事人之间的利益，则仍然有效。

集装箱提单除正面内容外，通常还订有正面条款，这是集装箱货物运输的特点所要求的。正面条款由"确认条款"、"承诺条款"、"签署条款"组成，其内容如下。

（1）确认条款。表明承运人是在箱子外表状况良好、铅封号码完整下接货、交货，同时说明该提单是一张收货待运提单。

（2）承诺条款。表明正式签发的正本提单是运输合同成立的证明，对双方都有约束力。

（3）签署条款。指签发正本提单的份数，凭其中一份正本交货后，其余作废。

6.3.2 集装箱提单的作用

集装箱提单是集装箱货物运输的货运单证，由负责装箱运输的经营人或其代理人在货物到后签发给货物托运人的货物凭证。其作用和法律效力如下。

（1）集装箱提单一经签发，则表明负责集装箱运输的人的责任已开始。

（2）集装箱提单是交货的凭证。

（3）集装箱提单是集装箱运输经营人与货物托运人之间运输合同订立的证明。

（4）集装箱提单是代表货物所有权的凭证，即货物的物权凭证可自由转让买卖。

集装箱提单种类很多，内容、格式繁多，其中有几个国家、几家船公司共同使用同一格式的，也有同一条船使用不同格式的。

6.3.3 集装箱提单的主要条款

1. 承运人的责任期限

集装箱运输的承运人接货、交货地点往往是距离港口很远的内陆货运站或货主仓库，因此，集装箱提单将承运人的责任期限规定为："从收到货物开始至交付货物时止"，以代替普通船提单下的"钩至钩原则"。如英国 OCL 公司的集装箱提单对承运人的责任期限规定为："承运人对自接货之时起至交货时止期间所发生的货损事故应承担责任。"中国远洋运输公司联运提单采用前后条款（Before After Clause），也就是说，承运人对收货前、交货后的货物不负责任。

2. 舱面货选择权条款

现行的海上运输法规定，如承运人将货物装载甲板运输，此种运输仅限于该种货物根据航海习惯可装载甲板运输，或事先已征得货主同意，并在提单上记载"装载甲板运输"字样。反之，如承运人擅自将货物装载甲板运输而导致货物损害的，则构成根本违反运输合同的行为，随之运输合同中给予承运人的一切抗辩理由、免责事项等均无效，由此而产生的一切损失，承运人必须负责赔偿。

但由于集装箱船舶构造的特殊性和经济性，要求有相当数量的集装箱装载甲板运输，通常，一艘集装箱船在满载时有 30% 左右的货箱装载甲板运输。然而，在实际业务中要决定将哪些货箱装载甲板运输是不可能的，因此，集装箱提单中规定了一条舱面货（甲板货）条款，规定装载舱面运输的集装箱与舱内集装箱享有同样权益。

3. 承运人的赔偿责任限制

所谓承运人的赔偿责任限制是指："承运人对每一件或每一货损单位负责赔偿的最高限额"，各国的法律和船公司的提单对承运人的赔偿责任限制都有明确规定，有的按照《海牙规则》，有的按照国内法。

如货物由承运人或其代理人负责装箱，即拼箱货运输，承运人的责任与普通货提单规定的责任一样，按件或单位数负责赔偿，或毛重每公斤。但整箱货运输，承运人收到的仅仅是外表状况良好，铅封完整的集装箱，至于内装什么货、多少件、包装如何等，承运人只能从有关单证上知悉。为此，《维斯比规则》对《海牙规则》修改时作了这样的规定："如在提单中已载明这种工具内的货物件数或单位数，则按所载明的件数或单位数赔偿，如集装箱、托盘或类似的装运工具为货主所有，赔偿时也作为一件。"中国远洋运输总公司联运提单条款规定如下：

（1）当承运人应对货物的灭失或损害负责赔偿时，此种赔偿应根据该货物的发票价值加上运费、保险费（如已支付）计算。

（2）如无货物发票价值，此项赔偿则应根据该项货物交付地点和交付货方当时的价值，或以如此交付时的价值计算。货物价值应根据商品交易价值计算，而在无此项价格时，则按现时市场价格计算，如无商品交易价格或现时市场价格，则应根据相同品种及质量货物的正常价值计算。

（3）赔偿金额不得超过灭失或损害时货物的毛重每千克人民币3元。

（4）只有在承运人同意的情况下，托运人所宣布的超过本提单规定限制的货物价值已在提单上计明时，才能要求赔偿较高的金额，在此情况下，宣布的价值便作为赔偿限额。任何部分灭失或损害，都应在此宣布价值的基础上按比例调整。

（5）如经证明，货物的灭失或损害是发生在海上或者内陆水路，承运人的责任限额定为每件或每一计费单位人民币700元。

4. 制约托运人的责任条款

1）发货人装箱、计数或不知条款

《海牙规则》规定如承运人、船长或其代理人有适当依据怀疑货物的任何标志、号码、数量、重量不能确切代表其实际收到的货物，或无适当的方法进行检验，便没有必要在提单上将其实际注明或表明。根据《海牙规则》这一规定，承运人可以在提单上拒绝载明箱内货物的详情。但是，如果提单上缺少这些记录，势必会影响提单的流通性，因此，在实际业务中又不得不根据货主的通知内容予以记载。但另一方面，如果承运人默认了货主提供的集装箱内的件数，则会在能否享受最高赔偿限额等责任方面带来不利。因而，承运人在根据货主提供的内容如实记载于提单的同时，又保留"发货人装箱、计数"或"不知条款"，以最大限度地达到免除责任的目的。特别是集装箱运输情况下的整箱货，承运人收到的仅是外表良好，铅封完整的集装箱，对里面所装的货物一无所知，所以，有必要加注这样的条款。

2）铅封完整交货条款

这一条款的规定仅适用于整箱货交接时以铅封完整与否来确定承运人责任的情况。如货物受损人欲提出赔偿要求，不仅需举证说明，还应根据集装箱提单中承运人的责任形式来确定。

3）货物检查权条款

所谓货物检查权条款是指：承运人有权，但没有义务在任何时候将集装箱开箱检验，核对其所装载的货物。经过查核，如发现所装载的货物全部或一部分不适合运输，承运人有权对该部分货物放弃运输，或存放在岸上或水上具有遮蔽的或露天的场所，这种存放业已认为按提单交货，即承运人的责任已告终止。

集装箱提单上订有货物检查权条款，是为了承运人对箱内货物的实际状况的怀疑，或积载不正常时启封检查。承运人在行使这一权力时，无须得到托运人的预先同意，当然，一般来说，对由货主自己装载的集装箱启封检查时，原则上应征得货主同意，其费用由货主负担。

4）海关启封检查权条款

根据《国际集装箱海关公约》的规定，海关有权检查集装箱，因此，集装箱提单中都规定："如果集装箱的启封是由海关当局因为检查箱内货物内容打开而重新封印，由此而造成、引起任何货物灭失，损害，以及其他后果，本公司概不负责。"在实际业务中，尽管提单条款作了这样的规定，承运人对这种情况还应做好记录，并保留证据，以使其免除责任。

5）发货人对货物内容准确性负责条款

集装箱提单中所记载的内容，通常由发货人填写，或由负责集装箱运输的承运人或其代表根据发货人所提供的有关托运文件制成。在集装箱运输经营人接受货物时，发货人应视为他已向承运人保证，他在集装箱提单中所提供的货物种类、标志、件数、重量、数量等概为准确无误，如系危险货物，还应说明其危险特性。

如货物的损害系由于发货人提供的内容不准确或不当所致，发货人应对承运人负责，即使发货人已将提单转让于他人也不例外，集装箱货物在由货主自行负责装箱时，货主对承运人造成的损害负责赔偿。

5. 危险货物运输

货物托运人必须在危险品货物外表刷上清晰的、永久性的货物标志，并能提供任何适用的法律、规章及承运人所要求的文件证明。集装箱提单条款规定如下。

（1）承运人在接受具有爆炸性、易燃性、放射性、腐蚀性、有害性、有毒性等危险货物时，只有在接受由货主为运输此种货物而提出的书面申请方能进行。

（2）承运人或其代理人对于事先不知其性质而装载的具有易燃、爆炸，以及其他危险性的货物，可在卸货前任何时候、任何地点将其卸上岸，或将其销毁，或消除其危害性而不予赔偿。该货物的所有人对于该项货物所引起的直接或间接的一切损害和费用负责。

（3）如承运人了解货物的性质，并同意装船，但在运输过程中对船舶和其他货物造成危害可能时，也同样可在任何地点将货物卸上岸，或将其销毁，消除危害性而不负任何责任。

因此，在托运危险品货物时，托运人应保证：

① 提供危险品货物详细情况；
② 提供运输注意事项、预防措施；
③ 满足危险品货物有关运输、保管、装卸等要求；
④ 货物的包装外表应注有清晰、永久性标志；
⑤ 在整箱货运输时，箱子外表（四面）应贴有危险品标志。

6. 承运人的运价本

由于有关集装箱运输术语、具体交接办法、计费方法、货物禁运规定及交货方式等问题，均无法一一在提单上列举说明，因此需要运价本补充予以详述。在国际货运业务中，各船公司一般均将运价本的主要条款装订成册，必要时对外提供，以弥补提单条款规定之不足。集装箱提单中有关承运人的运价本是提单的组成部分，运价本与提单发生矛盾时，以提单为准。

7. 索赔与诉讼

现行的集装箱提单对于拼箱货货损事故处理，即索赔要求和诉讼时效基本上与普通船提单的规定相同。但整箱货运输，由于整箱货在卸船港交付后一时并不拆箱，因此，只能根据表面状况交货，如箱子外表状况良好、铅封完整，承运人的责任即告终止。如货物或箱子外表状况并不良好，考虑到集装箱运输的特点，有的提单条款规定收货人应在3天、7天内以书面通知承运人。对于诉讼时效，有的规定为1年，有的为9个月，如属全损，有的提单仅规定为2个月，超出规定期限，承运人将解除一切责任。

8. 货主自行装卸集装箱责任

在由货主自行装卸集装箱，以集装箱作为运输单元交承运人运输时，集装箱提单一般均订有以下条款。

（1）承运人接受的是外表良好、铅封完整的集装箱，有关箱内货物的详细情况概不知悉。
（2）货主应向承运人保证，集装箱及箱内货物适应装卸、运输。
（3）当集装箱由承运人提供时，货主有检查集装箱的责任。
（4）当承运人在箱子外表状况良好、铅封完整的情况下交付时，业已认为承运人完成交货义务。
（5）承运人有权在提单上作出类似"由货主装载并计数"或"据称内装"等字样的保留文字。

9. 首要条款

集装箱提单中的首要条款内容解释如下。

（1）就提单中所涉及的海上或内陆水路运输的货物而言，提单内容受制于海牙规则或海牙维斯比规则，即海牙规则或海牙维斯比规则的其他任何法规被强制适用于本提单。如提单中已有的条款，在任何程度上被认为与其他任何法规内容相抵触，或其他任何法律、法令或法规强制性适用于提单所证明的合同，提单条款内容将被视为无效。

（2）就提单所涉及的航空货物而言，提单内容受制于1929年的《华沙航空货运公约》，及 1955 年经修改过的《海牙议定书》。

(3) 如提单被用于多式联运，则应视为具体体现了 1980 年已通过的多式联运公约的内容，如有提单内容与多式联运公约内容不符的，提单条款仍然有效。

10. 强制性法律、管辖权、限制性法令

提单所证明的或包含的合同将受到提单签发地法律、法令或法规的管辖，如当地法律另有规定的则除外。但提单并不限制或剥夺任何国家的现行法律、法令或法规对承运人所认可的任何法定保护、有关事项的免责或责任限制。

11. 提单可转让性

除非提单正面已注有"不可转让"，否则一旦接受提单，提单出让人、受让人及提单签发人一致同意提单可转让性，并通过背书或无须背书转让，提单持有人有权接受或转让本提单所记载的货物。

复习思考题

一、名词解释题

倒签提单　全式提单　指示提单　载货清单　装货单

二、填空题

1. 舱面货提单又称＿＿＿＿。这是指货物装于露天甲板上承运时，并于提单注明＿＿＿＿字样的提单。

2. 在集装箱运输中，托运人报关时使用的单证为＿＿＿＿。

3. 用以证明海上货物运输合同和货物由承运人接管或装船，以及承运人据以交付货物的单证是＿＿＿＿。

4. 我国的卸货交接单据是＿＿＿＿和＿＿＿＿。

5. ＿＿＿＿是专门列出船舶所载运的全部危险货物的汇总清单。

三、单项选择题

1. 下列货运单证是船舶办理出口（进口）报关手续的必需单证的是（　　）。

A. 托运单　　　　B. 装货清单　　　　C. 载货清单　　　　D. 收货单

2. 一批货物于 1999 年 1 月 5 号装船完毕，承运人在装完货后签发提单 1999 年 1 月 1 号，这属于（　　）。

A. 预借提单　　　B. 倒签提单　　　　C. 收货待运提单　　D. 清洁提单

3. 在国际海上货物运输中，收货单的作用是：①船方收到货物的凭证；②货损货差的原始证据；③船长签发提单的依据。（　　）

A. ①②③　　　　B. ①②　　　　　　C. ①③　　　　　　D. ②③

4. 装货过程中，如发现货物有缺点，应在（　　）上批注。

A. 提单　　　　　　B. 托运单　　　　　C. 装货单　　　　　　D. 收货单

5. 货物装船后，船公司根据提单副本，将全船货物按卸货港逐票罗列的汇总清单为（　　）。

A. 装货清单　　　　B. 载货运费清单　　　C. 舱单　　　　　　　D. 托运单

四、多项选择题

1. 下列由装货港使用的单证是（　　）。

A. 托运单　　　　　B. 装货单　　　　　C. 装货清单　　　　　D. 危险货物清单

2. 下列由卸货港常用的单证是（　　）。

A. 过驳清单　　　　　　　　　　　　　B. 货物溢短单

C. 提货单　　　　　　　　　　　　　　D. 配载图

3. 按货物是否已装船提单划分为（　　）。

A. 已装船提单　　　　　　　　　　　　B. 不记名提单

C. 收货待运提单　　　　　　　　　　　D. 清洁提单

4. 按提单上有无批注划分为（　　）。

A. 清洁提单　　　　　　　　　　　　　B. 不记名提单

C. 收货待运提单　　　　　　　　　　　D. 不清洁提单

5. 提单印就的文字条款包括（　　）。

A. 外表状况良好条款　　　　　　　　　B. 内容不知条款

C. 承认接受条款　　　　　　　　　　　D. 定义条款

五、简答论述题

1. 简述主要货运单证的流转程序。
2. 试论述集装箱提单的正面内容。
3. 提单应具有哪些功能？
4. 提单是怎样分类的？具体分为哪些提单？
5. 提单中制约托运人的责任条款有哪些？

部分习题参考答案

二、填空题

1. 甲板货　提单　装于舱面　On Deck　2. 装货单　3. 提单
4. 货物溢短单　货物残损单　5. 危险货物清单

三、单项选择题

1. C　2. B　3. A　4. D　5. A

四、多项选择题

1. ABCD 2. ABC 3. AC 4. AD 5. ABC

案 例 分 析

2006年9月，原告浙江省MM进出口有限公司通过上海HY国际货运代理有限公司（以下简称"HY货代"）委托被告上海KK货运公司运输一个集装箱货物自中国上海至美国洛杉矶，被告向原告签发了提单。提单上记载，原告为托运人，收货人凭指示，货物交接方式为堆场至堆场，箱号CCLU4783837，装运港上海，卸货港洛杉矶。

货物出运后，收货人未付款赎单。11月16日，HY货代向原告发送电子邮件表示因尚未收到原告另案三份正本电放保函，故未将涉案核销单、报关单寄还原告。12月4日，浙江省国家税务局出具证明，证明涉案报关单项下的货物未办理退税。涉案增值税发票抵扣联显示货物不含增值税购进金额共计人民币199548.72元。报关单上记载，涉案货物FOB价为32137.60美元，报关出口日期为2006年10月2日。

12月28日，原告委托中华人民共和国浙江省杭州市公证处出具公证书，对中国JZ运输股份有限公司网站提供的涉案集装箱跟踪信息进行公证。公证书上载明涉案集装箱预计2006年10月14日抵达洛杉矶，同年11月22日已用于其他航次另行流转。

原告认为，凭单放货是承运人的义务，被告未凭正本提单将货物放行，对原告的损失应承担赔偿责任。故请求判令被告赔偿货款损失32137.60美元和出口退税损失人民币27852.58元。

思考题：法院应如何判决？

案例分析参考答案

裁判上海海事法院经审理认为：原、被告之间通过涉案提单证明的海上货物运输合同法律关系成立。根据航运惯例和有关规定，在原告持有正本提单的情况下，装载涉案货物的集装箱已经流转的事实可以证明被告无单放货行为成立，被告应依法承担违约赔偿责任。遂判决被告向原告赔偿货款损失和出口退税损失。

［评析］如何认定无单放货的事实？

无单放货案件中，关键需要明确的是无单放货事实是否发生。对无单放货事实的发生，原告应当先行承担举证责任。

一般来说，原告可以提供以下三类证据证明无单放货事实发生：

（1）原告在货物交付地提货不着的证明；

（2）承运人或者其代理人、雇佣人对放货的确认；

（3）货物买方或者其他相关方对已经提货的确认。

如货物是集装箱运输，原告提供证据证明装载货物的集装箱已经从目的港拆箱运回的，应当根据下列原则认定有关事实：

（1）以门到门方式运输货物的，可以认定无单放货事实发生；

（2）以场到场或者场站交接方式运输整箱货的，可以认定无单放货事实发生；

（3）以场到场或者场站交接方式运输拼箱货的，可以初步认定无单放货事实发生。

集装箱已经从目的港拆箱运回，被告仍否认无单放货事实的，举证责任转移由被告承担。

本案中，涉案货物于2006年9月30日出运，载货集装箱于同年11月22日已用于其他航次另行流转。根据航运惯例和有关规定，在货物的交接方式为堆场至堆场的情况下，承运人应在装货港集装箱堆场整箱接货，负责运抵卸货港集装箱堆场整箱交货，收货人负责在卸货港集装箱堆场整箱提货和拆箱，拆箱后应将空箱于规定期限内交至承运人指定的堆场。因此，在原告持有正本提单的情况下，装载涉案货物的集装箱已经流转的事实可以证明被告无单放货行为成立。被告未收回正本提单即交付货物，致原告在未收到货款的情况下不能控制货物，应依法承担违约赔偿责任。

开篇案例参考答案

法院认为，本案系由涉案提单所证明的海上货物运输合同关系。其中涉及一个重要的法律问题，即承运人的责任期间。依照我国《海商法》和国际航运惯例，被告作为承运人，其风险责任自接收货物签发正本提单始至交付货物收回正本提单止。在承运人接收货物、收回正本提单前，本案提单项下货物属于被告掌管期间，被告对货物负有谨慎保管、正确交付货物之合同义务。在被告掌管期间货物如何交付的举证责任应由被告承担，被告如不能举证证明其已正确执行货物交付义务，则被告应承担举证不能的法律后果。本案货物运抵目的港，储存于当地保税仓库，只是运输过程中的一个环节，在未收回正本提单前，被告的合同义务并未完成。被告所举韩国的有关规定，不能成为免除承运人向正本提单持有人交付货物的合同义务。

关于诉讼时效，海上货物运输合同纠纷，根据我国海商法的规定，时效期间为一年，自承运人交付或者应当交付货物之日起计算。承运人应向特定对象交付，而非向任何人交付。本案承运人向非正本提单持有人交付货物，不能视为履行交货义务，因而不能作为提单持有人向承运人索赔的诉讼时效起算依据。托运人只有收到结汇银行退回的单证，才能向承运人主张权利，因此，诉讼时效应从此时起算。

据此，本院最终判定被告承担无正本提单放货的违约责任。

参 考 文 献

[1] 王义源. 远洋运输业务 [M]. 北京：人民交通出版社，2003.
[2] 王晓东. 国际运输与物流 [M]. 北京：高等教育出版社，2006.
[3] 杨志刚. 国际货运代理业务指南 [M]. 北京：人民交通出版社，1997.
[4] 杨茅甄. 集装箱运输实务 [M]. 北京：高等教育出版社，2003.
[5] 江静. 集装箱运输与多式联运 [M]. 北京：中国商务出版社，2006.

第7章

集装箱班轮货运业务

本章要点

- ➢ 掌握集装箱出口货运程序；
- ➢ 掌握集装箱进口货运程序；
- ➢ 掌握集装箱进出口货运业务。

【开篇案例】

集装箱交付纠纷案

原告：海口南青集装箱班轮公司

被告：广州市黄埔至发货运部

2002年11月25日，原告委托被告承运12个40 ft集装箱货物由广州港黄埔外运仓码头送往各收货人单位，并将卸完货的空集装箱送还至芳村内四码头堆场。12个集装箱中包括箱号为"WSDU4804270"、"CLHU4203760"、"CLHU4202660"的3个。被告出具的《证明》记载，其接受原告的委托后，因其车辆周转不过来，将其中的10个集装箱，包括箱号为"WSDU4804270"、"CLHU4203760"、"CLHU4202660"的3个，又委托中原物流运输公司运输。中原物流运输公司出具的《证明》记载，其已将其为被告运输的10个集装箱的空箱交回芳村内四码头。该证据是被告提供给原告的。广州港务局河南港务公司第二港务站出具的《证明》记载，箱号为"WSDU4804270"、"CLHU4203760"、"CLHU4202660"的3个没有进入芳村内四码头。

涉案的集装箱是原告租用的，不属其所有。

〔双方争议的主要问题〕

原告于2003年10月向海事法院起诉称：2002年11月25日，原告委托被告承运12个40 ft集装箱货物由广州港黄埔外运仓码头送往各收货人单位，并约定将卸完货的空箱送还至芳村内四码头堆场。然而，至今为止，原告仅收到被告返还的九只空箱，另三只空箱下落不明；经原告反复查询，负责芳村内四码头经营管理的"广州港务局河南港务公司"证明：

"其余三个箱,箱号为 WSDU4804270、CLHU4203760、CLHU4202660,没有进入我码头。"请求判令被告向原告返还 40 ft 集装箱三个,偿付滞箱造成的损失 7 609.44 元。

被告辩称:被告在接受原告的委托时已经将这些集装箱转给中原物流运输公司承运,原告与被告并没有签订合同,也没有约定还箱的期限,实际上双方并没有合同关系;原告主张滞箱造成的损失和集装箱的价值均没有提供计算依据。请求驳回原告的诉讼请求。

思考题:集装箱设备交接单的作用?

7.1 集装箱出口货运程序

7.1.1 集装箱运输的出口货运程序

集装箱运输的出口货运程序与传统的杂货班轮运输的出口货运程序大体一致。只是因为采用了集装箱作为运载工具,增加了空箱和重箱的发放和接收、集装箱的装箱和拆箱等作业,并补充了一些与其相适应的集装箱特有的单证。此外,集装箱货物的交接方式多种多样,所以不同交接方式下的货运流程也不尽相同。具体地说,集装箱运输的出口货运程序主要包括以下内容:

1. 订舱

订舱(Booking)是指托运人或其代理人向承运人或其代理机构等申请货物运输,承运人对此申请给予承诺的行为。

发货人(在 FOB 价格条件下,也可以是收货人)应根据贸易合同或信用证条款的规定,在货物出运之前的一定时间内,填制订舱单向船公司或其代理人,或经营集装箱运输的其他人提出订舱的申请。很多情况下,发货人委托货运代理人来办理有关订舱的业务。

2. 承运

承运是指船公司或其代理人,或经营集装箱运输的其他人接受订舱或托运申请的行为。

船公司或其代理人,或负责运输的其他人根据货主的订舱申请,考虑其航线、船舶、运输要求、港口条件、运输时间等方面能否满足发货人的要求,从而决定是否接受订舱申请。一旦接受托运申请后,应审核托运单,确认无误后,在装货单联[场站收据副本(1)]上签章,表明承运货物。同时,应根据托运单编制订舱清单,然后分送集装箱码头堆场、集装箱货运站,据此办理空箱的发放及重箱的交接、保管,以及装船等一系列业务。

3. 发放空箱

通常,集装箱是由船公司免费提供给货主或集装箱货运站使用的,货主自备箱的比例较小。

在整箱货运输时,空箱由发货人到指定的集装箱码头堆场领取;拼箱货运输时,则由集装箱货运站负责领取空箱。在领取空箱时,必须提交集装箱发放通知书。办理交接时,应与集装箱码头堆场对集装箱及其附属设备的外表状况进行检查,并分别在设备交接单(出场)上签字确认(见表 7-1)。

表 7-1　集装箱发放/设备交接单
EQUIPMENT INTERCHANGE RECEIPT　　　　　OUT　出场

用箱人/运箱人（CONTAINER USER/HAULIER）			提箱地点（PLACE OF DELIVERY）	
来自地点(WHERE FROM)			返回/收箱地点(PLACE OF RETURN)	
船名/航次(VESSEL/VOYAGE No.)	集装箱号(CONTAINER No.)	尺寸/类型（SIZE/TYPE）		营运人(CNTR OPTR)
提单号(B/L No.)	铅封号(SEAL No.)	免费期限(FREE TIME PERIOD)	运载工具牌号 (TRUCK.WAGEON.BARGE No.)	
出场目的/状态(PPS OF GATE-OUT/STATUS)	进场目的/状态(PPS OF GATE-INTATUS)		进场日期 (TIME-OUT)	
			月　　日　　时	

出场检查记录(INSPECTION AT THE TIME OF INTERCHANGE)

普通集装箱(GP CONTAINER)	冷藏集装箱(RF CONTAINER)	特种集装箱(SPECIAL CONTAINER)	发电机(GEN SET)
□正常(SOUND)　□异常(DEFECTIVE)	□正常(SOUND)　□异常(DEFECTIVE)	□正常(SOUND)　□异常(DEFECTIVE)	□正常(SOUND)　□异常(DEFECTIVE)

损坏记录及代码(DAMAGE &CODE)　　BR 破损(BROKEN)　　D 凹损(DENK)　　M 丢失(MISSING)　　DR 污箱(DIRTY)　　DL 危标(DGLABEL)

左侧(LEFT SIDE)　右侧(RIGHT SIDE)　前部(FRONT)　集装箱内部(CONTAINER INSIDE)

顶部(TOP)　底部(FLOOR BASE)　箱门(REAR)

如有异状，请注明程度及尺寸(REMARK)

除列明者外，集装箱及集装箱设备交接时完好无损，铅封完整无误。
THE CONTAINER/ASSCCIAFTED EQUIPMENT INTERCHANGED IN SOUND CONDITION AND
SEAL INTACT UNLESS OTHERWISE STATED.

用箱人/运箱人签署　　　　　　　　　　　码头/堆场值班员签署
（CONTAINER USER/HAULIER'S SIGNATURE）　　（TERMINAL/DEPOT CLERK'S SIGNATURE）

4. 货物装箱

集装箱货物有整箱货和拼箱货之分，其各自的装箱作业也不相同。

在整箱货的情况下，货主自行完成货物的装箱，并填制装箱单。

对于拼箱货，发货人将不足一整箱的货物运至集装箱货运站。货运站根据订舱清单的资料，核对无误后接管货物，并签发场站收据给发货人；集装箱货运站将分属于不同货主的零星货物拼装到同一个集装箱内，并填制装箱单。

5. 整箱货交接

发货人自行负责装箱的整箱货，通过内陆运输运至集装箱码头堆场。码头堆场对重箱进行检验后，与货方共同在设备交接单上签字确认，并根据订舱清单，核对场站收据和装箱单，接收货物。

6. 集装箱交接签证

集装箱码头堆场在验收货箱后，即在场站收据上签字，并将签署的场站收据交还给发货人，由发货人据此换取提单。

7. 换取提单

发货人凭经集装箱堆场或货运站的经办人员签署的场站收据，向集装箱运输经营人或其代理人换取提单，然后去银行结汇货款。

8. 装船

集装箱码头堆场或集装箱装卸区根据接受待装的货箱情况，制订出装船计划，在船舶到港前将待装集装箱移至前方堆场，船靠泊后完成装船作业。

7.1.2 集装箱出口货运中的主要单证

1. 集装箱货物托运单

集装箱货物托运单（Booking Note，B/N）是由托运人根据贸易合同和信用证的有关内容向承运人或其代理人办理货物运输的书面凭证。集装箱货物托运单详细记载有关货物情况及对运输要求等内容。集装箱货物托运单的格式见表7-2。

在集装箱运输中，为简化手续，是以场站收据（Dock Receipt）联单的第一联作为集装箱货物的托运单，该联单由货主或货主委托货代缮制，并送交船公司或其代理人订舱。

2. 场站收据

场站收据（Dock Receipt，D/R）又称港站收据或码头收据，是船公司委托集装箱堆场、集装箱货运站在收到整箱货或拼箱货后，签发给托运人以证明收到货物，托运人可凭以换取提单的单据。

表 7-2 集装箱货物托运单

Shipper （发货人）		D/R No.（编号）	第
Consignee （收货人）			一
Notify Party （通知人）		集装箱货物托单 货主留底	联
Pre-Carriage By(前程运输)	Place of Receipt(收货地点)		
Ocean Vessel(船名) Voy. No.(航次)	Port of Loading(装货港)		
Port of Discharge(卸货港)	Place of Delivery(交货地点)	Final Destination for Merchant's Reference(目的地)	

Particulars Furnishned by Merchants

Container No. (集装箱号)	Seal No. (封志号) Marks &Nos. (标志与号码)	No. of containers of Pgs (箱数或件数)	Kind of Packages； Description of Goods (包装种类与货名)	Gross Weight 毛重(公斤)	Measurement 尺码(立方米)

TOTAL NUMBER OF CONTAINERS OR PACKAGES(IN WORDS)
集装箱数或件数合计(大写)

FREIGHT &CHARGES (运费与附加费)	Revenue Tons (运费吨)	Rate(运费率) Per(每)	Prepaid 运费预付	Collect 到付
Ex Rate(兑换率)	Prepaid at (预付地点) Total Prepaid(预付总额)	Payable at (到付地点) No. of Original B(s)/L (正本提单份数)	Place of Issue (签发地点)	

Service Type Receiving □-CY. □-CFS. □-DOOR	Service Type on Delivery □-CY. □-CFS. □-DOOR	Reefer Temperature Required °F °C (冷藏温度)
Type of Goods (种类)	□Original 普通 □Reefer 冷藏 □Dangerous 危险 □Auto 裸装车辆 □Liquid (液体) □Live Animal (活动物) □Bulk (散货)	危险品	Glass: Property: IMDG Code Page： UN No.：

可否转船：
装期：
可否分批：
效期：
金额：
制单日期：

国际集装箱运输与多式联运

根据运输业务的需要,通常设计为一式十联,各联用途如下:

第一联　　托运单(货主留底)
第二联　　托运单(船代留底)
第三联　　运费通知(1)
第四联　　运费通知(2)
第五联　　场站收据副本(1)——装货单联
第五联(附页)　　缴纳出口货物港务申请书
第六联(浅红色)　　场站收据副本(2)——大副联
第七联(黄色)　　正本场站收据
第八联　　货代留底
第九联　　配舱回单(1)
第十联　　配舱回单(2)

以上一式十联,船公司或其代理接受订舱后在托运单上加填船名、航次及编号,并在第五联装货单上盖章,表示确认订舱,然后将第二至第四联留存,其余各联全部退还货主或货代公司。

货代将第五联、第五联附页、第六联、第七联共四联留作报关之用。

第九联或第十联交托运人(货主)做配舱回执,其余供内部各环节使用。

场站收据联单虽有十联之多,其核心单据则为第五联、第六联、第七联。

第五联是装货单联(Shipping Order,S/O),经承运人确认后的装货单,盖有船公司或其代理人的图章,是船公司发给船上负责人员和集装箱装卸作业区接受货物的指令,也是船上大副凭以收货的依据。报关时,海关查核后也在此联盖放行章,所以又称关单;装货单联和大副联在货物交接结束后,由码头堆场留存;货物装船完毕后,将大副联交与船方大副。

第七联是正本场站收据(黄色纸张,便于辨认,俗称黄联)。集装箱堆场或集装箱货运站验收集装箱或货物后,如果没有异常,由集装箱码头堆场或货运站在正本场站收据上签章,退回货主或货代,据以签发提单。如果集装箱或货物的实际状况与单据记载不符,或外表状况有缺陷,则需在场站收据上作出批注后,退还给货主或其代理人。见表7-3。

3. 集装箱设备交接单

集装箱设备交接单(Equipment Interchange Receipt,E/R or EIR)是集装箱进出港区、场站时,用箱人(或运箱人)与管箱人(或其代理人)之间交接集装箱及其附属设备的凭证,兼有凭以发放集装箱的功能。在日常业务中被简称为"设备交接单"。它既是一种交接凭证,又是一种发放凭证,对集装箱运输特别是对箱务管理起着重要作用。

集装箱设备交接单有多种用途,在集装箱货物出口运输中,它主要是货主或其货运代理人领取空箱出场及运送重箱进场装船的交接凭证。货主或货运代理人在向船公司或其代理人订舱并取得装货单后,可向船方领取设备交接单。集装箱设备交接单具体格式内容见表7-4。

集装箱设备交接单一式六联。在集装箱进口货运业务中,前面三联用于空箱出场,印有"出场OUT"字样,分别为管箱单位联、码头堆场联和用箱人/运箱人联。第一联盖有船公司或其集装箱代理人的图章,集装箱堆场凭其发放空箱。在空箱发放后,第一、二联由堆场留

表 7-3 集装箱装货单

Shipper（发货人）	D/R No.（编号）
Consignee（收货人）	装货单 场站收据副本
Notify Party（通知人）	Received by the Carrier the Total nurmber of con-tainers or other packages or units stated below to be transported subject to the terns and cooditions of the Carrier's regular from of Bill of Lading (for Cornbined Transport or port to Port Shipment) which shall be deemed to be incorporated herein. Date（日期）：
Pre–Carriage By（前程运输） Place of Reccipt（收货地点）	
Ocean Vessel（船名）Voy. No.（航次）Port of Loading（装货港）	场站章
Port of Discharge（卸货港） Place of Delivery（交货地点）	Final Destination for Merchant's Reference（目的地）

第五联

Particulars Furnished by Marchants（托运人提供详细情况）

Container No.（集装箱号）	Seal No.（封志号）Marks & Nos.（标记与号码）	No. of con tainers or pkgs（箱数或件数）	Kind of Packages；Descrip-tion of Goods（包装种类与货名）	Gross Weight 毛重（公斤）	Measurement 尺码（立方米）

TOTAL NUMBER OF CONTAINERS
OR PACKAGES(IN WORDS)
集装箱数或件数合计（大写）

Container No.（箱号） Seal No.（封志号） Pkgs（件数） Container No.（箱号） Seal No.（封志号） Pkgs（件数）

Received（实收） By Teminal clerk（场站员签字）

FREIGHT & CHARGES	Prepaid at（预付地点）	Payable at（到付地点）	Place of Issue（签发地点）
	Total Prepaid（预付总额）	No of Original B(s)/L（正本提单份数）	BOOKING（订单确认）APPROVED BY

Service Type Receiving ☐-CY.☐-CFS.☐-DOOR	Service Type on Delivery ☐-CY.☐-CFS.☐-DOOR	Reeter Temperature Required（冷藏温度）	℉	℃
TYPE OF GOODS（种类）	☐Ordinary.（普通） ☐Reefer.（冷藏） ☐Dangerous.（危险品） ☐Auto.（裸装车辆） ☐Liquid.（液体） ☐Live Animal.（活动物） ☐Bulk☐（散货）	危险品	Class Property； 1MDG Code Page： ON No.	

备 注 REMARKS

表 7-4 集装箱发放/设备交接单
EQUIPMENT INTERCHANGE RECEIPT　　　　　IN 进场

用箱人/运箱人（CONTAINER USER/HAULIER）		提箱地点（PLACE OF DELIVERY）	
发往地点(DELIVERED TO)		返回/收箱地点(PLACE OF RETURN)	
船名/航次 (VESSEL/VOYAGE No.)	集装箱号 (CONTAINER No.)	尺寸/类型 (SIZE/TYPE)	营运人 (CNTR OPTR)
提单号(B/L No.) ／ 铅封号(SEAL No.)	免责期限 (FREE TIME PERIOD)	运载工具牌号 (TRUCK.WAGEON.BARGE No.)	
出场目的/状态 (PPS OF GATE-OUT/STATUS)	进场目的/状态 (PPS OF GATE-INTATUS)	进场日期 (TIME-OUT) 月　日　时	

出场检查记录(INSPECTION AT THE TIME OF INTERCHANGE)

普通集装箱 (GP CONTAINER)	冷藏集装箱 (RF CONTAINER)	特种集装箱 (SPECIAL CONTAINER)	发电机 (GEN SET)
☐正常(SOUND) ☐异常(DEFECTIVE)	☐正常(SOUND) ☐异常(DEFECTIVE)	☐正常(SOUND) ☐异常(DEFECTIVE)	☐正常(SOUND) ☐异常(DEFECTIVE)

```
   BR          D           M         DR          DL
  破损         凹损        丢失       污箱        危标
(BROKEN)    (DENT)    (MISSING)   (DIRTY)   (DG LABEL)
```

左侧（LEFT SIDE）　右侧（RIGHT SIDE）　前部（FRONT）　集装箱内部（CONTAINER INSIDE）

顶部（TOP）　底部（FLOOR BASE）　箱门（REAR）

如有异状，请注明程度及尺寸
(REMARK)

这除列明者外，集装箱及集装箱设备交接时完好无损，铅封完整无误。
THE CONTAINER/ASSCCIAFTED EQUIPMENT INTERCHANGED IN SOUND CONDITION AND
SEAL INTACT UNLESS OTHERWISE STATED.

用箱人/运箱人签署　　　　　　　　　　　　码头/堆场值班员签署
(CONTAINER USER/HAULIER'S SIGNATURE)　　(TERMINAL/DEPOT CLERK'S SIGNATURE)

存；第三联由提箱人留存。设备交接单的后面三联是重箱进场之用，印有"进场 IN"字样，也分别为管箱单位联、码头堆场联和用箱人/运箱人联。该三联是在装载货物的集装箱送到港口作业区堆场时交接之用，其中第一、二两联由送货人交付港区，其中第二联留港区，第一联转给船方据以掌握集装箱的去向，送箱人自留第三联作为存根。

集装箱码头堆场的经办人员和用箱人（或运箱人）在交接空箱或重箱时，应对集装箱进行检查，并在设备交接单上做准确的记录，用以分清双方责任。

（1）空箱交接标准。箱体完好、水密、气密、不漏光、清洁、干燥、无味，箱号及装载规范清晰，特种集装箱的机械、电器装置正常。

（2）重箱交接标准。箱体完好、箱号清晰、铅封完整无损，特种集装箱的机械、电器装置运转正常，并符合出口文件记载要求。

4. 集装箱装箱单

集装箱装箱单（Container Load Plan，CLP）是详细记载集装箱内所装货物的名称、数量、尺码、重量，以及标志等内容的单据。装箱单的格式见表7-5。

不论是由发货人自行装箱，还是由集装箱货运站负责拼货装箱，负责装箱的一方都要根据装进集装箱内的货物情况填制装箱单，并且每个载货集装箱都要填制一份装箱单。如果所装货物的种类不同，应该按照从前到后（或从底到门）的装箱顺序填写不同货物的资料。对于特种货物还应加注特定要求，如冷藏货物要注明箱内温度的要求；危险品要列明危险等级，国际危规页码等。

集装箱装箱单是详细记载集装箱内所装货物详细情况的唯一单据，所以，装箱单的内容记载的是否准确，直接影响到集装箱运输的安全。集装箱装箱单的主要作用如下。

（1）它是发货人、集装箱货运站与集装箱堆场之间交接货物的证明。

（2）它是向承运人提供箱内所装货物的明细清单。

（3）它是装货港、卸货港的集装箱装卸作业区编制装船、卸船计划的依据。

（4）它是计算船舶吃水和稳性的数据来源。

（5）是集装箱船舶办理进出口报关时，向海关提交的载货清单的补充资料。

（6）当发生货损货差时，是处理索赔事故的原始依据之一。

装箱单一式五联，其中，码头堆场、承运人、船代各一联，发货人/装箱人两联。整箱货的装箱单由发货人填制，拼箱货的装箱单由作为装箱人的集装箱货运站填制。

装箱单的流转：发货人或集装箱货运站将货物装箱后，填制五联装箱单，连同重箱一起送至集装箱堆场。堆场业务人员在五联单上签收后，留下码头联、承运人联和船代联三联，其中，堆场自留码头联，据以编制装船计划；将承运人联和船代联分送船公司和船舶代理公司，据以编制积载计划和处理货运事故；将发货人/装箱人两联返还给货主或集装箱货运站。

装箱单所记载的事项必须与场站收据及报关单据上的内容相一致，否则会影响到货物的正常运输。例如，出现装货港不一致，港口码头可能不予配装，造成退关；又如，装箱单所记载的货物重量或尺码与报关单上或发票上的不符，船公司依据装箱单上的数据缮制提单、舱单，出口单位结汇时发生单单不一致，不能结汇等。因此，发货人必须如实、准确、全面地填写装箱单。

表 7-5
CONTAINER LOAD PLAN
装箱单

① Terainal's Copy 码头联

SHIPPER'S / PACXER'S DECLARATIONS: We hereby declare that the container has been thoroughly cleaned and cargoes has been properly stuffed and secured.

Port of Loading 装港	Port of Discharge 卸港	Place of Delivery 交货地	Description of Goods 货名	Marks &Numbers 唛头
Bill of Lading No.提单号	Packages& packing 件数与包装	Cross Weight 毛重	Measurements 尺码	

（Front 前） （Door 门）

Received By Drayman 驾驶员签收及车号	Total Packages 总件数	Total Cargo Wt 总货重	Total Meas 总尺码	Remarks: 备注:
Received By Terminals/Date Of Receipt 码头收箱签收和收箱日期		Cont. Tare Wt 集装箱皮重	Cgo /Cont. Total Wt 货/箱总重量	

Reefer Temperature Required.冷藏温度 ℃ F		
Class 等级	IMDG Page 危规页码	LN No. 联合国编号	Flashpoint 闪点

Ship's Name/Voy No.航名/航次

Container No.箱号

Seal No. 封号

Cont. Size 箱型 20' 40' 45'	Cont. Type.箱类 GP=通箱 TK=罐箱 RF=藏箱 PF=贩箱 OT=顶箱 HC=箱 FR=框架箱 HT=挂衣箱

ISO Code For Container Size/ Type
箱型/箱类 ISO 标准代码

Packer's Name / Address
装箱人名称/ 地址
TEL.No.
电话号码

Packing Date
装箱日期

Packed By
装箱人签名

5. 危险品货物托运所需的单证

危险品货物由于具有易爆、易燃、有毒、腐蚀、放射等危害特性，在进出口运输安排上要求较高，难度较大，托运的手续和需要的单证也比一般普通货物复杂烦琐得多。在实际业务中，由于发货人托运时提供的材料、单证错误或不详，货物包装不当，以及船方管理不良、积载、隔离不当造成的海难事故时有发生。因此，发货人或货运代理人在托运时必须小心谨慎，正确提供和填写所需的各类单证，这是保证运输安全的首要条件之一。

办理危险货物的托运时，应注意的事项及需要提供的单证如下所示。

（1）危险货物的托运/订舱必须按各类货物的不同危险特性，分别缮制托运单，办理订舱配船，以便船方了解危险货物的性质，按照《国际海运危规》的要求安排货物的交接、保管、装卸和运输，确保运输安全。特别对于不同性质、互不相容的货物，如果混装，极容易发生化学反应，引起燃烧、爆炸等事故。

（2）托运单的缮制。除普通货物在托运时需要填写的内容（如装货港、目的港、发货人、收货人、通知人、货物的品名、标志、重量、尺码、件数等）以外，危险货物的托运单还需增加下述几项内容：

① 货物名称。必须用准确的化学学名或技术名称，不能使用商品俗名；
② 必须注明"危险货物（DANGEROUS CARGO）"字样，以引起船方的重视；
③ 必须注明危险货物的性质和类别；
④ 必须注明联合国危险品编号；
⑤ 必须注明《国际海运危规》页码；
⑥ 易燃液体必须注明燃点。

另外，在积载时如有其他特殊要求，也必须在托运单上注明，供船舶配载时参考。

（3）托运时应提供中英文对照的"危险货物说明书"或"危险货物技术证明"，一式数份。单据中必须列明品名、别名、分子式、性能、运输注意事项、急救措施、消防方法等内容，供港口装卸、船舶运输时作为参考。

（4）托运时必须同时提交经海事局审核批准的"包装危险货物安全适运申报单（简称：货申报）"，船舶代理人在配船以后凭此申报单再向海事局办理"船舶载运危险货物申报单"（简称：船申报），港务部门必须收到海事局审核批准的船申报后才允许船舶装载危险货物。

（5）托运时应提交"检验检疫局"出具的，按《国际海运危规》要求进行过各项试验，结果合格的"危险货物包装容器使用证书"。该证书需经港务管理局审核盖章后方才有效。港口装卸作业区凭港务局审核盖章后的证书，同意危险货物进港，并核对货物后方可验放装船。海事局也凭该包装证书办理第（4）项内容中的货申报。

（6）集装箱装载危险货物后，还需填制中英文版的"集装箱装运危险货物装箱证明书"一式数份，分送港区、船方、船代和海事局。

（7）危险货物外包装表面必须张贴《国际海运危规》规定的危险品标志或标记，具体标志或标记图案需参阅危规的明细表；成组包装或集装箱装运危险货物时，除箱内货物张贴危险品标志和标记外，在成组包装或集装箱外部四周还需贴上与箱内货物内容相同的危险品标牌和标记。

（8）对出口到美国或需在美国转运的危险货物，托运时应提供英文的"危险货物安全资料卡（简称 MSDS）"一式两份，由船代转交承运人提供给美国港口备案。危险货物安全资料卡上需填写：概况、危害成分、物理特性、起火和爆炸资料、健康危害资料、反应性情况、渗溢过程、特殊保护措施、特殊预防方法等 9 项内容。

（9）罐式集装箱装运散装危险货物时，还必须提供罐式集装箱的检验合格证书。

（10）出运到美国的危险货物或在香港转运的危险货物，还需要增加一份《国际海运危规》推荐使用的"危险货物申报单"。

7.1.3 拼箱货的集拼货运业务

对于尺码或重量达不到整箱要求的小批量货物，可以与其他发货人的、到同一卸货港的货物集中起来，拼配成一个 20 ft 或 40 ft 整箱，这种做法称为货物集拼（Consolidation）。通常由货运代理公司承办集拼业务，称其为 Consolidater。

承办集拼业务的货代必须具有如下条件：

（1）具有集装箱货运站（CFS）装箱设施和装箱能力；

（2）与国外卸货港有拆箱分运能力的航运企业或货代企业建有代理关系；

（3）获得政府部门的批准，有权从事集拼业务，并有权签发自己的货代提单（House B/L）。

从事集拼业务的国际货运代理企业由于可以签发自己的提单（House B/L），所以通常被货方视为承运人（集装箱运输下承运人的概念是指：凡有权签发提单，并对运输负有责任的人）。

因此其特征主要有：

（1）不是国际贸易合同的当事人；

（2）在法律上有权订立运输合同；

（3）本人不拥有、不经营海上运输工具；

（4）因与货主订立运输合同而对货物运输负有责任；

（5）有权签发提单，并受该提单条款约束；

（6）具有双重身份，对货主而言，他是承运人，但对真正运输货物的集装箱班轮公司而言，他又是货物托运人。

集拼业务的操作比较复杂，先要了解各种货物的特性、运输要求，然后进行合理拼配。待拼成一个 20 ft 或 40 ft 集装箱时，可以向船公司或其代理人订舱。

集拼的每票货物各缮制一套托运单联单（或场站收据联单），再缮制一套汇总的托运单联单（或场站收据联单），例如，有五票货物拼成一个整箱，这五票货须分别按其货名、数量、包装、重量、尺码等各自缮制托运单（场站收据）联单，另外，缮制一套总的托运单（场站收据）联单，货名可作成"集拼货物"（Consolidated Cargo），数量、总的件数（Packages）、重量、尺码都是五票货的汇总数，目的港是统一的，提单号也是统一的编号，但五票分单的提单号则在这个统一编号之尾缀以 A、B、C、D、E 以示区分。货物出运后船公司或其代理人按总单签一份海运提单（Ocean B/L），托运人是货代公司，收货人是在卸货港的货代公司。然后，货代公司根据海运提单，按五票货的各场站收据内容签发五份货代提单

（House B/L），House B/L 编号按海运提单号，尾部分别缀以 A、B、C、D、E，其内容则与各单一托运单（场站收据）相一致，分别签发给各托运人用于银行结汇。

另一方面，货代公司须将船公司或其代理人签发给他的海运提单正本连同自己签发的各份 House B/L 副本寄送到卸货港。在船舶抵港后，在卸货港的货代公司向船方提供正本海运提单，提取该集装箱到自己的货运站（CFS）拆箱，通知 House B/L 中列明的各收货人持正本 House B/L 前来提货。

7.2 集装箱进口货运程序及主要单证

7.2.1 集装箱进口货运程序

集装箱的进口货运程序也与杂货班轮运输的进口货运程序大体相同。集装箱的进口货运包括卸货、接运、报关、报验、转运等多项业务，涉及多种运输方式的承运人、港口、海关、检验检疫等管理机构，其主要货运程序如下。

1. 卸船准备

在卸货港的船公司或其代理人在收到装货港的船公司或其代理人寄来的有关单证后，就开始进行一系列的准备工作。

船舶到港前，船公司在卸货港的代理人要联系集装箱码头堆场，为船舶进港、卸货及货物的交接做好准备工作；联系集装箱货运站，为拼箱货的拆箱作业做好准备工作。此外，船公司在卸货港的代理人还要向收货人发出进口货物的提货通知书，通知收货人做好提货准备；在集装箱进入集装箱堆场或货运站，处于可交付状态后，再向收货人发出到货通知。

2. 卸船拆箱后，发放到货通知

卸货港码头堆场根据装货港寄送的相关单证，制订卸船计划。船舶进港靠泊后，进行卸船作业。一般地，集装箱从船上卸下来后，如果是在堆场的整箱交接，则将集装箱安置在码头后方堆场，向收货人发出到货通知；如果是集装箱拼箱货，则需要先将集装箱运送到指定的集装箱货运站，进行拆箱、分票、整理后，再发出到货通知，要求收货人及时来提取货物。

3. 换取提货单

收货人收到到货通知后，凭此通知和正本提单向船公司或其代理人换取提货单。船公司或其代理人将各单据进行核查，审核无误后，收回到货通知和正本提单，签发提货单给收货人。如果是运费到付的方式，换单前还要付清运费。

实际业务中，由于种种原因（如提单流转慢），货已到港，但收货人还未得到提单，急于提取货物的收货人往往出具保证书来换取提货单，等提单收到后再注销保证。

4. 报关、报验

根据国家有关法律、法规的规定，进口货物必须经办理验放手续后，收货人才能提取货物。因此，收货人在换取了提货单后，还必须凭提货单和其他报关单证，及时地办理有关报关、报验手续。

5. 交付货物

经海关验收，并在提货单上加盖海关放行章后，收货人就可以在指定的地点凭收货单提取货物，完成货物的交付。整箱货的交付是在集装箱堆场进行的；拼箱货的交付是在集装箱货运站完成的。堆场或货运站凭海关放行的提货单，与收货人结清有关费用（如果在货运过程中产生了相关费用，如滞期费、保管费、再次搬运费等）后交付货物。

在交付整箱货或拼箱货时，集装箱堆场或集装箱货运站的经办人员还必须会同货主或货主的代理人检查集装箱或货物的外表状况，填制集装箱设备交接单（出场），双方在记载了货物状况的交货记录上签字，作为交接证明，各持一份。

7.2.2 集装箱进口货运中的主要单证

在集装箱进口货运中，有些单证与杂货班轮运输中使用的单证在名称、作用等方面均相同，如进口载货清单、进口载货运费清单、提货单等，只是在单证的内容方面有一些差异；而有些单证是集装箱运输所特有的，如待提集装箱报告等。

1. 提货通知书

提货通知书（Delivery Notice）是在卸货港的船公司或其代理人向收货人或通知人发出的船舶预计到港时间的通知。它是根据船舶的动态，以及装货港的船公司或其代理人寄来的单据资料而编制的。

卸货港的船公司或其代理人向收货人或通知人发出提货通知的目的在于要求收货人事先做好提货准备，以便集装箱货物到港后能尽快疏运出港，避免在港口堆场的长期存放，使集装箱堆场能更充分地发挥中转、换装的作用。

提货通知是船公司为使货运程序能更顺利地完成而发出的单证，对于这个通知是否发出、发出是否及时，以及收货人是否收到这个通知，承运人并不承担责任。

2. 到货通知书

到货通知书（Arrival Notice）是船公司在卸货港的代理人在集装箱已经卸入堆场，或拼箱货已移至集装箱货运站，并做好交接准备后，向收货人或通知人发出的要求其及时提取货物的书面通知。收货人可凭到货通知书和正本提单到船公司在卸货港的代理人处换取提货单。

3. 提货单

提货单（Delivery Order，D/O）是收货人或其代理人据以向集装箱堆场或集装箱货运站提取货物的凭证。

虽然收货人或货运代理人提取货物是以正本提单为交换条件的，但在实际业务中，通常是收货人或货代先凭正本提单向卸货港的船公司或其代理人换取提货单，再持提货单到集装箱堆场或集装箱货运站提取货物。提货单的格式内容见表7-6。

表 7-6　进口集装箱货物提运单
DELIVERY ORDER

港区场站　　　　　　　　　　　　　　　　　　　　换单日期

收货人名称			收货人开户银行与账户		
船名	航次	起运港	目的港	船舶到港时间	
提单号	交付条款	卸货地点	进库港日期	第一程运输	
标记与集装箱号	货名		集装箱数或件数	重量/KGS	体积/M³

REF No.: PSH/QF—116
ISSUE No. 1
ISSUE DATE：

船代公司重要提示： (1) 本提货单中有关船、货内容按照提单的相关显示填制； (2) 请当场检查本提货单内容错误之处，否则本公司不承担由此产生的责任与损失（Error and Omission Excepted）； (3) 本提货单仅为向承运人或承运人委托的雇佣人或替承运人保管货物订立合同的人提货的凭证，不得买卖转让（Non-negotiable）； (4) 在本提货单下，承运人代理人及雇佣人的任何行为，均应被视为代表承运人的行为，均应享受承运人享有的免责、责任限制和其他任何抗辩理由（Himalaya Clause）； (5) 本提货单所列的船舶预计到港时间，不作为申报进境和计算滞报金、滞箱费、疏港费等起算的依据，货主不及时换单或提货造成的损失，责任自负； (6) 本提货单中的中文译文仅供参考。 　　　　　　　中国上海外轮代理有限公司 　　　　　　　　　（盖章有效） 　　　　　　　　年　　月　　日	收货人章 1	海关章 2
	检验检疫章 3	4
(7) 注意事项。 (8) 本提货单需盖有船代放货章和海关放行章后方始有效。凡属法定检验、检疫的进口商品，必须向检验检疫机构申报。 (9) 提货人到码头公司办理提货手续时，应出示单位证明或经办人身份证明。提货人若非本提货单记名收货人时，还应出示提货单记名收货人开具的证明，以表明其为有权提货的人。 (10) 货物超过港存期，码头公司可以按《上海港口货物疏运管理条件》的有关规定处理，在规定期间无人提取的货物，按《海关法》和国家有关规定处理。	5	6

提货单为一式五联：①到货通知书；②提货单；③费用账单（蓝色）；④费用账单（红色）；⑤交货记录。

提货单联单的流转程序如下。

（1）在货物已经卸船、具备交付条件后，卸货港的船公司或其代理人向收货人或通知人发出到货通知书。

（2）收货人或其代理人凭收到的到货通知书和正本提单，向卸货港的船公司或其代理人换取提货单、费用账单①、费用账单②和交货记录等四联。

（3）收货人或其代理人持提货单联单及相关报关单证办理报关手续。海关验放后，在提货单上盖海关放行章。若需要商检等其他手续，也应得到相关机构的认可放行。

（4）收货人或其代理人凭已盖章放行的提货单联单向集装箱堆场或集装箱货运站办理提货手续，集装箱堆场或集装箱货运站核对相应单证无误后，将提货单和费用账单①、②等三联留下，作为放货、结算费用的依据。在交货记录联上盖章，以示同意放货。

（5）收货人或其代理人凭已盖章的交货记录到指定的集装箱堆场或集装箱货运站提取货物。提货完毕后，双方均在交货记录上签字，集装箱堆场或货运站收回交货记录联。

7.3 集装箱进出口货运业务

7.3.1 集装箱船公司进出口货运业务

集装箱船公司在国际集装箱进出口货运业务中起着主导作用，是集装箱运输能否顺利进行的关键。为此，在集装箱货物进出口货运中，集装箱船公司一般应做好下列各项运输业务工作。

1. 集装箱船公司出口货运业务

1）掌握待运货源情况

集装箱船公司一般根据自己对船舶挂靠港货源预测，与各种无船承运人型的集装箱运输经营人签订的长期协议及订舱情况来掌握各港的货源情况。

各类无船承运人型的集装箱运输经营人都掌握一定数量的货源，在自己不具备运输船舶的情况下，要保证货物顺利运输，一般都与集装箱船公司订立各种类型的较为长期的协议，其基本内容是保证为集装箱船公司的各航班（或某些航班）提供一定数量的集装箱货物，而集装箱船公司则接受订舱和给予某些优惠（包括运价、回扣等），这种协议对无船承运人来讲有了稳定的运输工具和优惠条件，集装箱船公司则有了稳定的货源。这对于集装箱船公司掌握货源情况是十分有利的。

此外，集装箱船公司还可通过货主暂定订舱或确定订舱进程掌握待运的货源情况，并据以部署空箱的调配计划。所谓暂定订舱是在船舶到港前 30 d 左右提出，由于掌握货源的时间较早，所以对这些货物能否装载到预定的船上，以及这些货物最终托运的数量是否准确，都难以确定；所谓确定订舱通常在船舶到港前 7~10 d 提出，一般都能确定具体的船名、装船日期。

2）调配集装箱

集装箱运输中使用的集装箱，除少数是货主自有外，大多数是由集装箱船公司提供的。为了有效利用船舶运力，集装箱船公司应配备一定数量、种类和规格的集装箱。为了便于货主使用和最大限度地提高箱子的利用率，各集装箱船公司必须在船舶挂靠的港口及其腹地内陆地区进行适当的部署和调配。集装箱的部署与调配一般根据货源情况、订舱情况和经济原则等进行。

3）接受托运

发货人提出订舱申请后，集装箱船公司根据货物运输要求、船舶能力及集装箱配备情况等决定是否接受托运申请。如果同意接受，则在订舱单或场站收据上签章。集装箱船公司在接受货物托运时除应了解货物的详细情况（名称、数量、包装、特殊货物详情等）、装卸港、交接地点和运输要求等外，还应了解是否需要借用空箱及所需箱子的规格、种类和数量，并由双方商定领取空箱的时间和地点、具体装箱地点、交接货物的时间和地点及由谁来负责内陆运输等事项。

集装箱船公司或船代接受托运后，如发货人带借用空箱，船公司或船代应按时签发提箱单并通知集装箱堆场向发货人或其代表发放空箱（对发货人自装的整箱货）或通知有关集装箱货运站到堆场提箱。

4）接收货物

集装箱船公司应根据场站收据上确定的交接方式接收货物，接收货物的地点一般是集装箱码头或内陆堆场（CY）、集装箱货运站（CFS）或货主的工厂和仓库（DOOR）。在 CY 接收整箱货一般由船公司委托堆场接收；在 CFS 接收拼箱货一般由集装箱货运站作为船公司的代理人接货；在 DOOR 接收货物一般由船公司或其代表（委托的代理人或陆运承运人）接货，并由船公司安排接货地至码头堆场的内陆运输。船公司的代表或委托的接货代理人接收货物后，起运港船公司或船代应及时签发提单。

5）协助装船

通过各种方式接收的货物，到达集装箱码头堆场，按堆场计划堆放后，由集装箱码头堆场负责装船的一切工作，船公司或船代应随时与集装箱码头装卸部门协调联系。

6）制送有关单证

为使目的港编制卸船计划和安排内陆运输、转运等工作，在集装箱货物装船离港后，集装箱船公司或代理应立即制作有关装船单证并尽快通过各种可能的方式（邮寄、电传或 EDI 网）将其送至各卸船港。一般由装船港船代制作、寄送的单据主要有：提单或场站收据副本、集装箱号码单、箱位积载图、货物舱单、集装箱装箱单、装船货物残损报告、特殊货物表等。

2. 集装箱船公司进口货运业务

1) 接受各装船港寄送的单据，做好卸船准备

为了有效地缩短船舶在港时间，提高运输效率，保证集装箱货物及时交付或继续运输，集装箱船公司在集装箱货物进口中首先应做好以下卸船的准备工作。

（1）从装船港代理处取得装船单证，并把有关单证送交集装箱码头业务部门。

（2）根据上述单证制订船舶预计到港计划，并协助集装箱码头制订完整的卸船计划。

（3）根据货物舱单、集装箱号码单、提单副本、特殊货物表等向海关及有关方面办理进口卸货申请、集装箱暂时进口、保税运输、危险品申报等手续。

2) 制作和寄送有关单证

接到有关单证后，集装箱船公司或代理应尽快制作和寄送下述单证。

（1）船舶预计到港通知书。该单证是向提单副本记载的收货人或通知人寄送的说明货物情况和运载这些货物的船舶预计到港日期的单据，以使收货人在船舶抵港前做好提货准备。

（2）到货通知书（交货记录第 1 联）。到货通知书是在船舶抵港时间、卸船计划和时间确定后，船公司或代理通知收货人具体交付货物时间的单据。一般先用电话通知，然后寄送书面通知。

3) 协助卸船

集装箱货物卸船一般由码头堆场按卸船计划进行。卸下的集装箱按堆存计划堆放或转到集装箱货运站，船公司或船代应随时与集装箱码头装卸部门协调联系。

4) 签发提货单（交货记录第 2 联）

集装箱船公司或代理根据收货人出具的交货通知、正本提单，并在结清到付运费和其他费用后，签发提货单。

在签发提货单时，首先要核对正本提单签发人的签署、签发的年月日、背书的连贯性，判断提单持有人是否合法，然后再签发提货单。提货单应具有提单所记载的内容，如船名、交货地点、集装箱号码、铅封号、货物名称、收货人名称等交货所必须具备的内容，在到付运费和其他有关费用未付清的情况下，原则上应收讫后再签发提货单。在正本提单尚未到达，而收货人要求提货时，可采用与银行共同向船公司出具担保书（即保函 Letter of Guarantee）的办法，担保书应保证：

（1）正本提单一到，收货人即将正本提单交船公司或其代理人；

（2）在没有正本提单下发生的提货，对船公司因此而遭受的任何损失，收货人应负一切责任。

此外，如收货人要求更改提单上原指定的交货地点，船公司或其代理人应收回全部的正本提单后，才能签发提货单。

7.3.2 集装箱码头堆场进出口货运业务

在集装箱运输中,码头堆场的主要业务是办理集装箱(空箱)和集装箱货物(重箱)的装卸、转运、收发、交接、保管、堆存、掏箱、搬运等工作,并办理集装箱的修理、清洗、蒸熏和衡量等工作。

1. 码头堆场出口货运业务

1) 发放空箱

集装箱运输中使用的集装箱,除极少数是货主自有外,绝大多数是属于船公司或集装箱租赁公司所有的。船公司或集装箱租赁公司不可能在世界各地都设有堆场来堆存、管理这些集装箱。因此,它们的集装箱一般都通过委托关系存放在各码头和内陆场站的堆场上,这些堆场则作为集装箱代理人对存放的箱子行使管理权。

在发货人自装箱情况下,码头或内陆堆场凭集装箱所有人签发的提箱单向发货人或其代表发放空箱,并办理设备交接单手续。对于需在集装箱货运站装箱的货物使用的空箱,堆场根据承运人的指示将空箱发给集装箱货运站,并办理设备交接单手续。

2) 制订堆场作业计划、船舶积载图与装船计划

为了尽量缩短集装箱船舶在港停留时间,码头堆场应在船舶受载前根据订舱单、卸港先后顺序及船舶配载要求制订船舶的积载图和装船计划。

为了经济合理地使用码头堆场并保证装船计划的顺利实施,码头堆场在接收货物之前要制订堆场作业计划,即根据码头装、卸船舶情况对集装箱在堆场内装卸、搬运、储存、保管等作出全面安排。

3) 接收重箱

发货人或集装箱货运站将已装箱的集装箱货物运至码头堆场时,堆场大门要对其核对订舱单、场站收据、装箱单、出口许可证、设备交接单等单据;检查集装箱数量、号码、铅封号等是否与场站收据一致,箱子外表状态与铅封是否有异常等;然后堆场业务人员将代表运输经营人接收货物,并在场站收据上签章退还给发货人。如发现异常情况,应在场站收据上说明或与有关方面联系是否接收。

4) 组织装船

集装箱货物出口装船一般是由码头堆场装卸部门组织实施的。在装船过程中,堆场装卸部门的主要业务工作如下。

(1) 在开装前(一般是 24 h,最后一批不迟于 4 h 前)将场站收据大副联和理货联送交理货公司。

(2) 根据船公司的船期提供合适的泊位,并及时做好装卸船的全部准备工作。

(3) 按装船计划组织装船,装船过程中,理货员应在船边理货。

(4) 通过理货人员与船方办理货物交接。

（5）制作装船清单及积载图，并连同接收货物时货主提供的其他单证一并送船代。

5）对特殊集装箱的处理

对堆存在场内的冷藏集装箱应及时接通电源，每天还应定时检查冷藏集装箱的冷冻机的工作情况是否正常，箱内温度是否保持在要求限度内，在装卸和出入场时，应及时解除电源。

对于危险集装箱，应根据可暂时存放和不能暂时存放两种情况分别处理。能暂时存放的箱子应堆放在有保护设施的场所，而且，堆放的箱子数量不能超过许可的限度。对于不能暂时存放的箱子应在装船预定时间进场后即装上船舶。

2. 码头堆场进口货运业务

1）做好卸船准备工作

码头堆场应根据船公司提供的船期在船舶抵港前做好全部卸船准备工作，包括：① 接受船代交送的有关单证；② 根据单证安排卸货准备，并制订卸船计划、堆场作业计划及交货计划。

2）组织卸船与堆放

堆场根据卸船计划组织完成集装箱卸船工作，并将卸下的集装箱按堆场作业计划从码头前沿运往堆场堆放。

3）交付重箱

对已卸船的集装箱货物由码头堆场负责办理货物交接工作。交货的对象主要有收货人（CY 条款）、集装箱货运站（CFS 条款）或内陆承运人（内陆 CY、CFS、DOOR 条款）三类。在向不同对象交货时堆场应办理的业务如下。

（1）交给收货人。收货人或其代理人到堆场提货时，应出具船公司或船代签发并由海关放行的提货单。经核对无误后，堆场将集装箱交收货人。交货时堆场与收货人双方在交货记录上签字交接，如交接的货物有问题或运输途中有批注，应把问题及批注记入交货记录。

（2）交给集装箱货运站。这种情况一般是拼箱货。由集装箱货运站到堆场提取集装箱运到货运站拆箱后交给收货人。如果码头堆场和货运站是各自独立的机构，交接时应制作交接记录，否则可由双方在装箱单上签字作为交接的依据。

（3）交给内陆承运人。这种情况一般是集装箱货物要继续运往内陆地区的最终交货地点（内陆场站或收货人的工厂、仓库）。如果海上承运人的责任在码头堆场终止，堆场与内陆承运人以交货记录进行交接；如海上承运人承担全程运输责任，内陆承运人是海上承运人的分包承运人时，码头堆场取得船公司的指示后，只需与内陆承运人办理内部交接手续即可，待运至最终交货地后再办理交货记录。

交货时，堆场应与收货人办理设备交接单（OUT）手续。

4）收取有关费用

堆场交货时应核对所交货物是否发生保管费、再次搬运费、集装箱超过免费使用期的滞期费或其他费用。如有，则应向收货人收取这些费用后交付货物。

5）制作交货报告与未交货报告

在交货工作结束后，码头堆场应根据实际交货情况制作交货报告送交船公司或代理。收货人未能提货，应制作未交货报告送交船公司或代理。

6）回收空箱

收货人在堆场提货时一般连同货箱一起提取。提货后收货人应尽可能在免费用箱期内拆箱、卸货，并将空箱运回码头堆场。堆场应负责集装箱回收工作，并办理设备交接单手续。如发生滞期费，则回收时应加收这些费用。

7.3.3 集装箱货运站进出口货运业务

集装箱货运站是集装箱运输系统的重要组成部分，在集装箱货物的集疏运过程中发挥着重要作用。

1. 集装箱货运站出口货运业务

1）做好接收货前的准备工作

根据船舶代理提供的订舱清单，计划所需空箱规格、种类和数量，码头货运站将上述信息通知船公司或其代理人，并和发货人联系堆场，提取空箱。

2）制订装箱作业计划

码头货运站应编制装箱作业计划，安排作业场地。联系发货人，使其按计划依次发货集港。

3）办理并接受托运人的出口拼箱货物交接

对照订舱单，清点货物件数，检查货物包装外表状况；如果有异状，则在场站收据相应栏中加以批注。遇有批注，则必须与船方联系，由船方决定是否接受装箱；同时还应再查核出口许可证；全部核查无误后，即签发场站收据，交还给发货人。

4）拼箱货装箱

应根据货物的积载因数和集装箱的箱容系数，尽可能充分利用集装箱的容积，并确保箱内货物的安全无损。装箱时由货运站、外轮理货、发货人、海关共同监装，外轮理货编制理货单证。

5）制作装箱单

货运站在进行货物装箱时，应制作集装箱装箱单。装箱单的主要内容包括：船公司、船名、航次、装箱时间、装箱港、目的港、场站收据编号及备注等，制单应准确无误。

6）将拼装的集装箱运至码头堆场

货运站在装箱完毕后，在海关监管下，对集装箱加海关封志，并签发场站收据。同时，应尽快联系码头堆场,将拼装的集装箱运至码头堆场,货运站与码头堆场办理内部交接手续。

2. 集装箱货运站进口货运业务

1) 做好交货前的准备工作

集装箱货运站在船舶到港前几天,从船公司或其代理人处取到以下单证:

(1) 提单副本或场站收据副本;
(2) 货物舱单;
(3) 集装箱装箱单;
(4) 装船货物残损报告;
(5) 特殊货物表。

货运站根据以上单据做好拆箱交货准备工作。

2) 发出交货通知

货运站根据船舶进港时间及卸船计划等情况,联系码头堆场决定提取拼箱集装箱的时间,制订拆箱交货计划,并对收货人发出交货日期的通知。

3) 从码头堆场领取重箱

货运站经与码头堆场联系办妥后,即可从码头堆场领取重箱,双方应在集装箱装箱单上签字,对出堆场的集装箱应办理设备交接手续。

4) 拆箱交货

货运站从堆场取回重箱后,即开始拆箱作业;拆箱后,应将空箱退回码头堆场。

收货人前来提货时,货运站应要求收货人出具船公司签发的提货单,经单货核对无误后,即可交货,双方应在交货记录上签字。如发现货物有异常,则应将这种情况记入交货记录的备注栏内。

5) 收取有关费用

集装箱货运站在交付货物时,应检查保管费及有无再次搬运费,如已发生有关费用,则应收取费用后再交付货物。

6) 制作交货报告或拆箱单

货运站根据拆箱作业理货计数单,编制交货报告或拆箱单,分送船舶代理和码头业务主管部门,以便船公司据此处理有关事宜。交货报告或拆箱单内容包括船公司、船舶航次、箱号、提单号、拆箱日期等。

7.3.4 集装箱货方进出口货运业务

集装箱运输下,货方(发货人、收货人)的进出口货运业务与普通船运输中货方应办理的事项没有什么特别大的变动。当然,也出现了集装箱运输所要求的一些特殊事项,如货物的包装应适合集装箱运输，保证货物所需要的空箱，在整箱货运输的情况下负责货物装箱等。

1. 发货人出口货运业务

1) 签订贸易合同

发货人（出口方）与进口方签订贸易合同后才会产生货物运输的需要。在签订合同时除应注意一般合同中货物的品质、包装、价格条款、装运时间和地点、交付方式等外，如系集装箱货运，则还应在有关运输条款中注明：必须允许装箱运输；接受舱面运输条款；应列明交货地点、交接方式；在对卸船港至目的地运输费用不了解时，可采用卸港到岸价交货条款，但交货地点仍可为内陆地点，从卸船港至目的地的一切费用由收货人支付；应尽量争取不订入已装船提单结汇条款，以利于提早结汇等。

2) 准备适箱货物

发货人应在贸易合同规定的装运期限前备好全部出口货物。

3) 订舱和提取空箱

发货人按贸易合同规定的装运期向承运人提出订舱申请，在承运人接受后制作场站收据。如果货物是由发货人自行装箱的整箱货，发货人应凭承运人（或船代）签发的提箱单到指定堆场提取空箱并办理设备交接单手续。

4) 报关报检

发货人凭场站收据、出口许可证、商品检验证书等单证向海关、检验部门申报，海关、检验部门同意放行后在场站收据上加盖放行章。

5) 货物装箱交运

对发货人自行装箱的整箱货，发货人负责货物装箱、制作装箱单，并在海关加封后凭场站收据、装箱单、设备交接单、出口许可证、衡量单、特种货物清单等单证将重箱送至集装箱码头或内陆堆场交运，取得堆场签署的场站收据正本。对于拼箱货，发货人应凭场站收据、出口许可证、特种货物清单等单证将货物运至指定的集装箱货运站交运，并取得货运站签署的场站收据正本。

6) 办理保险

出口货物若以 CIF 或 CIP 或类似的价格条件成交，发货人应负责办理投保手续并支付保险费用。

7) 支付运费和换单结汇

在预付运费情况下，发货人应在支付全部运费后凭场站签署的场站收据（正本）向承运人或其代理换取提单；如果运费是到付的，则可凭已签署的场站收据直接换取提单。取得提单正本后，附上贸易合同及信用证上规定的必要单据，即可与银行结汇。

8)向收货人发出装船通知

在以 FOB、CFR、FCA 和 CPT 等价格条件成交时,发货人在货物装船后有向收货人发出装船通知的义务,以便收货人能及时对货物投保。

2. 收货人进口货运业务

1)签订贸易合同

收货人作为买方首先必须同国外的卖方(发货人)签订贸易合同。

2)申请开证

收货人与出口方签订贸易合同后,应即向开证银行申请开证(信用证)。开证时应注意运输条款中必须注明允许集装箱装运和是否必须签发已装船提单等内容。对于进口方,应争取列入已装船提单结汇条款,以减少风险。

3)租船订舱

对以 FOB、FCA 等价格条件成交的货物,收货人有租船订舱的责任。订舱后收货人有义务将船名、装船期等通知发货人。

4)办理保险

对以 FOB、CFR、FCA、CPT 等价格条件成交的货物,收货人(进口方)有责任投保和支付保险费用。

5)付款取单

在开证行收到起运地银行寄来的全套运输单据后,收货人必须向开证行支付货款(或开信托收据)才能领取全套单证(提单正本等)。

6)换取提货单

收货人凭正本提单及到货通知书向承运人或其代理换取提货单,并付清应付的全部费用。

7)报关报检

收货人凭交货记录、装箱单和其他报关报检所必需的商务和运输单证向海关及有关机构办理报关、报检和纳税手续。

8)提货及还箱

海关放行后,收货人凭提货单到堆场(整箱货)或集装箱货运站(拼箱货)提取货物并由双方签署交货记录。整箱货物连箱提取,应办设备交接单手续。收货人提箱后,应尽可能在免费用箱期内拆箱、卸货,并把空箱运回规定地点还箱。

9)货损索赔

收货人在提货时发现货物与提单(装箱单)不符时,应分清责任,及时向有关责任方(发货人、承运人、保险公司等)提出索赔,并提供有效单据和证明。

复习思考题

一、名词解释
订舱　场站收据　货物集拼　提货单

二、填空题
1. 在整箱货运输时，空箱由发货人到指定的_____领取；拼箱货运输时，则由_____负责领取空箱。在领取空箱时，必须提交_____。

2. 发货人自行负责装箱的整箱货，通过内陆运输运至集装箱码头堆场。码头堆场对重箱进行检验后，与货方共同在_____上签字确认，并根据订舱清单，核对_____和_____，接收货物。

3. 船舶到港前，船公司在卸货港的代理人要联系_____，为船舶进港、卸货以及货物的交接做好准备工作；联系_____，为拼箱货的拆箱作业做好准备工作。

4. 收货人收到到货通知后，凭此通知和正本提单向船公司或其代理人换取_____。

5. 集装箱船公司应根据场站收据上确定的交接方式接收货物，接收货物的地点一般是_____、_____和_____。

三、单项选择题
1. 集装箱船公司或代理根据收货人出具的交货通知、正本提单，并在结清到付运费和其他费用后，签发（　　）。
   A. 提货单　　B. 到货通知　　C. 提货通知

2. 在发货人自装箱情况下，码头或内陆堆场凭集装箱所有人签发的（　　）向发货人或其代表发放空箱，并办理设备交接单手续。
   A. 提单　　B. 设备交接单　　C. 提箱单

3. 集装箱货物出口装船一般是由（　　）组织实施的。
   A. 码头堆场　　B. 货运站　　C. 内陆货运站　　D. 码头堆场装卸部门

4. 对已卸船的集装箱货物由（　　）负责办理货物交接工作。
   A. 码头堆场　　B. 货运站　　C. 内陆货运站

5. （　　）在装箱完毕后，在海关监管下，对集装箱加海关封志，并签发场站收据。
   A. 码头堆场　　B. 货运站　　C. 内陆货运站

四、判断题（正确的为T，错误的为F）
1. 货运站从堆场取回重箱后，即开始拆箱作业；拆箱后，应将空箱退回码头堆场。（　　）

2. 发货人应在贸易合同规定的装运期限前备好全部出口货物。（　　）

3. 对于拼箱货，发货人应凭场站收据、出口许可证、特种货物清单等单证将货物运至指

定的集装箱货运站交运,并取得货运站签署的场站收据正本。( )

4. 收货人凭正本提单及到货通知书向承运人或其代理换取提货单,并付清应付的全部费用。( )

5. 通常,集装箱是由船公司免费提供给货主或集装箱货运站使用的,货主自备箱的比例较小。( )

五、简答论述

1. 简述集装箱运输的出口货运程序。
2. 简述集装箱装箱单的主要作用。
3. 简述拼箱货的集拼货运业务。
4. 简述集装箱进口货运程序。
5. 简述集装箱码头堆场进出口货运业务。

部分习题参考答案

二、填空题

1. 集装箱码头堆场　集装箱货运站　集装箱发放通知书
2. 设备交接单　场站收据　装箱单
3. 集装箱码头堆场　集装箱货运站
4. 提货单
5. 集装箱码头或内陆堆场(CY)　集装箱货运站(CFS)或货主的工厂　仓库(Door)

三、单项选择题

1. A　2. C　3. D　4. A　5. B

四、判断题

1. T　2. T　3. T　4. T　5. T

案 例 分 析

进出口公司诉运输公司提单签发、货物交付纠纷

2000年8月22日,原告山东省临朐县进出口公司与韩国公司HANYOON CO. LTD签订了一份来料加工合同,由原告为其加工一批服装,加工费(工缴费)总额为64647.40美元,产品出口价值为201698.83美元。原料装运港和目的港分别为韩国仁川或釜山港至青岛港,产品装运港和目的港分别为青岛港至仁川或釜山港;产品装运期最晚为2000年10月,工缴费支付方式为T/T(装运后3天)。

2000年9月27日，原告向被告先进海运航空株式会社订舱，并出具了委托书，要求被告为其运输一个20 ft集装箱至韩国釜山。委托书注明：托运人为"山东省临朐县进出口公司"，收货人为"HANYOON CO. LTD"，通知方为："收货人（SAME AS CONSIGNEE）"，货物名称为"夹克衫、汗衫和裤子"，件数为213箱；运费到付。

被告接受委托后，于2000年10月2日将货物装上船，当时原告未索要正本提单。10月6日货到目的港釜山港并将货物交付收货人HANYOON CO. LTD。2000年10月8日，原告业务员向被告落实货物上船情况，并索要提单。被告未予书面答复。因未收到韩国收货人的加工费，原告于2000年10月11日书面要求被告退运，被告通知原告该票货物已按惯例放给了指定的收货人，至于有关费用，应由原告与收货人协商解决。应原告业务人员的要求，被告方业务人员于2000年10月13日将加有"FAX RELEASE"（电放）的提单副本传真给原告。

原告向青岛海事法院起诉称，原告与韩国HANYOON CO. LTD株式会社签订了来料加工合同后，向被告托运了两集装箱来料加工出口的货物。托运后，虽经原告多次催要，被告一直拒签正本提单。后被告在没有正本提单的情况下，将货物交付出去，致使原告的加工费无法收回。因此，原告诉请被告赔偿原告来料加工费10478.90美元及利息。

被告辩称，原告托运的是一个集装箱而非两个；货物托运后，原告从未向被告索要过正本提单；被告在本案中不存在任何过错，对其损失不承担责任；该批货物的运输合同主体是我方和韩国HANYOON公司。托运人为韩国的HANYOON公司。我方完成运输后，将货物交给托运人或原告指定的收货人，显然没有任何过错。要求驳回原告的诉讼请求。

思考题：法院应如何判决？

案例分析参考答案

【审判】

青岛海事法院经审理认为，被告未提供证据证明被告与韩国HAN YOON公司存在运输合同，即使存在这样的运输关系也不影响原、被告之间存在运输合同关系。在国际海上货物运输中，一票货物存在两个运输合同关系是完全正常的。关键是原、被告之间是否存在运输合同关系。从本案的事实来看，原告于2000年9月27日将订舱委托书传真给被告，并在委托书注明了托运人、收货人、装卸港、目的港，并注明了货物的数量和装船日期，已构成了要约。被告于2000年9月28日在"入货通知"中书面通知了原告该批货物的提单号码、承运船舶的船名、预计装港日期和抵目的港日期，并通知原告入货。实际上，该批货物也已由被告承运。由此可见，被告已经接受了原告的要约。依照我国《合同法》第二十五条、第二十六条的规定，承诺通知到达要约人时生效，承诺生效时合同成立。因此，原、被告双方存在运输合同关系。被告以存在另一个合同为由，主张原、被告之间不存在运输合同，其理由不能成立。

在本案中，原告在委托被告运输货物的委托书中，明确记载货物的收货人为韩国"HAN YOON CO. LTD"，在货物装船之后卸货之前，原告未要求被告签发提单，被告将货物运到目的港后，将货物交给委托书指定的收货人，已履行了双方运输合同约定的义务。海上运输合同履行完毕后，原告无权要求承运人补签提单。

尽管我国《海商法》对托运人要求签发提单的期限没有规定，但从公平合理、保护承运人的正当利益及提单由船长签发的历史来看，托运人要求签发提单应当在货物装船之后、船舶离港之前提出。托运人在船舶离港之后提出的，承运人或其代理人也可以签发，但有合理理由的，承运人或其代理人有权拒绝签发。由于托运人未及时要求签发提单而遭受损失的，应由托运人自己承担。

综上所述，本案被告已经按照原告委托书约定的条件将货物交给了指定的收货人，履行了其应尽的义务。原告未在合理的时间内要求被告签发提单，被告有权拒绝签发，由此造成原告的损失，原告应自行承担。据此青岛海事法院于2001年6月22日判决如下：

驳回原告山东省临朐县进出口公司的诉讼请求。

判决后，当事双方均未上诉。

【评析】

本案中，原告因未及时要求承运人签发提单，导致其失去对货物的控制而无法收回来料加工费，被告则认为其与原告之间不存在运输合同关系，且原告未要求签发提单，因此不应对原告的损失负责。这里提出了两个有意思的问题：一是原、被告之间海上货物运输合同是否成立？二是承运人签发提单义务合理期限如何确定？

在本案原、被告双方之间既无书面合同，又无提单作为合同证明的情况下，要判断原、被告双方之间是否存在（成立）海上货物运输合同关系，首先要看我国《海商法》对海上货物运输合同订立有无形式上的要求。根据《海商法》第四十三条的精神，海上货物运输合同，除航次租船合同应当书面订立外，对其他的海上货物运输合同的订立尚无强制性规定，因此，应解释为这些合同为不要式合同。就本案涉及的合同而言，其显然不属于航次租船合同，在订立形式上，固然不以书面形式为必要。既然《海商法》对海上货物运输合同的订立没有强制性规范，那么在根据事实确认当事人之间是否有海上货物运输合同成立时，应当依据《合同法》关于合同订立、合同成立的制度。《合同法》规定当事人订立合同采取要约、承诺方式、承诺生效时合同成立。在本案中，法院认为原告传真给被告的订舱委托书，内容具体确定，有明确的缔约意思表示，是有约束力的要约，而被告给原告的"入货通知"是同意要约的意思表示，构成承诺，加之被告已经实际上承运了要约所列货物，足以认定原、被告之间以要约承诺方式订立了海上货物运输合同，该合同在承诺生效时成立，并且已经得到了履行。由本案事实来看，在既不存在书面海上货物运输合同，又没有提单等证据证明合同存在的情形下，依据《合同法》关于合同订立、成立相关制度精神，仍可以确认当事人之间是否存在海上货物运输合同，这是运用《合同法》的基本制度补充《海商法》规定空白，灵活适用法律的范例，体现了《合同法》作为普通法对《海商法》这一特别法的补充作用。

本案解决的第二个问题是以第一个问题的解决为前提的。只有当事人双方之间存在海上货物运输合同关系，才能谈到托运人与承运人之间权利义务关系。在认定原、被告之间成立海上货物运输合同关系后，针对原告称因作为承运人的被告拒绝签发提单导致其经济损失的主张，确定承运人签发提单义务的合理期限成为决定承运人应否承担赔偿责任的关键。就承运人签发提单的法定义务，从原则上讲，应当说在合同履行期间内，承运人应托运人要求，有义务签发提单。我国《海商法》第七十条规定，"货物由承运人接收或者装船后，应托运人的要求，承运人应当签发提单。"从该条规定来看，首先，承运人签发提单的义务是以托运人有此要求为前提。如果托运人无此要求，承运人可以不签发提单。其次，在合同履行过程中，应推定托运人有权要求承运人签发提单。但我国《海商法》对托运人要求签发提单的明确期限没有限制。在这种情况下，应当根据合同双方之间权利义务关系的平衡及海运惯例来确定承运人有无义务签发提单。在货物装船后，船舶离港前，根据海运惯例，应托运人的要求，承运人有义务签发提单；在船舶离港后，到达目的港之前，应视具体情况来认定承运人有无义务签发提单。在不影响船期、对承运人合同义务履行不造成重大妨碍的情况下，承运人可以应要求签发提单，但若根据实际情况，承运人认为签发提单会严重影响其利益（如船即将到达目的港，此时签发提单会导致提单的流转延误交货，影响船期），可以拒绝签发提单，但如果托运人提供担保，愿意承担由此给承运人造成的损失，承运人也不妨签发。如果承运人签发了提单，依照我国的法律规定，承运人应凭正本提单将货物交给提单指定的收货人（记名提单）或提单的合法持有人（指示提单）。在未签发提单的情况下，承运人应将货物交给委托书指定的收货人或依托运人的指示交有关收货人。承运人将货物交付给指定的收货人后，承运人即完成了其运输和交货的合同义务。

本案的问题是在合同已经履行完毕后，托运人有无权利要求承运人补签提单？承运人签发提单的法定义务是否以合同履行期间为限？要回答这个问题，应当从两个方面看。一方面从海上运输中承运人与托运人的关系看，二者之间为海上货物运输合同关系，因此，对于当事人权利、义务而言，应当以合同履行期间为界限。在合同履行期间，托运人有权要求承运人补签提单；在运输合同已经履行完毕的情况下，承运人的合同义务也解除，托运人无权要求承运人签发提单。另一方面，正如本案中判决所指出的，从提单的功能及历史来看，国际通行的惯例是托运人应当在货物装船后，船舶离港前提出签发提单的要求。在承运人已经交付货物后，托运人再要求签发提单，此时签发提单将置承运人于不利地位，对承运人来说是不公平的。因此，依照合同履行及终止的原理及提单本身的功能来看，合同履行完毕承运人可以拒绝签发提单，由于未及时要求承运人签发提单所造成的损失，应当由托运人自己承担。

开篇案例参考答案

原告委托被告运输集装箱货物，被告接受原告的委托，双方之间成立了货物运输合同关系。被告出具的《证明》和中原物流运输公司出具的《证明》均可以证明被告接受原告的委托后，再委托中原物流运输公司从事部分运输，因此，被告应对全部运输负责。根据原告与被告的运输合同约定，被告应将空集装箱运回芳村内四码头，交还给原告。现双方对箱号为"WSDU4804270"、"CLHU4203760"、"CLHU4202660"的3个集装箱是否运回芳村内四码头产生争议，被告作为交付一方，应承担举证责任。中原物流运输公司出具的《证明》与广州港务局河南港务公司第二港务站出具的《证明》互相矛盾，均没有其他证据可以佐证，不能证明该3个集装箱是否已交回芳村内四码头。但因被告不能提交集装箱交付记录或其他关于集装箱交接的证据，应认定上述3个集装箱没有交回。原告与被告没有约定还箱的期限，被告应在合理的期间内将集装箱交还给原告。被告已将集装箱运出近一年，又不能做出不能还箱的合理解释，应认为已超过合理期限。

被告没有依照运输合同的约定交还集装箱属违约行为，应承担违约责任。但原告对其损失没有提供证据，故对其请求被告赔偿滞箱造成的损失7609.44元的诉讼请求不予支持。

依照《中华人民共和国合同法》第六十条第一款、第一百零七条、第二百九十条的规定，判决：①被告应在本判决发生法律效力之日起10日内向原告交还箱号为"WSDU4804270"、"CLHU4203760"、"CLHU4202660"的3个集装箱；②驳回原告关于请求被告赔偿滞箱造成的损失的诉讼请求。

参 考 文 献

[1] 王艳艳. 集装箱运输管理[M]. 北京：北京理工大学出版社，2007.
[2] 蒋正雄，刘鼎铭. 集装箱运输学[M]. 北京：人民交通出版社，1997.
[3] 江静. 国际集装箱与多式联运[M]. 北京：中国商务出版社，2006.
[4] 王鸿鹏. 国际集装箱与多式联运[M]. 大连：大连海事大学出版社，2004.
[5] 张炳华，张亚明. 集装箱应用全书[M]. 北京：人民交通出版社，2000.

第 8 章

国际集装箱运费计算

本章要点

- ➢ 了解国际集装箱海运运价的确定原则；
- ➢ 熟悉国际集装箱海运运价的基本形式；
- ➢ 掌握国际集装箱海运运费计算的基本方法。

【开篇案例】

SEVERN 轮运费、亏舱费、滞期费纠纷案

1994 年 10 月 18 日，原告泛洋航运贸易公司（Pan Pacific Shipping & Trading S. A.）与被告深圳蛇口万事达实业有限公司签订了一份金康格式的航次租船合同，约定：由被告租用原告 SEVERN 轮运输水泥原料，载货量为 13 500～14 000 t，或多或少由原告选择。如果被告未能提供约定数量的货物，被告应按运费率支付原告亏舱费。装货港为中国日照一个安全泊位，卸货港为孟加拉国吉大一至两个安全泊位。运费每吨 20 美元，经纪人佣金 5%，扣除佣金后的运费应于收到提单后七个银行工作日内支付。如果装卸准备就绪通知书在上午递交，则装卸时间从下午 1 时开始起算；如果装卸准备就绪通知书在下午办公时间内递交，则装卸时间从下一个工作日上午 6 时开始起算；装货效率为每连续 24 h 晴天工作日 4 000 t，星期天和政府公布的节假日除外，除非已使用；卸货效率为每连续 24 h 晴天工作日 1 500 t，星期五和政府公布的节假日除外，即使使用；等候泊位的时间依情况计算为装货和卸货时间；船舶首次开舱和关舱所用的时间不计入装卸时间。如发生滞期，被告须在装港和卸港按每日 3 500 美元或按比例支付滞期费。速遣费由原告按滞期费的一半向被告支付。滞期费和速遣费应在证实正确交货和收到船东的装卸时间事实记录后 20 d 内支付。合同载明，SEVERN 轮有 4 个起重吊机。发生与租船合同有关的纠纷，在广州适用英国法律仲裁。

10 月 20 日 20:30 时，SEVERN 轮抵达中国日照岚山港锚地。21 日 08:00 时装卸准备就绪通知书被送到和接收。12:15 时船舶办妥联检手续。21 日，船长向被告出具载货声明，确

认船舶该航次能载货 13 800 t。同日 15:08 时，SEVERN 轮开始装货。23 日为星期日，16:45 时至 18:00 时因休息而暂停装货。24 日 02:00 时装货平舱完毕，共载货 13 553.20 t。11 月 8 日，被告支付原告运费 257 471.07 美元。8 日 15:36 时，SEVERN 轮抵达孟加拉国吉大港，并递交装卸准备就绪通知书，9 日 20:30 时开始卸货，24 日 06:15 时卸货完毕。其中，9 日 16:06 时至 20:30 时为停靠泊位和首次开舱时间，10 日 01:15 时至 09:00 时因雨而暂停卸货，11 日和 18 日为星期五，21 日 07:30 时至 08:45 时因工人罢工影响卸货。SEVERN 轮在卸货期间，因船上吊机绞车发生故障，分别在不同时间内造成一个舱或几个舱暂停卸货。按船上四个吊机，每影响一个货舱卸货按四分之一计算影响卸货的时间，吊机绞车故障影响卸货的时间为 36 小时 30.25 分。1995 年 7 月 10 日，原告将本航次运输的装卸时间事实记录及损失清单传真给被告，向被告收取亏舱费、滞期费、吊机维修费及欠付的运费共计 11 538.30 美元。被告没有支付。

原告向海事法院提起诉讼，请求法院判令被告赔偿吊机修理费 1000 美元，支付运费、亏舱费和滞期费 10 538.30 美元，以及自 1995 年 7 月 30 日起至 1996 年 3 月 18 日止按年利率 10% 计算的利息。起诉状副本和法院的应诉通知书送达后，被告应诉，没有提出管辖权异议。被告辩称：船舶实际载货量在合同约定的范围之内，没有造成亏舱。船舶没有联检，原告递交的装卸准备就绪通知书无效，装卸时间应从实际开始装卸开始起算。扣除合同约定的除外时间，船舶没有滞期。原告与被告在庭审时均表示同意适用中华人民共和国法律解决本案纠纷。

思考题： 该纠纷案应怎样仲裁？

8.1　国际集装箱运费概述

国际海运运价大体可以分为两种：班轮运价和租船运价。海上集装箱运输大都采用班轮运输，因此集装箱海运运价实质上也属于班轮运价的范畴。班轮运价的制定所依据的主要因素是运输成本和国际航运市场的竞争情况。集装箱运价即集装箱运输的单位价格，它不是一个简单的结构金额，而是由费率标准、计收方法、承托双方责任、费用、风险划分等构成的综合价格体系。

从目前集装箱货物运输看，随着集装箱运输及国际多式联运的发展，承运人的业务范围也随之有所扩大，船公司的责任由海上向陆上两端延伸，多式联运不仅方便了货主，也扩大了船公司的货运量。然而，承运人对货物的责任也有所扩大，其费用有所增加，而增加的费用也只能从运费中收回来，这对运价的制定工作提出了新的要求，即应制定出一套适合集装箱运输的费率、规定和有关条款。

我国现行集装箱运输情况下的拼箱货运费计收，与普通班轮运输情况下的件杂货运费计收方法基本相同。所不同的是整箱货，则有最高运费和最低运费的计收规定。而且，集装箱货物最低运费的计收不是某一规定的金额,而只规定了一个最低运费吨,又称计费吨,这一概念与普通船运输情况下最低运费的规定是完全不同的。因为,普通船运输情况下最低运费是以运费金额为标准计收的,也就是某一提单项下的货物运费没有达到费率本中规定的某一金额时,则仍应按规定的金额计收。

集装箱货物在进行门到门运输时,可通过多种运输方式完成整个运输过程,该过程可分为出口国内陆运输、装船港运输、海上运输、卸船港运输、进口国内陆运输5个组成部分。其中,船公司通常负责出口国集装箱货运站或码头堆场至进口码头堆场或集装箱货运站的运输,这一范围通常是集装箱运输情况下所包括的范围。这一点与普通船仅从事海上运输的部分,并按海运运费计收有较大区别。在以普通船运输时,其陆上运输费用和港区码头的费用(搬运费、装卸费)由货主负担。集装箱货物在多式联运情况下,船公司作为提单的签发人,除负责自己运输的区段外,还要与负责其他运输区段的承运人订立分运合同,委托他们负责公路、铁路、内河等区段运输。船公司与各运输区段承运人之间的关系和责任划分依据是合同条款的规定,并受船公司对各合同方提供的服务所支付的费用制约,这些费用由船公司直接交付给各分运合同的承运人。

由于船公司支付了集装箱货物在运输过程中的全部费用,所以,集装箱货物的运费结构应包括海上运输费用、内陆运输费用、各种装卸费用、搬运费、手续费、服务费等。上述费用一般被定为一个计收标准,以确保船公司在整个运输过程中全部支出后,均能得到相应的补偿。

8.1.1 国际集装箱海运运价的确定原则

通常,班轮公会或班轮经营人对其确定班轮运费率的基本原则并不是公开的。不过,一般来说,传统的"港—港"或称"钩—钩"交接方式下海运运价的确定,通常基于下列三个基本原则。

1. 运输服务成本原则

运输服务成本原则(The Cost of Service),是指班轮经营人为保证班轮运输服务连续、有规则地进行,以运输服务所消耗的所有费用及一定的合理利润为基准确定班轮运价。根据这一原则确定的班轮运价可以确保班轮运费收入不至低于实际的运输服务成本。该原则被广泛应用于国际航运运价的制定。

2. 运输服务价值原则

运输服务价值原则(The Value of Service),是从需求者的角度出发,依据运输服务所创造的价值的多少进行定价。它是指货主根据运输服务能为其创造的价值水平而愿意支付的价格。运输服务的价值水平反映了货主对运价的承受能力。如果运费超过了其服务价值,货主就不会将货物交付托运,因为较高的运费将使其商品在市场上失去竞争力。因此,如果说按照运输服务成本原则制定的运价是班轮运价的下限,那么,按照运输服务价值原则制定的运价则是其上限，因为基于运输服务价值水平的班轮运价可以确保货主在出售其商品后能获得一定的合理收益。

3. 运输承受能力原则

运输承受能力原则（What the Traffic Can Bear）采用的定价方法是以高价商品的高费率补偿低价商品的低费率，从而达到稳定货源的目的。按照这一定价原则，承运人运输低价货物可能会亏本，但是，这种损失可以通过对高价货物收取高费率所获得的盈利加以补偿。虽然，价值较高货物的运价可能会高于价值较低货物的运价很多倍，但从运价占商品价格的比重来看，高价货物比低价货物要低得多。根据联合国贸发会的资料统计，低价货物的运价占该种货物 FOB 价格的 30%~50%，而高价货物运价仅占该类货物 FOB 价格的 1%~28%。因此，尽管从某种意义上说，运输承受能力定价原则对高价商品是不大公平的，但是这种定价方法消除或减少了不同价值商品在商品价格与运价之间的较大差异，从而使得低价商品不至因运价过高失去竞争力而放弃运输，实现了稳定货源的目的，因而对于班轮公司来说，这一定价原则具有十分重要的意义。

毫无疑问，上述定价原则在传统的件杂货海上运输价格的制定过程中确实起了十分重要的作用。然而，随着集装箱运输的出现，如何确定一个合理的海运运价，确实是集装箱班轮运输公司面临的全新课题。在过去，由于零散的件杂货种类繁多，实际单位成本的计算较为复杂，因而运输承受能力原则比运输服务成本原则更为普遍地被班轮公会或船公司所接受。但是，使用标准化的集装箱运输使单位运输成本的计算更加简化，特别是考虑到竞争的日趋激烈，现在承运人更多地采用运输服务成本原则制定运价。当然，在具体的定价过程中，应该是以运输服务的成本为基础，结合考虑运输服务的价值水平及运输承受的能力，综合地运用这些定价原则。如果孤立地运用某一个原则，都不可能使定价工作做得科学合理。

由于集装箱班轮运输已进入成熟期，运输工艺的规范化使各船公司的运输服务达到均一化程度，尤其是随着集装箱船舶的大型化，船舶运输的损益平衡点越来越高，使得扩大市场占有率，以迅速突破损益平衡点，成为集装箱船公司获利的基础。因此，维持一定水平的服务内容，合理地降低单位运输成本，以低运价渗透策略迅速扩大市场占有率，应是合理制定集装箱海运运价的重要前提。

8.1.2 国际集装箱海运运价的基本形式

目前，国际集装箱海上运输的运价形式主要包括：均一费率（FAK）、包箱费率（CBR）及运量折扣费率（TVC）等。

1. 均一费率

均一费率（Freight for All Kinds Rates，FAK）是指对所有货物均收取统一的运价。它的基本原则是集装箱内装运什么货物与应收的运费无关。换句话说，所有相同航程的货物征收相同的费率,而不管其价值如何。它实际上是承运人将预计的总成本分摊到每个所要运送的集装箱上所得出的基本的平均费率。

这种运价形式从理论上讲是合乎逻辑的,因为船舶装运及在港口装卸的都是集装箱而非货物,且集装箱占用的舱容和面积也是一样的。但是,采用这种运价形式,对低价值商品的运输会产生负面影响,因为低费率货物再也难以从高费率货物那里获得补偿。这对于低费率商品的货主来说可能难以接受。例如,集装箱班轮公司对托运瓶装水和瓶装酒的货主统一收取同样的运价,尽管瓶装酒的货主对此并不在意,但瓶装水的货主则会拒绝接受这种状况,最终船公司往往会被迫对这两种货物分别收取不同的运价。因此,在目前大多数情况下,均一费率实际上还是将货物分为5~7个费率等级。

2. 包箱费率

包箱费率(Commodity Box Rates,CBR),或称货物包箱费率,是为适应海运集装箱化和多式联运发展的需要而出现的一种运价形式。这种费率形式是按不同的商品和不同的箱型,规定了不同的包干费率,即将各项费率的计算单位由"吨"(重量吨或体积吨)简化为按"箱"计。对于承运人来说,这种费率简化了计算,同时也减少了相关的管理费用。

按不同货物等级制定的包箱费率,等级的划分与件杂货运输的等级分类相同(1~20级)。不过,集装箱货物的费率级别,大致可分为4组,如1~7级、8~10级、11~15级和16~20级,或1~8级、J级、10~11级及12~20级等,但也有仅分3个费率等级的,采用这种集装箱费率的有《中远第6号运价表》的中国—澳大利亚航线、中国—新西兰航线、中国—波斯湾航线、中国—地中海航线、中国—东非航线等。如表8-1至表8-3所示。

表8-1 中国—新加坡航线集装箱费率(FAK包箱费率表)　　单位:美元,in US $

装运港 PORT OF LOADING	货类 COMMODITY	CFS/CFS PER F/T	CY/CY 20' FCL	CY/CY 40' FCL
大连 DALIAN	杂货 GENERAL CARGO	88.00	1250.00	2310.00
新港 XINGANG	杂货 GENERAL CARGO	80.00	1150.00	2115.00
青岛 QINGDAO	杂货 GENERAL CARGO	80.00	1150.00	2115.00
上海 SHANGHAI	杂货 GENERAL CARGO	76.00	1050.00	2050.00
黄埔 HUANGPU	杂货 GENERAL CARGO	63.00	850.00	1600.00
…	…	…	…	…

表 8-2 中国—澳大利亚航线集装箱费率（FCS 包箱费率表）　　　　单位：美元，in US $

CLASS	BASIS	LCL (PER F/T)	20' (CY/CY)	40' (CY/CY)
1~7	W/M	95	1600	3100
8~10	W/M	100	1700	3250
11~15	W/M	105	1800	3420
16~20	W/M	110	1900	3560

BASIC PORTS：BRISBAN, MELBOURNE, SYDNY, FREMANLE

表 8-3 中国—地中海航线集装箱费率（FCB 包箱费率）　　　　单位：美元，in US $

BASIC PORTS：ALGIERS, GENOA, MARSEILLES

CLASS	LCL PER W	LCL PER M	FCL 20' (CY/CY)	FCL 40' (CY/CY)
1~7	125.00	102.00	2250.00	4200.00
8~10	134.00	107.00	2350.00	4420.00
11~15	142.00	115.00	2480.00	4650.00
16~20	150.00	123.00	2560.00	4740.00

3. 运量折扣费率

运量折扣费率（Time-Volume Rates，Time-Volume Contracts，TVC）是为适应集装箱运输发展需要而出现的又一费率形式。它实际上就是根据托运货物的数量给予托运人一定的费率折扣，即托运货物的数量越大，支付的运费率就越低。当然，这种费率可以是一种均一费率，也可以是某一特定商品等级费率。由于这种运量激励方式是根据托运货物数量确定运费率，因而大的货主通常可以从中受益。

起初，这种折扣费率的尝试并不十分成功，原因是有些多式联运经营人在与承运人签订 TVC 合同时承诺托运一定数量的集装箱货物，比如说 500TEU，从而从承运人那里获得了一定的费率折扣，但到合同期满时，他们托运的集装箱并未达到合同规定的数量，比如说仅托运了 250TEU。显然，承运人就会认为自己遭受了损失。正因如此，使得所谓的"按比例增减制"越来越普遍。根据这种方式，拥有 500TEU 集装箱货物的货主，当他托运第一个 100TEU 集装箱时支付的是某一种运价，那么，他托运第二个 100TEU 集装箱时支付的是比第一次低的运价，而他托运第三个 100TEU 集装箱时支付的是一个更低的运价，以此类推。目前，这种运量折扣费率形式采用得越来越广泛，尤其是多式联运经营人可以充分利用这种方式节省费用，不过，采用 TVC 形式并非都是有利可图的。对于一个新的，当然经营规模也可能是较小的多式联运经营人来说，如果采用 TVC 费率形式相比大的多式联运经营人，将处于不利的局面，这是由于其集装箱运量十分有限而不得不支付较高的运费率。

目前，这种运费折扣率形式运用得越来越广泛，尤其是多式联运经营人可以充分利用这种方式节省费用。当然，其前提是集装箱的运量要达到一定的规模。

8.2 集装箱海运运费计算

8.2.1 国际集装箱海运运费的构成

由于集装箱货物的交接方式和交接地点与传统海上货物运输的交接方式和交接地点有所不同，使班轮公司负责的运输区间从海上延伸到陆上，在向货方收取的运输费用中，除海上运输费用及港口有关作业的费用外，还要根据不同交接方式和交接地点，收取某一区间的陆上运输费用，以及与集装箱的装箱、拆箱作业有关的各项费用。

集装箱货物的全程运输可划分为发货地内陆运输，装货港集装箱码头搬运，装卸作业，海上运输，卸货港集装箱码头搬运，装卸作业和收货地内陆运输等 5 个区段的运输及作业。所以集装箱货物的运输费用应包括海上运输费用，内陆运输费用，各种装卸费用，装箱、拆箱费用，搬运费，手续费及服务费等。在国际集装箱货物多式联运的情况下，承运人根据自己对货物运输所承担的风险和责任，收取全程运输费用。集装箱全程运输费用通常有以下几种。

1. 海运运费

海运运费是集装箱班轮公司为完成集装箱货物海上运输而从货方取得的报酬。海运运费是集装箱运费中的主要组成部分。建立在"港到港"交接的基础上，与普通班轮运费的计收方法基本一致，按所运货物的运费吨所规定的费率标准和计费办法计算运费，并由基本运费和附加费两部分组成。

2. 堆场服务费

堆场服务费也叫码头服务费，包括在装船港堆场接收出口的整箱货，以及堆存和搬运至装卸桥下的费用。同样，在卸船港包括从装卸桥接收进口箱，以及将箱子搬运至堆场和堆存的费用，也一并包括在装卸港的有关单证费用中。堆场服务费一般分别向发货人、收货人收取。

3. 拼箱服务费

拼箱服务费是指拼箱货在集装箱货运站所产生的费用，包括为完成下列服务项目而收取的费用：①将空箱从堆场运至货运站；②将装好货的重箱从货运站运至装船港码头堆场；③将重箱从卸货港码头堆场运至货运站；④理货；⑤签发场站收据、装箱单；⑥在货运站货运地正常搬运；⑦装箱、拆箱、封箱、做标记；⑧一定期限内的堆存；⑨必要的分票与积载；⑩提供箱子内部货物的积载图。

4. 集散运输费

集散运输又叫支线运输，是由内河、沿海的集散港至集装箱出口港之间的集装箱运输。

一般情况下，集装箱在集散港装船后，即可签发集装箱联运提单，承运人为这一集散而收取的费用称集散运输费。

5. 内陆运输费

内陆运输费有两种情况，一种由承运人负责运输，另一种由货主自己负责运输。如由承运人负责内陆运输，其费用则根据承运人的运价本和有关提单条款的规定来确定，主要包括以下内容。①区域运费：承运人按货主的要求在所指定的地点，进行重箱或空箱运输所收取的费用。②无效拖运费：承运人将集装箱按货主要求运至指定地点，而货主却没有发货，且要求将箱子运回。一旦发生这种情况，承运人将收取全部区域费用，以及货主宣布运输无效后可能产生的任何延迟费用。③变更装箱地点：如承运人应货主要求同意改变原集装箱交付地点，货主要对承运人由此而引起的全部费用给予补偿。④装箱延迟费：承运人免费允许货方装货的装箱时间长短及超过允许装箱时间后的延迟费多少，主要视各港口的条件、习惯、费用支出等情况而定，差别甚大。当超出规定的时限，则对超出时间计收延迟费。⑤清扫费：使用箱子结束后，货主有责任清扫箱子，将清洁无味的箱子归还给承运人。如此项工作由承运人负责，货主仍应负责其费用。

如果内陆运输由货主自己负责时，承运人则可根据自己的选择和事先商定的协议，在他所指定的场所将箱子或有关机械设备出借给货主，并按有关规定计收费用。在由货主自己负责内陆运输时，其费用主要包括以下内容。①集装箱装卸费：货主在承运人指定的场所，如集装箱码头堆场或货运站取箱时，或按照承运人指定的地点归还箱子时，或将箱子装上车辆，或从车上卸下的费用均由货主负担。②超期使用费：货主应在规定的用箱期届满后，将箱子归还给承运人，超出时间则为延误，延误费用的计收标准按每箱每天计收，不足一天以一天计。

8.2.2 国际集装箱海运运费计算的基本方法

由于海上集装箱运输大都是采用班轮营运组织方式经营的，因此集装箱海运运价实质上也属班轮运价的范畴。集装箱海运运费的计算方法与普通的班轮运输的运费计算方法是一样的，也是根据费率本规定的费率和计费办法计算运费的，并有基本运费和附加运费之分。基本运费是指班轮公司为一般货物在航线上各基本港口间进行运输所规定的运价。基本运费是全程运费的主要部分。附加费是指班轮公司承运一些需要特殊处理的货物，或者由于燃油、货物及港口等原因收取的附加运费。

1. 基本运费

班轮基本运费的计算方法因所运货种的不同而不同。计有重量法、体积法、从价法、选择法、综合法、按件法和议定法等7种。

1) 重量法

基本运费等于计重货物的运费吨乘以运费率。所谓计重货物是指按货物的毛重计算运费的货物。在运价表中用 W 标记,它的计算单位为重量吨。如公吨(Metric Ton,M/T)、长吨(Long Ton,L/T)和短吨(Short Ton,S/T)等。

按照国际惯例,计重货物是指每公吨的体积小于 1.1328 m^3 的货物,而我国远洋运输运价表中则将每公吨的体积小于 1 m^3 的货物定为计重货物。

2)体积法

基本运费等于容积货物的运费吨乘以运费率。所谓容积货物是指按货物的体积计算运费的货物,在运价表中以 M 表示,它的计量单位为容积或称尺码吨。

按照国际惯例,容积货物是指每公吨的体积大于 1.1328 m^3 的货物;而我国的远洋运输运价表中则将每公吨的体积大于 1 m^3 的货物定为容积货物。某些国家对木材等容积货物按板尺和霍普斯尺作为计量单位,它们之间的换算关系是:

$$1 ft^3 = 12 \text{ board foot}(板尺) = 0.785 \text{ Hoppus foot}(霍普斯尺);$$

$$1 m^3 = 35.3148 ft^3$$

3)从价法

基本运费等于货物的离岸价格(FOB)乘以从价费率。所谓货物的离岸价格是指装运港船上交货(Free on Board)。若贸易双方按此价格条件成交之后,卖方应承担货物装上船之前的一切费用,买方则承担运费及保险费等在内的货物装上船以后的一切费用。而从价费率常以百分比表示,一般为 1%~5%。按从价法计算的基本运费的货物,在运价表中用 Ad. Val 表示。

但是,贸易双方在谈判中除按离岸价格成交外,通常还有按到岸价格条件(Cost Insurance and Freight,CIF)或按离岸加运费价格条件(Cost and Freight,C&F)成交的。如果按后两种价格条件成交且托运人只能提供 CIF 或 C&F 的,则应先将它们换算成 FOB,即 FOB=C&F-运费=CIF-保险费-运费。

4)选择法

即从上述三种计算运费的方法中选择一种收费最高的计算方法计算运费。此法适用于货物是属于计重货物,或容积货物难以识别,或货物的价值变化不定的货物。

在运价表中,对按选择法计算的货物常以 W/M or Ad. Val 表示。

【例 8-1】 某货物按运价表规定,以 W/M 或 Ad. Val 选择法计费,以 1 m^3 体积或 1 mt 重量为 1 运费吨,由甲地至乙地的基本运费费率为每运费吨 25USD,从价费率为 1.5%。现装运一批该种货物,体积为 4 m^3,毛重为 3.6 mt,其 FOB 价值为 8 000USD,求运费多少?

解:按三种标准计算如下:

"W":25×3.6=90(USD)

"M":25×4=100(USD)

"Ad. Val":8 000×1.5%=120(USD)

三者比较，以"Ad. Val"的运费较高。所以，该批货物的运费为 120 美元。计算时，也可以先作 W/M 比较：4 m 和 3.6 mt 比较，先淘汰"W"，而后将"M"和"Ad. Val"比较，这样可省略一次计算过程。（注：W、M 和 Ad. Val 分别代表重量法、体积法和从价法）

5）综合法

指该种货物分别按货物的毛重和体积计算运费。并选择其中运费较高者，再加上该种货物的从价运费。此类货物在运价表中用 W/M Plus Ad. Val 表示。

6）按件法

按货物的实体件数或个数为单位计算运费的方法。适用于既是非贵重物品，但又不需测量重量和体积的货物。如活牲畜按每头计收，车辆按每辆计收等。

7）议定法

指按承运人和托运人双方临时议定的费率计算运费。此类货物通常是低价的货物，如特大型的机器等。在运价表中此类货物以 Open 表示。

该当指出，在班轮运价本中除了说明及有关规定部分外，主要内容是货物分级表及航线费率表。在货物分级表中列出了各种货物的计算标准（指按什么方法计算运费，即上述七种方法中的某一种）及等级；航线费率表列出各等级货物的不同费率，而费率通常又分东行及西行两种。

2. 附加费

班轮运费除了基本运费以外还包括运费附加费，基本费率一般不常变动，但构成运费的各种因素经常发生变化。因此，船公司采取征收各种附加费的办法以维护其营运成本，附加费率视客观情况随时浮动。附加费主要有以下 6 种。

（1）燃油附加费（Bunker Adjustment Factor，BAF）或（Fuel Adjustment Factor，FAF），是因油价上涨，船公司营运成本增加，为转嫁额外负担而加收的费用。燃油附加费有的航线按基本费率的百分比加收一定金额，有的航线按运费吨加收一定金额。

（2）货币附加费（Currency Adjustment Factor，CAF），是由于船方用以收取运费的货币贬值，所收到的运费低于货币贬值前所收相同金额的值，使纯收入降低，船方为弥补这部分损失而加收的费用。

（3）港口拥挤费（Port Congestion Surcharge），是由于装卸港港口拥挤堵塞，抵港船舶不能很快进行装卸作业，造成船舶延长停泊，增加了船期成本，船公司视港口情况的好坏，在不同时期按基本费率加收不同百分比的费用。

（4）转船附加费（Transshipment Surcharge），凡运往非基本港的货物，需转船运往目的港，船方收取的附加费，其中包括转船费和二程运费。

（5）直航附加费（Directed Additional），运往非基本港的货物达到一定数量时，船公司可安排直航而收取的费用。直航附加费一般比转船附加费低。

（6）港口附加费（Port Surcharge），是由于卸货港港口费用太高或港口卸货效率低、速度慢，影响船期所造成的损失而向货主加收的费用。

另外，还有超重附加费（Heavy-Lift Additional，每件货物的毛重超过 5 t 者为超重货）、超长附加费（Long Length Additional，每件货物长度超过 9 m 时为超长货）、洗舱费（Cleaning Charge，主要适用于散装油舱）、熏蒸费（Fumigation Charge）、选择港附加费（Optional Charge）、更改卸港附加费（Alteration Charge）等。

8.2.3 国际集装箱海运运费的计算

国际集装箱海运运费的计算办法与普通班轮运费的计算办法一样，也是根据费率本规定的费率和计费办法计算运费，并同样也有基本运费和附加费之分。不过，由于集装箱货物既可以交集装箱货运站（CFS）装箱，也可以由货主自行装箱整箱托运，因而在运费计算方式上也有所不同。主要表现在当集装箱货物是整箱托运，并且使用的是承运人的集装箱时，集装箱海运运费计收有"最低计费吨"和"最高计费吨"的规定，此外，对于特种货物运费的计算及附加费的计算也有其规定。

1. 拼箱货海运运费的计算

目前，各船公司对集装箱运输的拼箱货运费的计算，基本上是依据件杂货运费的计算标准，按所托运货物的实际运费吨计费，即尺码大的按尺码吨计费，重量大的按重量吨计费；另外，在拼箱货海运运费中还要加收与集装箱有关的费用，如拼箱服务费等。由于拼箱货涉及不同的收货人，因而拼箱货不能接受货主提出的有关选港或变更目的港的要求，所以，在拼箱货海运运费中没有选港附加费和变更目的港附加费。

2. 整箱货海运运费的计算

对于整箱托运的集装箱货物运费的计收：一种方法是同拼箱货一样，按实际运费吨计费。另一种方法，也是目前采用较为普遍的方法，是根据集装箱的类型按箱计收运费。

在整箱托运集装箱货物且所使用的集装箱为船公司所有的情况下，承运人则有按"集装箱最低利用率"（Container Minimum Utilization）和"集装箱最高利用率"（Container Maximum Utilization）支付海运运费的规定。

1）按集装箱最低利用率计费

一般说来，班轮公会在收取集装箱海运运费时通常只计算箱内所装货物的吨数，而不对集装箱自身的重量或体积进行收费，但是对集装箱的装载利用率有一个最低要求，即"最低利用率"。不过，对有些承运人或班轮公会来说，只是当采用专用集装箱船运输集装箱时，才不收取集装箱自身的运费，而当采用常规船运输集装箱时，则按集装箱的总重（含箱内货物重量）或总体积收取海运运费。

规定集装箱最低利用率的主要目的是，如果所装货物的吨数（重量或体积）没有达到规定的要求，则仍按该最低利用率时相应的计费吨计算运费，以确保承运人的利益。在确定集装箱的最低利用率时，通常要包括货板的重量或体积。最低利用率的大小主要取决于集装箱的类型、尺寸和集装箱班轮公司所遵循的经营策略。当然，在有些班轮公会的费率表中，集装箱的最低利用率通常仅与箱子的尺寸有关，而不考虑集装箱的类型。目前，按集装箱最低利用率计收运费的形式主要有三种：最低装载吨、最低运费额及上述两种形式的混合形式。

各航运公会或船公司对不同箱型的货柜规定了各自的最低运费吨。如果柜内所装货物未达到最低运费吨，则按最低运费吨乘以运价而得运费。最低装载吨可以是重量吨或体积吨，也可以是占集装箱装载能力（载重或容积）的一个百分比。以重量吨或体积吨表示的最低装载吨数通常是依集装箱的类型和尺寸的不同而不同，但在有些情况下也可以是相同的。而当以集装箱装载能力的一定比例确定最低装载吨时，该比例对于集装箱的载重能力和容积能力通常都是一样的，当然也有不一样的。例如远东水脚公会规定：20 ft 干货柜的最低运费吨为：重量吨 17.5，尺码吨 21.5。

【例 8-2】 远东水脚公会某航运公司承运一只柜内（FCL）装有 10 级货的橱具（16 mt，18CBM），查知所走航线上 10 级货 freight rate 为 USD 160/RT，求其 freight。（该船公司使用公制单位）

解：由于此货为尺码货（以尺码吨作运费吨的货），故其 RT 为 18，未达到尺码方面的最低运费吨，应收运费为：21.5×160＝3 440（USD）。

最低运费额则是按每吨或每个集装箱规定一个最低运费数额，其中后者又被称为"最低包箱运费"。

最低装载吨和最低运费额的混合形式则是根据下列方法确定集装箱最低利用率：一种是按集装箱载重能力或容积能力的一定百分比加上按集装箱单位容积或每集装箱规定的最低运费额；另一种是按最低重量吨或体积吨加上集装箱容积能力的一定百分比。

2）亏箱运费的计算

当集装箱内所装载的货物总重或体积没能达到规定的最低重量吨或体积吨，而导致集装箱装载能力未被充分利用时，货主将支付亏箱运费（Short Fall Freight）。亏箱运费实际上就是对不足计费吨所计收的运费，也就是所规定的最低计费吨与实际装载货物数量之间的差额。在计算亏箱运费时，通常是以箱内所载货物中费率最高者为计算标准。此外，当集装箱最低利用率是以"最低包箱运费"形式表示时，如果根据箱内所载货物吨数与基本费率相乘所得运费数额，再加上有关附加费之后仍低于最低包箱运费，则按后者计收运费。

亏箱运费是以亏箱吨数乘以各该种货物的计费吨为权数的加权平均计算的平均每吨的费率求得。

$$亏箱运费＝亏箱吨×实装货物全部运费/实装量$$

【例 8-3】 20 ft 干货集装箱，箱内装有手工艺品：重量为 7 t，尺码吨为 10 m^3；轻工制品：重量为 5 t，尺码吨为 6；树皮：重量吨为 4 t，尺码吨为 3 m^3。该箱的最低运费吨为：重量吨为 17.5 t，尺码吨为 22 m^3，费率吨为 USD 120W/105M。亏箱运费＝亏箱吨×实装货物全部运费/实装量。求运费。

货种	重量吨/t	尺码吨/ m³	运费/USD
手工艺品	7	10	10×105=1 050
轻工制品	5	6	6×105=630
树皮	4	3	4×120=480
共计	16	19	2 160
最低计费吨	17.5	22	

解：

$$亏箱运费 = 1.5×2\ 160/16 = 202.5\ (USD)$$
$$总运费 = 2\ 160 + 202.5 = 2\ 362.5\ (USD)$$

3) 按集装箱最高利用率计收运费

集装箱最高利用率是指当集装箱内所载货物的体积吨超过集装箱规定的容积装载能力（集装箱内容积）时，运费按规定的集装箱容积计收，也就是说超出部分免收运费。最高运费吨的规定仅适于尺码货（密度小于 $1t/m^3$ 者）。若柜中所装货物的尺码大于"最高运费吨"，对高出部分免收运费；若一个柜中装几种属不同运费等级的货，则免收部分应是运价便宜的。至于计收的费率标准，如果箱内货物的费率等级只有一种，则按该费率计收；如果箱内装有不同等级的货物，计收运费时通常采用下列两种做法：一种做法是箱内所有货物均按箱内最高费率等级货物所适用的费率计算运费；另一种做法是按费率高低，从高费率起往低费率计算，直至货物的总体积吨与规定的集装箱内容积相等为止。

需指出的是，如果货主没有按照承运人的要求，详细申报箱内所装货物的情况，运费则按集装箱内容积计收，而且，费率按箱内装货物所适用的最高费率计。如果箱内货物只有部分没有申报数量，那么，未申报部分运费按箱子内容积与已申报货物运费吨之差计收。

规定集装箱最高利用率的目的主要是鼓励货主使用集装箱装运货物，并能最大限度地利用集装箱的内容积。为此，在集装箱海运运费的计算中，船公司通常都为各种规格和类型的集装箱规定了一个按集装箱内容积折算的最高利用率。COSCON 之 tariff（运价本）规定 40 ft 的最高运费吨为 67，20 ft 最高运费吨为 31。

【例 8-4】 一只 40 ft HQ 柜中内装 A、B、C 三种货（属同一货主 FCL 货）分别属 COSCON tariff 中的第 5、8、15 级货，查此柜所走航线的 rate 分别为：5 级货 USD 85/RT，8 级货为 USD 100/RT，15 级货为 USD 130/RT，A、B、C 之体积分别为 15、20、40 CBM，求此柜运费（已知 A，B，C 的重量与尺码分别为：A：15 CBM，10 mt；B：20 CBM，9 mt；C：40 CBM，8 mt）。

解：C 货运费：40×130 USD；B 货运费：20×100 USD；A 货：[67-(40+20)]×85 = 595（USD）

说明：由于最高运费吨的规定，使 A 货免掉了 $8\ m^3$ 的运费（8×85 = 680(USD)）。

【例 8-5】 上题中若将 A、B、C 之尺码分别改为：4、10、60 CBM，求此柜运费。

解：所求 = 60×130+(67-60)×100(USD)。

说明：此例中免掉 B 货 3m³(3×100)，A 货 4m³(4×85)之运费。

【例 8-6】 若上题中将 A、B、C 之尺码分别改为 A：1m³，B：2m³，C：68m³，求此柜运费。

解：所求为：67×130 = 8 710(USD)。

3. 特殊货物海运运费的计算

一些特殊货物如成组货物、家具、行李及服装等在使用集装箱进行装运时，在运费的计算上有一些特别的规定。

1）成组货物

班轮公司通常对符合运价本中有关规定与要求，并按拼箱货托运的成组货物，在运费上给予一定的优惠，在计算运费时，应扣除货板本身的重量或体积，但这种扣除不能超过成组货物（货物加货板）重量或体积的 10%，超出部分仍按货板上货物所适用的费率计收运费。但是，对于整箱托运的成组货物，则不能享受优惠运价，并且，整箱货的货板在计算运费时一般不扣除其重量或体积。

2）家具和行李

对装载在集装箱内的家具或行李，除组装成箱子再装入集装箱外，应按集装箱内容积的 100% 计收运费及其他有关费用。该规定一般适用于搬家的物件。

3）服装

当服装以挂载方式装载在集装箱内进行运输时，承运人通常仅接受整箱货"堆场—堆场"（CY/CY）运输交接方式，并由货主提供必要的服装装箱物料如衣架等。运费按集装箱内容积的 85% 计算。如果箱内除挂载的服装外，还装有其他货物，服装仍按箱容的 85% 计收运费，其他货物则按实际体积计收运费。但当两者的总计费体积超过箱容的 100% 时，其超出部分免收运费。在这种情况下，货主应提供经承运人同意的公证机构出具的货物计量证书。

4）回运货物

回运货物是指在卸货港或交货地卸货后的一定时间以后由原承运人运回原装货港或发货地的货物。对于这种回运货物，承运人一般给予一定的运费优惠，比如，当货物在卸货港或交货地卸货后六个月由原承运人运回原装货港或发货地时，对整箱货（原箱）的回程运费按原运费的 85% 计收，拼箱货则按原运费的 90% 计收回程运费。但货物在卸货港或交货地滞留期间发生的一切费用均由申请方负担。

5）货物滞期费

在集装箱运输中，货物运抵目的地后，承运人通常给予箱内货物一定的免费堆存期（Free Time），但如果货主未在规定的免费期内前往承运人的堆场提取货箱，或去货运站提取货物，承运人则对超出的时间向货主收取滞期费（Demurrage）。货物的免费堆存期通常系从货箱卸下船时起算，其中不包括星期六、星期天和节假日。但一旦进入滞期时间，便连续计算,即在滞期时间内若有星期六、星期天或节假日,该星期六、星期天及节假日也应计入滞期时间,免费堆存期的长短及滞期费的计收标准与集装箱箱型、尺寸及港口的条件等有关,同时也依班轮公司而异,有时对于同一港口,不同的船公司有不同的计算方法。

根据班轮公司的规定,在货物超过免费堆存期后,承运人有权将箱货另行处理。对于使用承运人的集装箱装运的货物,承运人有权将货物从箱内卸出,存放于仓储公司仓库,由此产生的转运费、仓储费及搬运过程中造成的事故损失费与责任均由货主承担。

6) 集装箱超期使用费

如果货主所使用的集装箱和有关设备为承运人所有,而货主未能在免费使用期届满后将集装箱或有关设备归还给承运人,或送交承运人指定地点,承运人则按规定对超出时间向货主收取集装箱使用费。

4. 附加费的计算

与普通班轮一样,国际集装箱海运运费除计收基本运费外,也要加收各种附加费。附加费的标准与项目,根据航线和货种的不同而有不同的规定。集装箱海运附加费通常包括以下几种形式。

1) 货物附加费

某些货物,如钢管之类的超长货物、超重货物、需洗舱(箱)的液体货等,由于它们的运输难度较大或运输费用增高,因而对此类货物要增收货物附加费(Cargo Additional)。当然,对于集装箱运输来讲,计收对象、方法和标准有所不同。例如,对超长、超重货物加收的超长、超重、超大件附加费(Heavy Lift and Over-length Additional)只对由集装箱货运站装箱的拼箱货收取,其费率标准与计收办法与普通班轮相同。如果采用CFS/CY条款,则对超长、超重、超大件附加费减半计收。

2) 变更目的港附加费

变更目的港仅适用于整箱货,并按箱计收变更目的港附加费。提出变更目的港的全套正本提单持有人,必须在船舶抵达提单上所指定的卸货港48小时前以书面形式提出申请,经船方同意变更。当变更目的港的运费超出原目的港的运费时,申请人应补交运费差额,反之,承运人不予退还。由于变更目的港所引起的翻舱及其他费用也应由申请人负担。

3) 选卸港附加费

选择卸货港或交货地点仅适用于整箱托运整箱交付的货物,而且一张提单的货物只能选定在一个交货地点交货,并按箱收取选卸港附加费(Optional Additional)。

选港货应在订舱时提出,经承运人同意后,托运人可在指定承运人经营范围内直航的或在经转运的三个交货地点内选择指定卸货港,其选卸范围必须按照船舶挂靠顺序排列。此外,提单持有人还必须在船舶抵达选卸范围内第一个卸货港96 h前向船舶代理人宣布交货地点,否则船长有权在第一个或任何一个选卸港将选卸货卸下,即应认为承运人已终止其责任。

4) 服务附加费

当承运人为货主提供了诸如货物仓储、报关或转船运输及内陆运输等附加服务时，承运人将加收服务附加费（Service Additional）。对于集装箱货物的转船运输，包括支线运输转干线运输，都应收取转船附加费（Transshipment Additional）。

除上述各项附加费外，其他有关的附加费计收规定与普通班轮运输的附加费计收规定相同。这些附加费包括：因港口情况复杂或出现特殊情况所产生的港口附加费（Port Additional）；因国际市场上燃油价格上涨而增收燃油附加费（Bunkel Adjustment Factor，BAF）；为防止货币贬值造成运费收入上的损失而收取货币贬值附加费（Currency Adjustment Factor，CAF）；因战争、运河关闭等原因迫使船舶绕道航行而增收绕航附加费（Deviation Surcharge）；因港口拥挤致使船舶抵港后不能很快靠卸而需长时间待泊所增收的港口拥挤附加费（Port Congestion Surcharge）等。此外，对于贵重货物，如果托运人要求船方承担超过提单上规定的责任限额，船方要增收超额责任附加费（Additional for Excess of Liability）。

需指出的是，随着世界集装箱船队运力供给大于运量需求的矛盾越来越突出，集装箱航运市场上削价竞争的趋势日益蔓延，因此，目前各船公司大多减少了附加费的增收种类，将许多附加费并入运价当中，给货主提供一个较低的包干运价。这一方面起到了吸引货源的目的，同时也简化了运费结算手续。

【例 8-7】 某票货从张家港出口到欧洲费力克斯托（FELIXSTOWE），经上海转船。2×20 ft FCL，上海到费力克斯托的费率是 USD 1 850.00/20 ft，张家港经上海转船，其费率在上海直达费力克斯托的费率基础上加 USD 100/20 ft，另有货币贬值附加费 10%，燃油附加费 5%。问：托运人应支付多少运费？

解：

海运运费＝基本运费＋货币贬值附加费＋燃油附加费

基本运费＝(1 850+100)×2＝3 900(USD)

货币贬值附加费＝3 900×10%＝390(USD)

燃油附加费＝3 900×5%＝195(USD)

总额＝3 900+390+195＝4 485(USD)

复习思考题

一、名词解释

亏箱运费　　港口拥挤费　　货币附加费　　燃油附加费　　包箱费率

二、填空题

1. 国际海运运价大体分 _____ 和 _____ 两种。
2. 集装箱运价即集装箱运输的单位价格，它不是一个简单的结构金额，而是由

_____、_____、_____、_____、_____等构成的综合价格体系。

3. "运输承受能力"原则（"What the Traffic Can Bear"）采用的定价方法是以_____商品的高费率补偿_____商品的低费率，从而达到稳定货源的目的。

4. 目前，国际集装箱海上运输，有几种不同的运价形式，其中主要包括：_____、_____、_____等。

5. 按照国际惯例，容积货物是指每公吨的体积大于_____的货物。

三、单项选择题

1. 租约规定"满载货物1万吨，船方有上下5%的幅度选择"。船长宣载9 800 t，而租方实际提供9 500 t货物。问租方应付给船方（　　）的亏舱费。
   A. 300 t   B. 500 t   C. 无亏舱费   D. 100 t

2. 集装箱的使用超出免费使用期时，承运人应向集装箱使用者收取（　　）。
   A. 滞期费   B. 储存费   C. 保管费   D. 无须收费

3. FAK费率是指（　　）。
   A. 不同等级费率   B. 均一费率   C. 重量/尺码选择费率   D. 近洋航线费率

4. 承运人在提单中列明有关运价本的条款，说明承运人的运价本与提单正面所记载的运价不一致时（　　）。
   A. 以运价本为准   B. 以提单记载为准   C. 提单条款无效   D. 双方另行商定

5. 凡运往非基本港的货物，达到或超过规定的数量，船舶可直接挂靠，但要收取（　　）。
   A. 转船附加费   B. 直航附加费   C. 港口附加费   D. 选港附加费

6. 在国际海上集装箱班轮运输中，运价本中没有的内容是（　　）。
   A. 条款和规定   B. 船期   C. 基本运价   D. 附加运价

7. 航次租船合同规定"滞期费每天3 000美元，速遣费每天1 500美元"。船舶装货滞期3天，卸货速遣3天。若按装卸时间平均计算，则租方总共应付（　　）滞期费。
   A. 9 000美元   B. 4 500美元   C. 0美元   D. 3 000美元

8. 下列（　　）不属于国际货物集装箱运输中的包箱费率。
   A. FCL   B. FAK   C. FCS   D. FCB

9. 集装箱运费收入的最主要部分是（　　）。
   A. 海运运费   B. 港区服务费   C. 集疏运费   D. 货运站服务费

10. 承运人在提单中列明有关运价本的条款，说明承运人的运价本与提单正面所记载的运价不一致时（　　）。
    A. 以运价本为准   B. 以提单记载为准   C. 提单条款无效   D. 双方另行商定

四、多项选择题

1. 集装箱货物在进行门到门运输时，可通过多种运输方式完成整个运输过程，该过程可分（　　）5个组成部分。
   A. 出口国内陆运输   B. 装船港运输   C. 海上运输   D. 卸船港运输

E. 进口国内陆运输
2. 下列属于班轮基本运费的计算方法有（　　）。
　　A. 重量法　　　　　B. 体积法　　　　　C. 从价法　　　　　D. 综合法
　　E. 按件法

五、判断题（正确的为 T，错误的为 F）

1. 在国际海上运输中，托运人托运一件货物，货物的重量为 0.6 t，体积为 0.7 m³，通常其运费吨就是 0.7。（　　）
2. 班轮运价按制定形式划分，可分为单项费率运价、等级运价和航线运价。（　　）
3. 在无论船舶靠泊与否条款下，如果泊位是空着，由于天气不好使船舶不能驶入，也可以起算装卸时间。（　　）
4. 按照港口规定和运价本的规定，通常将单件重量为 5 t 以上的货物称为重件货，计收超重附加费。（　　）
5. 货物积载因数的大小说明货物的轻重程度。（　　）

六、简答题

1. 简述国际集装箱海运运价的确定原则。
2. 简述国际集装箱海运运价的基本形式。
3. 简述集装箱全程运输所包含的费用。
4. 班轮基本运费的计算方法有哪些？
5. 班轮运输的主要附加费有哪些？

七、论述题

分析均一费率（FAK）、包箱费率（CBR）及运量折扣费率（TVC）的差别。

八、计算题

1. 某货主托运一票货，该货的积载因数是 1.6 m³/t。如将该票货装于某拼箱公司的国际标箱 1CC 箱中，已知该集装箱自重为 2.5 t，最大总重量为 24 t，计算亏箱后最大总容积为 29 m³。

　　(1) 1 个 1CC 箱中最多可装多少吨该票货物？

　　(2) 如果货主仅托运 3 t 该票货物（计费标准按 LCL 条款，即 USD 200W/M），该发货人应付的运费额是多少？（要求写出计算过程）

2. 某进出口公司委托一国际货运代理企业代办一小桶货物以海运方式出口国外。货物的重量为 0.5 t，小桶（圆的）的直径为 0.7 m，桶高为 1 m。货代最后为货主找到一杂货班轮公司实际承运该货物。货代查了船公司的运价本，运价本中对该货物运输航线、港口、运价等的规定为：基本运价是每运费吨支付 100 美元（USD 100/Freight Ton）；燃油附加费按基本运费增收 10%（BAF10%）；货币贬值附加费按基本运费增收 10%（CAF10%）；计费标准是"W/M"；起码提单按 1 运费吨计算（Minimum freight：one freight ton）。你作为货运代理人，请计算该批货物的运费并告诉货主以下内容：

（1）货物的计费吨（运费吨）是多少？

（2）该批货物的基本运费是多少？

（3）该批货物的附加运费是多少？总的运费是多少？

部分习题参考答案

二、填空题

1. 班轮运价　租船运价
2. 费率标准、计收方法、承托双方责任、费用、风险划分
3. 高价　低价
4. 均一费率（FAK）、包箱费率（CBR）、运量折扣费率（TVC）
5. 1.1328 m³

三、单项选择题

1. A　2. A　3. B　4. B　5. B　6. B　7. C　8. A　9. A　10. B

四、多项选择题

1. ABCDE　2. ABCDE

五、判断题

1. T　2. T　3. F　4. T　5. T

八、计算题

1.（1）24 t−2.5 t＝21.5 t，该集装箱能装 21.5 t 货物。

29÷1.6＝18.125 t，该集装箱实际最多能装 18.125 t 货物。

（2）3×200＝600 美元，按货物重量计收。

3×1.6×200＝960 美元，按货物体积计收。

两者取大者，应为 960 美元。

2.（1）1 个运费吨

（2）100 美元

（3）不收（没有），100 美元

案 例 分 析

马士基集团香港有限公司诉闽东金洋（集装）货运有限公司运费纠纷案

1994 年 9 月 5 日至 10 月 19 日期间，原告马士基集团香港有限公司（以下简称马士基公司）根据被告闽东金洋（集装）货运有限公司（以下简称金洋公司）提交的抬头为"闽东金洋（集

装）货运有限公司"的托运单（Shipping Order），在深圳蛇口港分别安排了6个40 ft的集装箱，装载衣服、运动鞋等货物，并于装船完毕后向金洋公司签发了6个集装箱货物的记名联运提单。提单签发日期和提单号依次是：9月5日签发两单货物的提单，提单号为SHEB01046和SHEB01047；9月28日签发一单货物的提单，提单号为SHEB01150；10月6日签发两单货物的提单，提单号为SHEB01296和SHEB01297；10月19日签发一单货物的提单，提单号为SHEB01331。该6单货物由金洋公司从福建陆运至深圳并交由马士基公司承运。金洋公司提出的托运单和马士基公司签发的提单均记载，该6单货物的托运人为福建省宁德外贸公司，收货人为HUA RONG KERESKEDELMI KFT. HUA RONG TRADE LTD，卸货港为汉堡，交货地为布达佩斯，运费预付。另有提单号为SHEB01148和SHEB01152二单货物，由金洋公司向马士基公司提出托运单并交付货物，托运单记载事项与前述6份托运单大致相同，但托运单抬头为"福建国际货运有限公司"、"深圳华南国际运输有限公司"字样。托运单约定，每个集装箱运费为4 400美元，合计35 200美元。货物已运抵目的港，马士基公司未收取运费。

马士基公司于1995年10月5日向海事法院提起诉讼，请求法院判令金洋公司支付拖欠的运费35 200美元、报关费100美元，并承担本案诉讼费。

金洋公司确认SHEB01046、SHEB01047、SHEB01150、SHEB01296、SHEB01297和SHEB01331六单货物由其向马士基公司提出的"闽东金洋（集装）货运有限公司"格式的托运单订舱及提交货物，未向马士基公司明示系代理托运人而为。但事实上，该六单货物的托运人是福建省宁德外贸公司，金洋公司系受托运人的委托将货物从福建经陆路运至深圳交给马士基公司运输，并非托运人，没有义务向马士基公司支付运费。马士基公司于1994年9月22日签发的提单号为SHEB01148和SHEB01152的二单货物，托运单的抬头是"福建国际货运有限公司"、"深圳华南国际运输有限公司"，运费更不应该由金洋公司支付。另外，马士基公司未将1994年6月23日、11月11日签发的提单号分别为HD7HAM-006和G333890的两单货物的海关退税单、核销单退交给托运人，造成托运人无法向国家申请退税，损失29.8万元人民币，托运人因此拒付本案数单运费。由于马士基公司的过错，造成金洋公司未能收到陆路运费近3万元人民币，马士基公司应予赔偿。请求追加宁德外贸公司作为第三人参加诉讼。

思考题：
1. 在此案例中托运人、承运人各是谁？
2. 马士基公司向金洋公司收取运费合理吗？运费该收多少？

案例分析参考答案

1. 金洋公司向马士基公司提出托运单，并将货物交由马士基公司承运，根据《中华人民共和国海商法》第四十二条的规定，应认定金洋公司是托运人。马士基公司将货物装船后，向金洋公司签发了提单，双方因此构成了海上货物运输承托运关系。

《海商法》第四十二条规定,"托运人"是指:①本人或者委托他人为本人与承运人订立海上货物运输合同的人;②本人或者委托他人以本人名义或者委托他人为本人将货物交给与海上货物运输合同有关的承运人的人。根据这一规定,认定托运人的基本标准,一是订约,二是交货。两者居一,即为托运人。

班轮运输中,托运人向承运人提出订舱单或托运单,承运人接受订舱或托运,运输合同即告成立。本案例中,货物的托运单是金洋公司向马士基公司提出的,其中六单货物的托运单抬头是金洋公司,金洋公司在向马士基公司办理托运手续时未表明系受宁德外贸公司的委托,代理宁德外贸公司所为;货物是由金洋公司交给马士基公司的;提单是签发给金洋公司的。基于这三点,本案运输合同是金洋公司与马士基公司订立,金洋公司是运输合同的托运人。

2. 我国《海商法》第四十一条规定:"海上货物运输合同,是指承运人收取运费,负责将托运人托运的货物经海路由一港运至另一港的合同。"根据该条规定,承运人和托运人的权利义务是对应的,承运人享有收取运费的权利,负有运送货物的义务;托运人享有要求承运人运送货物的权利,负有支付运费的义务。马士基公司作为承运人,已将货物运抵目的港,履行了运输义务,有权向金洋公司收取运费。金洋公司作为托运人,应当向马士基公司支付约定的运费。

其中六单货物运费由金洋公司支付的事实清楚,应由金洋公司支付;马士基公司不能提供证明金洋公司是 SHEB01148 和 SHEB01152 号两张提单的托运人的证据,其请求该两单货物的运费,证据不足,不应由金洋公司支付。金洋公司应向马士基公司支付运费 26 400 美元。

开篇案例参考答案

本案例属涉外海上货物运输合同纠纷,虽然本案租船合同中有适用英国法律在广州仲裁的条款,但原、被告均同意通过诉讼,并适用中华人民共和国法律解决本案纠纷,因此,海事法院对本案具有管辖权,并应适用中华人民共和国法律解决本案纠纷。原、被告签订的航次租船合同,除自由绕航条款因违反中国海商法的强制性规定而无效外,其他条款均合法有效。依据合同约定,本案货物运费应为 257 510.80 美元,扣除已付的运费,被告还欠原告运费 39.73 美元。被告提供的货物数量,没有达到原告在合同约定的范围内所宣载的货物数量,造成船舶亏舱 246.80 t,被告应依约赔付原告亏舱费 4 689.20 美元。SEVERN 轮于 10 月 20 日 20:30 时抵达装货港,递交装卸准备就绪通知书时船舶还没有办妥联检手续,船舶并没有实际准备就绪,故应从船舶实际开始装货作业的 21 日 15:08 时开始起算装卸时间。至 24 日 02:00 时装货完毕,扣除允许装货的时间和 23 日星期日没有装货的时间,船舶速遣 1 天 57.15 分,原告应支付被告速遣费 1819.48 美元。SEVERN 轮于 11 月 8 日 15:36 时抵达卸货港,并递交装卸准备就绪通知书,依约应从 9 日 06:00 时起算装卸时间,至卸货完毕时止,扣除允许卸货的时间和依约应扣除的开舱、罢工、星期五、因雨影响卸货的时间及船舶吊机故障影响卸货的时间等除外时间，SEVERN 轮滞期 1 天 21 小时 29.68 分，被告应支付原告滞期费 6634.64 美元。原告请求吊机损坏的损失，因没有提供证据，不予支持。

根据《中华人民共和国海商法》第九十八条、《中华人民共和国民法通则》第一百一十一条、第一百一十二条的规定，被告深圳蛇口万事达实业有限公司赔偿原告泛洋航运贸易公司运费、船舶亏舱费、滞期费共计 9 544.09 美元及其自 1995 年 7 月 31 日起至 1996 年 3 月 18 日止中国人民银行同期贷款利率计算的利息。

参 考 文 献

[1] 杨志刚，王立坤，周鑫. 国际集装箱多式联运实务法规与案例［M］. 北京：人民交通出版社，2006.
[2] 谢东建. 集装箱运输管理［M］. 北京：中国物资出版社，2007.
[3] 王艳艳. 集装箱运输管理［M］. 北京：北京理工大学出版社，2007.
[4] 楼伯良. 集装箱运输管理［M］. 上海：华东师范大学出版社，2007.
[5] 郭丽颖. 集装箱运输学［M］. 武汉：武汉理工大学出版社，2008.
[6] 武德春，鲁广斌. 集装箱运输管理［M］. 北京：机械工业出版社，2007.

第 9 章

国际多式联运

本章要点

- 了解国际多式联运的定义与特征；
- 了解国际多式联运的优越性；
- 熟悉多式联运经营人的含义及其特征；
- 掌握开展国际多式联运经营的条件；
- 掌握国际多式联运的主要业务及程序；
- 掌握国际多式联运单据。

【开篇案例】

无单放货谁之过错

2001年12月6日，原告中化国际贸易股份有限公司一纸诉状将被告某公司以海上货物运输合同无正本提单放货为由诉至天津海事法院。原告称，2000年1月至2001年5月间，原告与韩国某公司签订服装贸易系列合同，由原告分期分批向韩国公司出口。合同签订后，原告分期分批委托被告承运出口服装，被告向原告签发了相应正本提单24份，而韩国公司并未付款赎单。2001年11月14日，原告持24份正本提单到釜山港保税仓库处理该批货物时，得知价值576 728.06美元的货物已被他人提走。而被告则认为，其从未办理过放货手续，没有过失，不应承担责任。且根据海商法的规定，原告的起诉已超过诉讼时效。那么，价值五十余万美元，近七千箱货物在未见正本提单的情况下被提走，究竟是谁之过错？

天津海事法院经过审查，认为被告是否存在无单放货行为是争议的焦点。原告手持24份正本提单、售货合同、商业发票及韩国釜山港保税仓库的单证，证明被告未收回正本提单而将货物放行。被告则提供了韩国关税法、关税厅告示，其规定韩国进口的货物应储存在保税库，进口货物通关不需要提单正本及承运人的放货指示，还提供了保税运输申报书，证明其已将货物交给保税库，义务已经完成，放货是韩国主管部门的行为，被告无过错。

思考题：谁应承担无单放货的责任？

9.1 国际多式联运概述

国际多式联运是一种利用集装箱进行联运的新的运输组织方式。它通过采用海、陆、空等两种以上的运输手段，完成国际间的连贯货物运输，从而打破了过去海、铁、公、空等单一运输方式互不连贯的传统做法。如今，提供优质的国际多式联运服务已成为集装箱运输经营人增强竞争力的重要手段。

9.1.1 国际多式联运的定义与特征

国际多式联运（International Multimodal Transport）是一种以实现货物整体运输的最优化效益为目标的联运组织形式。它通常是以集装箱为运输单元，将不同的运输方式有机地组合在一起，构成连续的、综合性的一体化货物运输。通过一次托运，一次计费，一份单证，一次保险，由各运输区段的承运人共同完成货物的全程运输，即将货物的全程运输作为一个完整的单一运输过程来安排。然而，它与传统的单一运输方式又有很大的不同。根据1980年《联合国国际货物多式联运公约》（简称"多式联运公约"）及1997年我国交通部和铁道部共同颁布的《国际集装箱多式联运管理规则》的定义，国际多式联运是指"按照多式联运合同，以至少两种不同的运输方式，由多式联运经营人将货物从一国境内接管货物的地点运至另一国境内指定地点交付的货物运输"。根据该定义，结合国际上的实际做法，可以得出，构成国际多式联运必须具备以下特征或称基本条件。

（1）必须由一个多式联运经营人对货物运输的全程负责。该多式联运经营人不仅是订立多式联运合同的当事人，是独立的法律实体，也是多式联运单证的签发人。在联运业务中作为总负责人对全程负责，及其对货物在运输途中的损坏负赔偿责任。当然，在多式联运经营人履行多式联运合同所规定的运输责任的同时，可将全部或部分运输委托他人（分承运人）完成，并订立分运合同。但分运合同的承运人与托运人之间不存在任何合同关系。

（2）必须具有一份多式联运合同。该运输合同是多式联运经营人与托运人之间权利、义务、责任与豁免的合同关系和运输性质的确定，也是区别多式联运与一般货物运输方式的主要依据。

（3）必须使用一份全程多式联运单证。它是证明多式联运经营人接管货物和负责按合同条款交付货物所签发的凭证。该单证应满足不同运输方式的需要，并按单一运费率计收全程运费。

（4）必须是至少两种不同运输方式的连续运输。

（5）必须是国际间的货物运输。这不仅是为区别于国内货物运输，主要是涉及国际运输法规的适用问题。

由此可见，国际多式联运的主要特点是，由多式联运经营人对托运人签订一个运输合同，统一组织全程运输，实行运输全程一次托运，一单到底，一次收费，统一理赔和全程负责。它是一种以方便托运人和货主为目的的先进的货物运输组织形式。

9.1.2　国际多式联运的优越性

国际多式联运是一种比区段运输高级的运输组织形式，它集中了各种运输方式的特点，扬长避短，融合为一体，组成连贯运输。20世纪60年代末，美国首先试办多式联运业务，受到货主的欢迎。随后，国际多式联运在北美、欧洲和远东地区开始采用。20世纪80年代，国际多式联运已逐步在发展中国家实行。目前，国际多式联运已成为一种新型的重要的国际集装箱运输方式，受到国际航运界的普遍重视。国际多式联运是今后国际运输发展的方向，这是因为开展国际集装箱多式联运具有许多优越性，主要表现在以下几个方面。

1) 手续简便

在国际多式联运方式下，无论货物运输距离有多远，由几种运输方式共同完成，且不论运输途中货物经过多少次转换，所有一切运输事项均由多式联运经营人负责办理。而托运人只需办理一次托运，订立一份运输合同，一次支付费用，一次保险，从而省去托运人办理托运手续的许多不便。同时，由于多式联运采用一份货运单证，统一计费，因而也可简化制单和结算手续，节省人力和物力，此外，一旦运输过程中发生货损货差，由多式联运经营人对全程运输负责，从而也可简化理赔手续，减少理赔费用。

2) 安全准确

在国际多式联运方式下，各个运输环节和各种运输工具之间配合密切，衔接紧凑，货物所到之处中转迅速及时，大大减少货物的在途停留时间，从而从根本上保证了货物安全、迅速、准确、及时地运抵目的地，因而也相应地降低了货物的库存量和库存成本。同时，多式联运系通过集装箱为运输单元进行直达运输，尽管货运途中须经多次转换，但由于使用专业机械装卸，且不涉及箱内货物，因而货损货差事故大为减少，从而在很大程度上提高了货物的运输质量。

3) 降低成本

由于多式联运可实行门到门运输，因此对货主来说，在货物交由第一承运人以后即可取得货运单证，并凭此向银行结汇，从而提前了结汇时间。这不仅有利于加速货物占用资金的周转，而且可以减少利息的支出。此外，由于货物是在集装箱内进行运输的，因此从某种意义上来看，可相应地节省货物的包装，理货和保险等费用的支出。

4) 合理运输

对于区段运输而言，由于各种运输方式的经营人各自为政，自成体系，因而其经营业务范围受到限制，货运量相应也有限。而一旦由不同的运经营人共同参与多式联运，经营的范围可以大大扩展，同时可以最大限度地发挥现有设施和设备的作用，选择最佳的运输路线，实现合理化运输。

5) 其他作用

从政府的角度来看，发展国际多式联运具有以下重要意义：有利于加强政府部门对整个货物运输链的监督与管理；保证本国在整个货物运输过程中获得较大的运费收入分配比例；

有助于引进新的先进运输技术；减少外汇支出；改善本国基础设施的利用状况；通过国家的宏观调控与指导职能保证使用对环境破坏最小的运输方式达到保护本国生态环境的目的。

9.2 国际多式联运经营人

9.2.1 多式联运经营人的含义及其特征

国际多式联运经营人（Combined Transport Operator，CTO），指其本人或通过其代理同托运人订立多式联运合同的人。可是实际承运人，也可是无船承运人（Non-vessel Operating Carrier，NVOC）。我国《国际集装箱多式联运管理规则》对多式联运经营人所下的定义是"多式联运经营人（Multimodal Transport Operator，MTO）是指本人或者委托他人以本人的名义与托运人订立一项多式联运合同并以承运人身份承担完成此项合同责任的人"。由此可见，多式联运经营人是一个独立的法律实体，他的身份是一个对货主（托运人）负有履行合同责任的承运人。

作为国际多式联运的主体，多式联运经营人从法律的角度讲，具有以下基本特征。

（1）多式联运经营人本人或其代表必须就多式联运的货物与货主（托运人）本人或其代表订立多式联运合同，而且该合同须使用两种或两种以上运输方式完成货物全程运输，同时合同中的货物系国际间货物。

（2）从货主或其代表那里接管货物时起即签发多式联运单证，并对接管的货物开始负责。

（3）承担多式联运合同规定的与运输和其他服务有关的责任，并保证将货物交给多式联运单证的持有人或单证中指定的收货人。

（4）对运输全过程中所发生的货物灭失或损害，多式联运经营人首先对货物受损人负责，并应具有足够的赔偿能力，这不影响多式联运经营人向造成实际货损的分包承运人的追偿权利。

（5）多式联运经营人应具备与多式联运所需要的、相适应的技术能力，应确保自己签发的多式联运单证的流通性，并使其作为有价证券在经济上具有令人信服的担保程度。

9.2.2 多式联运经营人的类型

国际上通常根据多式联运经营人是否实际参加海上运输而将其分为以下两种类型。

1) 以船舶运输经营为主的多式联运经营人（Vessel Operating Multimodal Transport Operators，VO-MTO）

随着集装箱运输的发展，众多船舶所有人已将他们的服务范围扩展到包括陆上运输和航空运输在内的其他运输方式。这种多运输方式的结合使船舶运输经营人成为多式联运经营人。这类"有船"多式联运经营人通过与有关承运人订立分包合同（Subcontract）来安排这些类型的运输。此外，他们通常还会订立内陆装卸、仓储及其他辅助服务的分合同。

2) 无船多式联运经营人（Non-vessel Operating Multimodal Transport Operators，NVO-MTO）

无船多式联运经营人是指不拥有和不掌握船舶的承运人。他利用船舶经营人的船舶，向货主提供运输服务，并承担运输责任。国际上将此类经营人又称为"无船公共承运人"（Non-vessel Operating Common Carriers，NVOCC）。无船多式联运经营人主要有以下三种状态。①除海上承运人以外的运输经营人，他们同样通过采用多种运输方式安排货物的门到门运输；②作为承运人承担并履行多式联运合同的全部责任，但不拥有或经营船队和其他任何运输工具的货运代理人、报关经纪人及装卸公司；③专门提供多式联运服务而通常没有自己的船队的专业多式联运公司。

9.2.3 国际多式联运经营人的责任形式

国际多式联运中货物的全程运输，一般是由多式联运经营人及其代理人和各区段的实际承运人共同完成。如果货物在运输过程中发生灭失、损害或延误，是由多式联运经营人负责，还是由实际承运人负责？在不同的区段，以不同的方式发生时，是依据同一标准进行赔偿，还是根据损害发生区段所适用的法律规定的标准（即不同标准）进行赔偿呢？对多式联运经营人赔偿责任的分析，首先必须确定责任制（Liability Regime），即其应承担责任的范围。在目前的国际集装箱多式联运中，经营人所负的责任范围主要有以下两种类型。

1) 统一责任制

统一责任制（Uniform Liability System）（又称同一责任制）是指多式联运经营人对货主负有不分区段的统一原则责任，也就是说经营人在整个运输中都使用同一责任向货主负责。即经营人对全程运输中货物的灭失、损坏或延期交付负全部责任，无论事故责任是明显的，还是隐蔽的；是发生在海运段，还是发生在内陆运输段，均按一个统一原则由多式联运经营人统一按约定的限额进行赔偿。但如果多式联运经营人已尽了最大努力仍无法避免的或确实证明是货主的故意行为过失等原因所造成的灭失或损坏，经营人则可免责。

统一责任制是一种科学、合理、手续简化的责任制度。但这种责任制对联运经营人来说责任负担较重，因此目前在世界范围内采用还不够广泛。

2) 网状责任制

网状责任制（Network Liability System）（又称混合责任制）是指多式联运经营人对货主承担的全部责任局限在各个运输部门规定的责任范围内，也就是由经营人对集装箱的全程运输负责，而对货物的灭失、损坏或延期交付的赔偿，则根据各运输方式所适用的法律规定进行处理，如海上区段按《海牙规则》处理，铁路区段按《国际铁路运输公约》处理，公路区段按《国际公路货物运输公约》处理，航空区段按《华沙公约》处理。在不适用上述国际法时，则按相应的国内法规定处理。同时，赔偿限额也是按各区段的国际法或国内法的规定进行赔偿，对不明区段的货物隐蔽损失，或作为海上区段按《海牙规则》处理，或按双方约定的原则处理。

网状责任制是介于全程运输负责制和分段运输负责制这两种负责制之间的一种责任制，故又称混合责任制。也就是该责任制在责任范围方面与统一责任制相同，而在赔偿限额方面则与区段运输形式下的分段负责制相同。目前，国际上大多采用的就是网状责任制。

9.3 开展国际多式联运经营的条件

1. 我国对开展国际多式联运经营企业的资格要求

《中华人民共和国国际货物运输代理业管理规定》明确规定：国务院对外贸易经济合作主管部门负责对全国的国际货物运输代理业实施监督管理。在我国从事国际货物运输代理的企业必须具备以下条件。

(1) 必须依法取得中华人民共和国企业法人资格。
(2) 有与其从事的国际货物运输代理业务相适应的专业人员。
(3) 有固定的营业场所和必要的营业设施。
(4) 有稳定的进出口货源市场。
(5) 国际货物运输代理企业的注册资本最低限额应当符合下列要求：

经营海上国际货物运输代理业务的，注册资本最低限额为 500 万元人民币；经营航空国际货物运输代理业务的，注册资本最低限额为 300 万元人民币；经营陆路国际货物运输代理业务或者国际快递业务的，注册资本最低限额为 200 万元人民币。经营前款两项以上业务的，注册资本最低限额为其中最高一项的限额。国际货物运输代理企业每设立一个从事国际货物运输代理业务的分支机构，应当增加注册资本 50 万元。

2. 开展国际多式联运经营的条件

国际多式联运涉及多种运输方式，是综合性的一体化运输。因此，开展国际多式联运经营应具备比单一运输方式更为先进、更为复杂的技术条件。这些条件如下。

1) 必须具有企业法人资格

经营国际多式联运的企业，必须在取得国家主管部门批准的经营资格后，到所在地区工商行政管理部门登记注册手续，取得企业法人资格。具备了独立经营权，企业自己或委托代理人才能够与托运人、各区段承运人，以及相关的其他关系人签订合同，从而经营国际货物多式联运，对货物的全程负责。

2) 具有从事国际多式联运所需的专业知识、技能和经验

开展国际多式联运经营，必须具备丰富的专业知识、技能和经验，能全面、及时地了解和掌握国际贸易与运输的有关法律程序、实务及市场的最新动态，以及有关的实际承运人和码头、港站的费率水平与成本结构等，以便缮制多式联运单据和制定国际多式联运单一费率。

3) 具有一个较为完整的国际多式联运经营网络

开展国际多式联运经营，必须拥有覆盖其所有服务领域的国际网络，该网络通常由各

分支机构、子公司、代理机构等组成；同时，应采用现代化的通信手段（如 EDI）将网络的各机构和环节紧密地联系起来。要建立和开发自己的联运线路、集装箱货运站以完善经营网络。

4）具有与经营业务相适应的资金能力

开展国际多式联运经营，必须拥有足够的自有资金，以满足经营业务开展的需要；同时，一旦发生货物的损坏或灭失，有能力承担对货主的赔偿责任。

5）具有国际多式联运的运输单证

国际多式联运对国际多式联运的经营人来说工作繁杂，但对托运人来说却很方便。为了把方便留给托运人，国际多式联运经营人必须签发自己的联运单证，作为与托运人之间的运输合同，同时还要确保其流通性。

6）具有组织社会各种运输方式的能力

国际多式联运经营人要完成运输任务，就要能把各具特色的运输方式融为一体，充分发挥不同运输方式的优越性，克服不同运输工具对单证、货物交接和设备等不同要求造成的困难。

9.4 国际多式联运的主要业务及程序

1. 国际多式联运的主要业务

1）接受托运申请，订立多式联运合同

多式联运经营人根据货主的托运申请和自己实际情况，判断是否接受申请。如果能够接受，则双方议定有关事项（如货物交接方式、时间、地点、付费方式等）后，在交给发货人和代理人的场站收据（空白）副本上签章（必须是海关能接受的），证明接受托运申请，多式联运合同已经订立并开始执行。

2）空箱的发放、提取和运送

国际多式联运使用的集装箱一般应由经营人提供。这些集装箱来源主要有三个途径：一是承运人自己购置使用的集装箱；二是向租箱公司租用的集装箱，这类集装箱一般在货物起运地点附近提箱，而在交货地点附近还箱；三是由全程运输中的某一分运人提供，这类箱一般需要在多式联运经营人为完成合同运输与该分运人（一般是海上区段承运人）订立分运合同后获得使用权。

如果双方协议由发货人自行装箱，则多式联运经营人应签发提箱单或者把租船公司或分公司签发的提箱单交给发货人或其代理人，由他们在规定的日期内到指定的堆场提箱并自行将空箱托运到货物装箱地点，准备装货。如果发货人委托，亦可由经营人办理从堆场到装箱地点的空箱托运（这种情况需加收空箱托运费）。

如果是拼箱货或整箱货，而发货人无装箱条件不能自装时，则由多式联运经营人将所用空箱调运至接受货物的集装箱货运站，做好装箱准备。

3）出口报关

若联运从港口开始，则在港口报关。若从内陆地区开始，应在附近的内地海关办理报关。出口报关事宜一般由发货人或其代理人办理，也可委托多式联运经营人代为办理（这种情况需要加收报关服务费及报关手续费，并由发货人负责海关派员所产生的全部费用）。报关时应提供场站收据、装箱单、出口许可证等有关单据和文件。

4）货物装箱及接受货物

若是发货人自行装箱，发货人或其代理人提取空箱在自己的工厂或仓库组织装箱，装箱工作一般要在报关后进行，并请海关派员到装箱地点监装和办理加封事宜。如需理货，还应请理货人员现场理货并与之共同制作装箱单。

若发货人不具备装箱条件，可委托多式联运经营人或货运站装箱（指整箱货情况），发货人应将货物以原来形态运至指定的货运站由其代为装箱。

若是拼箱货物，发货人应负责将货物运至指定的集装箱货运站，由货运站按多式联运经营人的指示装箱。

无论装箱工作由谁负责，装箱人均需制作装箱单，办理海关监装与加封事宜。

5）订舱和安排货物运送

经营人在合同签订后，应制订该合同涉及的集装箱货物的运输计划。该计划包括货物运输的路线、区段的划分、各区段实际承运人的选择确定、各区段衔接地点的到达起运时间等内容。这里订舱是指多式联运经营人要按照运输计划安排洽谈各区段的运输工具，与选定的各实际承运人订立各区段的分运合同。

6）办理保险

在发货人方面，应投保货物运输险。该保险由发货人自行办理，或由发货人承担费用由经营人代为办理。货物运输保险可以是全程的，也可分段投保。

在多式联运经营人方面，应该投保货物责任险和集装箱保险，由经营人或其代理人向保险公司或以其他形式办理。

7）签发多式联运提单、组织完成货物的全程运输

多式联运经营人的代表收取货物后，经营人应向发货人签发多式联运提单。在把提单交给发货人之前，应注意按双方协定的付费分工及内容、数量向发货人收取全部应付费用。

多式联运经营人应该组织各区段实际承运人、各派出机构及代表人共同协调工作，完成全程运输过程。

8）运输过程中的海关业务

按惯例，国际多式联运的全程运输（包括进出口国内陆段运输）均应视为国际货物运

输。因此，该环节工作主要包括货物及集装箱进口国的通关手续、进口国内陆段保税（海关监管）运输手续及结关等内容。如果陆上运输要通过其他国家海关和内陆运输线路，还应包括这些海关的通关及保税运输手续。

这些海关业务一般由多式联运经营人的派出机构或者代理人办理，亦可由各区段的实际承运人作为多式联运经营人的代表代为办理。由此产生的费用全部应该由发货人或者收货人负担。

如果货物在目的港交货，则结关应该在港口所在地海关进行。如在内地交货，则应该在口岸办理保税（海关监管）运输手续，海关加封后方可运往内陆目的地，在内陆海关办理结关手续。

9) 货物交付

当货物运至目的地后，由目的地代理通知收货人提货。收货人凭多式联运提单提货，经营人或其代理人需按合同规定，收取收货人应付的全部费用。收回提单后签发提货单（交货记录），提货人凭提货单到指定的堆场（整箱货）和集装箱货运站（拼箱货）提取货物。

如果是整箱提货，则收货人要负责至掏箱地点的运输，并在货物掏出后将集装箱运回指定的堆场，至此运输合同终止。

10) 货物运输事故处理

如果全程运输过程中发生了货物灭失、损害和运输延误，无论能否确定损害发生区段，发（收）货人均可向多式联运经营人提出索赔。多式联运经营人根据提单条款及双方协议确定责任并作出赔偿。如果能够确定发生事故的区段和实际责任者，可向其进一步索赔。如果不能确定事故发生区段时，一般按在海运段发生处理。如果已经对货物及其责任投保，则存在要求保险公司赔偿和保险公司进一步追索问题。如果受损人和责任人之间不能取得一致，则需要在诉讼时效内提起诉讼和仲裁解决。

2. 国际多式联运的程序

国际多式联运的程序如图 9-1 所示。

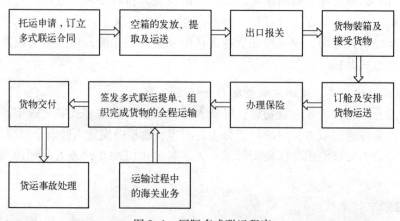

图 9-1　国际多式联运程序

9.5 国际多式联运单据

9.5.1 国际多式联运单据

国际多式联运单据（Multimodal Transport Document，M.T.D. 或 Combined Transport Document，C.T.D.），是指证明国际多式联运合同及证明多式联运经营人接管货物，并负责按照合同条款交付货物的单据，它是为适应国际集装箱运输需要而产生的，在办理国际多式联运业务时使用。国际多式联运单据也称为国际多式联运提单（Multimodal Transport B/L or Combined Transport B/L）。多式联运单据并不是多式联运合同，而只是多式联运合同的证明，同时是多式联运经营人收到货物的收据和凭其交货的凭证。根据我国于1997年10月1日施行的《国际集装箱多式联运管理规则》，国际集装箱多式联运单据（简称"多式联运单据"）是指证明多式联运合同及多式联运经营人接管集装箱货物并负责按合同条款交付货物的单据，该单据包括双方确认的取代纸张单据的电子数据交换信息。

1. 国际多式联运单据的性质与作用

1) 国际多式联运合同的证明

国际多式联运单据是双方在运输合同确定的权利和责任的准则。在国际多式联运成立后签发多式联运单据，因此，它不是运输合同，而是运输合同的证明。在国际多式联运的内容和条款中规定双方当事人订立的合同条款与实体内容。托运人在订立运输合同前应了解运输单据上的所有条款，除非另有协议外，应把单据内容和条款作为双方权利义务和责任的准则。

2) 国际多式联运经营人接管货物的收据

国际多式联运经营人向托运人签发多式联运单据表明已承担运送货物的责任并占有了货物。《联合国国际货物多式联运公约》第五条第1款规定"多式联运经营人接管货物时，应签发一项多式联运单证。该单证应依发货人的选择，或为可转让单证，或为不可转让单证。"《1991年联合国贸易和发展会议/国际商会多式联运单证规则》第三条规定"载入多式联运单证的资料应当是多式联运经营人按照此种资料接管货物的初步证据，除非已有相反的注明，例如，托运人的重量、装载和计数、托运人装载的集装箱或类似表述已在单证上以印就文本或批注作出。"

3) 货物所有权的证明

国际多式联运单据持有人可以押汇、流通转让，因为国际多式联运单据是货物所有权的证明，可以产生货物所有权转移的法律效力。根据《1993年跟单信用证统一惯例》（国际商会第500号出版物）第26条规定，如果信用证要求提供至少包括两种不同运输方式（多式运输）的运输单据，除非信用证另有规定，银行将接受下述运输单据：表面注明承运人的名称或多式运输营运人的名称，并由承运人或多式运输营运人或作为承运人或多式运输营运人的具名代理或代表签字或以其他方式证实；及注明货物已发运、接受监管或已装载者。发运、接受监管或装载，可在多式运输单据上以文字表明，且出单日期即视为发运、接受监管或装载日期及装运日期。然而，如果单据以盖章或其他方式标明发运、接受监管或装载日期，则此类日期即视为装运日期，及注明信用证规定的货物接受监管地，该接受监管地可以不同于装货港、装货机场和装货地，及注明信用证规定的最终目的地，该最终目的地可以与卸货港、卸货机场或卸货地不同，及在所有其他方面均符合信用证规定者。

4）收货人提取货物和国际多式联运经营人交货的凭证

收货人或第三人在目的地提取货物时，必须凭国际多式联运单据换取提货单（收货记录）才能提货。

2. 国际多式联运单据与联运提单的区别

国际多式联运单据在使用的形式上与联运提单有相同之处，但在其性质上又有极大区别。两者主要区别如下。

（1）联运提单限于由海运与其他运输方式所组成的联合运输使用，而多式联运单据既可用于海运与其他运输方式的联运，又可用于不包括海运的其他运输方式的联运，但必须是两种或两种以上不同运输方式的联运。

（2）联运提单由承运人、船长或承运人的代理人签发，多式联运单据则由多式联运经营人或经其授权的人签发，多式联运经营人可以是完全不掌握运输工具的无船承运人，全程运输由经营人安排其他承运人负责。

（3）联运提单的签发人仅对第一程运输负责，而多式联运的签发人则要对全程负责，无论货物在任何区段发生属于承运责任范围的灭失或损害，均对托运人负责。

（4）联运提单是货物装船之后，由第一承运人签发的全程联运提单，它属于已装船提单，而多式联运单据可以是已装船的，但大部分是在联运经营人接管货物后准备待运时签发的单据。

3. 国际多式联运单据的内容

对于国际集装箱多式联运单据的记载内容，《联合国国际货物多式联运公约》及我国的《国际集装箱多式联运管理规则》都作了具体规定，根据我国的《国际集装箱多式联运管理规则》的规定，多式联运单据应当载明下列事项：

（1）货物名称、种类、件数、重量、尺寸、外表状况、包装形式；

（2）集装箱箱号、箱型、数量、封志号；

（3）危险货物、冷冻货物等特种货物应载明其特性、注意事项；

（4）多式联运经营人名称和主营业所；

（5）托运人名称；

（6）多式联运单据表明的收货人；
（7）接受货物的日期、地点；
（8）交付货物的地点和约定的日期；
（9）多式联运经营人或其授权人的签字及单据的签发日期、地点；
（10）交接方式，运费的支付，约定的运达期限，货物中转地点；
（11）在不违背我国有关法律、法规的前提下，双方同意列入的其他事项。

当然，缺少上述事项中的一项或数项，并不影响该单据作为多式联运单据的法律效力。

《联合国国际货物多式联运公约》对多式联运单据所规定的内容与上述规则基本相同，只是公约中还规定多式联运单据应包括下列内容：
（1）表示该多式联运单据为可转让或不可转让的声明；
（2）预期经过的路线、运输方式和转运地点，如果在签发多式联运单证时已经确知。

4. 国际多式联运单据的转让

国际多式联运单据分为可转让的和不可转让的。根据《联合国国际货物多式联运公约》的要求，国际多式联运单据的转让性在其记载事项中应有规定。

作为可转让的多式联运单据，具有流通性，可以像提单那样在国际货物买卖中扮演重要角色。多式联运公约规定，多式联运单据以可转让方式签发时，应列明按指示或向持票人交付：如列明按指示交付，须经背书后转让；如列明向持票人交付，无须背书即可转让。此外，如签发一套一份以上的正本，应注明正本份数；如签发任何副本，每份副本均应注明"不可转让副本"字样。对于签发一套一份以上的可转让多式联运单据正本的情况，如多式联运经营人或其代表已正式按照其中一份正本交货，该多式联运经营人便已履行其交货责任。

作为不可转让的多式联运单据，则没有流通性。多式联运经营人凭单据上记载的收货人而向其交货。按照多式联运公约的规定，多式联运单据以不可转让的方式签发时，应指明记名的收货人。同时规定，多式联运经营人将货物交给此种不可转让的多式联运单据所指明的记名收货人或经收货人通常以书面正式指定的其他人后，该多式联运经营人即已履行其交货责任。

对于多式联运单据的可转让性，我国的《国际多式联运管理规则》也有规定。根据该规则，国际多式联运单据的转让依照下列规定执行。
（1）记名单据：不得转让。
（2）指示单据：经过记名背书或者空白背书转让。
（3）不记名单据：无须背书，即可转让。

9.5.2　多式联运提单

1. 多式联运提单

多式联运提单（Multimodal Transport B/L95）是由波罗的海航运公会的单证委员会于

1995年5月正式命名的单证名称。由于不同国家和船公司对该提单的认识不同，至今仍有相当部分的人将多式联运提单理解为集装箱联运提单（Combined Transport B/L）。但业已通过的《联合国国际货物多式联运公约》第一次将两者的不同以条款规定为：多式联运是指全程运输至少使用两种或两种以上运输工具完成货物运输，而联运则使用同一种运输工具完成货物的全程运输。无疑，多式联运可满足集装箱综合一体化的门到门运输，而联运则不能满足这一要求，多式联运提单的制定不仅再次强调了货物全程运输应使用的运输工具，更为重要的是统一并明确了集装箱多式联运下所允许使用的提单的概念。

在《联合国国际货物多式联运公约》制定并通过以后，考虑到该公约得到有关国家的批准并生效的速度较慢，为确保该公约生效前国际多式联运能有效地进行，有关国际组织决定制定一个临时性的规则，这就是由联合国贸发会（UNCTAD）会同国际商会（ICC）等有关国际商业组织制定的《UNCTAD/ICC多式联运单据统一规则》，并同意替代现行的《ICC联运单证统一规则》。波罗的海航运公会在制定多式联运提单时，正是全面、公正地融合了业已通过的多式联运公约及UNCTAD/ICC规则的内容，充分照顾到多式联运下各当事人的利益，本着国际集装箱多式联运的特点，制定出为各方能普遍接受的，且又能实际应用的单证。

从提单正面内容看，多式联运提单与现行的一般联运提单并无多大区别，主要区别在于，该多式联运提单通常注明为可转让（Negotiable）或不可转让（Non-negotiable）。不过，从两者内涵分析，在有些方面却有着截然的不同，主要表现在以下几方面。

1）多式联运提单采用网状责任制

如前所述，现行的国际集装箱多式联运经营人责任制形式主要有三种，即单一责任制、网状责任制及统一责任制。多式联运提单采用的是网状责任制，这与多式联运公约所采用的责任制形式不同。不过，目前国际集装箱多式联运下使用较多的是网状责任制，这是因为单一责任制明显保护承运人的利益，在当今航运市场已不受货主欢迎，属于一种淘汰责任制形式；而统一责任制对承运人责任过重，有时承运人无法承担，也不利于航运市场的发展。因此，多式联运提单采用网状责任制能为运输各方所接受。

2）多式联运提单签发人

多式联运提单签发人的规定是为满足国际商会跟单信用证500（UCP-ICC500）的有关规定。跟单信用证500第26条规定：多式联运单据正面应明显地注明承运人或多式联运经营人，或其他所授权的人才能有资格签发多式联运单据。因此，多式联运提单将其签发人规定为：承运人或多式联运经营人或他所指定的代理人；船长或其指定的代理人。

2. 多式联运提单的缮制及审核

多式联运提单的格式，每家船公司都有自己不同的格式，但各项栏目、内容基本一致。出口商缮制提单和银行审核提单的基本要求是"单证相符"。

下面介绍多式联运提单的缮制及审核中应注意的事项。如表9-1所示。

表 9-1 多式联运提单

托运人 Shipper		B/L No. 中国对外贸易运输总公司 CHINA NATIONAL FOREIGN TRADE TRANSPORTATION CORP. GA 联运提单 COMBINED TRANSPORT BILL OF LADING RECEIVED the goods in apparent good order and condition as specified below unless otherwise stated herein. The Carrier, in accordance with the provisions contained in this document. 　　1) undertakes to perform or to procure the performance of the entire transport from the place at which the goods are taken in charge to the place designated for delivery in this document, and 　　2) assumes liability as presribed in this document for such transport. One of the Bills of Lading must be surrendered duly indorsed in exchange for the goods or delivery order.	
收货人或指示 Congsignee or order			
通知地址 Notify address			
前段运输 Pre-carriage by	收货地点 Place of receipt		
海运船只 Ocean vessel	装运港 Port of loading		
卸货港 Port of discharge	交货地点 Place of delivery	运费支付地 Freight payable at	正本提单份数 No. of original B/L
标志和号码 Marks & Nos.	件数和包装种类 Number and kind of packages	商品名称 Description of goods　　毛重(千克) Gross weight (kgs.)	尺码(立方米) Measurement (m^3)
		以上细节由托运人提供 ABOVE PARTICULARS FURNISHED BY SHIPPER	
运费和费用 Freight and charges		IN WITNESS where of the number of original Bills of Lading stated above have been signed, one of which being accomplished, the other(s) to be void.	
		签单地点和日期 Place and date of issue	
		代表承运人签字 Signed for or on behalf of the Carrier 　　　　　　　　　　　　　　　　　　　　代理 　　　　　　　　　　　　　　　　　　　as Agents	

SUBJECT TO THE TERMS AND CONDITIONS ON BACK

1) B/L No., 提单号码

提单上必须注明编号,以便核查,该号码与装货单(又称大副收据)或(集装箱)场站收据的号码是一致的。没有编号的提单无效。提单编号一般由代表公司名称的4位字母和代表该航次及序号的 8 位数字组成。

2) Shipper，托运人

托运人也称发货人 Consignor，是指委托运输的当事人。如信用证无特殊规定，应以受益人为托运人。如果受益人是中间商，货物是从产地直接装运的，这时也可以实际卖方为发货人，因为按 UCP500 规定，如信用证无特殊规定，银行将接受以第三者为发货人的提单。

3) Consignee，收货人

这是提单的抬头，是银行审核的重点项目。应与托运单中"收货人"的填写完全一致，并符合信用证的规定。如果属于信用证项下的提单，必须严格按照信用证的提单条款缮写，不要擅自改动。如果是托收项下的提单，则一般只能做空白指示或托运人指示提单，即打"Order"或"Order of Shipper"，然后加上托运人的背书，送交托收银行。托收项下的提单切不可做成以买方为抬头人的记名提单，也不可做成以买方为指示人的指示提单，避免在货款尚未收到时，货权即已转移。

4) Notify Party，被通知人

即买方的代理人，货到目的港时由承运人通知其办理报关提货等手续。这是货物到达目的港时船方发送到货通知的对象，有时即为进口人。如果是记名提单或收货人指示提单，而收货人又有详细地址的，则此栏可以不填，信用证也往往不作规定。如果是空白指示提单或托运人指示提单，则必须填写被通知人名称及其详细地址，否则船方将无法与收货人联系。在信用证项下的提单，当信用证对提单被通知人有具体规定时，则须严格按信用证的规定缮写。

5) Pre-carriage by，前段运输；Port of transhipment，转船港

如果货物需转运，则在此两栏分别填写第一程船的船名和中转港口名称。

6) Place of Receipt，收货地点

可根据实际情况填写"北京"（Beijing）、"南京"（Nanjing）或"上海"（Shanghai）等地名。

7) Vessel，船

如果货物需转运，则在这栏填写第二程的船名；如果货物不需转运，则在这栏填写第一程船的船名。是否填写第二程船名，主要是根据信用证的要求，如果信用证并无要求，即使需转船，也不必填写第二程船名。如果来证要求 In case transshipment is effected. name and sailing date of 2nd ocean vessel calling Rotterdam must be shown on B/L（如果转船，至鹿特丹的第二程船船名，日期必须在提单上表示），只有在这种条款或类似的明确表示注明第二程船名的条款下，才应填写第二程船船名。

8) Port of Loading，装运港

（1）应严格按信用证规定填写，装运港之前或之后有行政区的，如 Xingang/Tianjin，应

照加。

(2) 一些国外开来的信用证笼统规定装运港名称，仅规定为"中国港口" Chinese ports，Shipment from China to…，这种规定对受益人来说比较灵活，如果需要由附近其他港口装运时，可以由受益人自行选择。制单时应根据实际情况填写具体港口名称。若信用证规定"Your port"，受益人只能在本市港口装运，若本市没有港口，则事先需要开证人改证。

(3) 如信用证同时列明几个装运港地，提单只填写实际装运的那一个港口名称。

(4) 托收方式中的提单，本栏可按合同的买方名称填入。

9) Port of Discharge，卸货港

此栏填写货物卸船的港口名称。

10) Place of Delivery，交货地

此栏仅在货物被转运时填写，表示承运人最终交货的地点。

11) Freight Payable at，运费支付地

如果是以 FOB 价格条件成交，此栏应填目的港，如果是以 CFR 或 CIF 价格条件成交，此栏应填起运港。或者说，如果提单内注明"运费到付"（Freight Collect），运费支付地应为目的港，如果注明"运费已付或予付"（Freight paid or prepaid），运费支付地应为起运港。但在实际业务中，此栏填不填均可。

12) No. Of Original B/L，正本提单的份数

提单可分为正本和副本。正本提单可以流通、议付，副本则不行。就正本而言，其份数应按信用证规定办理。如信用证有具体份数规定，必须按规定打制。若信用证规定为全套，如写为"Full set of B/L"，则指全套提单按习惯作成 2 份或 3 份正本提单均可，并用大写 TWO 或 THREE 表示。正本提单不论多少张，其中任何一张正本提货后，其他各张正本即告失效。对正、副本提单要求的权利在收货人一方。出口方应对来证中各种份数表示法作出正确判断。如"Full set (3/3) plus 2 N/N copies of original forwarded through bills of lading"，其中的 (3/3) 意为：分子位置的数字指交银行的份数，分母位置的数字指应制作的份数，本证要求向议付银行提交全部制作的三份正本提单。N/N 是 None-Negotiation 的缩写，意为不可议付，即指副本提单。如"Full set less one copy on board marine bills of lading"是指向议付银行提交的已装船海运提单，是全套正本（至少一份正本）提单。如"2/3 original clean on board ocean bills of lading"是指制作三份正本提单，其中两份向议付银行提交。副本提单没有固定的份数，主要分发给那些对提单感兴趣的人或单位，以供其参考或使用。

13) Marks & Nos.，标志和号码

俗称唛头。唛头即为了装卸、运输及存储过程中便于识别而刷在外包装上的装运标记，是提单的一项重要内容，是提单与货物的主要联系要素，也是收货人提货的重要依据。提单上的唛头应与发票等其他单据及实际货物保持一致，否则会给提货和结算带来困难。

(1) 如果信用证上有具体规定，缮制唛头应以信用证规定的唛头为准。如果信用证上没

有具体规定,则以合同为准。如果合同上也没有规定,可按买卖双方私下商定的方案或由受益人自定。

(2) 唛头内的每一个字母、数字、图形、排列位置等应与信用证规定完全一致,保持原形状,不得随便错位、增减等。

(3) 散装货物没有唛头,可以表示"No mark"或"N/M"。裸装货物常以不同的颜色区别,例如,钢材、钢条等刷上红色标志,提单上可以"Red stripe"表示。

14) Number and kind of packages,件数和包装种类

本栏填写包装数量和包装单位。如果散装货物无件数,可表示为"In bulk"散装。包装种类一定要与信用证一致。

15) Description of goods,商品名称

商品名称应按信用证规定的品名及其他单据如发票品名来填写,除信用证另有规定者外,只要打出货物的统称即可,不必详列商品的规格、成分等。

16) Gross weight (kgs.),毛重(千克)

毛重应与发票或包装单相符。如裸装货物没有毛重只有净重,应加 Net weight 或 N.W.,再注具体的净重数量。

17) Measurement,尺码。即货物的体积

以立方米为计量单位,小数点以下保留三位。

18) Freight and charges,运费和费用

此栏标明下列(1)至(5)的全部或部分内容。

(1) 各种费收的类别,例如,海运费、内陆拖车费、燃油附加费等,其中申报货价附加费(Declared Value Charges)专指托运人要求在提单此栏重新标明货物价值后应支付的附加运费。

(2) 运费计收的计算依据。计费单位通常有重量单位 mt(重量吨)、体积单位 CBM(立方米)、件数单位 PC(件)和整箱单位 TEU/FEU 20 ft/40 ft 标箱,其中 TEU/FEU 也可以以 20 ft/40 ft 表示,例如,10×10 ft DC 代表应收取 10 个 10 ft 干货箱的运费。

(3) 各种费用的费率,包括 Ocean Freight(海运费)、BAF(燃油附加费)、CAF(货币附加费)、THC(码头操作费)、Inland Haulage(内陆拖运费)等。

(4) 各种费用的计算单位,例如"箱(UNIT)、重量吨(mt)、立方米(CBM)"。

(5) 货物宣称价值(Optional Declared Value),在客户为逃避承运人责任限制而愿意多支付运费的情况下填写,填写的货值应与货物实际价值相接近。

19) Place and date of issue,提单签发地点和日期

签单地址通常是承运人收受货物或装船的地址,但有时也不一致,例如,收受或装运货物在新港(Xingang)而签单在天津。也有的甚至不在同一国家。提单签发的日期不得晚于信

用证规定的装运期,这对出口商能否安全收汇很重要。本提单正面条款中已有装上船条款(Shipped on board the vessel named above...),在这种情况下签单日期即被视为装船日期。

20) Signed for the carrier,提单签发人签字

按照 UCP500 规定,有权签发提单的是承运人或作为承运人的具名代理或代表,或船长或作为船长的具名代理或代表。如果是代理人签字,代理人的名称和身份与被代理人的名称和身份都应该列明。

复习思考题

一、名词解释

国际多式联运　　　国际多式联运经营人　　　无船多式联运经营人
国际多式联运单据　　多式联运提单

二、填空题

1. 国际上通常根据多式联运经营人是否实际参加海上运输而将其分为_____,_____两种类型。
2. 国际多式联运经营人所负的责任范围主要有_____,_____两种类型。
3. 国际货物运输代理企业每设立一个从事国际货物运输代理业务的分支机构,应当增加注册资本_____万元。
4. 多式联运单据分为_____和_____。
5. 多式联运提单是由_____的单证委员会于 1995 年 5 月正式命名的单证名称。

三、单项选择题

1. 国际多式联运下的网状责任制是指(　　)。
   A. 对全程运输负责,且对各运输区段承担的责任相同
   B. 对全程运输负责,且对各运输区段承担的责任不同
   C. 对全程不负责任,由实际承运人负责
   D. 仅对自己履行的运输区段负责
2. 以下不是国际多式联运所应具有的特点是(　　)。
   A. 签订一个运输合同　　B. 采用一种运输方式　　C. 采用一次托运　　D. 一次付费
3. 国际多式联运公约采用的责任基础为(　　)。
   A. 完全过失责任制　　B. 不完全过失责任制　　C. 严格责任制　　D. 结果责任制
4. 证明海上货物运输合同和货物已经由承运人接收或装船,以及承运人保证据以交付货物的单证是(　　)。
   A. 提单　　　　　　B. 大副收据　　　　　C. 场站收据　　　　D. 海运单
5. 按照我国法律的规定,明知委托事项违法,货运代理人为了自身利益仍然进行货运代

理活动的,则（　　）。
  A. 被代理人不负被追偿责任 B. 货运代理人不负被追偿责任
  C. 货运代理人不负连带责任 D. 委托人和货运代理人都负连带责任
6. 国际货运代理协会联合会简称（　　）。
  A. FIFA B. FIATA C. CIFA D. IATA
7. （　　）是详细记录每个集装箱内所装货物的名称、数量及箱内货物积载情况的单证。
  A. 交货记录 B. 运输单证 C. 装箱单 D. 交接单
8. 信用证规定到期日为2002年5月31日,而未规定最迟装运期,通常按业务习惯则可理解为（　　）。
  A. 最迟装运期为2002年5月10日 B. 最迟装运期为2002年5月16日
  C. 最迟装运期为2002年5月31日 D. 该信用证无效
9. 信用证是依据买卖合同开立的,出口商要保证安全收汇,其所提供的单据必须做到（　　）。
  A. 与买卖合同的规定相符
  B. 与信用证的规定相符
  C. 在信用证与买卖合同不一致时,应以买卖合同的规定为主,适当参照信用证的有关规定
  D. 与所交货物之间相符
10. 下列（　　）单证在海上货物运输实践中也被称为"下货纸"。
  A. 提单 B. 装货单 C. 收货单 D. 提货单

四、多项选择题

1. 下列（　　）属于国际货物运输代理企业的经营范围。
  A. 国际展品运输代理 B. 国际多式联运 C. 私人信函快递业务 D. 报关、报检
2. 国际多式联运运输组织方式从组织体制来说有（　　）。
  A. 委托代理 B. 无船承运 C. 衔接式联运 D. 协作式联运
3. B/L是（　　）。
  A. 运输合同证明 B. 货物收据 C. 交货凭证 D. 物权凭证
  E. 运输合同
4. 多式联运是（　　）的组合。
  A. 不同运输方式 B. 多种运输方式 C. 海、海运输方式
  D. 公、海运输方式 E. 公、铁运输方式
5. 选择海上货物承运人时,主要考虑的因素包括（　　）。
  A. 运输服务的定期性 B. 运输速度 C. 运输费用
  D. 运输的可靠性 E. 承运人的经营状况和承担责任的能力
6. 在使用提单的正常情况下,收货人要取得提货的权利,必须（　　）。

A. 将全套提单交回承运人　　B. 将任一份提单交回承送人
C. 提单必须正确背书　　D. 付清应支付的费用　　E. 出具保函

7. 在国际海上集装箱运输中，运输危险货物时应使用的单据是（　　）。
   A. 危险货物安全适运申报单　　B. 海运危险货物包装容器性能检验结果单
   C. 限重危险货物证明　　D. 集装箱装运危险货物装箱证明书（装箱证明）

8. 船舶载货清单（M/F）是（　　）。
   A. 根据大副收据或提单编制的全船实际载运货物汇总清单
   B. 根据托运单留底联编制的全船待装货物汇总清单
   C. 船舶报关单证
   D. 办理进口货物手续时海关验放单证

9. 提单背书一般分为（　　）。
   A. 记名背书　　B. 指示背书　　C. 空白背书　　D. 任意背书

10. 提单按收货人一栏内的不同记载，可以分为（　　）。
    A. 记名提单　　B. 指示提单　　C. 不记名提单　　D. 海运单

五、判断题（正确的为T，错误的为F）

1. 根据我国海商法，收货人未在规定的时间内就货物损坏书面通知承运人，视为承运人已经按照运输单证的记载交付及货物状况良好的初步证据。（　　）
2. 国际多式联运所运输货物必须是集装箱货物，不可以是一般的散杂货。（　　）
3. 网状责任制下，多式联运经营人按多式联运合同统一规定的标准进行赔偿。（　　）
4. 提单的空白背书，是指在提单背面不作任何背书。（　　）
5. 国际货运代理协会联合会是一个营利性的国际货运代理行业组织，其宗旨是保障和提高国际货运代理在全球的利益。（　　）
6. 集装箱提单背面条款中一般都规定，承运人或其代理人对于事先不知其性质而载运的危险品，途中可任意处置而不负任何责任。（　　）
7. 国际多式联运就是指海陆空三种形式的联合运输。（　　）
8. 国际多式联运公约是调整国际多式联运方面的国际公约，它强制适用多式联运经营人。（　　）
9. 国际多式联运提单就是通常所说的联运提单。（　　）
10. 海运单是海运提单的简称。（　　）

六、简答题

1. 简述国际多式联运的定义与特征。
2. 简述国际多式联运的优越性。
3. 简述多式联运经营人的特征。
4. 开展国际多式联运经营的条件有哪些？
5. 国际多式联运单据与联运提单的区别有哪些？

七、论述题

论述国际多式联运的主要业务。

八、操作题

"交货记录"标准格式一套共五联：①到货通知书；②提货单；③费用账单（蓝色）；④费用账单（红色）；⑤交货记录。根据其流转程序填写相关的单证：

(1) 船舶代理人在收到进口货物单证资料后，通常会向收货人或其代理人发出_____。

(2) 收货人或其代理人在收到"到货通知书"后，凭_____（背书）向船舶代理人换取_____及场站、港区的_____联、_____联等四联。_____经船代盖章方始有效。

(3) 收货人或其代理人持_____在海关规定的期限内备妥报关资料，向海关申报。海关验放后在_____的规定栏目内盖放行章。收货人或其代理人还要办理其他有关手续的，亦应办妥手续，取得有关单位盖章放行。

(4) 收货人及其代理人凭已盖章放行的_____及_____和_____联向场站或港区的营业所办理申请提货作业计划，港区或场站营业所核对船代"提货单"是否有效及有关放行章后，将_____、_____联留下，作放货、结算费用及收费用收据。在第五联"交货记录"联上盖章，以示确认手续完备，受理作业申请，安排提货作业计划，并同意放货。

(5) 收货人及其代理人凭港区或场站已盖章的_____联到港区仓库，或场站仓库、堆场提取货物，提货完毕后，提货人应在规定的栏目内签名，以示确认提取货物的无误。_____上所列货物数量全部提完后，场站或港区应收回_____联。

(6) 场站或港区凭收回的_____联核算有关费用。填制_____一式两联，结算费用。将第三联（蓝色）"费用账单"联留存场站、港区制单部门，第四联（红色）"费用账单"联作为向收货人收取费用的凭证。

(7) 港区或场站将_____联及第四联"费用账单"联、_____联留存归档备查。

部分习题参考答案

二、填空题

1. VO-MTO　NVO-MTO
2. 统一责任制　网状责任制
3. 50
4. 可转让的　不可转让的
5. 波罗的海航运公会

三、单项选择题

1. B　2. B　3. A　4. A　5. D　6. B　7. C　8. C　9. B　10. B

四、多项选择题

1. ABD 2. CD 3. ABCD 4. ABCD 5. ABCDE
6. ABCDE 7. ABD 8. ACD 9. ABC 10. ABC

五、判断题

1. T 2. F 3. F 4. F 5. F 6. F 7. F 8. F 9. F 10. F

八、操作题

（1）①到货通知书

（2）正本提单；②提货单；③/④费用账单；⑤交货记录；②提货单

（3）②提货单；②提货单；

（4）②提货单；③/④费用账单；⑤交货记录；②提货单；③/④费用账单

（5）⑤交货记录；⑤交货记录；⑤交货记录

（6）⑤交货记录；③/④费用账单

（7）②提货单；⑤交货记录

案例分析

1. 某货主委托承运人的货运站装载 1 000 箱小五金，货运站在收到 1 000 箱货物后出具仓库收据给货主。在装箱时，装箱单上记载 980 箱，货运抵进口国货运站，拆箱单上记载 980 箱，由于提单上记载 1 000 箱，同时提单上又加注"由货主装箱、计数"，收货人便向承运人提出索赔，但承运人拒赔。根据题意分析回答下列问题：

（1）提单上类似"由货主装载、计数"的批注是否适用拼箱货，为什么？

（2）承运人是否要赔偿收货人的损失，为什么？

（3）承运人如果承担赔偿责任，应当赔偿多少箱？

2. 国内 A 贸易公司出口货物，并通过 B 货代公司向某国外班轮公司 C 公司订舱出运货物，货装船后，C 公司向 A 公司签发一式三份记名提单。货到目的港口，记名提单上的收货人未取得正本提单的情况下，从 C 公司手中提走货物。A 公司以承运人无单放货为由，在国内起诉 C 公司。（提单上注明适用美国法律。在美国，承运人向记名提单的记名收货人交付货物时，不负有要求记名收货人出示或提交记名提单的义务。）

请根据题意分析并回答：

（1）本案适用何国法律，为什么？

（2）承运人是否承担无单放货责任。（请根据中国海商法和美国法分别阐述为什么。）

3. 中国 A 贸易公司就出口某产品与国外 B 公司达成销售合同，合同规定货物数量 100 mt，可增减 10%，每公吨 USD 500。国外 B 公司所在地 C 银行应 B 公司的申请开立信用证。信用证规定货物总金额为 USD 50000，数量约 100 mt。A 贸易公司在交货时，恰逢市场价格呈下跌趋势。A 贸易公司将 110 mt 货物交船公司托运，并取得船公司签发的正本提单。A 贸易公司凭商业发票（金额为 USD 55000）、提单等单证到银行结汇，但遭到银行拒付，理由是单、证不符。请问：

（1）银行是否有权拒付，理由何在？
（2）A 贸易公司应交多少公吨货物才能既符合信用证的规定，又避免经济损失？
（3）假如银行有权拒付，作为卖方的 A 公司应当如何处理此事？

案例分析参考答案

1.（1）不适用，因为是承运人的货运站代表承运人收货并装箱的，除非货运站代表货主装箱、计数。

（2）是，提单在承运人与收货人之间是绝对证据，收货人有权以承运人未按提单记载数量交货而提出赔偿要求。

（3）20 箱。

2.（1）本案适用美国法律。因为我国海商法规定，合同当事人可以选择适用的法律，B/L 注明适用美国法律，所以应适用美国法律。

（2）①承运人无须承担无单放货责任。因为提单上注明适用美国法律。在美国，承运人向记名提单的记名收货人交付货物时，不负有要求记名收货人出示或提交记名提单的义务。

②承运人承担无单放货责任。因为我国海商法规定，提单是承运人保证据以交付货物的单证，不论是记名提单或非记名提单，承运人均有义务凭正本提单交付货物。

3.（1）有权，根据《UCP500》规定，凡"约"、"近似"、"大约"或类似意义措词用于信用证金额、数量或单价前，应理解为允许对数量、金额或单价有不超过 10% 的增减幅度。本题中信用证金额前无约量的表示，故信用证金额不能增加，如果超过信用证规定金额，容易造成单、证不符，有被拒付的风险。

（2）本题我方应交货 100 mt。

（3）作为卖方，应当即刻请求买方修改信用证，并按修改后的信用证重新再到银行议付。作为卖方还可以请求买方换用其他付款方式，如电汇等。

开篇案例参考答案

本案例系由涉案提单所证明的海上货物运输合同关系。其中涉及一个重要的法律问题，即承运人的责任期间。依照我国《海商法》和国际航运惯例，被告作为承运人，其风险责任自接收货物签发正本提单始至交付货物收回正本提单止。在承运人接收货物、收回正本提单前，本案提单项下货物属于被告的掌管期间，被告对货物负有谨慎保管、正确交付货物之合同义务。在被告掌管期间货物如何交付的举证责任应由被告承担，被告如不能举证证明其已正确履行货物交付义务，则被告应承担举证不能的法律后果。本案货物运抵目的港，储存于当地保税仓库，只是运输过程中的一个环节，在未收回正本提单前，被告的合同义务并未完成。被告所举韩国的有关规定，不能成为免除承运人向正本提单持有人交付货物的合同义务。

另一个需要注意的问题是诉讼时效期间。海上货物运输合同纠纷，根据我国海商法的规定，时效期间为一年，自承运人交付或者应当交付货物之日起计算。承运人应向特定对象交付，而非向任何人交付。本案承运人向非正本提单持有人交付货物，不能视为履行交货义务，因而不能作为提单持有人向承运人索赔的诉讼时效起算依据。托运人只有收到结汇银行退回的单证，才能向承运人主张权利，因此，诉讼时效应从此时起算。

因此被告承担无正本提单放货的违约责任。

参 考 文 献

[1] 王艳艳. 集装箱运输管理 [M]. 北京：北京理工大学出版社，2007.
[2] 王鸿鹏，许路，邓丽娟. 国际集装箱运输与多式联运 [M]. 大连：大连海事大学出版社，2004.
[3] 肖林玲. 国际货物运输代理 [M]. 北京：高等教育出版社，2009.
[4] 陈琳，蔡卫卫. 集装箱多式联运 [M]. 上海：上海财经大学出版社，2006.
[5] 谢东建. 集装箱运输管理 [M]. 北京：中国物资出版社，2007.
[6] 吴彩奕，秦绪杰. 国际货运代理实务 [M]. 合肥：中国科学技术大学出版社，2009.
[7] 黄中鼎. 国际货运代理实务 [M]. 北京：中国物资出版社，2006.
[8] 范泽剑. 国际货运代理 [M]. 北京：机械工业出版社，2006.
[9] 李勤昌. 国际货物运输实务 [M]. 北京：清华大学出版社，2008.

第 10 章

大陆桥运输

本章要点

- 掌握美国大陆桥、小陆桥及微型陆桥的概念和区别；
- 理解 OPC 的含义、适用条件；
- 掌握西伯利亚大陆桥、新亚欧大陆桥的概念；
- 掌握新亚欧大陆桥的优势及作用。

【开篇案例】

亚欧大陆桥运输降低物流成本

2007 年 12 月大连港开通了大连—满洲里—俄罗斯新亚欧大陆桥运输通道。利用这一通道，中、日、韩三国去往欧洲的货物可经由大连通过铁路过境班列直接发往俄罗斯，在俄罗斯换装后，沿西伯利亚大铁路直达莫斯科和圣彼得堡，并可延伸至波兰的华沙、德国的柏林及荷兰的鹿特丹港等地，这一新通道打开了亚欧贸易快速流通的新方式。

2008 年 6 月 23 日，从江苏泰兴运抵大连大窑湾口岸的 2 240 台儿童坐椅将从大窑湾开始它们欢乐的亚欧大陆之旅。经过后贝加尔车站的短暂停留，搭上去往俄罗斯车里雅宾斯克的列车，一周后就同欧洲的孩子们见面了。从 2008 年 5 月开始，江苏幸运宝贝童车有限公司选择搭乘国际过境班列将儿童坐椅出口到欧洲。企业选择从大连报关搭乘国际过境班列出口欧洲是看准了这种模式省时省钱。以前从中国到俄罗斯和欧洲的货物主要通过海运绕行或是经俄罗斯东方港进出大陆桥，海运的路途时间长，而且成本高，而亚欧大陆桥运输通道的开通使得时间和成本都大幅下降。以出口到车里雅宾斯克为例，一个 20 尺集装箱走海运出口需要 40~50 d，而通过亚欧大陆桥出口运输时间仅为 23~24 d。同时，货物可以直接运到非港口城市，减少了从港口到收货城市的昂贵的拖车费用，运输成本也大幅下降。从大连港开通大陆桥运输以来，越来越多的货主选择这种运输方式。

大连海关为保证亚欧大陆桥运输通道货物的顺利通关，设立了专门的业务岗位，参照国际经验，优化通关流程，创新监管模式。项目运行以来，呈现出良好的发展态势，并吸引了大量货源。

思考题：谈谈新亚欧大陆桥运输方式的优势和前景如何？

10.1 大陆桥运输概述

10.1.1 大陆桥运输的定义

大陆桥运输（Land Bridge Transport）是指利用横贯大陆的铁路（公路）运输系统，作为中间桥梁，把大陆两端的海洋连接起来的集装箱连贯运输方式。简单地说，就是两边是海运，中间是陆运，大陆把海洋连接起来，形成海—陆联运，而大陆起到了"桥"的作用，所以称之为"陆桥"。从形式上看，是海陆海的连贯运输，但实际在做法上已在世界集装箱运输和多式联运的实践中发展成多种多样。

大陆桥运输是借助于不同的运输方式，跨越辽阔的大陆或狭窄的海峡，以沟通两个互不毗连的大洋或海域之间的运输形式。大陆桥运输也属国际多式联运的范畴，由于大陆桥运输在国际多式联运中的作用比较突出，因此作为一种特殊的运输方式存在。其目的在于缩短运输距离，减少运输时间和节约运输总费用支出。目前从太平洋东部的日本，通过海运到俄罗斯远东沿海港口（纳霍德卡和东方港等）后，再经西伯利亚大铁路等陆上交通，横跨亚欧大陆直达欧洲各国或沿海港口，再利用海运到达大西洋沿岸各地，这类货物运输即为典型的大陆桥运输。

大陆桥运输一般都是以集装箱为媒介，因为采用大陆桥运输，中途要经过多次装卸，如果采用传统的海陆联运，不仅增加运输时间，而且大大增加装卸费用和货损货差，以集装箱为运输单位，则可大大简化理货、搬运、储存、保管和装卸等操作环节，同时集装箱是经海关铅封，中途不用开箱检验，而且可以迅速直接转换运输工具，故采用集装箱是开展大陆桥运输的最佳方式。

10.1.2 大陆桥运输产生的历史背景

历史上第一条大陆桥是美国大陆桥，该大陆桥产生于20世纪50年代初期。当时由于朝鲜战争的进行和运输战争物资的需要，日本通向西方的海运受到严重威胁，于是日本与美国联合，利用美国东、西海岸的港口和铁路网，开展海—陆—海联运集装箱货物。其做法是：日本货运公司，将集装箱装载在船上，运到美国太平洋沿岸港口上岸，再利用横贯美国东西的铁路，运输到美国东海岸港口（大西洋沿岸），再装船运输到欧洲。

第二条大陆桥——试办于1967年，1971年转为正式运营。当时，由于阿以战争爆发，迫使苏伊士运河关闭，航运中断，沟通亚、非、欧大陆及红海与地中海的国际通道被截断，而又时逢巴拿马运河堵塞，远东与欧洲之间的海上货运船舶不得不改道绕航非洲好望角或南美洲德雷克海峡，导致航行里程增加，运输时间延长。又由于石油危机的冲击，油价上涨，海运成本急剧上升；再加以苏联建设开发西伯利亚，于是日本为了开辟新的通向西方的运输线，又与苏联相联合，利用其东部的纳霍德卡港和西伯利亚铁路及欧洲铁路，形成了世界上第二条大陆桥运输线，它就是当今世界上运量最多的西伯利亚大陆桥。现在西伯利亚大陆桥在西端已扩展到了中欧、西欧、英国、爱尔兰、北欧和伊朗等地，东端从海上连接了韩国、中国、菲律宾等国家和地区。

目前广泛使用的大陆桥除西伯利亚大陆桥、北美大陆桥外还有横贯我国的新亚欧大陆桥。另外，我国还在进行第三亚欧大陆桥的论证工作。

10.1.3　大陆桥运输的特点和优越性

1. 大陆桥运输的特点

（1）采用海陆联运方式，全程有海运段和陆运段组成；

（2）比采用海运缩短路程，但增加了装卸次数。所以在某一地域大陆桥运输能否发展，主要取决于它与全程海运比较在运输费用、运输时间等方面的综合竞争力。

2. 大陆桥运输的优越性

（1）缩短了运输里程；

（2）降低了运输费用；

（3）加快了运输速度；

（4）简化作业手续；

（5）保证了运输安全，简化了货物的包装。

10.2　北美大陆桥

北美大陆桥（North American Land Bridge）是指利用北美的大铁路从远东到欧洲的"海陆海"联运。北美的加拿大和美国都有一条横贯东西的铁路公路大陆桥，它们的线路基本相似，北美大陆桥是世界上历史最悠久、影响最大、服务范围最广的陆桥运输线。其中美国大陆桥的作用更为突出。

10.2.1　美国大陆桥

美国大陆桥（U.S. Land Bridge）是北美大陆桥的组成部分，是最早开辟的远东—欧洲水陆联运线路中的第一条大陆桥。美国大陆桥有以下两条线路。

（1）连接太平洋与大西洋的路线，远东、中国、东南亚的货物从美国西部太平洋口岸的洛杉矶、西雅图、旧金山等口岸上桥，通过铁路横贯美国至东部大西洋口岸的纽约、巴尔的摩等港口转海运到达欧洲，其中铁路全长约 3 200 km，运输方式为海—铁—海。

（2）连接太平洋与墨西哥湾的路线，远东、中国、东南亚的货物从美国西部太平洋口岸上桥,通过铁路至南部墨西哥湾口岸的休斯敦、新奥尔良等港口转海运到达南美洲,铁路全长 500~1 000 km,运输方式为海—铁—海。

美国大陆桥后因东部港口和铁路拥挤,货到后往往很难及时换装,抵消了大陆桥运输所节省的时间,大陆桥运输的优越性没有得到充分的体现。目前美国大陆桥运输基本陷于停顿状态,但在大陆桥运输过程中,又形成了小陆桥和微型陆桥运输方式,而且发展迅速,其地位远高于大陆桥。

小陆桥、微型陆桥和大陆桥运输的区别见图 10-1。

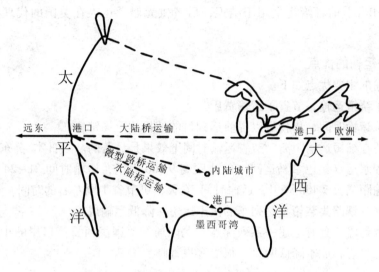

图 10-1 小陆桥、微型陆桥和大陆桥示意图

10.2.2 美国小陆桥

小陆桥(Mini-Land Bridge,MLB)运输比大陆桥的海—陆—海运输缩短一段海上运输,成为海—陆或陆—海形式。如远东至美国东部大西洋沿岸或美国南部墨西哥湾沿岸的货运,可由远东装船运至美国西海岸,转装铁路(公路)专列运至东部大西洋或南部墨西哥湾沿岸,然后换装内陆运输运至目的地。小陆桥运输是在美国大陆桥开始萎缩后产生的,这种运输由于不必通过巴拿马运河,所以可以节省时间。小陆桥运输全程使用一张海运提单,由海运承运人支付陆上运费,由美国东海岸或墨西哥港口转运至目的地的费用由收货人负担。我国前几年大部分货物用此方式运输。

我国出运到美国的集装箱货物,在使用 MLB 运输时可先将货物运至日本港口,再转运美国西海岸卸船后,交铁路运抵美国东部海岸或加勒比海区域。

对我国出口商、运输经营人来说,使用 MLB 运输条款应注意以下问题。

(1) MLB 运输是完整的多式联运,由运输经营人签发全程联运提单,并收取全程运费,对全程运输承担责任。

（2）MLB 运输下的集装箱货物，其提单应分别注明卸船港：××港，交货地：××交货地。

（3）MLB 运输下成交的货物，卖方（发货人）承担的责任、费用终止于最终交货地。

（4）MLB 运输下的集装箱货物，应根据运输经营人在美注册的运价本收取运费，原则上无任何形式的运费回扣，除非运输经营人与货主之间订有服务合同，即在一定时间内提供一定货运量后，货主可享有较低运价。

（5）在按服务合同收取运费而货物托运人是无船承运人时，MLB 运输的集装箱货物应出具 2 套提单，1 套是无船承运人签发给货主的 HOUSE-B/L，另 1 套则是船公司签发给无船承运人的 MEMO-B/L。前者给货主用于结汇，后者供无船承运人在美国的代理凭其向船公司提货。

1. 小陆桥运输的优点

小陆桥运输的主要优点如下。

（1）避免了绕道运输，节省了运输费用。

（2）缩短了运输时间，货物可以提前运到目的地投放市场销售。

北美小陆桥在缩短运输距离、节省运输时间上效果是显著的。以日本/美东航线为例，从大阪至纽约全程水运（经巴拿马运河）航线距离 9 700 海里，运输时间 21~24 天。而采用小陆桥运输，运输距离仅 7 400 海里，运输时间 16 天，可节省 1 周左右的时间。

（3）可以享受铁路集装箱直达列车的优惠运价，降低运输成本。

由于小陆桥运输，具有上述一系列优点，尤以通往美国墨西哥湾口岸的小陆桥运输，因其运输时间缩短显著，成本降低明显，很受客户青睐。

2. 小陆桥运输的路线

目前小陆桥运输的路线如下。

（1）欧洲到美国东海岸转内地或其相反方向运输。

（2）欧洲到美国墨西哥湾地区转内地或相反方向运输。

（3）远东、日本到美国西海岸转内地或相反方向运输。

（4）澳大利亚到美国西海岸转内地或相反方向运输。

3. 小陆桥运输存在的问题

小陆桥运输方式的出现比原有的大陆桥运输更具优势，深受货主的青睐，但在运输业发展过程中，仍存在以下一些问题。

（1）铁路运输费用偏高。

（2）在运输时间上得不到保证，特别是冬季。

（3）由于往返程集装箱货源不平衡，造成空集装箱在美国东海岸大量积压。

（4）当集装箱货物运至美国东海岸或美国墨西哥湾收货人手中时，其费用和责任不在陆桥运输范围内，由货主自己负责。

（5）美国东海岸铁路本身的衔接问题等。

居于小陆桥运输的这些不足，货主们表现出一些不满。于是，一种更具优势的运输方式出现了。

10.2.3 美国微型陆桥

1. 微型陆桥运输的产生

微型陆桥运输（U.S. Micro-Land Bridge），是在小陆桥运输形成和发展的基础上产生的。

随着小陆桥运输的发展，又产生了新的矛盾，如货物由靠美国东海岸内地工厂运往国外、远东地区（或反向），首先要通过国内运输，以国内提货单运至东海岸，交给船公司，然后由船公司另外签发由东海岸出口的国际货运单证，再通过国内运输，运至西海岸港口或运至远东。对于这种运输，客户认为，不能从内地直接以国际货运单运至西海岸转运，不仅增加了运输费用，而且耽误了运输时间。为解决这一矛盾，微型陆桥应运而生。

所谓微型陆桥运输，也就是比小陆桥更短一段。由于没有通过整条陆桥，而只利用了部分陆桥，故又称半陆桥运输（Semi-Land Bridge），是指海运加一段从海港到内陆城乡的陆上运输或相反方向的运输形式。如远东至美国内陆城市的货物，改用微型陆桥运输，则货物装船运至美国西部太平洋沿岸，换装铁路（公路）集装箱专列可直接运至美国内陆城市。微型陆桥运输全程也使用一张海运提单，铁路运费也由海运承运人支付。微型陆桥运输与小陆桥运输的区别在于铁路运费，包括由东岸港口或墨西哥湾至最终目的地的运费由承运人负责，而后者对由港口或墨西哥湾至最终目的地的运费由收货人承担。微型陆桥比小陆桥优越性更大，既缩短了时间，又节省了运费，因此近年来发展非常迅速。

我国出口美国的集装箱货物，在进口商寄来的信用证中经常出现"IPI"一词，其英文全称为"Interior Point Intermodal"，意即"内陆地点多式联运"，货物的交货地为美国的内陆主要城市，是典型的微型陆桥运输。因此，运输实务中经常用"IPI"代表微型陆桥运输。

使用 IPI 运输时应注意以下问题。

（1）在 IPI 运输方式下其提单应写明卸船港：××港，交货地：××交货地。

（2）运输经营人对货物承担的责任从接受货物时起至交付货物时止，即对全程运输负责。

（3）IPI 运输方式下的集装箱货物，在到岸价的情况下，卖方（发货人）承担的责任、费用终止于最终交货地。

（4）IPI 运输尽管使用两种不同的运输方式，但使用同一张货运提单并收取全程运费。

2. 微型陆桥运输的优点

微型陆桥运输与小陆桥运输相比，运输时间更短，送达时间更快，运输费用更省，主要体现在以下几方面。

（1）由微型陆桥运输可以使用联运提单，经美国西海岸港口，将集装箱货物直接运送到美国内陆城市。

（2）避免不必要的绕道和迂回运输，使运输径路更合理。

（3）避免在港口中转换装和运输时间的耽误。

（4）可以做到船舶与铁路集装箱直达列车相衔接，以更快的运输速度直达目的地。

10.2.4 加拿大大陆桥

加拿大大陆桥（Canada Land Bridge）的运输路线是，通过海运将集装箱货物从日本海运至温哥华或西雅图后，利用加拿大两大铁路横跨北美大陆运至蒙特利尔，然后再与大西洋的海上运输相连接，一直运到欧洲各港口。

加拿大大陆桥最初是为了与西伯利亚大陆桥相抗衡而设立的，但是，由于日本—加拿大—欧洲集装箱船运费与日本—欧洲集装箱船运费差不多，故日本的客户对加拿大大陆桥运输也不积极，所以加拿大大陆桥也未发展起来。

10.2.5 OCP 运输

"OCP"是 Overland Common Points 的简写，意即"内陆公共点或陆上公共点"。其含义是：根据美国费率规定，以落基山脉为界，即除紧临太平洋的美国西部九个州以外，其以东地区均为适用 OCP 的地区范围，这个范围很广，约占美国全国 2/3 的地区。

OCP 运输是一种特殊的国际运输方式。它虽然由海运、陆运两种运输形式来完成，但它并不是也不属于国际多式联运。国际多式联运是由一个承运人负责的自始至终的全程运输；而 OCP 运输，海运、陆运段分别由两个承运人签发单据，运输与责任风险也是分段负责。因此，它并不符合国际多式联运的含义，它是一种国际多式的联营运输。总之，OCP 运输是"为履行单一方式运输合同而进行的该合同所规定货物的接送业务，不应视为国际多式联运。"《联合国国际多式联运公约》

OCP 是一种成熟的国际航运惯例。美国 OCP 运输条款规定，凡是经过美国西海岸指定港口转往内陆地区的货物，如果按照该条款运输，可以享受内陆地区运输的优惠运费率，即陆路公共点运费率（OCP Rate），比当地运费率（Local Rate）约低 3%～5%，同时可享有比直达美国东海岸港口每尺码吨约低 3.5 美元的海运费，内陆转运费、码头费、装卸费等已附含其中。因此，采用 OCP 运输，对进出口双方都有利。

OCP 运输只适用于美国或加拿大内陆区域。采用 OCP 运输条款时必须满足以下条件。

（1）货物最终目的地必须属于 OCP 地区范围内，这是签订运输条款的前提。签订贸易合同时应在运输条款中予以明确，同时也要明确是集装箱运输，OCP 运输方式。

（2）货物必须经由美国西海岸港口中转。因此，在签订贸易合同时，有关货物的目的港应规定为美国西海岸港口，即为 CFR 或 CIF 美国西海岸港口条件。

（3）在提单备注栏内及货物唛头上应注明最终目的地 OCP＊＊＊城市。为方便制单结汇，信用证也要作出相应规定：

"自＊＊＊（装运港）至＊＊＊（美国西部港口）OCP＊＊＊（内陆地点）"，其英文如下：

"Shipment from ＊＊＊ to ＊＊＊ OCP ＊＊＊"

例如，我国出口至美国一批货物，卸货港为美国西雅图，最终目的地是芝加哥。西雅图是美国西海岸港口之一，芝加哥属于美国内陆地区城市，此笔交易就符合 OCP 规定。经双方同意，就可采用 OCP 运输条款。在贸易合同和信用证内的目的港可填写"西雅图"括号"内陆地区"，即"CIF Seattle（OCP）"。除在提单上填写目的港西雅图外，还必须在备注栏内注明"内陆地区芝加哥"字样，即"OCP Chicago"。货物品名、唛头及货物包装上也应注明 Seattle OCP Chicago，在提单中间空白处也要加打 OCP Chicago，以便在装卸、转运时识别。

采用 OCP 方式运输，即使货物的最终目的地分散在美国内陆区域的几个地方，只要把所有货物品名并列在一份提单上，且在最终目的地处注明 OCP，承运人将合并计算含装卸、仓租、码头及内陆转运在内的海运部门安排货物的内陆转运工作，收货人在指定目的地提货，从而大大方便了收货。

为了更好地区分几种运输方式，将异同点汇总如表 10-1 所示。

表 10-1 OCP，MLB 和 IPI 运输方式比较

比较项	OCP	MBL	IPI
货物成交价	卖方承担的责任、费用终止于美国西海岸港口	卖方承担责任、费用终止于最终交货地	与 MLB 相同
提单签发	仅适用海上区段货物运输	适用全程运输	与 MLB 相同
运费计收	海、陆运输分段计收运费	收取全程运费	与 MLB 相同
保险区段	海、陆运输区段分别投保	可全程投保	可全程投保
货物运抵区域	内陆公共点	美国东海岸和美国湾	内陆公共点
多式联运方式	不是完整的多式联运	完整的多式联运	完整的多式联运
空箱回运	船公司	收货人	收货人
运单使用	陆上用	不用	不用
运输责任	海、陆分别	提单签发人	提单签发人

10.3 西伯利亚大陆桥

西伯利亚大陆桥（Siberian Land Bridge）也称第一亚欧大陆桥，全长 1.3 万 km，东起俄罗斯东方港或纳霍德卡，西至俄芬（芬兰）、俄白（白俄罗斯）、俄乌（乌克兰）和俄哈（哈萨克斯坦）边界，过境欧洲和中亚等国家。把太平洋远东地区与前苏联波罗的海、黑海

沿岸及西欧大西洋岸连接起来，为世界最长的大陆桥。十几年来，这条大陆桥运输路线的西端已从英国延伸到西欧、中欧、东欧、南欧、北欧整个欧洲大陆和伊朗、近东各国，其东端也不只是日本，而发展到韩国、菲律宾、中国。从西欧到远东，比海上经好望角航线缩短1/2的路程，比经苏伊士运河航线缩短1/3的路程，同时，运费要低20%~25%，时间可节省35天左右。从20世纪70年代初以来，西伯利亚大陆桥运输发展很快。目前，它已成为远东地区往返西欧的一条重要运输路线。日本是利用此条大陆桥的最大顾主。整个20世纪80年代，其利用此大陆桥运输的货物数量每年都在10万个集装箱以上。

1. 西伯利亚大陆桥运输服务形式

苏联为了更好地经营西伯利亚大陆桥运输，于1980年2月专门成立了运输组织机构——全苏过境运输公司，专门负责办理大陆桥过境运输业务。该机构提供以下三种大陆桥运输服务形式（见图10-2）。

（1）海—铁—海线（Transea）。由日本等地用船将集装箱货物运至苏联纳霍德卡港和东方港，经西伯利亚铁路运至莫斯科，经铁路运至波罗的海的圣彼得堡、里加、塔林和黑海的日丹诺夫、伊里切夫斯克，再装船运至北欧、西欧、巴尔干地区港口或相反方向的运输线。

（2）海—铁—铁线（Tranrail）。由日本等国家和地区，用船将集装箱货物运至苏联纳霍德卡港和东方港，经西伯利亚铁路运至西部国境站，再转至伊朗或东欧、西欧铁路，再运至欧洲各地或相反方向的运输线。

（3）铁—卡路线（Trancons）。由日本等地把货箱装船运至俄罗斯纳霍德卡和东方港，经西伯利亚铁路运至白俄罗斯西部边境站布列斯特附近的维索科里多夫斯克，再用卡车把货箱运至德国、瑞士、奥地利等国。

2. 西伯利亚大陆桥运输业务经营组织

现在西伯利亚大陆桥运输业务经营者是苏联对外贸易的全俄过境运输公司，该公司设有以下三个业务处。

（1）西伯利亚过境运输处。主管经过俄罗斯往返欧洲与远东之间的过境运输。

（2）伊朗过境运输处。主管欧洲和亚洲经过俄罗斯至伊朗的过境运输。

（3）南方过境运输处。主管从欧洲和亚洲经过俄罗斯至阿富汗，以及中东地区的过境运输。

全俄过境运输公司由外贸部设立，公司与交通部、海运部、空运部下属的单位组成委员会，共同安排大陆桥运输业务，制定运价，安排运输计划等。因而，组织经营大陆桥运输业务是全俄过境运输公司，而实际的承运者是俄罗斯的铁路、公路、航空部门。

西伯利亚大陆桥运输的另一个经营者是"国际铁路集装箱运输公司"，该公司由东欧和西欧各国铁路等部门组成。其业务范围是承担由苏联西部边境站至欧洲各地和相反方向

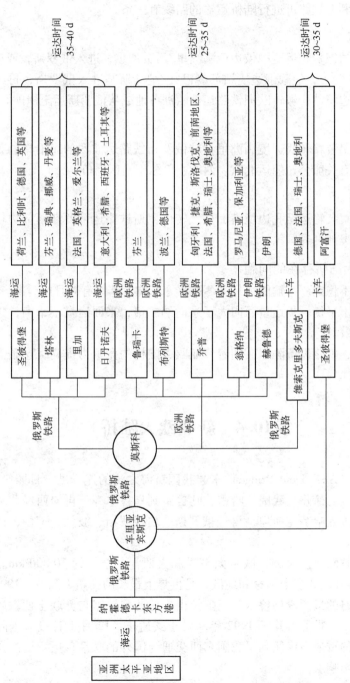

图 10-2 西伯利亚大陆桥运输路径图

的集装箱运输。该公司是跨国组织，实行统一的运输条件和运价，中国与欧洲间的业务均与该公司有直接的、密切的联系。

我国通过西伯利亚铁路可进行陆桥运输的路线有三条。

1) 铁—铁路线

从中国内地各站把货物运至中俄边境满洲里/后贝加尔，进入俄罗斯，或运至中蒙边境站二连/扎门乌德进入蒙古，经蒙俄边境站苏赫巴托/纳乌斯基进入俄罗斯，再经西伯利亚铁路运至白俄罗斯西部边境站，辗转欧洲铁路运至欧洲各地或从俄罗斯运至伊朗。

2) 铁—海路线

由国内铁路将集装箱转我边境满洲里，转俄罗斯铁路运波罗的海沿岸的日丹诺夫、伊里切斯克等港后，转有关船公司船运北欧、西欧、巴尔干地区港口。

3) 铁—公路线

由国内铁路交集装箱运至我边境满洲里，转俄罗斯铁路运俄罗斯西部边境站，再转公路运至德国、瑞士、奥地利等国家。

3. 西伯利亚大陆桥存在的问题

（1）运输时间不稳定。运输能力易受冬季严寒影响，港口有数月冰封期。

（2）往返货源不平衡。货运量西向大于东向约二倍，来回运量不平衡，集装箱回空成本较高，影响了运输效益。

（3）运力紧张，铁路设备陈旧。随着新亚欧大陆桥的竞争力提高，这条大陆桥的地位正在下降。

10.4 新亚欧大陆桥

新亚欧大陆桥（A-E. Land Bridge）东起我国黄海之滨的连云港、日照等沿海港口城市，向西经陇海、兰新线的徐州、武威、哈密、吐鲁番到乌鲁木齐，再向西经北疆铁路到达我国边境的阿拉山口，进入哈萨克斯坦，再经俄罗斯、白俄罗斯、波兰、德国，西止荷兰的世界第一大港鹿特丹港。

这条大陆桥跨越欧亚两大洲，联结太平洋和大西洋，全长约 10 800 km。通向中国、中亚、西亚、东欧和西欧 30 多个国家和地区，是世界上最长的一条大陆桥。1990 年 9 月 11 日，我国陇海—兰新铁路的最西段乌鲁木齐至阿拉山口的北疆铁路与苏联土西铁路接轨，第二条亚欧大陆桥运输线全线贯通，并于 1992 年 9 月正式通车，12 月 1 日投入国际集装箱运输业务。新亚欧大陆桥的贯通不仅便利了我国东西交通与国外的联系，更重要的是对我国的经济发展产生了巨大的影响。

10.4.1　新亚欧大陆桥的运行路线

远东和东南亚地区的货物运输，经新亚欧大陆桥自我国过境运往中东和西北欧，经阿拉山口国境站出境后的运输线路主要有6条。

第一条经哈萨克斯坦阿拉木图、乌兹别克斯坦塔什干，到达土库曼斯坦的阿什哈巴德，并可继续运至伊朗、阿富汗、土耳其等国，形成东、中、西亚间的运输，这是一条最有价值的运输线，极具发展潜力。它比经西伯利亚大陆桥的运输距离缩短 2 774~3 345 km。

第二条经哈萨克斯坦的切利诺格勒、俄罗斯的奥伦堡到达黑海沿岸的诺沃罗西克港和日丹诺夫港，再装船运到巴尔干地区。

第三条经俄罗斯的莫斯科，到达波罗的海沿岸的里加、塔林和圣彼得堡等港口，再转船运往德国、荷兰、英国、比利时、瑞典、丹麦、挪威、葡萄牙等港口。

第四条经俄罗斯的莫斯科、白俄罗斯的西部国境站布列斯特，再以欧洲铁路或公路运往波兰、德国、法国等。

第五条经哈萨克斯坦的克孜勒奥尔达、俄罗斯的伏尔加格勒、乌克兰的基辅，通过乔普国境站运至捷克、斯洛伐克、匈牙利、奥地利、瑞士等国。

第六条经乌克兰的基辅通过翁格内国境站运至罗马尼亚、保加利亚、土耳其、希腊等国。

10.4.2　新亚欧大陆桥的优势与作用

1. 新亚欧大陆桥的优势

新亚欧大陆桥又名"第二亚欧大陆桥"，是从中国连云港到荷兰鹿特丹的铁路联运线。它东起中国江苏连云港和山东日照市，西到荷兰鹿特丹、比利时的安特卫普，途经江苏、山东、河南、安徽、陕西、甘肃、山西、四川、宁夏、青海、新疆11个省、区，89个地、市、州的570多个县、市，到中苏边界的阿拉山口出国境。出国境后可经3条线路抵达荷兰的鹿特丹港。中线与俄罗斯铁路友谊站接轨，进入俄罗斯铁路网，途经阿克斗亚、切利诺格勒、古比雪夫、斯摩棱斯克、布列斯特、华沙、柏林抵达荷兰的鹿特丹港，全长 10 900 km，辐射世界30多个国家和地区。它比北线大陆桥减少行程 3 000 km，比走海路费用节约20%，时间减少一半。北线经阿克斗亚、切利诺格勒，到彼罗巴甫洛夫斯克纳，再经莫斯科、布列斯特、华沙、柏林到达鹿特丹港。南线经过阿雷西、伊列次克、布良斯克，再经过布列斯特、华沙、柏林到达鹿特丹港。也可从阿雷西分路，通过伊朗的马什哈德到德黑兰，还可从布良斯克分岔至乔普到达匈牙利的布达佩斯。新亚欧大陆桥中国段全长 4 131 km，由陇海铁路和兰新铁路组成。新亚欧大陆桥示意图如图10-3所示。

以新亚欧大陆桥为纽带，它将中国与独联体国家、伊朗、罗马尼亚、南斯拉夫、保加利亚、匈牙利、捷克、斯洛伐克、波兰、德国、奥地利、比利时、法国、瑞士、意大利、英国紧密相连。它对环太平洋经济圈的协调发展起到重要作用，也使中国与世界大市场的距离更近。

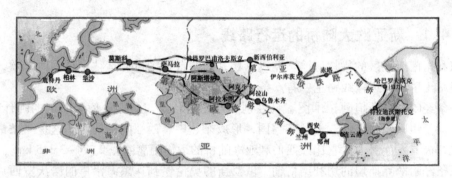

图 10-3 新亚欧大陆桥示意图

与西伯利亚大陆桥相比，新亚欧大陆桥具有明显的优势。

（1）地理位置和气候条件优越。整个陆桥避开了高寒地区，港口无封冻期，自然条件好，吞吐能力大，可以常年作业。

（2）运输距离短。①它使亚欧之间的货运距离比西伯利亚大陆桥缩短得更为显著，从日本、韩国至欧洲，通过新亚欧大陆桥，水陆全程仅为 12 000 km，比经苏伊士河缩短 8 000 多公里，比经巴拿马运河缩短 11 000 多公里，比绕道好望角缩短 15 000 多公里，比经北美大陆桥缩短运距 9 100 km。②到中亚、西亚各国，优势更为突出。从日本神户、韩国釜山等港至中亚的哈萨克、乌兹别克、吉尔吉斯、塔吉克、土库曼 5 个国家和西亚的伊朗、阿富汗，通过西伯利亚大陆桥和新亚欧大陆桥，海上距离相近，陆上距离相差很大。如到达伊朗、德黑兰，走西伯利亚大陆桥，陆上距离达到 13 322 km，走新亚欧大陆桥，陆上只有 9 977 km，两者相差 3 345 km，到达中亚的阿雷西，走西伯利亚大陆桥，陆上距离达 8 600 km，走新亚欧大陆桥，陆上距离只有 5 862 km，相差 2 774 km。

（3）辐射面广。新亚欧大陆桥辐射亚欧大陆 30 多个国家和地区，总面积达 5 071 万 km²，居住人口约占世界总人口的 75%。东端除能吸引东亚和东南亚诸国的集装箱货物运量外，西端还能辐射北欧、西欧和东欧诸国。同时，经阿拉木图、塔什干南下，还可达中亚各国，以及伊朗、土耳其、伊拉克等国。

（4）对亚太地区吸引力大。除我国外，日本、韩国、东南亚各国和一些大洋洲国家，均可利用此线开展集装箱运输。

由于该大陆桥具有上述一系列优势，从发展趋势看，大陆桥运输前景广阔，开发潜力巨大。随着现代科学技术的迅速发展，包括火车、轮船等在内的交通工具的现代化、高速化、特别是时速超过 500 km 的磁悬浮列车的试运成功，对以铁路运输为主的大陆桥运输，必将产生不可估量的推动作用。还有集装箱运输的迅速普及，既为大陆桥运输提供了稳定的箱源，又展示了大陆桥运输的巨大潜力。

2. 新亚欧大陆桥的作用

（1）新亚欧大陆桥区域经济发展具有明显的互补性：它的东西两端连接着太平洋与大西洋两大经济中心，基本上属于发达地区，但空间容量小，资源缺；而其辽阔狭长的中间地带亦即亚欧腹地除少数国家外，基本上都属于欠发达地区，特别是中国中西部、中亚、西亚、中东、南亚地区，地域辽阔，交通不够便利，自然环境较差，但空间容量大，资源富集，开发前景好，开发潜力大，是人类社会赖以生存、发展的物华天宝之地。这里是世界上最重要的农牧业生产基地，粮、棉、油、马、羊在世界上占有重要地位。这里矿产资源有数百种，其中，金、银、铜、铁、铀、铅、锌、铂、镍、钛、锑、汞、铬、镁、钠、钾、钒、铝、钨、锰、钼、磷、硼等均享誉世界。能源尤为富集，煤炭储量2万亿吨以上，石油储量约1 500亿吨，天然气储量近7 500亿立方英尺，堪称世界"能源之乡"。因此，新亚欧大陆桥通过区域，在经济上具有较强的相互依存性与优势互补性，蕴藏了非常好的互利合作前景。

（2）新亚欧大陆桥的发展，为沿桥国家和亚欧两大洲经济贸易交流提供了一条便捷的大通道、对于促进陆桥经济走廊的形成，扩大亚太地区与欧洲的经贸合作，促进亚欧经济的发展与繁荣具有重要意义。通过沿桥开放，可以更好地吸收国际资本、技术和管理经验，加快经济振兴。

新亚欧大陆桥在中国境内全长4 131 km，贯穿中国东、中、西部的11个省（区），还影响到湖北、四川、内蒙古等地区。这个地区人口约4亿，占全国的30%；国土面积360万 km²，占中国的37%，在中国的社会经济发展中处于十分重要的位置。中国对大陆桥沿线地区进行的地质勘探和对两侧100 km范围内的空中遥感勘测表明，这一地带能源矿产资源相当富集，有开采价值的就达100多种，沿桥省区名列首位矿产有64种，其中保有储量占全国50%以上的有煤、铝、铜、镍、石棉等。铜、铂、铅、锌、金等有色金属及石油、电力等均在全国占有举足轻重的地位。特别是煤炭储量2 000亿吨，石油储量数百亿吨，不仅在中国，在世界上也屈指可数。仅塔里木盆地油气总生成量就有300亿吨，相当于世界五大油田总和。该地带还有全国重要的粮食、棉花、油料和畜牧业基地。旅游资源更是丰富多彩，被誉为我国的"金腰带"；黄河为该地区提供了最大的水资源补给，其中上游是水力资源的"富矿带"；煤炭、石油和黄河水力，资源构成了"中国能源之乡"。

这里曾是全国156个重点工程及三线军工、重大企业集中布置地区，煤炭、石油、机械、航空、化工、电力、冶炼、纺织等产业具有可观的规模。科学技术力量也比较雄厚。这些优势决定了该地带具有巨大的开发潜力。

10.4.3 新亚欧大陆桥的运输经营组织

1. 新亚欧大陆桥的全程经营人

中国大陆桥经营人有关部门已有明确规定目前只允许下列5个公司经营。

1）中国对外贸易运输总公司

中国对外贸易运输总公司简称中国外运集团，是中国最早开始经营国际货物多式联运和大陆桥运输的经营人，现已与世界上140多个国家和地区、300多个港口及内陆城市建立了代理关系，在美国、加拿大等地设立了子公司，在汉堡、安特卫普、鹿特丹、东京、纽约、科威特等城市设有代表处和子公司，形成了联结国内外的国际运输网络。

2）中国铁路对外服务公司

中国铁路对外服务公司简称铁外服，于 1981 年成立，是铁道部直属的综合性对外经贸公司。该公司以代理、咨询、服务等经营为主，为全国铁路系统各单位和国内外厂商服务。根据国家规定，该公司在新亚欧大陆桥过境国际集装箱运输中，负责中国铁路段的经营。

3）中铁集装箱运输中心

中铁集装箱运输中心与全国各铁路局、铁路分局、数百个铁路车站的集装箱运输机构组成集装箱运输系统，管理、经营铁路集装箱运输的各项业务。集装箱中心系统调度、统一组织国内、国际集装箱铁路运输，其中包括陆桥集装箱过境运输。该中心在国外设立分支机构和办事处的业务重点是致力于开拓国际集装箱货物多式联运业务。在国内主要城市拥有大型集装箱货场，办理各种集装箱的发运、中转、堆存、集散业务，对经由中国铁路办理的集装箱运输实行统一管理，并通过铁路各级集装箱管理机构，开展各项业务活动。

4）中国远洋运输总公司

中国远洋运输总公司简称中远集团，成立于 1961 年，目前拥有中国最大的远洋运输船队。是跨国家、跨地区、多层次、多元化的大型国际性的综合航运企业。在世界各地拥有独资及合营的公司和驻外代表机构，并拥有国内最完善的国际船舶代理体系，在近几年的体制改革中，在全国主要海运口岸成立了国际货运公司，为中远船舶揽货、配载、开展国际集装箱多式联运业务，把业务从港口延伸到世界各主要港口口岸的内陆，其规模经营在国际航运界名列前茅，是典型的承运人型多式联运经营人。大陆桥国际集装箱过境运输业务由其在全国各地的货运公司负责办理。

5）中国外轮代理公司

中国外轮代理公司简称外代总公司，成立于 1953 年，在交通部领导下，承担中外船舶在港口的代理业务。该公司同国内口岸的港务、海陆运输部门、进出口公司等业务单位有着密切的联系，与世界各个国家和地区的航运和国际贸易运输企业建立了多种形式的代理业务。

该公司主要业务范围是办理船舶进出港的申报手续，联系货物交接、中转、组织集装箱运输，受船公司委托代签海运提单和联运提单、海上运输合同，代办各种海上货物运输的费用结算，代收代付款项等。大陆桥运输业务由集装箱部负责办理。

2. 新亚欧大陆桥的运输管理

我国政府对开展新亚欧大陆桥运输极为重视，为了加强对这一运输方式的领导和组织协调，国家计委、铁道部、交通部、外经贸部、卫生部、农业部和海关总署于 1991 年 7 月 9 日联合颁发了《关于亚欧大陆桥国际集装箱过境运输管理试行办法》，明确规定了过境中国运输的经路、口岸、经营人、费用标准、报关报验手续等有关事宜。其主要内容包括以下几方面。

（1）亚欧大陆桥运输指国际集装箱从东亚、东南亚国家或地区由海运或陆运进入我国口岸，经铁路运往蒙古、独联体各国、欧洲、中东等国家和地区或相反方向的过境运输。

（2）过境国际集装箱（以下简称过境箱）箱型应符合国际标准化组织 ISO 的规定。目前只办理普通型 20、40 英尺箱。其他冷藏、板架、开顶等专用型集装箱的运输临时议定。

（3）办理过境箱的中国口岸暂定为：连云港、天津、大连、上海、广州港和阿拉山口、二连浩特、满洲里、深圳北铁路换装站。

（4）中国办理过境箱的全程经营人为中国铁路对外服务公司、中国对外贸易运输总公司、中国远洋运输总公司、中国外轮代理总公司及其在口岸所在地的分支机构和口岸所在地政府指定的少数有国际船、货代理权的企业。

（5）办理过境箱铁路运输的中国段经营人为中国铁路对外服务总公司。中国铁路对外服务总公司应积极与有关国家铁路经营人协商并签订协议，做好过境箱的交接、清算、信息处理等工作。

（6）过境箱铁路运输的费用采取全程包干。实行浮动，一次性支付外汇（美元）。由中国铁路对外服务公司统一收取、结算。

（7）过境箱铁路运输按《国际铁路货物联运协定》及铁道部有关规定办理。铁路部门应及时与过境国铁路部门联系，对过境箱运输合理组织，加强调度，掌握动态，在计划、装车、挂运等方面提供方便。

（8）过境箱在港口的运输、装卸作业按交通部有关规定办理。过境箱在中国港口的装卸船费、堆存费及装卸车费等实行包干，按现行规定支付。各港口应对过境箱的提取、装卸、转运提供方便。

（9）过境箱入境时，经营人应按海关规定填写"过境货物申报单"一式两份，向入境地海关申报。申报单位应注明起运国和到达国，一份由入境地海关存查，另一份由海关做关封。并加盖海关监管货物专用章，随铁路票据传递到站，交出境地海关凭此检查放行。

（10）下列物品不准办理过境运输：各种武器、弹药及军需品（通过军事途径运输的除外）、鸦片、吗啡、海洛因、可卡因、烈性毒品及动植物。

（11）卫检和动植物检疫机关对来自非疫区的过境箱，一般不进行卫生检疫和动植物检疫。对来自疫区的过境箱，经营人需向卫生检验、动植物检疫机关申报，装有动植物产品的过境箱，经营人需向动植物检疫机关申报。卫生检验和动植物检疫机关对申报的过境箱应简化手续，为过境箱及时转运提供方便，申报时一律不收取费用。

（12）各地海关应加强对过境箱的管理，在口岸联检及报关中如果发现过境箱以藏匿或伪报品名等手法逃避海关监管，装运禁止过境的货物时，由海关按中国海关规定处理；如果箱体完整、封志无损，未发现违法或可疑现象时可只做外形查验，为过境箱提供方便。

（13）过境箱原则上由经营人办理运输保险或保价运输。各承运人应严格执行过境箱的交接手续，发生货损货差时，认真做好商务记录，按国际和国内有关规定处理。

3. 当前新亚欧大陆桥存在的问题

自从 1992 年 12 月 1 日第一列新亚欧大陆桥过境集装箱列车由连云港驶出以来，新亚欧大陆桥集装箱运输得到了很大发展，但仍存在许多不足，其原因主要有以下几个方面。

1) 陆桥运输的价格与全程海运价格相差悬殊

我国国内段的铁路运费，按国内运价计算，加上港口中转费、代理费、港口管理费及其他费用，总费用约为 1 000 美元/TEU。而沿途其他国家的运价均高于我国，再加上境外的换装、过境的代理费用，从我国口岸"上桥"到欧洲港口全程总费用约 3 500 美元/TEU。而目前，由于海运竞争激烈，大型集装箱船的运行成本下降，从我国港口全程海运到欧洲港口约需 1 500 美元/TEU，陆运价格是全程海运的 2~3 倍。

2) 面临西伯利亚大陆桥的激烈竞争

进入 1998 年以后，俄罗斯政府为了保护西伯利亚大陆桥的运输市场份额，为吸引更多货源，把大多数的人力、财力和物力投入到西伯利亚大陆桥上，并采取了降价、提速和提高服务质量的措施，将过境运输的运费降为 0.15 美元/(TEU·km)，而将新亚欧大陆桥运输的过境运费提高到 0.3 美元/(TEU·km)，据有关资料介绍，俄罗斯与日本有关方面进行了由纳霍德卡的东方港经西伯利亚大陆桥到俄波边境的布列斯特的集装箱快运列车试运营，全程 1.2 万 km，历时仅 9 天，运行期间可随时掌握货物动态。

3) 新亚欧大陆桥陆运输的时间偏长

一般都认为，新亚欧大陆桥是连接亚太地区和欧洲最快捷、最廉价的运输通道。但事实上按我国目前铁路规定的运输速度计算，从连云港到阿拉山口约需 18 天。出境后，每个国家都需要两天以上的时间进行换装、报关、报验等作业。初步计算，非整列集装箱运输从连云港到鹿特丹要超过 40 d，整列也需要 30 d 以上，而全程海运实际运输时间目前平均仅需要 25 d 左右，而西伯利亚大陆桥铁路提速后不会超过全程海运的时间。

4) 过境口岸设施条件差、手续烦琐、停留时间长

目前，中哈边境口岸存在着三方面的问题，制约了新亚欧大陆桥运输的发展。一是阿拉山口站场在设施、换装能力、仓储能力等方面均不能适应大陆桥运输的实际需要，口岸经常出现压车、压站现象。二是阿拉山口和德鲁日巴口岸的检查检验手续烦琐，造成货物停留时间长，有时停留竟达 5~6 d。三是阿拉山口岸各种收费项目繁多。据货主反映，一车货物在阿拉山口除运费以外的各种费用竟达四五千元人民币。

5) 运输信息不畅

1991 年我国在连云港至阿拉山口沿途铁路各大站曾安装了信息跟踪系统，但至今尚未健全。据反映，除到发站能进行查询外，不能对货物沿途进行跟踪，不能向货主及时提供必要的货物运输信息。

在现代国际货物运输中，能及时地使收、发货人准确地获得过境箱的运输信息和到达时间非常重要，它是运输经营人提高信誉的手段。在海运船舶离港时，一般都能预告到达时间；西欧铁路运输也能准确预告货物到达时间，一般误差仅有几个小时，以便货主提前做好接货准备；西伯利亚大陆桥运输俄方也已经能够随时掌握货物信息。所以，要使新亚欧大陆桥运输赢得更多的客户信誉，必须保证信息灵通。

4. 新亚欧大陆桥的对策建议

为使新亚欧大陆桥（TCR）国际集装箱联运能吸引到更多的货源，需要加强以下几方面工作。

（1）加强铁路口岸站换装能力建设，提高铁路运能和运力。各国铁路加强口岸站换装能力建设，配备先进的作业设施，有利于集装箱联运顺利过境，不出现因口岸堵塞而停限装。同时新亚欧大陆桥沿桥国家要不断完善线路、车辆、信息等设施，保障快捷运输和货物安全，为客户提供更优良的服务。中国铁路也正在大力加强铁路和口岸站设施建设，即将投入使用的阿拉山口换装库也是中国铁路加强阿拉山口口岸通过能力建设的重要举措之一。

（2）加强新亚欧大陆桥沿桥国家的协调。建立新亚欧大陆桥的多边合作协调机制，包括各国海关及检验检疫部门在内定期组织召开协商会，协调各国的利益，发展全桥统一的多式联运，为客户提供无障碍运输。

（3）建议欧盟国家对亚欧间长距离运输的铁路集装箱联运给予较低的运价，以降低运输成本，争取更多货源。

（4）揽取更多的东行货物，提高新亚欧大陆桥国际集装箱联运的效率。由于各国的经济情况不同和国情差异，现在新亚欧大陆桥国际集装箱联运中西行的货物多，东行的适箱货物少，造成很多空箱东返，浪费了宝贵的运力资源。因此，建议各国以优惠的价格揽取东行货物，实现新亚欧大陆桥国际集装箱联运重去重回，提高新亚欧大陆桥的运输效率。

10.4.4　新亚欧大陆桥中国段发展近况

为提高新亚欧大陆桥的竞争力，我国非常重视大陆桥的建设工作。2004年4月22日、28日、5月28日，在中国铁道部的直接领导下，在哈萨克斯坦铁路部门的大力配合下，中铁集装箱公司和中铁国际多式联运有限公司先后开行了连云港、青岛港和天津港—阿拉木图的国际箱示范班列。中铁国际多式联运公司（CRIMT）负责运杂费结算、客户服务、沿途信息跟踪、口岸报关等。自此，新亚欧大陆桥通道进入全新时期。

2006年11月27日开始，铁道部对以前开行的五定班列进行了进一步的优化，在连云港到阿拉山口之间开行直达快运班列（精品班列）。此班列固定车底，循环拉运，按客车化运行。彻底解决了以前西行畅通，东行堵塞的局面。从运力上给予极大支持，对乌、哈等国到达中国的货物是一个福音。

2007年"4.18"提速调图后，铁道部又将连云港—阿拉山口、天津—阿拉山口班列、黄岛—阿拉山口固定为跨局"五定"集装箱快运班列，更是促进了大陆桥过境箱运量的快速增长。其中连云港—阿拉山口班列编组48辆，在连云港港口整列装车，经阿拉山口整列通关，途中不编解作业，全程运行时间112.5 h，约4.7 d。天津—阿拉山口班列编组38辆，运行132 h，大约5.5 d；黄岛—阿拉山口编组50辆，运行120 h，大约5 d。

2007年10月9日，中铁国际多式联运公司与中海集团联合举行了连云港至莫斯科国际铁路集装箱班列首发仪式。以此为标志，将现开行到中亚的班列向西延伸到了欧洲，成为名副其实的新亚欧大陆桥海铁联运国际集装箱班列。

在中铁国际多式联运公司和各方的共同努力下,连云港—阿拉山口班列 2006 年开行 274 列 29870 TEU,2007 年开行 377 列 35852 TEU,2008 年 1—9 月连云港—阿拉山口班列已开行 323 列 29838 TEU,年均增长率在 20% 以上。天津—阿拉山口班列 2006 年开行 159 列 12568 TEU,2007 年开行 156 列 12082 TEU,2008 年 1—9 月天津—阿拉山口班列已开行 106 列 8726 TEU,保持平稳发展。

10.5　第三亚欧大陆桥

目前我国正拟建第三亚欧大陆桥,构想中的第三亚欧大陆桥以深圳港为代表的广东沿海港口群为起点,由昆明经缅甸、孟加拉国、印度、巴基斯坦、伊朗,从土耳其进入欧洲,最终抵达荷兰鹿特丹港,横贯亚欧 21 个国家(含非洲支线 4 个国家:叙利亚、黎巴嫩、以色列和埃及),全长约 15 157 km,比目前经东南沿海通过马六甲海峡进入印度洋行程要短 3 000 km 左右。第三亚欧大陆桥通过 AMBDC 机制(东盟—湄公河流域开发合作机制)下的泛亚铁路西线,把亚洲南部和东南部连接起来,使整个亚洲从东到西、从南到北的广大地区第一次通过铁路网完整地联系起来,成为我国继北部、中部之后,由南部沟通东亚、东南亚、南亚、中亚、西亚及欧洲、非洲的又一最便捷和安全的陆路国际大通道。第三亚欧大陆桥示意图如图 10-4 所示。

图 10-4　第三亚欧大陆桥示意图

新大陆桥以云南为枢纽连接 21 国,如果昆明至孟加拉国吉大港之间建成一条 2 000 多公里的铁路,构想中的第三亚欧大陆桥就将成为现实,这一陆桥的建设将为云南及沿桥国家和地区带来更多发展。云南省地处我国与中南半岛和南亚次大陆结合部,与越南、老挝、缅甸直接接壤,是我国不绕经马六甲海峡通往南亚、中亚、印度洋、进入欧洲、非洲最为便捷的陆上通道,具有地理位置优越、市场前景广阔、与东盟及沿桥国家的互补性强等优势。

第三亚欧大陆桥的构建将进一步确定中国西部尤其是云南在第三亚欧大陆桥的桥上枢纽地位,推动我国经济与亚欧大陆的直接融合,拓展对外开放的广度和深度,全面提高开放型经济水平。为我国实施互利共赢的开放战略作出重要贡献,为沿线国家人民的富裕作出积极贡献。

复习思考题

一、名词解释

大陆桥运输　"OCP"运输　小陆桥运输　微型陆桥运输

二、填空题

1. 第一亚欧大陆桥也称_____，全长1.3万公里，东起俄罗斯_____，西至俄芬（芬兰）、俄白（白俄罗斯）、俄乌（乌克兰）和俄哈（哈萨克斯坦）边界，过境欧洲和中亚等国家。把太平洋远东地区与前苏联波罗的海、黑海沿岸及西欧大西洋岸连接起来，为世界最长的大陆桥。

2. 新亚欧大陆桥东起我国的_____等沿海港口城市，向西经陇海、兰新线的徐州、武威、哈密、吐鲁番到乌鲁木齐，再向西经北疆铁路到达我国边境的_____，进入哈萨克斯坦，再经俄罗斯、白俄罗斯、波兰、德国，西止荷兰的世界第一大港_____。

三、单项选择题

1. 历史上第一条大陆桥是（　　）。

   A. 新亚欧大陆桥　　B. 美国大陆桥　　C. 西伯利亚大陆桥　　D. 第三亚欧大陆桥

2. 小陆桥运输全程使用一张海运提单，由海运承运人支付陆上运费，由美国东海岸或墨西哥港口转运至目的地的费用由（　　）负担。

   A. 分段承运人　　B. 海运承运人　　C. 收货人　　D. 发货人

3. 微型陆桥的陆上运费由（　　）负责。

   A. 分段承运人　　B. 海运承运人　　C. 收货人　　D. 发货人

四、多项选择题

1. 美国大陆桥有两条线路：（　　）。

   A. 连接太平洋与大西洋的路线　　B. 连接太平洋与墨西哥湾的路线

   C. 连接大西洋与印度洋的路线　　D. 连接大西洋与墨西哥湾的路线

2. 西伯利亚大陆桥的经营者有：（　　）。

   A. 全俄过境运输公司　　B. 俄罗斯铁路对外服务公司

   C. 国际铁路集装箱运输公司　　D. 外轮代理公司

3. 新亚欧大陆桥的运输经营人有：（　　）。

   A. 中国对外贸易运输总公司

   B. 中国铁路对外服务公司

   C. 中铁集装箱运输中心

   D. 中国远洋运输总公司

   E. 中国外轮代理公司

五、判断题（正确的为T，错误的为F）

1. OCP运输条款规定采用OCP运输的货物必须经由美国西海岸港口中转。（　　）
2. OCP运输属于国际多式联运。（　　）

六、简答题

1. 简述大陆桥运输的优越性。
2. OCP运输的适用条件。
3. 简述新亚欧大陆桥的优势。

七、论述题

1. 分析美国大陆桥、小陆桥、微型陆桥的区别。
2. 分析新亚欧大陆桥存在的问题和不足。

部分习题参考答案

二、填空题

1. 西伯利亚大陆桥　东方港或纳霍德卡
2. 连云港、日照　阿拉山口　鹿特丹港

三、单项选择

1. B　2. C　3. B

四、多项选择

1. AB　2. AC　3. ABCDE

五、判断题

1. T　2. F

案 例 分 析

新亚欧大陆桥信息化的挑战与需求分析

挑战一：主管部门不明确

没有统一的规划、建设和管理部门，与新亚欧大陆桥相关的物流信息化涉及铁道部、交通部、民航局、国内贸易部、外经贸部、经贸委、海关、商检等部门，仍然是相对分散的。而且涉及数十个重要城市及区域，由于体制没有理顺，各区域及部门之间分工又有交叉，造成了物流信息化中存在的条块分割、重复建设等问题。

挑战二：资源缺乏整合

虽然中国海运、港口、铁路、民航、口岸及各物流园区等都有自己的信息系统，对货物运输过程进行了跟踪和管理，特别是中国铁路已经完成了铁路货车跟踪信息系统的建设。但是目前这些信息大部分主要是为内部的生产监控服务的,系统间的信息网络不能共享,信息交流必须通过纸质单证传递,对外服务很少,也缺乏专门机制和渠道服务社会。除沿海、近海个别港口和集装箱办理场站建立了个别的信息系统,绝大部分集装箱运输管理还未应用信息系统,这已成为制约集装箱运输发展的重要因素之一。

挑战三:供给缺乏引导

新亚欧大陆桥沿线城市从事物流信息服务的公司、企业很多,建立的物流信息平台也很多,它们的技术途径及架构差异极大,也有部分市政府投资建设物流信息化项目,但普遍缺乏与物流链上其他企业及单位进行信息共享的能力。中国的海运、港口、铁路、口岸等大陆桥运输部门的信息系统之间缺乏有效连接和沟通,也缺乏对外提供信息服务的基本制度。

需求分析:

(1) 企业

物流监控及时化:为保证在整段新亚欧大陆桥的广大区域达成在适当的时间(Right Time)将适当质量(Right Quality)的货物(Right Commodity)于适当的地点(Right Place)送达适当的客户(Right Customer),需要集成及管理各类物流业务数据,进行物流链电子协作,对物流服务需求及执行例外状况的变化即时作出响应。

物流信息数字化:要建立多样化的数据录入和数据采集,应用自动采集识别、数据库、多对多的数据交换等技术手段,实现政府单位、物流服务提供商、制造商、流通商、上下游顾客之间的信息共享及快速流动,特别是中小型企业的数字化协同运作。

多式联运一体化:通过信息平台整合,实现运输企业、货代、仓储、集装箱、保税管理等物流资源共享与优化配置,完成新亚欧大陆桥海铁、铁公路等多式联运的信息交换及货况追踪。

(2) 政府

口岸服务效率化:为相关政府口岸监管部门提供单点录入并线处理的信息服务,整合一关三检及港口管理,为企业提供一站式信息集成,提供口岸全程货物监管和信息共享。

决策分析精确化:基于实际发生的物流信息交易,在整合的基础上,使政府主管部门及时掌握整体物流市场环境的变化,可以为政府实施规划、管理提供实用有效的决策分析信息。

思考题:分析一下新亚欧大陆桥物流协作网络服务平台建设的思路?

案例分析参考答案

(1) 要统筹规划,突出重点。根据新亚欧大陆桥物流信息化建设中存在的问题,提出整体宏观的物流协作服务网络平台规划,并确立以各类企业在 B2B2G 全生命周期中所发生的各式信息交换及全程货况追踪为应用重点,实现统一接入、统一身份认证、统一业务操作和统一数据管理,提升各类企业及政府物流信息化的无缝连接。

(2) 要试点示范,分步实施。新亚欧大陆桥物流范围辽阔,国家城市众多,建议应选择以大型企业物流链的整合协作为示范重点,打破地区限制及功能条块的制约,形成有实际需求的外在压力,逐步推动整合型的物流协作服务网络平台。

开篇案例参考答案

新亚欧大陆桥运输方式的优势

与其他运输通道相比,新亚欧大陆桥具有明显的优势。第一,地理位置和气候条件优越。整个陆桥避开了高寒地区,港口无封冻期,自然条件好,吞吐能力大,可以常年作业。第二,运输距离短。新亚欧大陆桥比西伯利亚大陆桥缩短陆上运距 2000~2500 km,到中亚、西亚各国,优势更为突出。一般情况下,陆桥运输比海上运输运费节省 20%~25%,而时间缩短一个月左右。第三,辐射面广。新亚欧大陆桥辐射亚欧大陆 30 多个国家和地区,总面积达 5 071 万平方公里,居住人口占世界总人口的 75% 左右。第四,对亚太地区吸引力大。除我国(中国内地)外,日本、韩国、东南亚各国、一些大洋洲国家和地区,均可利用此线开展集装箱运输。

新亚欧大陆桥运输方式的前景

新亚欧大陆桥的诞生,预示着世界经济在江河经济、海岸经济的基础上逐渐步入一个新的经济时代——陆桥经济时代。国际社会对此非常关注和重视,许多国家和地区采取行动,致力于新亚欧大陆桥开发的国际合作。新亚欧大陆桥的开辟,为扩大沿桥国家和地区的经济、贸易和技术交流提供了新的机遇和坚实的载体,使中国内陆腹地与中亚、欧洲国家紧密联系起来,同时为日本、韩国、朝鲜甚至东南亚地区与东欧、西欧、中亚、西亚各国的贸易开辟了一条通道。

新亚欧大陆桥不仅是单一的铁路运输,它正在向包括铁路、公路、航空、海运、管道以及光缆通信在内的复合立体化运输通道演进。它的开发和建设顺应了经济全球化和区域合作大趋势,是沿桥国家和人民的共同选择。从发展趋势看,大陆桥运输前景广阔,开发潜力巨大。由于现代科学技术的迅速发展,包括火车、轮船等在内的交通工具的现代化、高速化、特别是时速超过 500 km 的磁悬浮列车的试运成功,对以铁路运输为主的大陆桥运输,必将产生不可估量的推动作用。还有集装箱运输的迅速普及,既为大陆桥运输提供了稳定的箱源,促进着大陆运输发展,又展示了大陆桥运输的巨大潜力。

参 考 文 献

[1] 杨志刚. 国际集装箱多式联运实务与法规 [M]. 北京:人民交通出版社,2004.

[2] 徐淑芬. 大陆桥运输 [M]. 北京:中国铁道出版社,1997.

[3] 许明月,王晓东. 国际货物运输 [M]. 北京:对外经济贸易大学出版社,2007.

[4] 周江雄,庞燕. 国际货物运输与保险 [M]. 长沙:国防科技大学出版社,2006.

[5] 杨志刚,王立坤,周鑫. 国际集装箱多式联运实务法规与案例 [M]. 北京:人民交通出版社,2006.

第 11 章

国际集装箱货物运输相关法规

本章要点

- 掌握《海牙规则》的主要内容;
- 掌握《海牙/维斯比规则》的主要内容;
- 掌握《国际铁路货物联运协定》的主要内容;
- 掌握《华沙公约》的主要内容;
- 掌握《国际货物多式联运公约》的主要内容。

【开篇案例】

运输工具是否适货争议案

1997 年,发货人中国土畜产进出口公司浙江茶叶分公司委托中国对外贸易运输总公司上海分公司(下称上海分公司)将 750 箱红茶从上海出口运往德国汉堡港。上海分公司接受委托后,通过上海外轮代理公司申请舱位。上海外轮代理公司作为某远洋货轮的代理人指派了 3 个 20 英尺集装箱。由于运输条件是 FCL,因此,上海分公司作为代理全权负责对货物的点数、积载,对集装箱的检查、铅封。当年 10 月 15 日,上海外轮代理公司收到 3 个满载集装箱后,代船方签发了清洁提单。货物运抵汉堡,收货人拆箱后发现部分茶叶串味变质,即向浙江茶叶分公司在目的港的代理人 B.D 申请查勘。检验表明,750 箱红茶受精萘污染。精萘是一种有毒的化学工业品,这种物质散发的刺激气味是明显的,正常人可以嗅出。经过一个多月的航行,货物运抵汉堡时还散发出浓重的气味。为此,浙江茶叶分公司在汉堡的代理人赔付了收货人损失 1 881 德国马克。在检验货物时,船方的代表也在场。另又查明,该航次装运茶叶的集装箱其中一个箱号为 ATMU5005420,在前一航次中曾装载过精萘从法国的登克尔至上海。浙江分公司认为远洋货轮公司承运 750 箱中国红茶时,提供了不清洁的集装箱,上海分公司作为装箱人又未尽职检查,致使茶叶串味污染,因此两公司应承担责任。但远洋货轮公司认为该提单项下集装箱运输条款为 FCL,即由发货人装箱、点数、铅封的整箱货物运输,他所提供的集装箱应视为货物的包装,箱体检查应为发货人的职责,而且货物污染原因不明,因此，不负赔偿责任。上海分公司也称：他受发货人委托进行装箱作业，只对装箱过程负责，不对以后发生的损失负责。根据惯例承运人应该提供清洁、干燥、无味的集装箱，但并未规定需对集装箱进行检查。对于不可预知的损失不承担赔偿责任。

思考题：对于收货人的损失，究竟哪一方应负赔偿责任？

11.1 国际海运货物运输法规

《海牙规则》是海上货物运输方面第一个国际公约，其生效至今已有 70 多年之久。尽管各国航运公司制定的提单条款在文字、格式上不尽相同，但很多都直接或间接地受《海牙规则》的约束。

《海牙/维斯比规则》是在《海牙规则》的基础上经过修改和补充后的一个公约。该公约已生效，大多数西方国家都是该公约的缔约国。

《汉堡规则》是在《海牙规则》承运人的责任基础上彻底修改后而建立起的一个更为合理的新公约。该公约已生效，缔约国都是发展中国家。

这三种国际公约在国际航运中不同的国家内同时并存，互相影响，发挥着各自的作用。

11.1.1 《海牙规则》

1.《海牙规则》产生的历史背景与制定过程

国际贸易、航运发展初期，提单仅作为货物装船的收据，并无有关承托双方运输责任的条款。有关承运人的责任、义务、权利和豁免只是按照当时存在于英美等国的一种不成文法——普通法（Common Law）中的默示规定来处理，即承运人应默示保证：签订合同时应保证船舶绝对适航；保证船舶合理速遣；保证船舶不发生不合理绕航。而其免责范围却很有限。

应该说，普通法赋予承运人的责任是相当严格的，而承运人在很长一段时期内也确实循规蹈矩。但到了 18 世纪，随着货损和赔款的大幅度增加，逐渐处于垄断地位的公共承运人为了维护其自身的利益，纷纷根据合同自由原则，在提单上单方面订入免责条款，这些免责条款只要订得明确，将是完全有效的。至 19 世纪后半叶，提单上的免责条款已趋于无节制的膨胀态势，承运人简直到了"除了收取运费之外，别无其他责任可言"的地步。由于货物运输安全失去了保障，使得逐步确立起来的提单作为物权凭证的法律地位受到了动摇，严重影响了国际贸易，而国际贸易的跌落又反过来直接波及航运业本身。当时国际上代表货主利益的美国竭力主张通过立法统一提单的有关规定。1893 年 2 月 13 日，美国国会制定并通过了《哈特法》（Harter Act, 1893）。该法对承托双方之间的合同自由原则进行了严格的限制。《哈特法》虽然旨在维护货方的利益，但美国立法当局仍能正视现实，给从事冒险事业的船方以一定的保障和鼓励，具体体现在允许承运人免除驾驶或管理船舶的过失。这种以法律形式规定的过失免责无疑是法律方面的一大突破，在当时的历史条件下是合理而实际的。由于

《哈特法》的实践成功，其他国家相继效法，尤其是一些英联邦国家也承认了《哈特法》的法理精神，这使得作为宗主国的英国极为被动。特别是第一次世界大战后，社会秩序和经济秩序紊乱，货运事故日益增多，迫使英国政府将立法统一提单，规定船东应负责任的问题提到议事日程上来。

1921年9月在海牙举行了有主要贸易国和航运国参加的国际法协会，通过了国际法协会海上委员会草拟的有关提单内容的规则主体，即《1921年海牙规则》。1922年10月，国际法协会海上委员会再度在伦敦召开会议，修改了《1921年海牙规则》，并将其提交给同年同月在布鲁塞尔举行的讨论海事法律的外交会议。在外交会议上，代表们一致同意建议各国政府对这个海牙规则稍作修改后，以其作为国内法的基础。1923年10月又在布鲁塞尔会议上对该规则继续作了一些修改，完成了规则的制定工作。同年11月，英国帝国经济会议在建议各成员国采用该规则的同时，又通过国内立法使之国内法化，由此产生了《1924年英国海上货物运输法》。1924年8月25日，26国政府代表在布鲁塞尔正式签署了《统一提单若干法律规定的国际公约》（International Convention for the Unification of Certain Rules Relating to Bill of Lading）。由于该规则起草于海牙，因此称之为《海牙规则》（Hague Rules）。

《海牙规则》于1931年6月2日正式生效，现有缔约国72个。我国未加入该公约，但如同很多非缔约国一样，在提单运输方面也参照了这一公约的规定，制定了我国《海商法》有关承运人责任基础的规范，以此来规范我国海上货物运输承托双方的权利与义务。

2.《海牙规则》的主要内容

1）承运人提供适航船舶的义务

《海牙规则》规定了承运人提供适航船舶的义务：承运人有义务在开航前和开航时谨慎处理，以便使船舶适航；妥善地配备船员、装备船舶和配备供应品；使货舱、冷藏舱、冷气舱和该船其他载货处所适于并能安全收受、载运和保管货物。

《海牙规则》把普通法中承运人默示的绝对适航的责任，降低为谨慎处理使船舶适航。它意味着承运人须在合同货物装船开始至船舶开航当时这一期间内，运用通常要求的知识与技能，采取各种为航次的特定情况所合理要求的措施使船舶适航，而不能有过错。否则，承运人应对由于船舶不适航所造成的货物灭失或损坏负赔偿责任。但是，如果承运人在装货港已经谨慎行事，仍不能发现船舶的潜在缺陷而致使船舶不适航，或者承运人在船舶航行期间或货物在中途港停靠期间未能谨慎处理保持船舶的适航性，均不视为承运人违反适航义务。

《海牙规则》中，船舶适航的含义有狭义和广义之分。上述"使船舶适航"规定中的"适航"是指狭义的船舶适航，即承运人应使船舶的强度、结构和性能等方面能适应预定航线中一般可预见的风险。

关于承运人保证船舶适航的责任需要说明的是：《海牙规则》在规定承运人保证船舶适航责任时，只规定要在"开航前和开航时"使船舶适航，而并没有要求承运人保证船舶从启运港到目的港的整个航程中都要适航。

所谓开航前的适航，是指使船舶具有能克服停泊中通常发生的海上危险的能力；而所谓开航时的适航,是指船舶在装货港开航的当时,具有能克服航海中通常所预见的海上危险的条件。因为货物开始装船,就有可能遭遇海上危险,所以从开始载货,就要求应使船舶适航,即保证船舶具备装载货物所必需的各种设备和人员,使船舶适于安全收受、运送和保管货物是很必要的。又因海上危险多种多样、瞬息万变,航海中许多危险难以预料,因此只要求在开航当时使船舶适航,具有能克服航海中通常所能预见的海上危险的条件是合理的。

此外,在开航前与开航时使船舶适航还意味着不能把开航后因海上危险而造成的不适航包括在适航责任中。不过,这绝不意味着承运人有在不适航状态下继续航行的权利。如果有恢复适航能力的机会,因承运人不能免责的过失而未予恢复,并继续航行,从承运人违反管货责任中应担负的安全运输的义务上看,对因此而造成的货物损失,还是要负责赔偿的。

广义的船舶适航还包括承运人应妥善地配备船员、装备船舶和配备供应品,并应使船舶"适货"。

具体地说,承运人应根据实际情况配备一定数量的船员。所有船员,特别是高级船员必须处于健康良好的身体状况,具有相应有效的资格证书,并且能在其职务范围内勤勉工作。

承运人应适当地装备和供应船舶。为了确保海上航行安全,船舶必须按规定装备通信信号灯、救生信号装置、各种航行设备及可靠齐全的海图、航路指南等航海图书资料等。随着科技成果不断应用于船舶,曾经被视为非常先进的雷达、无线电测向仪、回声测深仪等,也已成为从事远洋航行的船舶所必备的设备。不仅如此,承运人还应采取一切合理的措施,使各种设备处于有效良好的状态。

在船舶供应方面,承运人应提供充足的燃料、物料、淡水和食品,其中燃料的供应尤为重要。

承运人应使船舶"适货"。即承运人应在航次开航前和开航时谨慎处理,使货舱、冷藏舱、冷气舱和其他载货处所适于安全收受、载运和保管货物。它要求船上的一切设置适合货物的装卸;船上的冷冻机正常工作,能保证货舱所需的温度;货舱应因货而异地保持清洁;此外,船上的通风设备、污水管道等也必须能正常工作。如果船舶缺乏这种适货能力,就是不适航。

2) 承运人在海上货物运输中管理货物的义务

《海牙规则》规定:承运人应适当而谨慎地装载、操作、积载、运输、保管、照料和卸下所运货物。这里所谓的"货物"包括货物、制品、商品和任何种类的物品,但活动物和在运输合同中载明装载于舱面,并且已经这样装运的货物除外。

这里所谓的"适当"包含着技术上的含义,是指从装货到卸货每个作业环节中,承运人应体现出一定的技艺,包括操作水平和操作设备;"谨慎"则注重承运人的工作态度和责任心,主要指承运人应用通常合理的方法处理货物。承运人在海上货物运输中,无论哪一个环节未能尽其应尽的管理货物的义务而使货物发生损失,承运人都必须就此损失负赔偿责任。

3）承运人的责任豁免

《海牙规则》采用的是"不完全过失责任制"。它规定了17项承运人的免责事项，同时，又规定承运人只有履行了适航义务才能享受豁免权利。当船舶因不适航而引起货物损害或灭失时，承运人欲享受免责权利，就必须对其谨慎处理履行适航义务负举证责任。这17项免责事项如下。

（1）船长、船员、引航员或承运人的雇用人在驾驶船舶和管理船舶中的行为、疏忽或不履行契约。

（2）火灾，但由于承运人的实际过失或私谋所造成者除外。

（3）海上或其他通航水域的海难、危险或意外事故。

（4）天灾。

（5）战争行为。

（6）公敌行为。

（7）君主、当权者或人民的扣留或拘禁或依法扣押。

（8）检疫限制。

（9）货物托运人或货主、其代理人或代表的行为或不为。

（10）不论由于任何原因所引起的局部或全面罢工、关厂、停工或劳动力受到限制。

（11）暴动和骚乱。

（12）在海上救助或企图救助人命或财产。

（13）由于货物的固有缺点、质量或缺陷所造成的容积或重量的损失，或任何其他灭失或损害。

（14）包装不固。

（15）标志不清或不当。

（16）恪尽职责不能发现的潜在缺点。

（17）不是由于承运人的实际过失或私谋，或是承运人的代理人或雇用人员的过失或疏忽所引起的其他任何原因。

《海牙规则》在17项免责事项后又规定：为救助或企图救助海上人命或财产而发生的绕航，或者任何合理绕航，都不得被认为是对本规则或运输契约的破坏或违反，承运人对由此引起的任何灭失或损害，都不负责任。

其中第一条是《海牙规则》偏袒承运人利益的最突出的表现。根据该项规定，对海上货物运输途中因航行或管理船舶的过失或疏忽所造成的货损，承运人是可以免责的。所谓航行过失，是指船长及船员在海上航行中有驾驶船舶方面的疏忽或过失。对这种过失，承运人无须负责。而所谓管船过失，是指在航行过程中，船长、船员对船舶缺少应有的注意和管理。管船过失往往会涉及管货问题，因为承运人对管船过失可以免责，而对管货过失则须负责。但是两者的界限非常模糊，很难完全分开。管船业务一般指主要影响船舶及船上设施的作业，偶尔会影响货物，但并非直接针对货物；管货业务一般只影响或主要影响货物，间接使用船上的设备对船舶产生影响。区分二者的关键是要弄清行为的直接目的,即原始动机是什么。

4) 承运人的赔偿责任限制

承运人的赔偿责任限制是指已明确承运人不能享受免责权利而负有赔偿责任时,承运人所需支付的最高赔偿金额。

《海牙规则》规定:不论是承运人或船舶,对货物或与货物有关的灭失或损坏,在任何情况下,每件或每单位超过100英镑或与其等值的其他货币的部分,都不负责;但托运人于货物装运前已将其性质或价值加以说明,并在提单上注明的,不在此限。同时还规定:本规则所提及的货币单位为金价。其含义是1924年公布本规则时的100英镑,其价值相当于当时100英镑所能购买的黄金的价值。

承运人对货物的赔偿方法是:如果货物灭失,按灭失货物的实际价值赔偿;货物损坏,按货物受损前后实际价值的差额赔偿。但是,当赔偿金额超过每件或每单位100英镑或与其等值的其他货币时,承运人只按此最高赔偿限额赔付,超过部分由货方自负或由保险人负担。

如果托运人装货前申报货物价值,并支付规定的从价运费,当这种货物发生损失时,承运人应按货物的实际价值或协议规定的限额赔付。

5) 承运人对不知情危险品的处理及免责

承运人、船长或承运人的代理人对于事先不知其性质而装载的具有易燃、爆炸或危险性的货物,可在卸货前的任何时候将其卸在任何地点,或将其销毁,或使之无害,而不予赔偿。该项货物的托运人,应对由于装载该项货物而直接或间接引起的一切损坏或费用负责。如果承运人知道该项货物的性质,并已同意装载,则在该项货物对船舶或货物发生危险时,亦得同样将该项货物卸在任何地点,或将其销毁,或使之无害,而不负赔偿责任,但如果有共同海损,不在此限。

这一款规定了承运人对已装船的危险品的处理。该项前半部分与后半部分的差异在于,在承运人不知情的情况下,可以任意处置危险品而不负责任,且可以向托运人索赔;但在承运人知情的情况下,虽然承运人也可以任意处置危险品而不负责任,却不能再向托运人追偿。

共同海损,指在同一海上航程中,船舶、货物和其他财产遭遇共同危险,为了共同安全,有意地、合理地采取措施所造成的特殊牺牲、支付的特殊费用。共同海损分摊原则:由受益方按照各自分摊价值的比例分摊。

6) 承运人的责任期间

根据《海牙规则》的规定,承运人的责任期间为货物装上船舶开始至卸离船舶为止的一段时间。

由于对"装上船"和"卸离船"的理解不一,提单条款中应定出一精确的时间,作为承运人责任期间的开始与结束。大多数船公司的提单都采用"钩至钩"(Tackle to Tackle)原则来确定承运人的责任期间,即规定在使用船载起重机起吊货物时,对于货物的风险,承运人只在货物被吊离地时起至货物被吊离船落地时止,这一段时间内负责。

在《海牙规则》承运人责任期间之外,而货物继续在承运人的掌管之下,且双方又无另外约定的情况下,规范承运人责任的是其他有关法规,在我国是《民法通则》,在英国是《普通法》,在美国则是《哈特法》。

7) 索赔通知和诉讼时效

《海牙规则》对索赔程序中索赔通知和诉讼时效作了如下规定:收货人应将货物损失的一般情况,当时(如果损害不明显,则在3 d之内),用书面通知承运人或其代理人。否则,这种移交便应作为承运人已经按照提单规定交付货物的表面证据。如果在收货时,已对货物的状况进行联合检验或检查,便无须书面通知。

对于货物的损失,如在货物交付或应交付之日起一年内不提起诉讼,在任何情况下,承运人和船舶都被解除其对货物损失的一切责任。

按上述规定,索赔通知的证据效力只是初步证据,提出索赔通知并非索赔程序中必不可少的环节。因此,即使收货人未在规定的时间内提交索赔通知,也不影响其在诉讼时效内提出索赔的权利,但必须举证承运人对货物损失负有责任。

《海牙规则》规定的诉讼时效"在任何情况下"均为一年。严格地说,即使经双方同意的诉讼时效的延展亦属无效。

8) 适用范围

《海牙规则》规定:本规则适用于在任何缔约国签发的一切提单。据此条款,《海牙规则》仅适用于缔约国的出口提单。

为了扩大公约的适用范围,许多船公司遵循合约法的精神,在提单中引用"首要条款",规定其提单适用《海牙规则》。这样,不论提单在何地签发,《海牙规则》均可适用。

3. 《海牙规则》的缺陷

(1) 驾驶管船过失免责:不适应技术发展的现实;条款本身的规定较模糊,操作性差;货主运输风险较重,容易出现过度保险和重复保险;货主索赔成本较高。

(2) 责任期间不合理:不能适应集装箱运输带来的新问题。

(3) 赔偿限额太低:通货膨胀,运输单位变化的影响严重。

(4) 适用范围窄:可能导致往返航程适用法律不同。

(5) 诉讼时效过短:一年往往无法完成取证、起诉等工作。

(6) 对一些条款的解释未能统一:如"恪尽职责"等。

11.1.2 《海牙/维斯比规则》

1. 《海牙/维斯比规则》的制定过程

《海牙规则》自1931年生效后,得到了世界上许多涉足于国际航运业国家的承认,并据以制定出相应的国内法。作为现代国际海商法的先行者,《海牙规则》在促使提单中大量重要条款的标准化,明确承托双方的责任与义务,促进当时的国际贸易和发展国际航运方面起着十分重要的作用。然而，随着国际贸易和国际航运业的迅猛发展，《海牙规则》的诸多内容已不适应需要。具体反映在其内容过于偏袒承运人；对有些条款内容的解释尚未统一，容易引起争议；并且未能适应集装箱运输的需要等。

鉴于上述原因，修改《海牙规则》在国际上已是大势所趋。当时，代表货主利益的广大第三世界发展中国家要求，必须对《海牙规则》承运人的责任基础作根本的修改，并在联合国积极推进这项工作的进展。而代表航运的发达国家则认为，只需对《海牙规则》作技术上的修改即可。它们一方面在联合国阻止《海牙规则》的修改，另一方面竭力敦促维护其利益的国际海事委员会在联合国之外独立进行修改组织工作。1963年在斯德哥尔摩会议上，由该委员会专门设立的小组委员会订立了《修改〈海牙规则〉的议定书》。由于该议定书是在会议期间工作小组委员会访问海运古城——维斯比时，由会议主席正式签署的，因此称之为《维斯比规则》。

1968年2月23日，在布鲁塞尔召开的外交会议上，英、法等各有关国家的政府代表签订了《关于修订统一提单若干法律规定的国际公约议定书》（Protocol to Amend the International Convention for the Unification of Certain Rules of Law Relating to Bill of Lading）简称《维斯比规则》。因此，《维斯比规则》也称为《1968年布鲁塞尔议定书》。

《维斯比规则》签订后，经历了众多国家的等待和观望，终于在获得了10个国家（其中至少有50%国家的船舶总吨位在100万t以上）的批准和加入，于1977年6月正式生效而成为国际法。

《维斯比规则》的缔约国有对航运业影响很大的英国，以及主要的欧洲国家，如法国、比利时、荷兰、挪威、西班牙、瑞典、瑞士等。美国、日本和中国均未加入本规则。

《维斯比规则》并非一个完整的法案，而是对《海牙规则》的修改和补充。《海牙规则》和《维斯比规则》的综合体，称为《海牙/维斯比规则》。

2. 《维斯比规则》的修订内容

1) 确立了提单作为最终证据的法律效力

《维斯比规则》对《海牙规则》中提单作为承运人收到提单中所载货物的表面证据这一规定作了补充，它规定：当提单已被转与诚实行事的第三方时，便不能接受与此相反的证据。它表明，当提单被转到包括收货人在内的第三方手中，而该第三方对提单中所记载的内容确信无疑地接受时，承运人就不得进一步提出证据，证明其实际接收或装船的货物状况与提单上所载内容不符，从而不能免除其对第三方因此种不符而遭受的损失的赔偿责任。

加入这部分内容的目的在于保护善意的、不知情的第三方的合法利益，不至于在发现货损并与提单所记载的内容不符，在向承运人起诉时，遭到抗辩。

2) 延长了诉讼时效

《海牙规则》下，双方协商同意延长诉讼时效并不是法定有效的延展时效的办法。而《维斯比规则》明确规定，经当事方同意的时效延长同样有效。此外，还规定在解决了争议案之后，即使一年的诉讼时效期已满，只要在受诉法院的法律准许期间之内，还可向第三方提起索赔诉讼。但是，准许的时间自提起此种诉讼之人已经解决索赔案件，或向其本人送达起诉传票之日起算，不得少于3个月。

3) 提高了承运人的赔偿责任限制

为了解决《海牙规则》赔偿限额过低，以及各国对赔偿限额所采用的币值不等问题，《维斯比规则》在《海牙规则》的基础上提高了承运人的赔偿责任限制，并以金法郎代替英镑作为货币计算单位，同时，还将计算赔偿责任限制所采用的单一计算方法，改为双重计算方法。规则规定：承运人对货物灭失或损坏的赔偿责任限制，以每包或每单位10 000金法郎，或毛重每千克30金法郎，二者以其高者为准。并规定一个金法郎等于纯度为900‰、重量为65.5毫克的黄金的价值，使赔偿限额所体现的价值得到了相对的稳定。

《海牙规则》中有关责任限制的条款中，使用了"在任何情况下"这一不容争辩的字句。可以理解为，在承运人的责任期间内，承运人只要不是根本性违约或严重违约，就不影响其享受责任限制的权利。对此，《维斯比规则》作了如下补充规定：如能证明，货损是由于承运人人为蓄意造成，或是明知可能造成这一损害而轻率地采取行为或不为所引起，则无论是承运人或船舶，都无权享受规定的责任限制权利。这一补充条款，无疑加重了承运人的责任，在以后的《汉堡规则》中也得到援用。

4) 增加了集装箱货物的责任限制条款

由于集装箱运输的特殊性，当集装箱货物发生灭失或损坏时，如果将容纳多件货物的集装箱仅仅作为一件或一个单位来计算赔偿限额，则根本起不到补偿损失的作用。为此，《维斯比规则》规定了如下集装箱条款。

如果货物是以集装箱、托盘或类似的运输工具集装，则提单中所载明的装在这种运输器具中的件数或单位数，便可视为计算赔偿限额的件数或单位数。除上述情况之外，此种运输工具应视为包件或单位。

5) 非合同索赔的适用

当货物发生损坏或灭失时，货方可以向承运人提起诉讼要求索赔。按照双重请求权的观点，货方既可以根据合同对承运人违约提起诉讼，也可以根据侵权行为向承运人提起诉讼。如果货方以侵权为由提出非合同索赔，承运人就不能依据提单享受责任限制。为了防止上述观点的援用，而使责任限制条款形同虚设，《维斯比规则》补充规定：本公约所规定的抗辩和责任限制，应适用于就运输契约中所载货物的灭失或损害对承运人所提起的任何诉讼，而不论诉讼是以契约为根据，或是以侵权行为为根据。

当货物遭受损失，货方还可以向承运人的雇用人员或代理人提起诉讼。但由于承运人的雇用人员或代理人与货方并无合同关系，因此，这种诉讼也是一种以侵权行为为根据的非合同索赔，其赔偿金额同样不受运输合同规定的赔偿限额所限制。著名的"喜马拉雅条款"就是在这种以承运人的雇用人员侵权为由提起诉讼，并最终取得全额赔偿之后,承运人为保护自己的利益而在提单上加列的条款。《维斯比规则》在此将"喜马拉雅条款"进行了法律化。其规定如下:如果这种诉讼是对承运人的雇佣人或代理人(不包括独立的订约人)所提起,该雇佣人或代理人便有权适用承运人按照本公约所援用的各项抗辩和责任限制。

6)扩大了公约的适用范围

本公约的各项规定,应适用于在两个不同国家港口之间运输货物的每一提单,如果提单是在一个缔约国签发,或者货物是从一个缔约国港口起运,或者提单中所载或为提单所证明的契约规定,本契约需要受本公约各项规定或者给予这些规定以法律效力的任一国家立法的约束,而不论船舶、承运人、托运人、收货人或任何其他关系人的国籍如何。

因此,公约的适用范围进一步扩大了。

11.1.3 《汉堡规则》

1. 《汉堡规则》的制定过程

鉴于第三世界发展中国家关于建立航运新秩序的强烈要求,1968 年,联合国贸易和发展会议设立了一个由 33 个国家组成的"国际航运立法工作组",着手研究国际海商法,并提出了取消现行的有关海上货物运输法中不明确的法律条款,以及将风险在货主和承运人之间公平分担的修改方针。1971 年后,《海牙规则》的修改工作交由联合国国际贸易法委员会下设的新的航运立法工作组负责进行。该工作组先后召开了 6 次会议,制定了《联合国海上货物运输公约》草案。1978 年 3 月由联合国主持在汉堡召开了海上货物运输会议,通过了以上述草案为基础的《1978 年联合国海上货物运输公约》(United Nations Convention on the Carriage of Good by Sea, 1978),简称《汉堡规则》(Hamburg Rules)。

批准和加入《汉堡规则》的国家现有 21 个。《汉堡规则》已于 1992 年 11 月生效,但海运大国均未加入该规则,目前缔约国拥有的船队总吨位尚不足 2%,尚缺乏国际普遍接受性。

《汉堡规则》与《维斯比规则》不同,它是对《海牙规则》进行彻底修改后的一个完整、独立的新法案。

2. 《汉堡规则》的修订内容

1)加强了承运人的赔偿责任

《汉堡规则》几乎全盘否定了《海牙规则》的 17 项免责事项,取而代之的是一种"推定过失与举证责任相结合的完全过失责任制"。公约规定:如果货物的灭失、损坏及延迟交付货物所造成的损失是发生在承运人的责任期间内,承运人应负赔偿责任。除非承运人证明他本人、其雇佣人或代理人为避免该事故发生及其后果已采取一切所能合理要求的措施,否则承运应对因货物灭失或损坏或延迟交货所造成的损失负赔偿责任。

2)扩大了货物的范围

《汉堡规则》把舱面货、活动物都包括在货物范围内,从而扩大了《海牙规则》的货物范围。

关于舱面货，《汉堡规则》规定：承运人只有按照同托运人的协议，或符合特定的贸易惯例，或依据法规和规章的要求，才有权在舱面上载运货物。如果承运人和托运人协议，货物应该或可以在舱面上载运，承运人必须在提单或证明海上运输合同的其他单证载列相应说明。如果无此说明，承运人有责任证明，曾经达成在舱面载货的协议，但承运人无权援引这种协议对抗包括收货人在内的诚实的持有提单的第三方。如果承运人违反了上述规定，即使他能证明其本人，或雇佣人或代理人为避免该事故发生及其后果已采取了一切所能合理要求的措施，也不能免除承运人对由于在舱面上载运而造成的货物灭失或损坏及延迟交付所付的赔偿责任。根据具体情况，承运人还可能因此而丧失责任限制。

关于活动物，《汉堡规则》也明确作了规定：在运输中货物灭失、损坏或延迟交货，是起因于这类货物所固有的任何特殊风险，承运人可以免除责任，但承运人必须证明已按托运人的任何特别指示行事。如果货物的灭失、损坏或延迟交付的全部或部分是由于承运人、其雇佣人或代理人的过失或疏忽所造成，承运人仍应负赔偿责任。

3）延长了承运人的责任期间

《汉堡规则》将《海牙规则》中承运人履行义务、承担责任的时间范围扩展为在装货港、运输途中及在卸货港，货物在承运人掌管下的全部时间。

4）提高了承运人的赔偿责任限制

《海牙/维斯比规则》以金法郎代替英镑作为赔偿限额的计算单位，在一定程度上解决了英镑贬值、币值不一的问题，但也逐渐带来了结算兑换上的困难。《汉堡规则》改用"特别提款权"（Special Drawing Right，SDR）作为计算单位，来确定赔偿责任限额。

《汉堡规则》规定：承运人对货物灭失或损坏造成的损失所负的赔偿责任，以灭失或损坏的货物每件或每其他货运单位相当于835SDR，或毛重每公斤2.5SDR的数额为限，两者中以较高的数额为准；承运人对延迟交付的赔偿责任，以相当于该延迟交付货物应支付运费的2.5倍的数额为限，但不得超过海上货物运输合同规定的应付运费总额；承运人的总赔偿责任，在任何情况下都不得超过对货物全部灭失引起的赔偿责任所规定的限额。

上述"特别提款权"是国际货币基金组织创设的一种储备资产和记账单位，亦称"纸黄金（Paper Gold）"。它是国际货币基金组织分配给会员国的一种使用资金的权利。会员国在发生国际收支逆差时，可用它向国际货币基金组织指定的其他会员国换取外汇，以偿付国际收支逆差或偿还国际货币基金组织的贷款，还可与黄金、自由兑换货币一样充当国际储备。但由于其只是一种记账单位，不是真正货币，使用时必须先换成其他货币，不能直接用于贸易或非贸易的支付。因为它是国际货币基金组织原有的普通提款权以外的一种补充，所以称为特别提款权（SDR）。

特别提款权是由国际货币基金组织于1969年10月在其第24届年会上通过的。特别提款权是以美元、马克、日元、英镑和法国法郎等5种（现为美元、欧元、日元和英镑4种）国际上主要的货币是按一定比例定值的，各种货币在货币篮中所占的比例每5年调整一次。由于采用多种货币定值,因而特别提款权具有相对稳定性。已有 15 个国际组织把特别提款权作为记账单位,6 个国际公约和 11 个国际公约的修订书把特别提款权作为记账单位。这些公约涉及国际海陆空运输事故赔偿及海洋和河流污染责任赔偿等条款。当发生赔偿时,将根据特别提款权计值的赔偿金额,按照付款当日特别提款权对货币篮 4 种货币的汇率,折成其中任何一种货币支付赔偿金。

5) 确立了保函的法律效力

《汉堡规则》规定:对由于承运人或其代表未就托运人提供列入提单的项目或货物的外表状况批注保留而签发提单所引起的损失,托运人出具的保证向承运人赔偿的保函或协议,在承运人与托运人之间具有法律效力,而在承运人与收货人等第三方之间不产生法律效力,但是如果承运人对善意的第三方构成欺诈行为,则保函对承、托双方也失去法律效力,而且承运人不能享受规定的责任限制。

6) 延长了诉讼时效

《汉堡规则》延长了货物索赔通知提出的时间和诉讼时效。

关于货物损坏或灭失的书面通知,《汉堡规则》规定:收货人应在不迟于货物交付之日后第一个工作日内,或遇有不明显灭失或损坏时,应在不迟于货物交付之日后连续 15 d 内,将阐明灭失或损坏一般性质的文件送交承运人。否则,这种交付应作为承运人已交付运输单证上所述货物的初步证据。

对于货物因延迟交付而造成损失的书面通知,收货人应在货物交付之日后连续 60 d 内送交承运人。否则,承运人对此种损失不负赔偿责任。

关于货物运输的任何诉讼,索赔人应在两年内提起诉讼或交付仲裁,否则,即失去了时效。

7) 扩大了公约的适用范围

《汉堡规则》在下述情形下适用于两个不同国家间所有的海上货物运输合同。

海上运输合同所规定的装货港或卸货港,或由备选卸货港转化而来的实际卸货港位于一个缔约国内;或者提单或证明海上运输合同的其他单证规定,本公约的各项规定或实行本公约的任何国家的立法应约束该合同。

由此可见,《汉堡规则》的适用与船舶、承运人、实际承运人、托运人、收货人或任何其他关系人的国籍无关,其适用范围扩大了。

8) 管辖权

《海牙规则》和《维斯比规则》均无对管辖权的规定,而仅在提单上载明在航运公司所在地法院管辖的规定,这对托运人、收货人很不利。《汉堡规则》规定,原告可以选择管辖法院,但该法院必须在下列范围内选定:

(1) 被告主要营业所在地;

(2) 合同订立地,但该合同需是通过被告在该地的营业所或分支机构订立的;

(3) 装货港或卸货港；
(4) 海上运输合同中为此目的指定的任何其他地点。

该条同时又规定，如果船舶被扣留，可在船舶扣留港口或该地点的法院提起诉讼。

《汉堡规则》还规定，仲裁条款中申诉人有选择仲裁地点的权利。

11.2　国际铁路与公路货物运输法规

11.2.1　国际铁路货物运输法规

1. 国际铁路货运公约

1)《国际铁路货物运送公约》和《国际铁路货物联运协定》

在集装箱货物的国际多式联运中，利用铁路进行多式联运的方式是比较方便的。当然，在铁路之间的联运与在多式联运中，铁路作为运输过程中某一区段的运输方式是有区别的。前者系指同一种运输工具间的运输，如铁路与铁路联运，而后者系指铁海、铁公、铁空等运输方式间的联合运输。对国际铁路联运中一般概念的理解是："根据两国以上的国家协议，按有关规定，利用各自的铁路共同完成一票货物的全程运输。"

国际铁路货物联运始于19世纪后半期，当时欧洲国家之间开办铁路运输业务，并于1886年建立了国际铁路常设机构——"国际铁路协会"。随后在1890年，欧洲各国外交代表在瑞士首都伯尔尼举行会议，制定了《国际铁路货物运送规则》，即所谓的伯尔尼公约。该公约经各国政府批准后，于1893年1月1日开始施行。1934年，此项公约在伯尔尼会议上又经重新修订，并自1938年10月1日起实施。伯尔尼公约曾在第一次、第二次世界大战期间中断，以后多次修改，至今仍使用着。1938年修改时改称《国际铁路货物运送公约》，简称《国际货约》。

目前，参加《国际货约》的国家在欧洲有阿尔巴尼亚、德国、奥地利、比利时、波黑、保加利亚、克罗地亚、丹麦、西班牙、芬兰、法国、希腊、匈牙利、爱尔兰、意大利、列支敦士登、立陶宛、卢森堡、摩纳哥、挪威、荷兰、波兰、葡萄牙、罗马尼亚、英国、斯洛伐克、斯洛文尼亚、瑞典、瑞士、捷克、南斯拉夫；亚洲有伊朗、伊拉克、叙利亚、黎巴嫩、土耳其；非洲有突尼斯、摩洛哥、阿尔及利亚等国家。

1951年1月3日，我国和当时的苏联铁路代表在北京举行会议，双方签订中苏铁路联运协定，并于1951年4月1日开办与苏联的铁路运输。

同年11月，当时的阿尔巴尼亚、保加利亚、匈牙利、东德、波兰、苏联、捷克斯洛伐克等7个国家的铁路部门签订并实行了《国际铁路货物联运协定》，简称《国际货协》。协定规定：为解决由于执行上述协议所发生的有关问题，每两年召开一次协议参加者定期代表大会，并设立事务局，负责处理大会闭会期间的日常事务。事务局由波兰铁路代表担任主席，地点设在华沙。

1953年7月,中国、朝鲜、蒙古铁路代表参加了在莫斯科召开的《国际货协》参加者代表大会,并从1954年1月1日起实行上述协定,中苏联运协定同时废止。

1955年7月在柏林召开的《国际货协》代表大会上,越南铁路也派代表参加,并从1956年6月1日起实行国际铁路联运协定。

目前,参加《国际货协》的国家在欧洲有阿尔巴尼亚、保加利亚、波兰、俄罗斯、白俄罗斯、拉脱维亚、立陶宛、摩尔多瓦、乌克兰、爱沙尼亚;亚洲有中国、朝鲜、越南、蒙古、哈萨克斯坦、乌兹别克斯坦、吉尔吉斯斯坦、塔吉克斯坦、土库曼斯坦、阿塞拜疆、格鲁吉亚、伊朗等国。不参加但适用《国际货协》规定的国家有匈牙利、罗马尼亚和斯洛伐克等。

2) 国际铁路货物联运范围

国际铁路货物联运范围广、国家多、地域大。根据组织货物联运运输方法的不同,将国际铁路联运的范围大致分为货协国之间的联运、货协国与非货协国之间的联运及通过货协国港口向其他国家的联运。所谓货协国是指参加《国际货协》的国家和不参加但适用《国际货协》规定的国家;非货协国是指不参加且不适用《国际货协》规定的国家。

(1) 货协国铁路之间的货物联运。参加《国际货协》的各国铁路(阿铁、朝铁、越铁除外)开办国内货运营业的所有各站间,都办理国际铁路货物联运。我国各站营业办理限制按国内《铁路货物运价规则》规定办理。朝鲜铁路仅部分车站办理国际铁路货物联运。越南铁路办理国际铁路货物联运的车站为同登、老街、海防、安员、甲八、岘港、双神等车站。阿尔巴尼亚与其他国家铁路不连接,参加《国际货协》各国铁路向该国发运的货物,可以通过匈牙利的布达佩斯站或东欧某个国家铁路的车站,由发货人或收货人委托的代理人领取后,用其他运输工具继续运往阿尔巴尼亚。

货协国铁路间货物运送,是从发站以一份运送票据,由铁路负责直接或通过第三国铁路运往最终到站交付收货人。全程均可采用国际货协运单(简称货协运单)办理。

(2) 货协国同非货协国铁路间的货物联运。向非货协国(包括货约国和非货约国)铁路运送货物时,通常发货人在发送路采用货协运单办理至最后一个过境货协国铁路的出口国境站,由该国境站站长或发货人委托的代理人(或收转人)办理转发送至最后到站。如我国通过蒙、俄和东欧等货协国铁路运往没有加入《国际货协》国家的铁路,如前南地区、奥地利、瑞士、德国、法国、意大利、比利时、荷兰、西班牙、葡萄牙、芬兰、瑞典、挪威和丹麦等国的货物,都可采用站长转发送的方法办理。

由非货协国铁路向货协国铁路发运货物时,与上述办理程序相反,也由上述国境站站长办理转运发送,进行国际铁路货物联运。

(3) 通过货协国港口的货物联运。货协国铁路发站和港口间用货协运单办理。港口站至另一国家的最终到达地由发货人或收货人委托在港口的收转人办理转发送。如我国通过波兰铁路格但斯克、格丁尼亚、什切青等港口站往芬兰、瑞典、挪威等国家发货,或朝鲜、蒙古、苏联各国和越南等国通过中国铁路经大连、新港、黄埔等港口往阿尔巴尼亚和日本等国发货及相反方向运送时，发站（到站）和港口间采用货协运单，并按《国际货协》规定办理。

2. 国际铁路货物运输的有关规章

国际铁路货物联运的规章由参加国铁路共同制定，规章的修改和补充必须经各方取得协议，并按规定公布。国际铁路货物运输的主要规章如下。

1)《国际铁路货物运送公约》

《国际铁路货物运送公约》是参加国际货物运送公约各国铁路和发货人、收货人办理国际铁路货物运送时必须遵守的基本条件，主要内容如下。

（1）适用范围。适用按联运单托运的，其运程至少通过两个缔约国的领土。

（2）运输契约。运单是运输契约。

（3）发货人的权利、义务。

① 发货人对运单记载和声明的正确性负责。

② 发货人应遵守载货限制，按要求包装货物。

③ 发货人对包装标记同运单相符负责，否则，承担由此引起的装车不当而带来的损失，并应赔偿铁路损失。

④ 发货人可以按规定变更和修改运输合同。

（4）收货人的权利和义务。

① 交付应付一切费用，并于到达站领取运单和货物。

② 如果已证实货物灭失或在规定期限内未到达，收货人有权以本人名义按合同向铁路提出赔偿请求。

③ 收货人有权在发货人未支付有关运费或未按规定填写运单的，变更运输合同；如果指示货物中途停留；延迟交付货物；将到达货物交于非运单中的指定收货人。

（5）承运人的权利、义务。

① 承运人有权检查运单记载事项是否正确，并可将实际检查结果载入运单上。

② 发货人超装时，有权收取差额运费并对可能产生的损失提出索赔要求。

③ 承运人对全程运输负责。

④ 对因发货人或收货人的错误、疏忽行为或货物固有缺陷等所致的损害灭失，承运人免责。

（6）关于运费、期限和索赔规定。《货约》规定了运费计算标准。索赔应以书面形式提出，诉讼时效为期一年。

2)《国际铁路货物联运协定》

《国际铁路货物联运协定》规定了货物联运运送组织、运送条件、运送费用计算核收办法及铁路与收发货人之间的权利与义务等，对铁路和收发货人都具有约束力。此外，《国际货协》附件中有多项规则，如《国际铁路联运危险货物运送特定条件》、《敞车类货车货物装载和加固规则》、《铁路集装箱运送规则》、《国际铁路联运易腐货物运送规则》、《不属于铁路车辆的运送规则》及各种轨距铁路的装载限界、运单格式、表示牌和标记样式。

3)《关于统一过境运价规程的协约》及其附件《统一过境运价规程》

1991年6月27日,在华沙,由保加利亚、中国、朝鲜、蒙古、罗马尼亚和苏联的铁路部门作为缔约铁路公布了《关于统一过境运价规程的协约》,决定在国际铁路货物过境联运中采用《统一过境运价规程》(简称《统一货价》)。《统一货价》是《协约》不可分割的组成部分,不再从属于《国际货协》,具有独立的法律地位。我国铁路于1991年9月1日起施行。

《统一货价》规定了过境参加《统一货价》的铁路时,办理货物运输手续、过境运送费用、杂费、计算里程、品名和运费计算表等,运送过境货物时适用,对铁路和收发货人都有约束力。

4)《关于国际联运车辆使用规则的协约》及其附件《国际联运车辆使用规则》(简称《车规》)

《车规》主要规定了国际联运协定各国参与联运铁路车辆的有关技术条件及在有关国家国际联运中的交接要求及内容。对铁路车辆部门和国境站适用。

5)《关于国际旅客和货物联运清算规则的协约》及其附件《国际旅客和货物联运清算规则》(简称《清算规则》)

《清算规则》规定了其参加国铁路之间一切费用的清算办法,适用于铁路财务清算部门和国境站。

《车规》、《清算规则》和《统一货价》一样,过去均为《国际货协》的附件,从属于《国际货协》,1991年起脱离了《国际货协》,成为具有独立法律地位的文件。各国铁路可视具体情况选择参加各项协定和协约。

6)《国际铁路货物运输协定》

《国际铁路货物运输协定》是由相邻两国铁路签订的,其主要内容规定了办理联运货物交换的国境站、运输车辆及货物的交接条件和方法、交接列车和机车运行办法及服务方法等问题。根据国际铁路货物运输协定的规定,相邻两国铁路定期召开铁路过境会议,对执行过程中出现的问题进行协商,签订《国际铁路会议议定书》。中朝、中越、中蒙、中俄和中哈铁路间都订有国境铁路协定。主要对国境铁路局适用,同时有关条文对收发货人也有约束力。

3. 《国际铁路货物联运协定》的主要内容

根据《国际货协》的有关规定,在国际铁路货物联运过程中,发生货损货差等不正常情况后,铁路应及时作出相关的货运记录。联运合同的各方当事人违反运输合同时,应承担相应的法律责任。受损方有权提出索赔,责任方应按规定负责赔偿。

1) 适用范围

国际铁路货运协定适用于凡参加缔约国之间的货物运输，协定中的内容对承运人、发货人、收货人均有约束力。对从参加货运协定铁路的国家，通过协定参加国铁路，将货物运往未参加协定的国家（或反向货物的运输），则应按货物协定的附件办理。

下列货物的运输则不适用本协定：

(1) 货物发站、到站在同一国内，而发送的铁路可通过另一国家过境运输时；

(2) 两个国家车站间，用发送国或到达国车辆通过第三国过境运输时；

(3) 两国相邻车站间，全程运输使用同一方的铁路车辆并根据这一铁路的国内规章办理货物运输时。

上述(1)、(2)、(3)提及的货物，可根据各国有关铁路间签订的特别协定办理。

2) 运单

适合铁路运输的单证叫运单。按照国际运协的规定，发货人在托运货物时，应对每批货物按规定的格式填写运单和运单副本，并在填写后向始发站提出，在始发站承运货物（连同运单）时起，即认为运输合同业已订立。运单随同货物从始发站至终点站全程运输，最后交收货人，运单既是铁路承运货物的凭证，也是铁路方面在终点站向收货人核收运杂费和交货的依据。运单不是物权凭证，不能转让买卖。运单副本在铁路加盖戳记证明合同业已订立后，应退还给发货人。

运单副本虽然不具有运单的效力，但按我国与国际货协各国所签订的贸易交货共同条件的规定，运单副本是卖方通过有关银行向买方结算货款的主要单证之一。

发货人在填写运单时，必须对运单内容的填写、申报的准确性负责，由于发货人填写或申报过失，如不准确、不完整、不确切、漏写等引起的一切后果，由发货人负责。

对铁路方面来说，铁路有权检查发货人在运单中所记载的事项是否准确，但此项检查仅限于在海关和其他规章的规定情况下，为保证运输中行车安全和货物完整。发货人除填写运单外还应将货物在运送途中，为履行海关或其他规章所需要的文件附在运单上，以使铁路方面在必要时检查。如发货人未履行此项规定，始发站可拒绝接收该项货物。同时，铁路不对发货人所附的文件准确性负责。

3) 铁路的责任

(1) 铁路的责任期间及其范围。铁路在规定的条件范围内，从承运货物时起，至到站交付货物时止，以及如果将货物转发送到未参加《国际货协》铁路的国家，则至按另一种国际联运协定的运单办完货物运送手续为止，对于货物运到逾期及因货物全部或部分灭失、重量不足、毁损、腐坏或因其他原因降低质量所发生的损失负有责任。

(2) 铁路的连带责任。按货协运单承运货物的铁路，负责完成货物运送全程的运输合同，直至在到站交付货物时为止，如果将货物转发送到未参加《国际货协》铁路的国家，则负责完成到按另一种国际铁路直通货物联运协定的运单办完运送手续时为止。如果货物转发送自未参加《国际货协》的国家,则自按货协运单办完货物运送手续后开始。

每一继续运送的铁路,自接收附有运单的货物时起,即认为参加了这项运输合同,并承担由此而产生的义务。

(3) 铁路的免责事项。铁路对其承运的货物,由于下列原因发生因货物全部或部分灭失、重量不足、毁损、腐坏或因其他原因降低质量所发生的损失及货物运到逾期不承担责任:

- 由于铁路不能预防和不能消除的情况;
- 由于货物在发站承运时质量不符合要求或由于货物的自然和物理特性,以致引起自燃、损坏、生锈、内部腐坏和类似的后果;
- 由于发货人或收货人的过失或由于其要求,而不能归咎于铁路的情况;
- 由于发货人或收货人装车或卸车的原因所造成,是否由发货人装车可根据发货人在运单"由何方装车"栏内注明的事项来确定,如果该栏内未注明由谁装车的事项,则认为是发货人装车;
- 由于发送路线的国内规章允许使用敞车类货车运送货物;
- 由于发货人或收货人或其委派的货物押运人未执行《国际货协》的有关规定,以及由于押运人不符合其规定的要求;
- 由于货物没有《国际货协》规定的运送该货物所必需的容器包装,以致未能在运送全程保证货物完整;
- 由于铁路在发站承运货物时无法通过外部检查发现的容器或包装的缺陷,以致未能在运送全程保证货物完整;
- 由于发货人用不正确、不确切或不完全的名称托运不准运送的物品;
- 由于发货人在托运应按特定条件承运货物时,使用不正确、不确切或不完全的名称,或未遵守《国际货协》的规定;
- 由于货物的自然特性致使货物减量超过《国际货协》规定的标准;
- 由于发货人将货物装入不适于运送该货物的车辆或集装箱,而根据《国际货协》的有关装车和集装箱货物的规定,发货人在检查车辆和集装箱时可以通过观察确定它是不适用的;
- 对于有容器或包扎的成件货物,如将货物交付收货人时件数齐全,容器包扎完好,并且没有可以成为货物短少原因的能触及内装物的外部痕迹,而重量短少时;
- 对于无容器或无包扎的成件货物,如将货物交付收货人时件数齐全,并且没有可以成为货物短少原因的外部痕迹,而重量短少时;
- 对于由发货人装入车辆或集装箱运送的货物,如将货物交付收货人时按照《国际货协》规定施加的发货人或发站的封印完好,并且没有可以成为货物短少原因的能触及货物的外部痕迹,而重量短少和件数短少时;
- 对于施封的汽车、拖拉机和其他自轮运行机器的可拆零件和备用零件,如将汽车、拖拉机和其他自轮运行机器交付收货人时按照《国际货协》规定施加的发货人封印完好，并且没有损坏也没有可以成为可拆零件和备用零件全部或部分灭失原因的能触及货物的外部痕迹，而零件全部或部分灭失时；
➤ 铁路在发生雪（沙）害、水灾、崩塌和其他自然灾害，以及发生其他致使行车中断或限制的情况，对未履行货物运到期限不负责任。

4）发货人的责任

发货人对自己所填的货协运单的真实性负完全责任，发货人伪报、捏报货物品名、重量，应负违约责任。除按违章处理外，造成铁路运输设备的损坏或第三者财产损失的，还应该赔偿损失。

发货人应按规定缴纳运送费用。如发货人无故不缴纳运送费用，铁路部门有权拒绝承运，或按规定核收延期付款费。

发运前取消运输的，发货人应承担违约责任，支付铁路部门已发生的各项费用。

由于发货人提供的包装不良，且铁路部门无法从外部发现而造成货损货差，责任由发货人自负，如果给铁路或他人造成损失，还应依法负赔偿责任。

5）收货人的责任

当货物运抵终点站后，在收货人支付清运单中所记载的一切应付的运输费用后，铁路将运单和货物交给收货人。也就是说，收货人以支付清全部费用换取提货的权利。如收货人在提取货物时，发现货物损害时不能拒收，只有在货物失去使用价值、毁损、腐烂、质变的情况下才可拒收。如在取货物时发现货物短少，也不能少付运费，收货人仍应按运单规定的货物数量支付运费，只是对少交的那部分货物享有要求赔偿的权利。如果收货人超过期限提取货物，应按规定向铁路支付保管费。

6）运输合同的变更

货物承运后，托运人与承运人签订的运输合同对承运人、发货人和收货人都有约束力，但发、收货人对已发生法律效力的运输合同有权提出变更。

(1) 变更范围。

① 发货人变更范围。发货人要求变更运输的范围有：在始发站将货物领回；变更到站，在必要的情况下，应注明变更运输合同后货物应通过的国境站；变更收货人；将货物返还发站。

② 收货人变更范围。收货人要求变更运输的范围有：在到达国范围内变更货物的到站，变更收货人。收货人的变更申请只限于在到达国进口国境站，且在货物尚未从该国境站发出时办理，如货物已通过到达国的进口国境站，则只能按到达路现行的国内规章办理。

(2) 变更申请及变更程序。发、收货人要求变更运输合同时，应按国际货协规定的格式逐项填写变更申请书。"运输合同变更申请书"主要内容由四部分组成，第一是抬头，填写应接受申请书的某铁路某站长；第二是该变更前的运输情况，如货物名称、批号、包装、件数、发送路与到达路名称、承运日期等；第三是请求变更的具体事项；第四是变更申请人的签字及申请变更日期。到达站可以接受收货人按到达站现行的国内规章规定的格式填写的运输合同变更申请书。

发货人应对每批货物单独填写一份变更申请书连同"货物名称"栏内记入申请事项的运单副本提交发站。发站在收到申请书后,应在申请书和运单副本"货物名称"栏内发货人填记的事项处加盖车站日期戳,并由受理申请书的车站工作人员签字证明申请书已收到,然后将运单副本退还发货人。收货人则将变更申请书提交到达国进口国境站,并且可在提交变更申请书时不提交运单副本。

（3）变更限制。货物运输变更以发货人和收货人各申请办理一次为限,而且不能同一批货物分开办理变更。如果是成组车辆运送的数批货物,均变更为同一到站和同一收货人,则收货人也可按数批货物提出一份变更申请书。

（4）变更后的货物运费。变更运输后,货物运费的计收应按正常条件办理并考虑下列特殊情况：

如果货物在途中站交付,则运费只计收到该站为止。如果货物已通过了新到站,而铁路又将它返还该站,则除运到货物截留站的费用外,还应单独加算并核收从货物截留站至新到站的运费。

如果货物发往原到站以远的新到站或发往货物原运送路径以外的车站,则到原到站或货物截留站的运费和从该站到新到站的运费应分别计收。

如果货物返还发站,则从发站到返还站的往返运费,应分别计算,并向发货人核收。

另外,还应核收运输合同变更费。这项费用按变更运输合同的铁路现行国内规章计算,向支付该铁路运费的发货人或收货人核收。

7）索赔及其处理

（1）赔偿请求人。赔偿请求应由发货人向发站或发送局,收货人向到站或到达局提出。

（2）赔偿请求的形式和方式。赔偿请求以书面形式提出。对因货物全部灭失、重量不足、毁损、腐坏或因其他原因降低质量所发生的损失和对运送费用多收款额提出赔偿要求时,用所在国规定的赔偿要求书格式提出,在我国使用《铁路货物运输规程》规定的"赔偿要求书"；对因运到逾期提出索赔时,采用《国际货协》有关附件所规定的"货物运到逾期赔偿请求书"格式,一式两份。

赔偿请求的方式是按每批货物提出,但下列情况除外：提出返还运送费用多收款额的赔偿要求时,可按数批货物提出；当国外铁路数批货物编写一份商务记录时,应按商务记录中记载的批数一并提出。

（3）赔偿请求的依据。

① 货物全部灭失时,由发货人提出,同时须提交运单副本；由收货人提出,同时须提交运单副本或运单正本与货物到达通知单及铁路在到站交给收货人的商务记录。此时运单副本或运单正本与货物到达通知单中应有到站日期戳证明货物未到的记载。

② 货物部分灭失、毁损、腐坏或因其他原因降低质量时,由发货人或收货人提出,同时须提交运单正本与货物到达通知单及铁路在到站交给收货人的商务记录。

③ 货物运到逾期时，由收货人提出，同时须提交运单正本与货物到达通知单。

④ 多收运送费用时，由发货人按其为运送所支付的款额提出，同时须提交运单副本或发送站现行国内规定的其他文件；由收货人按其为运送所支付的款额提出，同时须提交运单正本与货物到达通知单。我国进出口货物，铁路多收运费时，由发货人或收货人提出正式函件载明运单号码、发到站、货物名称、件数、重量、承运日期、已付款额与要求退还款等。此时发货人可不提交运单副本，但收货人仍需提出运单正本与货物到达通知单和运杂费收据。

必要时须附能证明货物丢失或毁损货物价格及作为索赔依据的其他文件，如发票、合同、账单价格摘录和国家鉴定机关出具的商品检验证明等。

（4）赔偿请求的时效。赔偿请求人应在规定的时效期限内提出赔偿请求，否则即丧失提赔的权利。

发货人或收货人向铁路提出的赔偿请求，以及铁路对发货人或收货人关于支付运送费用、罚款和赔偿损失的要求，应在9个月期间内提出。但货物运到逾期的赔偿请求应在2个月内提出。

赔偿请求的时效期限按下列规定计算。

① 关于货物部分灭失、重量不足、毁损、腐坏或因其他原因降低质量的赔偿请求，自货物交付收货人之日起计算。

② 关于货物全部灭失的赔偿请求，按规定的货物运到期限期满后30天起计算。

③ 关于补充支付运费、杂费、罚款的赔偿请求，或关于退还这项款额的赔偿请求，或关于因运价规程适用不当及费用计算错误所发生的订正清算的赔偿请求，自付款之日起计算。若未付款，则自货物交付之日起计算。

④ 关于其他一切赔偿请求和要求，自查明提出赔偿请求依据的情况之日起计算。

时效期间的开始日不算入该期间内。

（5）赔偿请求的处理。

① 处理单位。铁路在接到发、收货人提出的赔偿请求后，应及时处理。除关于货物运送费用多收的索赔由收、发货人直接向原收款站提出，其主管铁路局按有关规定处理外，货物灭失、毁损、腐坏或因其他原因降低质量和运到逾期的赔偿请求，按以下办法处理：出口货物的索赔，由发货人提出，发送局处理，或由收货人提出，出口国境局处理；进口货物的索赔，由发货人提出，进口国境局处理，或由收货人提出，到达局处理；过境货物的索赔，由发货人提出，进口国境局处理，或由收货人提出，出口国境局处理。

② 审查程序。对国内索赔的审查程序，到达局或发送局接到索赔要求后，首先需审查所提交的索赔文件、索赔时效和款额是否符合规定要求，若经调查确属国内铁路责任所致，应按国内有关规章自行处理；确定责任属于国外铁路，则将全部文件寄送国境局处理；确定国内和国外铁路均有责任时，则将全部文件寄送国境局，另据索赔文件的复制件自行审查。国境局接到索赔案后，与国境站交接情况进行复核，确定全部或部分责任属国外铁路时，再

将全部索赔文件转寄国外铁路审查。国外铁路回复后通知处理局答复索赔人。

对国外索赔的审查程序。国境局接到国外铁路转来的索赔案件后，首先也要审查索赔文件、索赔时效和款额是否符合规定要求，经确认全部或部分责任属于本国铁路时，若责任属于国境局的即自行处理；若责任属于国内其他铁路局的，须将赔偿款额和处理意见通知责任局，并抄知责任单位。责任局接通知后，须将同意或拒绝赔偿的理由和证明文件答复国境局，再由国境局认真复核后答复国外铁路。

③ 处理期限。自赔偿请求提出之日（以发往邮局戳记或铁路在收到直接提出的请求书时出具的收据为凭）起，铁路必须在180天内审查所提出的赔偿请求，并向赔偿请求人以答复，支付认赔的款额。部分或全部拒赔时，须说明其理由，并同时退还赔偿请求书上所附的文件。

④ 赔偿款额的确定。铁路对货物全部或部分灭失负有不可免责的责任时，其赔偿额按国外供货者账单或该账单摘录中所列的价格，或按由国家鉴定机关确定的货物价格计算；当声明价格的货物全部或部分灭失时，铁路应按声明价格，或相当于货物灭失部分的声明价格的款额向发货人或收货人赔偿；不声明价格的家庭用品全部或部分灭失时，铁路对灭失的货物重量，应按每公斤6瑞士法郎向发货人或收货人予以赔偿。

铁路对货物毁损、腐坏或因其他原因降低质量而负有不可免责的责任时，其赔偿额应相当于货物价值降低部分的款额；当声明价格的货物发生毁损、腐坏或因其他原因降低质量时，铁路应按照相当于货物由于毁损、腐坏或因其他原因降低质量而降低价格的百分比，支付应为声明价格部分的赔款；如因货物毁损、腐坏或因其他原因降低质量以至全部货物降低价格，不应超过货物全部灭失的赔偿额；如因货物毁损、腐坏或因其他原因降低质量仅使部分货物降低价格，不应超过降低价格部分货物灭失的赔偿额。

货物运到逾期时，铁路应根据造成逾期铁路的运费和逾期的长短，向收货人支付罚款。对货物全部灭失予以赔偿时，不必支付运到逾期罚款；如运到逾期的货物部分灭失，则对货物的未灭失部分支付运到逾期罚款；如运到逾期的货物毁损、腐坏或因其他原因降低质量，除规定的赔偿款额外，还应支付运到逾期罚款。货物运到逾期罚款额和损失的赔偿款额不应超过货物全部灭失时所应支付的赔偿总额。

8) 诉讼

（1）诉讼提起人。凡有权向铁路提出赔偿请求的人，即有权根据运输合同提起诉讼。

（2）提起诉讼的条件。只有根据规定提出赔偿请求后，才可提出诉讼。铁路在收到赔偿请求后，未按照规定的期限处理赔偿请求，或在上述期限内铁路已将全部或部分拒绝赔偿请求一事通知请求人，则有起诉权的人才可对受理赔偿请求的铁路提起诉讼。

（3）司法管辖。诉讼只能在受理赔偿请求的铁路所属国家的适当法院提起。在我国诉讼只能在相应的铁路运输法院提起。

（4）诉讼时效。根据运输合同提起诉讼的时效与提出赔偿请求的时效相同。超过时效的赔偿请求无效，也不得以诉讼形式提出。

4. 国际铁路货物联运运到期限

货物运到期限是指铁路运输部门根据现有技术设备条件和运输组织工作水平,对按不同种别办理的货物,所确定的从启运地至目的地的最大期限。它是衡量铁路运输质量的一项重要指标。

1) 运到期限的组成

国际铁路货物联运的办理种别可以分为整车、零担、集装箱、托盘和货捆货物。按运送速度又可以分为慢运和快运。根据有关铁路间的商定,整车货物可随旅客列车挂运。

国际铁路联运货物的运到期限是由发送期间、运送期间、货物换装或车辆换转向架作业期间组成(由于一些国家间的铁路轨距不同,货物需要换装)。可用下式表示:

$$T_{运到} = T_发 + T_运 + T_换$$

式中:$T_{运到}$——货物运到期限(d),运送超限货物时延长100%;

$T_发$——货物发送期间(d);

$T_运$——货物运送期间(d);

$T_换$——货物换装或车辆换转向架作业期间(d)。

$T_发$,$T_运$,$T_换$的计算标准见表11-1。

表11-1 货物运到期限计算标准

运送速度	发送期间 (发送站和到达站平分)	运送期间 (每一参加运送铁路分算)			换装或换车辆转向架期间
		零担	整车或大吨位集装箱	随旅客列车挂运的整车和大吨位集装箱	
慢运	1 d	每150运价公里计1 d	每200运价公里计1 d		每次作业计2 d
快运	1 d	每200运价公里计1 d	每320运价公里计1 d	每420运价公里计1 d	

2) 实际运到期间的起止时间

实际运到期间从承运货物的次日零时起算,到铁路通知收货人货物到达并可以将货物交给收货人处理时止。若承运的货物在发货前需预先保管,则应从指定装车的次日零时起算。货物在国境站换装,若部分货物用补充运行报单补送,则实际运到期间按随原运单到达的部分货物计算。

3) 运到期限的最终确定

在运送途中发生下列非铁路原因造成的滞留时间,铁路有权相应延长运到期限。

(1) 为履行海关和其他规章所需的滞留时间。

(2) 非因铁路过失而造成的暂时中断运输的时间。

(3) 因变更运输合同而发生的滞留时间。

(4) 因检查货物同运单记载是否相符,或检查按特定条件运送的货物是否采取了预防措施,且在检查中确实发现不符时而发生的滞留时间。

(5) 由于发货人的过失而造成多出重量的卸车、货物或其容器与包装的修整及倒装或整理货物的装载所需的滞留时间。

(6) 因牲畜饮水、遛放或兽医检查而造成的站内滞留时间。

(7) 由于发货人或收货人的过失发生的其他滞留时间。

4) 货物运到逾期罚款

货物全程实际运送天数超过所确定的总运到期限天数,则该批货物运到逾期。货物运到逾期后,铁路应按表11-2所列的标准向收货人支付运到逾期罚款。

表11-2 运到逾期罚款计算标准

逾期百分率 (S)	罚款率	罚款额
$S \leq 10\%$	6%	运费×6%
$10\% < S \leq 20\%$	12%	运费×12%
$20\% < S \leq 30\%$	18%	运费×18%
$30\% < S \leq 40\%$	24%	运费×24%
$40\% < S$	30%	运费×30%

其中:

$$运到逾期百分率(S) = \frac{全程实际运到天数 - 总运到期限天数}{总运到期限天数} \times 100\%$$

$$罚款额 = 运到逾期发生路运费 \times 罚款率$$

运到逾期罚款是铁路运输部门执行运送合同,保证发、收货人权益的一个体现。但是如果自铁路通知收货人货物到达和可以将货物移交收货人处理时起一昼夜内,收货人未将货物领出,便失去领取货物运到逾期罚款的权利。

【例11-1】 波兰铁路库诺维策站于2007年7月12日以慢运整车承运货物一批。根据货协运单记载:波铁马拉舍维站于7月26日将货物移交俄铁布列斯特站,俄铁后贝加尔站于9月7日将货物移交中铁满洲里站,中铁于9月17日将货物运抵北京站。波铁、俄铁、中铁之间都需换装,国际货协的一些国家商定:货物一律在进口国的国境站换装。

问:(1) 该批货物是否逾期?
(2) 在何路逾期?
(3) 逾期百分率是多少?
(4) 逾期罚款额是多少?

```
北(中铁)满    后 (俄铁) 布  马 (波铁) 库
             洲     贝            列  拉          诺
             ←     里      ←      斯  舍   ←     维
             京     加            特  维          策
                   尔
      2 075 km          7 651 km         672 km
```

解：计算过程见下表。

路　别	中　铁	俄　铁	波　铁	$\sum T$
$T_{运到}$/d	（2 075/200+2+0.5） 13.5	（7 651/200+2） 41	（0.5+672/200） 4.5	（13.5+41+4.5） 59
$T_{实际}$/d	（9.8-9.17） 10	（7.27-9.7） 43	（7.13-7.26） 14	（10+43+14） 67
$T_{逾期}$/d	（10-13.5） -3.5（提前）	（43-41） 2（逾期）	（14-4.5） 9.5（逾期）	（67-59） 8（逾期）

（1）该批货物$\sum T_{实际}$67 天>$\sum T_{运到}$59 d，运到逾期 8 d。

（2）在俄铁逾期 2 d，波铁逾期 9.5 d。

（3）运到逾期百分率（S）= $\dfrac{67-59}{59}\times 100\%=13.6\%$。

　　罚款率为 12%。

（4）俄铁逾期罚款额=俄铁运费×12%。

　　波铁逾期罚款额=波铁运费×12%。

11.2.2　国际公路货运公约

1. 国际公路货运公约概述

为了统一公路运输所使用的单证和承运人的责任，联合国所属欧洲经济委员会负责草拟了《国际公路货物运输合同公约》（Convention on the Contract for the International Carriage of Goods by Road），简称《CMR 公约》，并于 1956 年 5 月 19 日在日内瓦由欧洲 17 个国家参加的会议上一致通过并签订。该公约共有 12 章，就公约的适用范围、承运人责任，合同的签订与履行、索赔与诉讼，以及连续承运人履行合同等作了较详细的规定。

为了满足集装箱的运输，联合国所属欧洲经济委员会成员国之间于 1956 年缔结了关于集装箱的关税协定。参加这个协定签字国的有欧洲 20 个国家和欧洲以外的 7 个国家。协定的宗旨是相互允许集装箱免税过境，在这个协定的基础上，根据欧洲经济委员会的倡议，还缔结了《国际公路车辆运输协定》（Transport International Router，TIR），根据规则规定，对装运集装箱的公路承运人，如果持有 TIR 手册，允许由发运地至目的地，在海关封志下途中不受检查，不支付税收，也可不付押金。这种 TIR 手册是由有关国家政府批准的运输团体发行的，这些团体大多是参加国际公路联合会的成员，他们必须保证监督其所属运输企业遵守海关法则和其他规则。协定的正式名称为《根据 TIR 手册进行国际货物运输的有关关税决定》（Customs Convention on the International Transpot of Goods under Cover of TIR Car Nets）。该协定有欧洲 23 个国家参加，并从 1960 年开始实施。从某种意义上说，尽管上述公约或协定有地区性限制，但仍不失为当前国际公路运输的重要公约和协定，并对今后国际公路运输的发展具有一定的影响。

2. 国际公路货运公约主要内容

1) 适用范围

（1）适用于由公路以车辆运输货物而收取报酬的运输合同，接受货物和指定交货地点依据合同的规定在两个不同的国家，其中至少有一国是缔约国。

（2）如果车辆装载运输的货物在运输过程中经由海上、铁路、内陆水路或航空，但货物没有从车辆上卸下，公约仍对整个运输过程适用。但应证明以其他运输方法运输时所发生的有关货物的灭失，或损害并非系由于公路承运人的行为或不行为所致，而仅是由于其他运输方式或由于此种运输方式运输时才会发生的原因所致。若发货人与其他运输方式的承运人订立了仅是关于货物运输合同的，则公路承运人之责任不得依本公约予以确定，则应依照使用其他运输条件的承运人的责任规定予以确定。如没有这些规定的条件，公路承运人的责任仍依据本公约的规定予以确定。

（3）若公路承运人本人也为其他运输方式下的货物运送人，其责任也应依照上述（1）的规定予以确定，但在作为公路承运人和其他运输方式的承运人时，他则具有双重身份。

（4）公路承运人应对其雇用人、代理人或其他人为执行运输而利用其服务的任何其他人的行为或不行为一样承担责任。

2) 运单

在公路货运业务中，习惯认为运单的签发是运输合同的成立，因此，公路货运公约规定：运单是运输合同；是承运人收到货物的收据、交货的凭证；是解决责任纠纷的依据。

运输合同应以签发运单来确认，无运单、运单不正规或运单丢失不影响运输合同的成立或有效性，仍受本公约的规定约束。运单签发有发货人、承运人签字的正本三份，这些签字可以是印刷的，或为运单签发国的法律允许，也可由发货人和承运人以盖章替代。第一份交付发货人，第二份应跟随货物同行，第三份则由承运人留存。

当货物准备装载不同车内，或在同一车内准备装载不同种类的货物，或多票货物时，发货人或承运人有权要求对使用的每辆车，每种货或每票货物分别签发运单。如果在运单中未包括，不管有任何相关条款，该运输未遵照公路货运公约各项规定的，承运人应对由于处置货物的行为或不行为而遭受的所有费用、货物灭失或损害负责。

承运人在接收货物时应做到：查验运单中有关货物件数、标志、号码的准确性；检查货物的外表状况及其包装。

3) 发货人责任

在公路货物运输全过程中，发货人的责任可归结为：

（1）没有准确提供自己的名称、地址；

（2）没有在规定的地点、时间内将货物交承运人；

（3）收货人的名称、地址有误，且由发货人提供；

（4）对托运的货物没有说明其准确名称；

（5）对托运的危险货没有在运单中注明危险特性，以及一旦发生意外时应采取的措施；

（6）对运输要求没有作说明；

（7）没有提供办理海关和其他手续所必要的通知；

（8）货物包装不牢、标志不清；

（9）货物内在缺陷引起的货损；

（10）由于发货人的过失造成对第三方的损害。

特别应该说明的是，为了交付货物应办的海关或其他手续，发货人应在运单后附必需的单证，或将其交承运人支配和提供给承运人所需的全部情况。对承运人来说，没有责任调查单证情况的准确与否，除非是由于承运人的错误行为或过失。对于单证情况的缺陷所引起的损失，发货人应向承运人负责。

由于灭失或不当使用所产生的后果系承运人作为一个代理应负的责任过失所致时，承运人则应承担赔偿责任，但此种赔偿以不超过货物灭失所支付的全部赔偿为限。

4）承运人责任和豁免

公路货运公约第十七条对承运人规定的责任期限为：承运人应对自货物接管时起至货物交付时止所发生的全部或部分灭失、损害，以及由于运输延误而造成的损失承担责任。此外，在运输过程中承运人因使用车辆不良状况，或由于承运人租用他人车辆，或其代理人的过失同样承担责任。

对于货物延误运输则应视分票运输，还是整票运输。习惯认为当货物未能在双方规定的时间内交货，或虽无此种规定，但考虑到实际情况后，在通常情况下货物所需要的运输时间超出了一个勤勉承运人的合理时间，则应视为延误运输，特别是分票运输的情况下，如果在双方规定应交货的时间届满 30 d 后，或无规定交货时间应从承运人接管货物 60 d 后仍未将货交收货人，则应认为货物业已灭失。如果货物的灭失或损害系由于下述一种或一种以上情况下产生的，承运人应予免责：

（1）货物灭失、损害系由于使用无盖敞车引起，此种使用已在运单中明确规定和有所规定；

（2）货物的灭失、损害是由于无包装或包装不良所致；

（3）由于发货人、收货人或其代理人所从事的货物搬运、积载、卸载；

（4）由于包装上标志不清、号码不完整、不当、错误所致；

（5）承运活的动物；

（6）由于锈损、腐烂、干燥、渗漏、发霉、发潮系由于货物自然特性所致等。

尽管公路货运公约对承运人可享受的免责范围作了规定，但某些内容的免责承运人则负有举证之责任。如果货物由装有特殊设备的车辆运输，以便保护货物不受热、冷、保温等要求，除非承运人证明他对此种货运设备及其维修、使用已采取了所有合理措施，否则承运人对货损不能解除责任。

5）交货责任

当货物运抵指定交货地点后，收货人有权凭货物收据，要求承运人将第二份运单和货物交给他，如果货物业已灭失或没有在规定时间或合理时间交货，收货人对承运人有权以其名义免除运输合同的任何权利。但收货人在行使这一权利时，则应支付清运单中规定的所应支付的费用，一旦因此项费用没有支付产生争议，除非收货人已提供担保，否则，承运人对货物享有留置权。

此外，在货物运抵收货地点后因具体情况妨碍货物正常交付时，承运人应要求发货人给予指示，在收货人拒绝接货时，发货人有权处置货物而无须出示第一份运单。必须说明，收货人拒绝提货并不等于收货人无权提货，在承运人没有从发货人那里得到任何指示前，收货人仍享有货物的提货权。

收货人对货物的处理权利系从运单签发之时起，因而当收货人指示承运人将货物交另一人时，原收货人则视为发货人，而另一人为收货人。

6）危险货物运输

当发货人将危险货物交由承运人运输时，应将有关危险货物的种类、性质通知承运人，必要时还应说明应采取的预防措施，并将此种情况记入运单内。运输危险货物所发生的有关货物的灭失或损害、发货人或收货人解除责任的唯一途径是举证说明承运人在接受危险货物运输时业已了解该货物运输过程中有可能造成危险的事实。如果在接受危险货物运输时，承运人并不知道有关该类货物的性质，承运人有权随时随地将其卸载、销毁，或使之无害，并不承担任何责任。

7）承运人赔偿责任限制

如果货物的灭失或损害发生在承运人责任期限内，且因承运人或其代理人过失所致，承运人对此项灭失或损害承担赔偿责任。承运人对全部或部分货物灭失的赔偿，依照货物接运地点、时间的货物价值计算；货物毛重每千克的赔偿不超过2个金法郎；当货物发生全部灭失时，有关运输费用、关税，以及因货物运输发生的其他费用应全部偿还。如系部分货物灭失，则应按比例赔偿；在延误损失赔偿情况下，承运人承担的最高赔偿不超过全部运输费用的总和；只有在申报货物价值，并支付了附加运费的情况下，才能得到较高的赔偿。

如货物的灭失或损害系由于承运人或其代理人、雇佣人的故意不当行为所致，或根据受理货损处理法院的法律认为相当于故意不当行为的承运人或其代理人、雇佣人的过失引起，则承运人无权享受责任限制。

8）连续承运人的责任

在公路货物运输过程中，如系由几个承运人共同完成货物全程运输，则每一承运人对全程运输负责，每一承运人即成为运单条款或运输合同的当事人一方。连续承运人，即从前一承运人那里接收货物的承运人，应给前一承运人签署收据，并在运单上写上名字、地址。必要时他也有权在运单中对所接受的货物作出保留，对于运单的性质和作用同样适用于承运人之间的关系。有关运输过程中发生的货物灭失、损害或延误运输，受损人可向：第一承运人提起诉讼；或最后一个承运人提起诉讼；或造成货物灭失、损害的实际承运人提起诉讼。

但上述赔偿并不影响根据公路货运公约已赔偿的承运人有权从参加运输的其他承运人那里追偿已付的金额及其利息和由于索赔而发生的所有费用，并且：

(1) 造成货物灭失或损害的承运人应单独承担责任，不管此项赔偿受损人已向其他承运人提出；

(2) 当货物的灭失或损害系由两个或两个以上的承运人共同过失行为所致时，每一承运人应按其所负责的部分按比例支付费用，如果不能划分责任，每一承运人应按比例进行分摊，此项分摊应根据他收取的运费；

(3) 如果货物的灭失或损害无法确定属某一承运人责任时，则按上述（2）处理。

9) **索赔与诉讼**

根据公路货运公约所提起的任何法律诉讼，原告可在双方协议中约定的缔约国的任何法院提起，也可在下列地点所属国家的法院提起：

(1) 被告通常住所或主要营业所法院；

(2) 合同订立地法院；

(3) 承运人接管或交付货物地点法院。

习惯理解，上述法院作出的裁决是终局性的，但并不妨碍因特殊原因对同一案件提起新的诉讼，但此项新的诉讼只有在第一次诉讼的法院所作出的裁决是无法在新提起诉讼的国家得以执行的。如果当一个缔约国的法院所作出的裁决能在该国执行，而当事人又在其他任何一个缔约国办理有关手续后，并不妨碍该裁决也可在该缔约国执行。

有关货物灭失或损害提出的诉讼时效。

(1) 根据公路货运公约因货物运输正常提出的诉讼，其时效为一年。

(2) 如货物的灭失或损害系由于承运人故意不当行为，或根据受理案件的法院的法律认为是与故意不当行为相等的其他过失，时效则为 2 年。

上述诉讼时效的计算为：

(1) 如货物系部分灭失、损害，或延误运输，自交货之日或应交货之日起算；

(2) 如货物系全部灭失、损害，则以双方约定的交货日后满 30 d 起算。如无约定的具体交货日期，则自承运人接管货物之日起 60 d 起算；

(3) 在所有其他情况下造成的货物灭失或损害，则在运输合同订立后 90 d 起算。

但上述时效期限开始之日则不应计算在有效期限内。

11.3　国际航空货物运输法规

11.3.1　国际航空货运公约概述

现行的国际航空货运公约有三个，即 1929 年于华沙签订的《关于统一国际航空运输某些规则的公约》，因为它是在华沙签字的，所以又简称《华沙公约》。该公约规定了航空运输承运人为一方，旅客、货物托运人和收货人为另一方的法律关系和相互义务，是国际空运方面一个最基本的公约。至今已有130多个国家和地区参加了该公约，我国于1955年正式加入该公约。

《华沙公约》订立后，在实际使用中发现该公约某些内容已不适用航空运输的要求，特别是对旅客伤亡的赔偿订得太低，应加以修改。于是，各国代表在1955年于海牙召开会议，在责任限制、运输单证、航空过失责任、索赔期限等方面对《华沙公约》作了修改。因为这次修改是在海牙进行的，因此，将修改后的《华沙公约》的文件称为《海牙议定书》，也有的叫《华沙公约修改本》。至今已有100个国家和地区参加了海牙议定书，我国在1975年正式加入了该议定书。

然而，1929年的华沙公约和1975年的海牙议定书都没有对某些内容作明确规定，如"承运人"是指与旅客的货物托运人订有运输合同的人，还是包括受契约承运人的委托完成实际运输的人。为了解决这一问题，各国在1961年于墨西哥的瓜达拉哈拉签订了一个公约，就"承运人"这一问题对《华沙公约》作了规定，该公约就是1961年的《瓜达拉哈拉公约》，至今已有近60个国家和地区加入了该公约，我国尚未加入该公约。

在上述3个公约中，1929年的《华沙公约》是基础，其他两个公约是对《华沙公约》的修改和补充。因此，关于国际航空运输方面的法律在很大程度上达到了一致。但从另一方面来说，上述三个公约又是独立的国际公约，对每一个国家来说，可以参加其中的一个，也可参加其中的两个或三个。如英国参加了上述三个公约，而美国则参加了1929年的华沙公约。这样，在使用三个公约时出现一些法律问题，很难确定一项航空运输适用哪一公约。一般来说，一个国家同时参加上述三个公约，那么他与《华沙公约》参加国之间的关系适用《华沙公约》。

目前，就航空来说，与其他运输方式（陆运、海运、水运）相接送的机会很少。这是因为空运接箱有两种类型：其一为接送、转运业务。在这一类型中，运程两端都用货车接送业务，并用货车从一个机场运到另一机场。其二是陆运和空运的衔接。这种类型实际上是："短程货车接送业务"，即用货车在机场两端、四周接送业务，而且，这种货物仅限于"适宜空运"的货物，具有一定的价值与重量比率，因而是接受较高的空运费用的货物。同时，由于空运货物的包装比陆运、海运轻。因此，就箱子本身来说，也不能进行接送和交换使用。在"短程接送业务"中，货车接送是航空运程的一个附带部分，整个航程都包括在空运单内，空运承运人对全程运输负责，并受《华沙公约》严格的赔偿责任制和相当高的赔偿责任限额。

此外，就《华沙公约》有关适用的范围、单据、赔偿责任限制、通知的期限、诉讼时效、管辖等方面的规定，与集装箱多式联运也有不同。根据《华沙公约》的规定，华沙制度对所有国际空运都强制适用，任何违背公约条款的合同均无效。《华沙公约》关于联合运输的规定是：本公约的规定仅适用于航空运输，在整个运输过程中，某一区段涉及其他方式的多式联运时，其中空运区段应遵守《华沙公约》的制度。

11.3.2 国际航空货运公约的主要内容

国际航空货物运输若干法律规定主要以《华沙公约》为主，并结合《海牙议定书》有关修订内容如下。

1. 适用范围

（1）所有以航空器运输旅客、行李或货物而收取报酬的国际运输。

（2）同样适用于航空运输企业以航空器办理的免费运输。

（3）同样适用于国家或其他法人符合下列条件所办理的运输。

① 根据有关各方所订立的合同，不论在全程运输中有无中断或转运，其出发地和目的地是在两个缔约国或非缔约国的主权、宗主权、委任统治权，或权力管辖下的领土内有一个约定的经停地点的任何运输。在同一缔约国的主权、宗主权、委任统治权，或权力管辖下的领土间的运输，如果没有这种约定的经停地点，华沙航空货运公约则不作为国际运输。

② 如果货物的全程运输系由多个承运人共同完成货物的连续运输，但此种运输被合同各方认为是一项单一的运输业务，则无论是以一个合同或几个合同形式订立，就华沙航空货运公约来说，则应视为一项单一的运输，并不因其中一个合同或几个合同完全在同一缔约国的主权、宗主权、委任统治权，或权力管辖下的领土内履行而丧失其国际性质。

必须说明，华沙航空货运公约不适用根据国际邮政公约规定的运输事项。

2. 空运单

1929年的《华沙公约》将空运单证称为空运托运单（Air Consignment Note，CAN），按《华沙公约》的规定，承运人有权要求托运人填写空运托运单，每件货物应填写一套单证，承运人应接受托运人填写的空运托运单。每一套托运单应有正本三份，并与货物一起交承运人，其中：

第一份注明交承运人，由托运人签字；

第二份交收货人，由托运人签字后随同货物运送；

第三份在货物受载后由承运人签字交给托运人。

除托运单外，托运人还要向承运人提交有关货物运输和通过海关所必需的单证，如发票、装箱单等，以便能及时办理海关手续，迅速将货物送收货人手中。空运托运单应填写的主要内容有：填写空运托运单的地点、日期、起运地、目的地、中转地、发货人、收货人、货物名称、付款方式、重量、尺码等。空运托运单上这些内容均由托运人填写。或由承运人根据托运人申述的内容填写，由于填写或申述错误，均由托运人自负。

根据《华沙公约》规定，空运托运单是订立合同，接受货物运输条件，以及关于货物详细情况的初步证据，但其中有关货物数量、件数、尺码、货物状况的声明并非对承运人的声明，除非在接受货物时，承运人已当场予以核对。如承运人接受并承运了没有填写空运托运单的货物，或在空运托运单上没有包括上述内容，承运人则无权引用《华沙公约》中有关免除和限制承运人责任的规定。

空运托运单不同于海运提单，它不是货物所有权的凭证。因为空运速度快，通常在托运人将托运单送收货人之前，货物已送至目的地。这在很大程度上排除了通过转让单据来转让货物。在实际业务中，空运单一般都印有"不可转让"字样，业务上的一般做法是：货物运至目的地后，收货人凭承运人的到货通知和有关证明提货，并在提货时在随货运到的空运托运单上签收，而不要求收货人凭托运单提货。

在空运单证方面，1955年《海牙议定书》对《华沙公约》的修改主要有两点：一是将空运托运单证改为空运单（Air Way Bill）；二是空运单上所记载的内容比原来《华沙公约》对空运托运单要求的内容有所减少。

从实际业务需要看，空运单的性质和主要作用有：
（1）空运单是承运人与发货人之间的运输合同；
（2）空运单是承运人收到托运货物的货物收据；
（3）空运单是承运人作为记账的凭证；
（4）空运单是海关放行查验时的单据；
（5）空运单可作为保险证书；
（6）空运单是承运人内部业务处理的依据。

空运单的主要内容：
（1）空运单填写的地点、日期；
（2）货物起运地、目的地；
（3）约定的经停地点（但承运人保留在必要时变更经停地点的权利，承运人行使这一权利时，不应使运输由于此种变更而丧失其国际运输性质）；
（4）托运人名称、地址；
（5）第一承运人名称、地址；
（6）必要时应写明收货人的名称、地址；
（7）货物包装的方式、特殊标志、件数、号码；
（8）货物名称、性质；
（9）货物数量、重量、体积、尺码；
（10）货物和包装的外表状况；
（11）如果运费已付，应写明运费金额、运费支付日期、运费支付地点、运费支付方；
（12）如果运费为到付时，则应写明货物的价格，必要时应写明所应支付的费用；
（13）如果为货物申报价，则应写明申报的价值；
（14）航空货运单的份数；
（15）附航空货运单交给承运人的凭证；

(16) 如果双方已议定运输期限、运输路线，则也一并在运单上注明；

(17) 有关运输受华沙航空货运公约的约束等。

如果承运人在接受货物时没有填写航空货运单，或航空运单中没有包括上述（1）~（9）及（17）项的内容，那么，承运人无权引用公约中关于免除或限制承运人责任的有关规定。

对于空运单中所填写的关于货物的说明或声明的准确性，托运人则负有绝对责任。如因为这些说明或声明不完全、不准确致使承运人或任何其他人遭受的损失，托运人则应承担赔偿责任。

在没有相反证据时，航空货运单是订立合同、接受货物和承运条件的合同或合同证明。任何有关货运单中货物的重量、尺码、包装、件数的说明，均应被认为是准确的，除非经承运人和货物托运人当面查对，并且在货运单中注明。

3. 运输变更

货物托运人在履行运输合同所规定的一切义务的条件下，有权要求：

（1）在起运地航空站或目的地航空站将货物收回；

（2）在途中经停地点中止货物运输；

（3）在目的地或运输途中将货物交给非航空货运单中指定的收货人；

（4）要求将货物运回起运地航空站。

上述运输变更权利的行使不得使承运人或其他人遭受因运输变更而造成的损失，并应支付由此而发生的一切费用。

当承运人接到货物托运人要求运输变更通知，而事实上已无法执行时，即应通知货物托运人。如果承运人根据托运人的指示交货，但没有要求出具所签的航空货运单，致使该航空货运单的持有人遭受损失时，承运人则应承担责任，但并不妨碍承运人向托运人要求追偿的权利。

在货物运抵目的地航空站后，除另有约定，承运人应在货物抵达后通知收货人，收货人在支付清应付费用和履行航空运单上的条件后，有权要求承运人根据航空货运单交付货物。如果承运人已承认货物发生灭失，或在货物应抵达的日期 7 d 后仍未抵达，则收货人有权向承运人行使运输合同所规定的权利。

此外，货物托运人应提供必需的有关资料、文件，以利于货物在交付给收货人时能顺利履行海关、税务或其他有关手续，并且应将这些资料、文件附在航空货运单后面。由于托运人因提供这些资料、文件不足、错误、不符有关规定造成的任何损失，则由托运人承担责任，对承运人来说，没有义务检查这些资料、文件是否齐全、准确。

4. 承运人的责任和豁免

根据《华沙公约》的规定，空运承运人应对货物在空运期间所发生的货物灭失、损害或延误交货承担责任。所谓空运期间是指货物交由承运人保管的整个期间，不论货物是在机场，或是装上飞机，或是在机场外降落的任何地点。如果在机场外，为了装载、交货、转运而引起的灭失、损害，除了相反证据外，仍应视为在空运期间发生的损害，承运人应承担责任。承运人并可引用公约中的免责条款要求免责，但不能排除对货物应有的责任。

除外责任如下。

（1）如承运人能证明他或他的雇用人员已采取一切必要的措施，以避免损失的发生，或能证明他或他的雇用人员不可能采取这种防范措施，承运人则对货损不负责任。

（2）如承运人能证明，货物的灭失或损害系由于受损人的过失引起或促成时，可免除承运人全部或部分责任。

（3）如承运人能证明，货物的灭失或损害系由于领航上的疏忽或飞机操作上的疏忽和驾驶上的失误引起，并能证明他和他的代理人已在一切方面采取了必要的措施，以避免损失，承运人对此损失不负责任，但此项免责对旅客人身伤亡不适用。

5. 承运人的责任限制

《华沙公约》规定，承运人对货物的灭失、损害或延迟交货的责任，以货物毛重每千克250金法郎为限。但对托运人在货物托运时已声明了货物的价值，并支付了附加运费，则不在此限内。除非承运人能证明托运人所申述的金额超出了交货时货物的实际价值。

必须说明，如果货物遭受的损害、灭失或延迟交货系由于承运人雇用人员的故意行为所引起，承运人则无权引用公约中有关责任限制和免除承运人责任的免责条款。

6. 托运人和收货人的权利与义务

托运人应对在航空货运单上所填关于货物的各项说明和声明的准确性负责。托运人应提供各种必需的材料，以便在货物交付收货人以前完成海关、税务或公安手续，这些必要的有关证件应附在航空货运单后面。

托运人在履行运输契约所规定的一切义务的条件下，有权在起运地航空站或目的地航空站将货物提回，或在途中经停时中止运输，或在目的地或运输途中交给非航空货运单上所指定的收货人，或要求将货物退回起运地航空站。

货物抵达目的地后，在收货人交付了应付款项和履行运单中规定的运输条件后，有权要求承运人移交运单并交付货物。

7. 索赔通知与诉讼时效

根据《华沙公约》的规定，在货物遭受损害的情况下，收货人或有关当事人应于发现后即向承运人提出书面通知，或在收货后 7 d 之内提出书面通知，如果在上述规定期限内没有提出，则作为托运人放弃该项索赔。

1955 年的《海牙议定书》对托运人提出的书面通知作了修改，由原来的 7 d 改为 14 d，延迟交货由原来的 14 d 改为 21 d。

诉讼在两年内提起，即从货物到达之日起，或该项货物应到达之日，或从运输终止之日起。过了该期限没有提起诉讼，则作为托运人放弃了该项诉讼。但如果承运人方面有欺诈行为则不在此限。

11.4 国际多式联运的法律法规

11.4.1 国际多式联运的法律法规概述

国际集装箱货物在采用多式联运进行"门到门"、"站到站"或"场到场"的运输时，都要涉及买卖双方国家和过境国家海关对货物进出国境和过境的查验、管理的问题。因此，各国海关对国际集装箱货物的进出口和过境管理工作，对于国际集装箱货物多式联运的发展具有重大影响。如果各国海关能够建立起可使集装箱自由通过国境的管理体制，就能促进国际集装箱多式联运的发展，反之，如果各国对集装箱运输货物都要求在国境进行启箱查验和办理报关的手续，集装箱的联合运输就很难进行。为了便于集装箱货物的进出口，适应集装箱运输发展的需要，各国海关制定了相关公约，对国际多式联运货物的海关过境提供方便。

1.《CCC 公约》

1956 年欧洲经济委员会制定了《国际集装箱报关公约》（Customs Cooperation Council），简称《CCC 公约》。该公约主要是为了简化集装箱本身在国际的报关手续而制定的，其主要内容是对暂时进口后再出口的集装箱免征关税，以及有关国际的保税运输，尊重缔约国关封等。

《CCC 公约》的制定是为了方便和扩大集装箱在国际的使用，主要内容可归结如下。

（1）暂时进口并在 3 个月之内再出口的集装箱，在各缔约国可免除征收进口税、进口限制、禁止进口等有关法律对它的适用。同时，可免除递交报关单证或进口申报手续，以及交纳担保金（办理免税暂时进口）。

（2）根据一定的技术要求制造并获得制造国有关当局承认的集装箱，并可作为保税运输的容器在各缔约国间通行。

（3）暂时进口的集装箱在一定条件下可在进口国国内使用。

2.《TIR 公约》

1959 年欧洲经济委员会制定了关于在国际公路运输手册担保下开展国际货物运输的报关公约（Customs Convention on the International Transport of Goods under Cover of TIR Car Nets），简称的《TIR 公约》。《TIR 公约》主要是针对使用集装箱进行货物运输而制定的报关公约，而《CCC 公约》是为了集装箱本身履行国际报关手续而制定的。

《TIR 公约》的目的是便于公路车辆开展国际货物运输，该公约及其附件主要精神是：

缔约国对铅封的集装箱货物，由公路车辆运输，免除其经由地海关进口税或出口税征收，或免除交纳担保金；原则上免除经由地海关的检查。

但上述利益的享受，公路车辆或集装箱必须具备以下条件：

(1) 符合规定的技术标准,并于事先得到批准;
(2) 在发货地由海关加封;
(3) 运输时应办理并获取"国际运输手册"(TIR 手册)的担保手续。

当货物在经由国发生灭失等事故时,以 TIR 手册作为保证,对事故发生国的海关支付关税。同时,负责交纳在该手册担保下进行运输时发生的税款、罚款等。

自从《CCC 公约》、《TIR 公约》制定以来,由于集装箱运输技术的发展,在实际运输业务中出现了这两个公约未包括的内容,无法得以顺利解决。于是,欧洲经济委员会以通过决议的形式,使这两个公约更加完善,更符合实际需要,并将这一决议通知各缔约国。

3. 新《CCC 公约》

随着对《CCC 公约》、《TIR 公约》附加决议的增多,欧洲经济委员会不断地将决议内容加入上述公约内,并对其进行了修改。1972 年《新的集装箱报关公约》(Customs Convention on International Containers),在联合国及其政府间海事协商组织的大会上通过。通过的新集装箱公约于 1975 年生效。

与原集装箱报关公约相比较,新的集装箱公约不同之处主要有:
(1) 增加了国内运输,以及经营管理人的定义;
(2) 因个人诉讼,集装箱在被扣押期间可作为延长履行再出口义务的理由;
(3) 在国内运输中,进口的空集装箱也只能一次使用;
(4) 为修理集装箱而进口的集装箱零件或备件,并不限于指定的集装箱,凡免税暂时进口的集装箱均可用作修理;
(5) 对由国家批准生产的集装箱,在发现不符合技术要求时的处理规定。

4. 新《TIR 公约》

新《TIR 公约》也是根据集装箱运输的发展情况,以采用决议的形式充实其内容,经修改后的新公约于 1975 年通过,并于同年 12 月生效。新公约与原公约的主要区别如下:
(1) 不论使用几种运输方式,凡运输过程中涉及公路运输,此种运输均可办理 TIR 手册运输;
(2) 规定罚款不属担保团体的责任范围,此外,规定 TIR 手册每一份保证限额相当于 5 万美元;
(3) 可规定 TIR 手册的有效期限。

随着国际贸易的发展,集装箱国际多式联运急剧增加。在 1980 年 5 月 24 日联合国通过了《国际货物多式联运公约》。

11.4.2 《国际货物多式联运公约》

1. 适用范围

本公约的各项规定适用于两国境内各地之间的所有多式联运合同,多式联运合同规定的多式联运经营人接管货物的地点是在一个缔约国境内；或多式联运合同规定的多式联运经营人交付货物的地点是在一个缔约国境内。

2. 发货人的保证

（1）多式联运经营人接管货物时，发货人应视为已向多式联运经营人保证，他在多式联运单据中所提供的货物品类、标志、件数、重量和数量，如属危险货物，其危险特性等事项，概属准确无误。

（2）发货人必须赔偿多式联运经营人因第（1）款所指各事项的不准确或不当而造成的损失。即使发货人已将多式联运单据转让，仍须负赔偿责任。多式联运经营人取得这种赔偿的权利，并不限制他按照多式联运合同对发货人以外的其他任何人应负的赔偿责任。

3. 发货人、收货人的权利和义务

1）发货人、收货人的权利

（1）多式联运发货人有权选择可转让的单据或不可转让的单据；

（2）收货人在一定条件下，对在多式联运经营人责任期间，就货物的灭失、损坏或延迟交货所发生的损失有权提出索赔和诉讼；

（3）发货人、收货人在完成合理的交费义务后，有权向多式联运经营人要求提取货物。

2）发货人、收货人的义务

（1）必须按照规定向多式联运经营人支付各种必要的运输费用；

（2）必须认真填写多式联运单据的基本内容，并对其正确性负责；

（3）如果多式联运经营人遭受的损失是由于发货人的过失或雇用人或代理人在其受雇范围内行事时的过失或疏忽所造成，发货人对此应负赔偿责任；

（4）发货人对于运送的危险货物有义务加明危险标志或标签，并告知多式联运经营人或其任何代表，否则，发货人对多式联运经营人由于运载这类货物而遭受的一切损失应承担赔偿责任。

4. 多式联运经营人的权利和义务

1）多式联运经营人的权利

（1）多式联运经营人有权向托运人、收货人收取符合规定的各项费用；

（2）多式联运经营人如果能证明其本人、雇用人、代理人或为履行联运合同而服务的任何人，为避免事故的发生及其后果，已经采取一切可能的合理措施，则有权拒绝赔偿责任；

（3）如果多式联运经营人由于发货人或其雇用人或代理人的过失或疏忽而遭受损失，联运人有权向发货人提出索赔。

2）多式联运经营人的义务

（1）多式联运经营人必须将多式联运单据项下的货物送至目的地，完成国际多式联运合同规定的义务；

（2）多式联运经营人在货物的责任期间，对货物的灭失、损坏、延迟交货等造成的损失，负赔偿责任；

（3）如果多式联运经营人故意欺诈，在多式联运单据上列入有关货物的不实资料，或者漏列有关应载明的事项，或货物的损失是由多式联运经营人故意造成，则有义务负责赔偿因此而遭受的任何损失或费用；

（4）多式联运经营人在发货人如期按规定交纳各项费用后，必须向收货人交付货物。

5. 危险货物的运输

（1）发货人应以合适的方式在危险货物上加明危险标志或标签。

（2）发货人将危险货物交给多式联运经营人或其任何代表时，应告知货物的危险特性，必要时并告知应采取的预防措施。如果未经发货人告知而多式联运经营人又无从得知货物的危险特性，则：

① 发货人对多式联运经营人由于载运这类货物而遭受的一切损失应负赔偿责任；

② 视情况需要，多式联运经营人可随时将货物卸下、销毁或使其无害而无须给予赔偿。

6. 索赔和诉讼

1）灭失、损坏或延迟交货的通知

（1）除非收货人不迟于在货物交给他的次一工作日，将说明此种灭失或损坏的一般性质的灭失或损坏书面通知送交多式联运经营人，否则，此种货物的交付即为多式联运经营人交付多式联运单据所载明的货物的初步证据。

（2）在灭失和或损坏不明显时，如果在货物交付收货人之日后连续 6 日内未提出书面通知，则本条第（1）款的规定相应适用。

（3）如果货物的状况在交付收货人时已经当事各方或其授权在交货地的代表联合调查或检验，则无须就调查或检验所证实的灭失或损坏送交书面通知。

（4）遇有任何实际的或料想会发生的灭失或损坏时，多式联运经营人和收货人必须为检验和清点货物相互提供一切合理的便利。

（5）除非在货物交付收货人之日后连续 60 日内，或者在收货人得到通知，货物已按照多式联运合同或按照交货地点适用的法律或特定行业惯例，将货物置于收货人支配之下，或者将货物交给根据交货地点适用的法律或规章必须向其交付的当局或其他第三方交付之日后连续 60 日内，向多式联运经营人送交书面通知，否则对延迟交货所造成的损失无须给予赔偿。

（6）除非多式联运经营人不迟于在损失或损坏发生后连续 90 日内，或多式联运合同或按照交货地点适用的法律或特定行业惯例，将货物置于收货人支配之下，或者将货物交给根据交货地点适用的法律或规章必须向其交付的当局或其他第三方交付之日后连续 90 日内，以其较迟者为准，将说明此种损失或损坏的一般性质的损失或损坏书面通知送交发货人，否则，未送交这种通知即为多式联运经营人未由于发货人、其雇用人或代理人的过失或疏忽而遭受任何损失或损害的初步证据。

（7）如果本条第（2）款、第（5）款和第（6）款中规定的通知期限最后一日在交货地点不是工作日，则该期限应延长至次一工作日为止。

（8）向多式联运经营人的代表，包括他在交货地点使用其服务的人，或者向发货人的代表交通知，应分别视为向多式联运经营人或发货人送交通知。

2）诉讼时效

（1）有关国际多式联运的任何诉讼，如果在两年期间内没有提起诉讼或交付仲裁，即失去时效。但是，如果在货物交付之日后 6 个月内，或于货物未交付时，在应当交付之日后 6 个月内，没有提出书面索赔通知，说明索赔的性质和主要事项，则在此期限届满后即失去诉讼时效。

（2）时效期间自多式联运经营人交付货物或部分货物之日的次一日起算，如果货物未交付，则自货物应当交付的最后一日的次一日起算。

（3）接到索赔要求的人可于时效期间内随时向索赔人提出书面声明，延长时效期间。此种期间可用另一次声明或多次声明，再度延长。

（4）除非一项适用的国际公约另有相反规定，根据本公约负有赔偿责任的人即使在上述各款规定的时效期间届满后，仍可在起诉地国家法律所许可的期限内提起诉讼，要求追偿。而此项所许可的限期，自提起此项追偿诉讼的人已清偿索赔要求或接到对其本人的诉讼传票之日起算，不得少于 90 日。

7. 管辖

（1）原告可在他选择的法院根据本公约提起有关国际多式联运的诉讼，如果该法院按其所在国法律规定有权管辖，而且下列地点之一是在其管辖之范围内：

① 被告主要营业所，或者，如果没有主要营业所，被告的经常居所；
② 订立多式联运合同的地点，而且合同是通过被告在该地的营业所、分支或代理机构订立的；
③ 接管国际多式联运货物的地点或交付货物的地点；
④ 多式联运合同中为此目的所指定并在多式联运单据中载明的任何其他地点。

（2）根据本公约，有关国际多式联运的任何诉讼程序均不得在本条第（1）款所没有规定的地点进行。本条各款并不妨碍各缔约国采取临时性或保护性措施的管辖权。

（3）虽有本条上述各项规定，如果当事双方在索赔发生之后达成协议，指定原告可以提起诉讼的地点，则该项协议有效。

（4）如果已根据本条各项规定提起诉讼，或者对于该诉讼已作出判决，原当事人之间不得就同一理由提起新的诉讼，除非第一次诉讼的判决不能在提起新诉讼的国家中执行。就本条而言，凡为使判决得以执行而采取措施，或者在同一国内将一项诉讼转移到另一法院，都不得视为提起新诉讼。

8. 仲裁

如当事各方可用书面载明的协议，规定将根据本公约发生的有关国际多式联运的任何争

议交付仲裁。仲裁应依索赔人的选择,在下列地点之一提起:
（1）被告的主要营业所,或者,如果无主要营业所,就在被告的经常居所;
（2）订立多式联运合同的地点,而且合同是通过被告在该地的营业所、分支或代理机构订立;
（3）接管国际多式联运货物的地点或交付货物的地点;
（4）仲裁条款或协议中为此目的所指定的任何其他地点。

复习思考题

一、名词解释
共同海损　特别提款权　国际铁路联运

二、填空题
1. 在《海牙规则》承运人责任期间之外,而货物继续在承运人的掌管之下,且双方又无另外约定的情况下,规范承运人责任的是其他有关法规,在我国是＿＿＿＿,在英国是＿＿＿＿,在美国则是＿＿＿＿。

2. 国际货协运单副本虽然不具有＿＿＿＿的效力,但按我国与国际货协各国所签订的贸易交货共同条件的规定,＿＿＿＿是卖方通过有关银行向买方结算货款的主要单证之一。

3. 货物灭失、毁损、腐坏或因其他原因降低质量和运到逾期的赔偿请求,按以下办法处理:出口货物的索赔,由发货人提出,＿＿＿＿处理,或由收货人提出,＿＿＿＿处理;进口货物的索赔,由发货人提出,＿＿＿＿处理,或由收货人提出,＿＿＿＿处理;过境货物的索赔,由发货人提出,＿＿＿＿处理,或由收货人提出,＿＿＿＿处理。

4. 国际公路货运公约规定,有关运输过程中发生的货物灭失、损害或延误运输,受损人可向:＿＿＿＿提起诉讼;或＿＿＿＿提起诉讼;或造成货物灭失、损害的＿＿＿＿提起诉讼。但上述赔偿并不影响根据公路货运公约已赔偿的承运人有权从＿＿＿＿那里追偿已付的金额及其利息和由于索赔而发生的所有费用。

5.《国际铁路货物联运协定》规定:收货人要求变更运输的范围有:在到达国范围内变更货物的＿＿＿＿,变更＿＿＿＿。收货人的变更申请只限于在到达国＿＿＿＿,且在货物尚未从该站发出时办理。

三、单项选择题
1. 具有货物所有权凭证的运输单据是（　　）。
   A. 海运提单　　　　B. 空运托运单　　　C. 货协运单　　　D. 海运单
2. CAN 是（　　）的简称。
   A. 海运提单　　　　　　　　　　　　　　B. 货协运单
   C. 空运托运单　　　　　　　　　　　　　D. 空运单

3. 《国际货协》规定货物运输合同最多可以变更（　　）次。
   A. 1　　　　　B. 2　　　　　C. 3　　　　　D. 4
4. 《海牙议定书》规定：在货物遭受损害的情况下，收货人或有关当事人应于发现后即向承运人提出书面通知，或在收货后（　　）天之内提出书面通知。
   A. 7　　　　　B. 14　　　　　C. 21　　　　　D. 30
5. 在灭失或损坏不明显时，如果在货物交付收货人之日后连续（　　）日内未提出书面通知，则此种货物的交付即为多式联运经营人交付多式联运单据所载明的货物的初步证据。
   A. 6　　　　　B. 7　　　　　C. 14　　　　　D. 21

四、多项选择题

1. 《海牙规则》中所谓的"货物"包括（　　）。
   A. 大米　　B. 电视机　　C. 马　　D. 机床　　E. 猪肉
2. 参加《国际货协》的国家有（　　）。
   A. 波兰　　B. 俄罗斯　　C. 中国　　D. 蒙古　　E. 荷兰
3. 我国加入的关于国际运输的公约有（　　）。
   A. 《海牙规则》　　　　　　B. 《国际铁路货物联运协定》
   C. 《华沙公约》　　　　　　D. 《海牙议定书》
   E. 《瓜达拉哈拉公约》
4. 有关国际海运货物运输的法规包括（　　）。
   A. 《海牙规则》　B. 《海牙议定书》　C. 《维斯比规则》
   D. 《华沙公约》　E. 《汉堡规则》
5. 我国出口货物可以以一份货协运单办理运送，最终到站交付收货人的国家是（　　）。
   A. 德国
   B. 法国
   C. 乌克兰
   D. 瑞士
   E. 阿塞拜疆

五、判断题（正确的为T，错误的为F）

1. 《海牙规则》规定的诉讼时效"在任何情况下"均为一年。严格地说，即使经双方同意的诉讼时效的延展亦属无效。（　　）
2. 《国际铁路货物联运协定》也叫伯尔尼公约。（　　）
3. 1929年的《华沙公约》将空运单证称为空运单（Air Way Bill）。（　　）
4. 空运托运单上的内容由托运人填写，或由承运人根据托运人申述的内容填写，如果系承运人填写错误，由承运人负责。（　　）
5. 多式联运单据可以是可转让的单据或不可转让的单据。（　　）

六、简答题

1. 简述《海牙规则》的主要内容。

2. 《海牙规则》的缺陷是什么？
3. 简述《国际铁路货物联运协定》运输合同的变更范围和变更限制。
4. 空运单的主要作用是什么？
5. 简述《国际货物多式联运公约》中多式联运经营人的权利和义务。

七、论述题

《维斯比规则》对《海牙规则》的修订内容是什么？

八、计算题

我国北京站于 2007 年 6 月 10 日承运一 10 t 的集装箱出口到保加利亚的瓦尔纳，采用慢运方式。根据货协运单记载：中铁于 6 月 21 日将货物移交俄铁，俄铁于 8 月 5 日将货物移交罗铁，罗铁于 8 月 13 日将货物移交保铁，保铁于 8 月 15 日将货物运抵瓦尔纳站。其中，中铁与俄铁、俄铁与罗铁需要换装，罗铁与保铁不需换装。

问：（1）该批货物是否逾期？

（2）在何路逾期？

（3）逾期百分率和罚款率各是多少？

北（中铁）满后（中铁）翁索（罗铁）朱鲁（罗铁）瓦
京 → 洲里 贝加尔 → 纳科格拉 → 朱塞北 → 尔塞尔 → 尔纳
2 075 km   8 003 km   503 km   227 km

部分习题参考答案

二、填空题

1. 《民法通则》《普通法》《哈特法》
2. 运单　运单副本
3. 发送局　出口国境局　进口国境局　到达局　进口国境局　出口国境局
4. 第一承运人　最后一个承运人　实际承运人　参加运输的其他承运人
5. 到站　收货人　进口国境站

三、单项选择题

1. A　2. C　3. B　4. B　5. C

四、多项选择题

1. ABDE　2. ABCD　3. BCD　4. ACE　5. BE

五、判断题

1. T　2. F　3. F　4. F　5. T

八、计算题

俄铁逾期 2 天，罗铁逾期 3 天；逾期百分率 6.5%、罚款率 6%

案例分析

1. 承运人是否"恪尽职责"争议案

2003 年 3 月 20 日，福建省某经济技术协作公司与日本三明通商株式会社签订进口机械设备两台的合同。合同采用 CIF 湛江条件，约定卖方应于当年 6 月底交货。该批货物由日本国日欧集装箱运输公司作为承运人。货物运到湛江后发现两台机器有明显的碰损，于是请商检机构进行技术鉴定，鉴定结果为两台设备均为碰撞所致，主要部件受损严重，已没有实用价值。该进口商向承运人提出索赔。承运人表示，船体在海上航行中发生颠簸导致船上所载货物发生碰撞是航行中不可避免的，船方已尽到责任，不应承担该损失。于是双方诉诸海事法院。

思考题：法院应如何判决？

2. 索赔时效争议案

中国烟台某葡萄酒公司与澳大利亚公司于 2005 年 1 月 24 日订购一批澳大利亚产酒花。合同规定酒花的纯度为 99.85%，含水分最高为 0.10%。每吨酒花 4200 美元，合同总额为 4.2 万美元，以即期信用证结汇。货物包装使用皮囊，皮囊要置于集装箱内。合同还规定"货到目的港后 15 天内索赔有效"。货物运至目的港后，港务代理通知收货人查验货物，收货人认为对方是多年的供货伙伴，没有发生过产品质量问题，因此没有必要查验，于是电话通知港方可以签发清洁的货物收据。货物运至港口 7 天后收货人到港口提货，发现有一集装箱内皮囊是空的，里面并没有酒花。经当地商品检验局查验，皮囊上有许多细小的针孔。收货人认为是承运人在运输中没有很好地照管货物，否则应该发现酒花泄漏，如果立即采取措施，酒花损失可以大大减少。因此向该批货物的承运人提出索赔，但遭到承运人的拒绝。

思考题：承运人是否应该赔偿收货人的损失？

案例分析参考答案

1. 承运人是否"恪尽职责"争议案

《海牙规则》规定，承运人须在开航前和开航时恪尽职责，使之适宜和安全接受、运输和保存货物。船方声称船体在航行中颠簸是航行中不可避免的现象，这是事实。但船上的货物由于船体颠簸而造成碰撞损坏是否也是不可避免的呢？如果可以避免而未能避免，就说明船方没有尽到职责，船方就不能免责。

海事法院根据技术鉴定认为,设备之所以发生碰撞是因为装载货物时没有进行很好的固定,责任在承运人,判承运人赔偿中方进口商货物损失 23 万美元。

2. 索赔时效争议案

《海牙规则》规定:承运人要适当和谨慎地装载、搬运、积载、运输、保管、照料和卸载所运输的货物。显然,承运人对货物负责的期间是货物装上船开始直至卸下船为止。根据海牙规则的上述解释,本案货物短少如果是发生在货物装上船以后、卸下船以前,并且是由于承运人未恪尽职责造成的,那么,承运人就应该承担责任。但本案的收货人无法证明货物短少是在这一期间发生的。

《海牙规则》还规定:除非在货物移交给根据运输合同有权收货的人保管之前或当时,将灭失或损坏及这种灭失或损坏的一般性的通知,用书面提交承运人或其在卸货港的代理人,否则这种移交应是承运人已交付提单所描述货物的初步证据。

如果灭失或损坏不明显,则通知应在交付货物的第 3 天内提交。如果货物的状况在其收受时已经联合检查或检验,就无须提交书面通知。除非货物交付之日或应交付之日起一年内提起诉讼,否则承运人和船舶在任何情况下,都应免除对灭失或损坏所负的一切责任。

收货人应在接收货物时就提单载明的货物名称、数量、重量及表面状况等方面进行确认和检验。如发现问题,应及时提出索赔。

本案收货人在货物到达港口后不但没有及时查验货物,而且委托他的代理人签发清洁提单,丧失了声称货物不符合提单的合理时间,因此,承运人不需对货物短少承担责任。

开篇案例参考答案

根据《海牙规则》规定:"承运人须在航次开始前和开始时履行应恪尽职责,以便使货舱、冷藏舱和该船装载货物的其他部分适于并能安全地收受、承运和保管货物。"远洋运输公司违背有关规定和国际惯例,疏忽大意,提供了不适载的集装箱,致使茶叶污染。

远洋运输公司代理人代理签发的提单项下 3 个集装箱的运输条件为 FCL,即由上海分公司全权代理发货人发货、点数、装箱、铅封。上海分公司未能按照常规认真检查箱体,过于自信或疏忽大意而使茶叶污染成为事实。

所以远洋运输公司应该承担较大的赔偿责任,上海分公司相应承担一定的赔偿责任。

参 考 文 献

[1] 杨志刚. 国际集装箱多式联运实务与法规 [M]. 北京:人民交通出版社,2001.
[2] 陈京亮. 国际铁路货物联运 [M]. 北京:中国铁道出版社,1998.
[3] 杨霞芳. 国际物流管理 [M]. 上海:同济大学出版社,2004.
[4] 杨长春. 国际货物运输公约逐条解释 [M]. 北京:对外经济贸易大学出版社,2001.

第 12 章

国际集装箱多式联运责任与保险

本章要点

- 了解国际集装箱多式联运责任；
- 了解国际集装箱多式联运保险的特征；
- 了解货物保险和责任保险的特点；
- 掌握保险单的缮制及保险费的计算；
- 熟悉集装箱货物保险应注意的问题；
- 掌握海上保险中的保险欺诈。

【开篇案例】

我国 A 贸易公司委托同一城市的 B 货运代理公司办理一批从我国 C 港运至韩国 D 港的危险品货物。A 贸易公司向 B 货运代理公司提供了正确的货物名称和危险品货物的性质，B 货运代理公司为此签发了公司的 HOUSE B/L 给 A 公司。随后，B 货运代理公司以托运人的身份向船公司办理该批货物的订舱和出运手续。为了节省运费，同时因为 B 货运代理公司已投保责任险。因此 B 货运代理公司向船公司谎报货物的名称，亦未告知船公司该批货物为危险品货物。船公司按通常货物处理并装载于船舱内，结果在海上运输中，因为货物的危险性质导致火灾，造成船舶受损，该批货物全部灭失并给其他货主造成巨大损失。请根据我国有关法律规定回答下列问题：

思考题：

1. A 贸易公司、B 货运代理公司、船公司在这次事故中的责任如何？
2. 承运人是否应对其他货主的损失承担赔偿责任，为什么？
3. 责任保险人是否承担责任，为什么？

12.1 国际集装箱多式联运责任

国际多式联运经营人的责任是指多式联运经营人按照法律规定或运输合同的约定对货物

的灭失、损害或延迟交付所造成的损失的违约责任。

1. 多式联运经营人为他的雇用人、代理人和其他人所负的赔偿责任

国际多式联运系由多式联运经营人将货物从一国境内接管货物的地点运至另一国境内指定地点。这里重要的是必须订立多式联运合同。由于多式联运全过程要通过各种代理人、实际承运人等共同来完成,因而各有关方之间的法律关系十分复杂。其中,既有多式联运经营人与托运人之间的合同关系,又有多式联运经营人与其雇用人之间的雇用关系、与其代理人之间的代理关系、与分包承运人之间的承托关系,以及托运人、收货人与多式联运经营人及其雇用人、代理人、分包人之间可能发生的侵权行为关系。对于如此错综复杂,且权利、义务又各不相同的法律关系,应掌握一点,即多式联运下的法律结构是调整多式联运经营人与托运人之间的合同关系的,而其他法律关系都附着在这一合同关系上,并比照这一合同关系统一其权利和义务。

根据联合国多式联运公约的有关规定,多式联运合同的一方是多式联运经营人,包括其本人或通过其代表订立多式联运合同的任何人,他是事主,而不是托运人的代理人或代表或参加多式联运的承运人的代理人或代表,并且,负有履行合同的责任。多式联运合同的另一方是托运人,这也是指其本人或通过其代理与多式联运经营人订立多式联运合同的任何人。多式联运经营人和他的雇用人、代理人和分包人的关系都适用代理关系,货物交由他们掌管应视为与交给多式联运经营人掌管具有相同效力。所以,《联合国国际货物多式联运公约》规定:多式联运经营人应对他的雇用人或代理人在其受雇范围内行事时的行为或不行为负赔偿责任,或对他为履行多式联运合同而使用其服务的任何其他人在履行合同的范围内行事时的行为或不行为负赔偿责任,一如他本人的行为或不行为。

同样,虽然托运人和收货人与多式联运经营人的代理人、雇用人没有合同关系,但可依据侵权行为提起诉讼。不过,在这种诉讼中,经营人的代理人、雇用人可享受与经营人同样的辩护理由和责任限制。这样,既有利于货主与承运人之间行使追偿的权利,又使承运人一方得到应有的保护,而且,也保障了以各种形式起诉都能得到同一法律效果,达到法律的统一性和公正性。

2. 多式联运经营人的赔偿责任基础

多式联运经营人的赔偿责任基础是指多式联运经营人对于货物运输所采取的赔偿责任原则。

多式联运公约对多式联运经营人规定的赔偿责任基础包括以下内容。

(1) 多式联运经营人对于货物的灭失、损坏和延迟交付所引起的损失,如果造成灭失、损坏或延迟交付的事故发生于货物由其掌管期间,应负赔偿责任,除非多式联运经营人证明其本人、雇用人或代理人或其他人为避免事故的发生及其后果已采取一切能符合要求的措施。

(2) 如果货物未在明确议定的时间交付,或者如无此种协议,未在按照具体情况对一个勤奋的多式联运经营人所能合理要求的时间内交付,即视为延迟交付。

（3）如果货物未在按照上述条款确定的交货日期届满后连续90日内交付，索赔人即可认为这批货物业已灭失。

此外，如果货物的灭失、损坏或延迟交付是由多式联运经营人、其雇用人、代理人或有关其他人的过失或疏忽与另一原因结合而产生的，根据多式联运公约规定，多式联运经营人仅对灭失、损坏或延迟交货可以归之于此种过失或疏忽的限度内负赔偿责任。但公约同时指出：多式联运经营人必须证明不属于此种过失或疏忽的灭失、损坏或延迟交货的部分。

在国际货物运输中，一般的国际货运公约对延迟交货均有相应的规定。如铁路货运公约、公路货运公约、华沙航空货运公约等，对延迟交货的规定较明确。但有的对此则无明确规定。如海上运输，由于影响海上运输的因素很多，较难确定在什么情况下构成延迟交货，因而，《海牙规则》对延迟交货未作任何规定。相形之下，多式联运公约的规定是明确的。

在运输实务中，延迟交货的情况一旦发生，收货人通常会采取以下处理办法：

（1）接受货物，再提出由于延迟交货而引起的损失赔偿；

（2）拒收货物，并提出全部赔偿要求。

在上述第一种情况下，收货人提出的仅是由于运输延误而引起的损失赔偿。如由于延误造成工厂停工、停产、市场价格下跌等引起的损失及由于延迟交货使收货人积压资金而产生的损失。

第二种情况的发生通常是指延迟交货超过多式联运公约规定的期限，即超过"确定的交货日期届满后连续九十日"仍未交货，收货人则视该货物已经灭失。对此，收货人必须以书面形式通知多式联运经营人，否则，多式联运经营人对延迟交货造成的损失不予赔偿。

3. 多式联运经营人的赔偿责任限制

在各运输公约和法规中，承运人的赔偿责任限制一般是指在承运人掌管货物期间对应承担赔偿责任的货物灭失、损害和延迟交货等造成的货方损失进行赔偿的最高限额规定，该限额是由采用的责任形式和责任基础决定的。

国际多式联运公约仿照了《汉堡规则》的规定，将双重赔偿标准列入了公约中。不同的是，多式联运公约不仅规定了双重标准的赔偿方法，同时也规定了单一标准的赔偿方法。

多式联运公约按国际惯例规定多式联运经营人和托运人之间可订立协议，制定高于公约规定的经营人的赔偿限额。在没有这种协议的情况下，多式联运经营人按下列赔偿标准进行赔偿。

（1）如果在国际多式联运中包括了海上或内河运输，也就是在构成海陆、海空等运输方式时，多式联运经营人对每一件或每一货运单位的赔偿按920个特别提款权（SDR），或毛重每千克2.75个特别提款权，两者以较高者为准。

关于对集装箱货物的赔偿，多式联运公约基本上采用了《维斯比规则》规定的办法。因此，当根据上述赔偿标准计算集装箱货物的较高限额时，公约规定应适用以下规则。

① 如果货物是采用集装箱、托盘或类似的装运工具集装，经多式联运单证列明装在这种装运工具中的件数或货运单位数应视为计算限额的件数或货运单位数。否则，这种装运工具中的货物视为一个货运单位。

② 如果装运工具本身灭失或损坏，而该装运工具并非为多式联运经营人所有或提供，则应视为一个单独的货运单位。

多式联运公约的这一赔偿标准中还包括了延迟交付赔偿限额的计算方法。根据公约的规定，不管多式联运是否包括海上或内河运输，经营人对延迟交货造成损失所付的赔偿责任限额，相当于被延迟交付的货物应付运费的 2.5 倍，但不得超过多式联运合同规定的应付运费的总额。同时，延迟赔偿或延迟与损失综合赔偿的限额，不能超过货物全损时经营人赔偿的最高额。

由此可见，多式联运公约对运输延误的赔偿是建立在运费基础上的，与运费基数成正比。如延迟交付货物的运费没有超过运费总额的 40%，则按该票延误货物的运费乘以 2.5，反之，如果超过运费总额的 40%，2.5 倍的标准失效，其最高运输延误赔偿不超过多式联运合同规定的应付运费的总额。

（2）如果在国际多式联运中根据合同不包括海上或内河运输，即构成陆空、铁公等运输方式时，多式联运经营人的赔偿责任限制，按毛重每千克 8.33 个特别提款权。

多式联运公约采用不包括海运或内河运输在内时的单一标准赔偿方法，实际上是对其所奉行的统一责任制作出一种例外，这是非常必要的。因为多式联运如果不包括海上或内河运输，其风险就比较小，经营人收取的运费也比较高，所以采用高限额赔偿是理所当然的。但实际上，多式联运公约确定的限额并不高，8.33SDR 的赔偿限额与国际公路货运公约下承运人的赔偿限额 25 金法郎相等。这说明对不包括水运的多式联运，经营人是按最低限额施行赔偿的，因为事实上多式联运不可能只由公路运输组成，它必须与铁路运输或航空运输一起组成，否则，就称不上多式联运。而国际铁路公约和华沙航空公约下的承运人的赔偿责任限额均高于公路货运公约。

此外，多式联运公约采用这一赔偿标准，显然也是为了有利于与除海上或内河运输外的其他运输方式下承运人的赔偿责任制保持一致，以避免问题的复杂化。因为，华沙航空货运公约、国际铁路货运公约及国际公路货运公约采用的都是毛重每千克单一标准的赔偿方法。

（3）如果货物的灭失或损坏已确定发生在多式联运的某特定的区段，而这一区段所适用的国际公约或强制性国家法律规定的赔偿限额高于上述两个标准，则经营人的赔偿应以该国际公约或强制性国家法律予以确定。

公约之所以规定这一赔偿标准，是因为上述第一赔偿标准的限额有时会显得很低，比如海空联运时，空运赔偿限额按《华沙公约》是很高的，但采用多式联运公约的有关标准赔偿却较低，故按区段赔偿实际上可弥补第一赔偿标准的不足。至于第二赔偿标准，如按有关国际公约衡量，对货主绝对不利，因而这一赔偿标准的采用无疑也是起了一种平衡作用。

4. 非合同赔偿责任与赔偿责任限制权利的丧失

1) 非合同赔偿责任

多式联运公约的第二十条是对非合同赔偿责任（Non-Cotractual Liability）的规定。公约该条的第（1）款规定：本公约规定的辩护理由和赔偿责任限制，应适用于因货物灭失、损坏或延迟交付造成损失而对多式联运经营人提起的任何诉讼，不论这种诉讼是根据合同、侵权行为或其他。

在一些国家的法律规定中，允许受损方享有双重诉讼请求权，即受损方既可根据合同提出诉讼，也可根据侵权行为提起诉讼。在这种情况下，多式联运经营人将受到双重诉讼，而这种不同的诉讼，将使多式联运经营人不能享受公约中他应享受的责任限制，随之诉讼时效也不适用了。如果是这样，将使公约的制定失去实际意义。根据公约第二十条第（1）款的规定，无论是根据违约行为提起诉讼，还是根据侵权行为或其他理由提起诉讼，都将适用本公约的规定，而且，必须按本公约规定的责任限制、诉讼时效执行。

公约第二十条第（2）款是关于多式联运经营人的雇佣人或代理人是否有权援用本公约的辩护理由和赔偿责任限制的规定。该规定指出，如果由于货物灭失、损坏或延迟交付造成损失而对多式联运经营人的雇佣人或代理人或对经营人履行多式联运合同而使用其服务的其他人提起诉讼，该雇佣人或代理人如果能证明他是在受雇范围内行事，该其他人如果能证明他是在履行合同的范围内行事，则该雇佣人、代理人或其他人应有权援用多式联运经营人按本公约有权援用的辩护理由和赔偿责任限制。可以看出，该规定实质上是"喜马拉雅条款"的适用。

2）多式联运经营人赔偿责任限制权利的丧失

为了防止多式联运经营人利用赔偿责任限制的规定，对货物的运输安全掉以轻心，使货主遭受不必要的损失，影响国际贸易和国际运输业的发展，多式联运公约在第二十一条明确规定在下列情况下，多式联运经营人将丧失赔偿责任限制。

（1）如经证明，货物的灭失、损坏或延迟交付是由于多式联运经营人有意造成或明知可能造成而毫不在意的行为或不行为所引起，则多式联运经营人无权享受本公约所规定的赔偿责任限制的利益。

（2）虽有第二十条第（2）款的规定，如经证明，货物的灭失、损坏或延迟交付是由于多式联运经营人的雇佣人或代理人或为履行多式联运合同而使用其服务的其他人有意造成或明知可能造成而毫不在意的行为或不行为所引起，则该雇佣人、代理人或其他人无权享受本公约所规定的赔偿责任限制的利益。

12.2　国际集装箱多式联运保险

国际集装箱多式联运保险是一种对被保险货物遭受承保范围内的风险而受到损失时由保险人（Insurer）负赔偿责任的制度。它通常分为两种类型：一是运输货物保险；二是运输工具保险。前者包括海上、陆上和航空等运输货物保险及国际货物多式联运保险等；后者包括船舶、火车、卡车、飞机及船东互保等。随着现代货物运输方式的不断变化，运输保险的内容、范围和方式也随之发生变化。运输保险已从原来的海上运输保险单一形式发展成为与现在的陆上运输、航空运输保险同时并存的综合运输保险体系。

国际货物运输保险作为国际贸易业务中的一个重要交易条件已成为国际经济不可缺少的组成部分。它是随国际贸易和国际航运业的发展而发展起来的，同时，国际货物运输保险的发展，又对国际贸易和国际航运业的发展起着重要的促进作用。

1. 保险单

保险单（Insurance Policy / Certificate）是保险人（承保人）与被保险人（投保人或要保人）之间订立的保险合同的凭证。是当事人索、理赔的依据，在 CIF / CIP 合同中，出口商提交符合规定的保险单据是必不可少的义务。其业务做法是投保人根据合同或 L/C 规定向保险机构提出投保要求，保险机构或其代理同意后出具正式单据，一般为三正二副。除 L/C 另有规定，保险单据一般应做成可转让的形式，以受益人为投保人并由其背书。保险单（大保单）、保险凭证（小保单）、预约保险单（开口保单 Open Cover）、保险批单（Endorsement）和暂保单/承保条（Cover Note/slip）是较常见的种类。保险单的样单如表 12-1 所示。

2. 海运保险单的缮制

保险单的缮制方法如下。

1）发票号码（Invoice No.）

填写投保货物商业发票的号码。

2）保险单号次（Policy No.）

填写保险单号码。

3）被保险人（The Insured）

如果来证无特别规定，保险单的被保险人应是信用证上的受益人，由于出口货物绝大部分均由外贸公司向保险公司投保，按照习惯，被保险人一栏中填写出口公司的名称。但遇到特殊规定时，具体填写内容应按照 L/C 的特殊规定而定。如：

信用证要求保险单为 TO THE ORDER OF... 或 IN FAVOR OF... BANK（以……银行抬头或受益），即应在被保险人处填写"出口公司名称+HELD TO THE ORDER OF... BANK（或 IN FAVOR O... BANK）"。

信用证有特殊要求，所有单据以……为抬头人，那么应在被保险人栏以……为被保险人，这种保险单就不需要背书。

信用证规定，TO THE THIRD PARTY（以第三者名称，即中性名称作为抬头人），则应填写"TO WHOM IT MAY CONCERN"（被保险利益人）。

信用证规定，TO ORDER（保单为空白抬头），被保险人名称应填写"THE APPLICANT+出口公司名+FOR THE ACCOUNT OF WHOM IT MAY CONCERN"（受益人为被保险利益人）。

表 12-1 保险单

中保财产保险有限公司
The People Insurance (Property) Company of China, Ltd.
PICC PROPERTY

发票号码（1）	保险单号次（2）
Invoice No.	Policy No.

海洋货物运输保险单
MARINE CARGO TRANSPORTATION INSURANCE POLICY

被保险人：（3）
Insured：

中保财产保险有限公司（以下简称本公司）根据被保险人的要求，及其所缴付约定的保险费，按照本保险单承担险别和背面所载条款与下列特别条款承担下列货物运输保险，特签发本保险单。
This policy of Insurance witnesses that The people Insurance (Property) Company of China, Ltd. (hereinafter called the Company), at the request of the Insured and in consideration of the agreed premium paid by the Insured, undertakes to insure the undermentioned goods in transportation subject to the condition of this Policy as per the Clauses printed overleaf and other special clauses attached hereon.

保险货物项目 Descriptions of Goods	包装 单位 数量 Packing　Unit　Quantity	保险金额 Amount Insured
（4）	（5）	（6）

承保险别 Conditions	货物标记 Marks of Goods
（7）	（8）

总保险金额：
Total Amount Insured：（9）

保费（10） Premium	载运输工具（11） Per conveyance S. S	开航日期（12） Slg. on or abt

起运港（13） 目的港（14）
From　　　　　To

所保货物，如发生本保险单项下不可能引起索赔的损失或损坏，应立即通知本公司下述代理人查勘。如有索赔，应向本公司提交保险单正本（本保险单共有 份正本）及有关文件。如一份正本已用于索赔，其余正本则自动失效。
In the event of loss or damage which may result in a claim under this Policy, immediate notice must be given to the Company Agent as mentioned hereunder. Claims, if any, one of the original Policy which has been issued in (15) Original (s) together with the relevant documents shall be surrendered to the Company, if one of the Original Policy has been accomplished, the others to be void.

赔款偿付地点（16）
Claim payable at

出单日期（17）	在（18）
Date	at

地址：
Address：

中保财产保险有限公司
THE PEOPLE INSURANCE (PROPERTY) COMPANY OF CHINA, LTD.

Authorized Signature

4) 保险货物项目 (Description of Goods)

应填写保险货物的名称,按发票或信用证填写,如果货名过多,可只写统称,不必过于具体。

5) 包装、单位及数量 (Quantity)

与提单相同,此项写明包装方式及包装数量,并填写最大包装的件数。如果一次投保有数种不同包装时,可以件 (Packages) 为单位。散装货应填写散装重量。如果采用集装箱运输,应予注明 (in Container)。

6) 保险金额 (Amount Insured)

一般按照发票金额加一成(即110%发票金额)填写,至少等于发票金额。对超出110%的保险费可要求由开证人承担,最终以双方商定的比例计算得出,但中国人民保险公司不接受保额超过发票总值30%,以防止个别买主故意灭损货物,串通当地检验部门取得检验证明,向保险公司索赔。保额尾数四舍五入取整,金额大小写必须一致,并使用与信用证或发票相同的货币开立保单。

7) 承保险别 (Conditions)

一般应包括具体投保险别、保险责任起讫时间、适用保险条款的文本及日期。出口公司只需在副本上填写这一栏目的内容。当全套保险单填好交给保险公司审核、确认时,才由保险公司把承保险别的详细内容加注在正本保险单上。填制时应注意严格按信用证规定的险别投保。并且为了避免混乱和误解,最好按信用证规定的顺序填写。

8) 货物标记 (Marks & Nos.)

即唛头和号码,应与发票和运输单据一致。如果唛头较为复杂,可注明 AS PER INVOICE NO....(被保险人索赔时一定要提交发票)。但如果信用证规定所有单据均要显示装运唛头,则应按照实际唛头填写。

9) 总保险金额 (Total Amount Insured)

将保险金额以大写的形式填入。计价货币也应以全称形式填入。保险金额使用的货币应该与信用证使用的货币一致,保险总金额大写应与保险金额的阿拉伯数字一致。

10) 保费 (Premium)

一般已经由保险公司在保险单上印上"AS ARRANGED"字样,出口公司不必填写具体金额。但如果信用证要求:INSURANCE POLICY OR CERTIFICATE FOR FULL INVOICE VALUE PLUS 10% MARKED PREMIUM PAID. 或 INSURANCE POLICY OR CERTIFICATE ENDORSED IN BLANK FULL INVOICE VALUE PLUS 10% MARKED PREMIUM PAID USD.... 制单时应将印好的"AS ARRANGED"的字样删除,并且加盖核对章后打上"PAID"或"PAID USD..."字样。

11) 载运输工具 (Per Conveyance S.S)

填写装载船的船名。当运输由两程运输完成时,应分别按照提单填写一程船名和二程船名。如果一程船名为 DAEWOO，二程船名为 PIONEER，则该栏应填写：DAEWOO/PIONEER。如果转运到内陆应加 Other Conveyance。如果船名未知应填写"TO BE DECLARED"。

12) 开航日期（Sailing on or about...）

一般填写提单装运日期，若填写时尚不知准确的提单日，也可填写提单签发日前5天之内的任何一天的日期，或填写"AS Per B/L"即以提单为准。

13) 起运港……目的港（From...to...）

填写：FROM 装运港 TO 目的港。当一批货物经转船到达目的港时，这一栏填写：目的港 W/A（VIA）转运港。

14) 保险单份数（Copies of Insurance Policy）

当信用证没有特别说明保险单份数时，出口公司一般提交一套完整的保险单（一份原件，一份复印件）。

当来证要求提供的保险单"IN DUPLICATE /IN TWO FOLDS/IN TWO COPIES"时，出口公司提交给保险公司一张正本保险单和一张副本保险单构成全套保险单。其中的正本保险单可经背书转让。根据"UCP500"的规定，正本必须有"正本"（ORIGINAL）字样。

15) 赔款偿付地点（Claim Payable at...）

一般地，将目的地作为赔付地点，将目的地名称填写入该栏。赔款货币一般为与信用证和投保额相同的货币。

16) 日期（Date）

日期指保险单的签发日期。由于保险公司提供仓至仓（Warehouse to Warehouse）服务，所以要求保险手续在货物离开出口方仓库前办理。保险单的日期也应是货物离开出口方仓库前的日期。

17) 投保地点（Place）

填写投保地点的名称，一般为装运港（地）的名称。

18) 保险公司代表签名（Signature）

3. 海运保险单据缮制的注意事项

（1）保单和保险凭证的关系。两者同效，前者有背面条款，较常见，如果要求前者，不可以提供后者；如果要求后者，提供前者不会有问题。

（2）预约保险单多见于常有货物运输的公司或我国进口业务中，这样做的最大好处是：防止漏保、方便客户和不必逐笔洽谈保险条件。

（3）FOB、CFR 出口卖方代保问题。如保险费用有保障，卖方可以按 L/C 或合同规定予以代办。

（4）避免业务中一律投保一切险的做法。应针对不同商品、按不同条款选择投保合适的险别。

（5）保险责任起讫时间规定为 W/W，不意味着这期间发生的损失保险公司都会赔偿（按 FOB 价和 CFR 价成交，装运前的风险由出口方负责）。

（6）投保单可以中英文混合填写，保单必须用英文制作。

4. 保险金额、保险费的计算

1）出口货物保险金额的计算

保险金额是投保人对货物的投保金额，也是保险公司赔偿的最高金额。我国出口货物保险金额一般是按 CIF 或 CIP 值加成 10%，即将买方预期利润和有关费用加入货价内一并计算。由于货物的价格、运输目的地等情况不同，保险加成金额也不同，最高可达 30%。即：

出口货物保险金额＝CIF 价×（1+加成率）

若进口方报的是 CFR 价或 CPT 价，却要求出口方代为办理货运保险，或是要求改报 CIF 价或 CIP 价，应先把 CFR 价或 CPT 价转化为 CIF 价或 CIP 价，然后再计算保险金额。计算公式如下：

CIF 或 CIP＝CFR 或 CPT/［1-保险费率（1+加成率）］

保险金额＝CIF 或 CIP×（1+加成率）

【例 12-1】 某公司出口一批服装到东南亚某港口，原定价为东南亚港口每包 CFR105 美元，保险费率为 0.8%，按加成 10% 作为保险金额，改报成 CIF 价格后的保险金额计算方法如下：

CIF＝105/［1-0.8%×（1+10%）］＝105.93（USD）

保险金额＝105.9322×（1+10%）＝116（USD）（取整）

2）保险费的计算

保险费是由投保人向保险人缴纳的，它是保险人经营业务的基本收入，也是保险人支付保险赔款的资金来源。被保险人要得到保险人对有关险别的承保，必须交纳保险费。

保险费通常是保险金额和保险费率的乘积。即

保险费＝保险金额×（进）出口保险费率

保险费率是按照商品品种、航程、险别等因素计算出来的，并根据具体情况作适当调整。进出口保险费率可以通过查费率表得知。

【例 12-2】 有一批纺织品出口至伦敦，发票金额为 20 000USD，按发票金额加成 10% 投保海运一切险和战争险，试计算保险费。 （一切险和战争险的保险费率分别为 0.5% 和 0.03%）

保险费计算过程如下：

保险金额＝20 000×110%＝22 000（USD）

保险费＝22 000×(0.5%+0.03%)＝116.6(USD)

12.2.1 国际集装箱多式联运保险概述

国际集装箱多式联运的发展，在为货主提供便利的门到门服务，减少了部分集装箱货物

运输风险的同时,也增加了一些新的风险,从而给运输保险提出了一些新的问题,如保险人责任期限的延长、承保责任范围的扩大、保险费率的调整及集装箱运输责任保险等。

与传统的运输方式相比,国际集装箱多式联运使得货物在运输过程中的许多风险得以减少,其中包括:

(1) 装卸过程中的货损事故;
(2) 货物偷窃行为;
(3) 货物水湿、雨淋事故;
(4) 污染事故;
(5) 货物数量溢短现象等。

然而,随着集装箱多式联运的开展也出现了一些新的风险,如:

(1) 货物使用集装箱运输时包装从简,在箱内易造成损坏;
(2) 货物在箱内堆装不当、加固不牢造成损坏;
(3) 在发生货物灭失或损坏时,责任人对每一件或每一货损单位的赔偿限额大为增加;
(4) 装运舱面集装箱货物的风险增大等。

由于上述原因,尤其是舱面装载集装箱,运输风险增大,保险公司会据此提出缩小承保责任范围,或对舱面集装箱征收高保险费率,或征收保险附加费的要求。

与此同时,在多式联运下,保险利益所涉及的范围也有所变化,主要内容如下。

1) 海运经营人

从某种意义上讲,由谁投保集装箱,与谁拥有集装箱或对集装箱承担责任有关:如果该集装箱由船公司拥有,则应该由船公司进行投保。可采取的投保方式包括延长集装箱船舶保险期、扩大承保范围、单独的集装箱保险等。在实际保险业务中,单独的集装箱保险比延长船舶保险期应用得更为广泛。

2) 陆上运输经营人

陆上运输经营人通常是指国际货运代理人、公路承运人、铁路承运人等。当他们向货主或用箱人提供集装箱并提供全面服务时,必须对集装箱进行投保,以保护其巨额资金投入。

3) 租箱公司

在租箱业务中,不仅要确定租赁方式,同时,确定由谁对集装箱进行投保也是十分重要的。根据目前的实际情况看,无论是集装箱的长期租赁,还是程租,较为实际的做法是由租箱公司继续其保险,而向承租人收取费用。

4) 第三者责任

在集装箱多式联运过程中,除因箱子损坏而产生经济损失外,还有可能对第三方引起法律责任。如集装箱运输过程中造成人身伤亡及其他财产损失等。由于对第三者的损失责任可能发生在世界任何用箱地,因此其签订的保险单也必须是世界范围内的。

12.2.2 国际集装箱多式联运保险的特征

国际集装箱多式联运保险承保的是运输货物从一国（地区）到另一国（地区）之间的"位移"风险。由于所承保的保险标的在整个运输过程中，无论是地理位置，还是运输工具及操作人员等均频繁变更，使得承保标的时刻暴露在众多的自然或人为的风险之中，因此与其他财产保险相比，多式联运运输保险有着下列不同的特征。

1) 事故发生的频度高，造成损失的数量大

国际集装箱多式联运以其安全、简便、优质、高效和经济的特点已广为国内外贸易界和运输业所接受，业务量迅猛增加。与此同时，由于其覆盖面广、涉及环节多，因而不可避免地使得货物在运输过程中发生事故的频率增加，造成的损失也大。

2) 集装箱多式联运保险具有国际性

国际集装箱多式联运保险的国际性主要表现在它涉及的地理范围超越了国家的界限。多式联运所涉及的保险关系方不仅包括供箱人、运箱人、用箱人和收箱人，而且包括不同国家和地区的贸易承运人和货主等。因此，运输保险的预防与处理，必须依赖于国际公认的制度、规则和方法。这是国际集装箱多式联运保险的一个显著特征。

3) 运输保险人责任确定的复杂性

国际集装箱多式联运保险涉及多种运输方式。一般以海运为主体，铁路运输、公路运输及内河运输等为辅助。在承运过程中，保险人对被保险货物所遭受的损失是否负赔偿责任，首先应以导致该损失的危险事故是否属于保险合同上所约定的承保事项为依据。也就是说，只有因保险合同上所约定的危险事故造成的损失，保险人才负赔偿责任。其次是货物受损的程度限制。当损失尚未达到保险合同约定的程度时，保险人也不负赔偿责任。由此可见，多式联运下货物损失赔偿的确定是一个非常复杂的问题。它不仅涉及保险合同本身的承保范围，同时也涉及与运输有关的货物承运人的责任问题。因此，为了划清损失的责任范围，必须深入了解各国及国际公认的法律和惯例。

12.2.3 国际集装箱多式联运与海上货物运输保险

无论是从保险的基本概念，还是从保险合同条款的内容来看，海上货物运输保险与国际多式联运的风险保护，在某种意义上说是一致的。

目前，以国际贸易运输货物为承保对象的英文保险单大都是以1906年英国海上保险法为准据法的。该法的第三条规定："海上保险合同可以根据明文规定或商业习惯，扩大其承保范围，向被保险人赔付因海上航行前后发生于海上或陆上的风险所造成的损害。"也就是说，在货物运输过程中，货运保险应就运输全程所发生的危险，向被保险人提供连续、不间断的保险。从这一传统的海上货物运输保险的基本概念来看，海上货物运输保险与保护因集装箱化而出现的真正意义上的多式联运过程中所发生的货物风险，从体制上讲是相适应的。

此外，从构成保险合同的条款和保险期限等方面看，海上货物运输保险也能提供适应于集装箱化和国际多式联运下的"门到门"运输的全程货物保险体制。以目前世界各国保险市场上一贯使用的英国保险协会货物条款为例，根据该条款（运输条款）中所规定的"仓到仓"条款（Warehouse to Warehouse Clause），不论贸易当事人之间对于货物的风险、责任转移的时间和地点等的约定有什么差异，从货物离开起运地仓库或其他场所时开始，至进入最终目的地的仓库时止（但有时有卸船后60d的限制或其他约束），货物保险均应对货物运输给予全程保险。

12.2.4 国际多式联运经营人的责任限制与保险

在保险实务中，货物的损坏或灭失首先是由货物保险人予以赔偿的。根据国际保险法有关代位追偿权（Subrogation）的规定，与支付保险金相对应，保险人可以代位继承（保险代位）被保险人对第三者享有的权利。多式联运经营人责任制的主要作用就是确定保险人对经营人行使代位追偿的权利。

对于多式联运经营人的责任制，如前所述，国际多式联运公约采用了"修正的统一赔偿责任制"。也就是说，在责任原则方面，遵循由债务人（经营人）承担举证责任的严格责任原则，采用统一责任制。而在责任限额方面，则采用网状责任制。关于责任限额，多式联运公约规定了三种赔偿标准。其中，该公约规定的第一赔偿标准，即包括水运的赔偿标准，比《海牙规则》相应的责任限额提高了4.7倍，分别是《维斯比规则》和《汉堡规则》赔偿限额的1.35倍和1.1倍。同时该公约的第三赔偿标准规定，如果货物的灭失或损坏已确定发生在多式联运的某一地区段，而该区段适用的国际公约或强制性国家法律规定的赔偿限额高于多式联运公约的标准，则经营人的赔偿应以该国际公约或强制性国家法律予以确定。

很显然，在上述情况下，多式联运经营人的赔偿责任将会超过其分承运人，而且难以从其分承运人那里得到与其支付给索赔人（货主）数额相同的赔偿金额。因为多式联运经营人对其分承运人的追偿请求不能适用多式联运公约，只能适用多式联运某运输区段所对应的单一运输国际公约，而有些单一运输方式所适用的国际公约规定的赔偿责任却低于多式联运公约的规定，如上述的《海牙规则》或《汉堡规则》。为弥补此差额，多式联运经营人除提高运费外，只得向保险公司进行责任保险，以避免此类损失。

由此可见，随着多式联运经营人责任的严格化和扩大化，以经营人的责任为对象的货物赔偿责任保险的保险费将会大幅度提高，而这种保险费本来就是包括于运费之中的。所以，多式联运经营人的责任制对其运输成本所产生的影响是很大的。

12.2.5 多式联运经营人的责任保险和货物保险之间的关系

简单地说，运输保险可以分为两种形式：一种是由货主向货物保险公司投保的货物保险；另一种是由承运人（经营人）向互保协会投保的责任保险。

在多式联运条件下，多式联运经营人作为多式联运单证的签发人，当然应对该多式联运负责。不过，多式联运经营人对于运输过程中造成的货物损坏或灭失的赔偿责任，通常都是以货物赔偿（Cargo Indemnity）责任保险（简称责任保险）向保险公司或保赔协会投保。当然，经营人的责任保险所承担的风险，取决于他签发的提单中所规定的责任范围，即货物保险承保的是货主所承担的风险，而责任保险所承保的则是经营人所承担的风险。

尽管很难确切地说明货物保险和责任保险的全部关系，但根据有关的国际公约和规则的规定可以看出，两者之间既存在着互为补充的关系，也有共同承保货物运输风险的关系。也就是说，尽管以多式联运经营人所签发的提单上规定的赔偿责任为范围的责任保险和以与货主（托运人或收货人）的可保利益（除作为所有人利益的货物的 CIF 价格外，还包括预期利益、进口税、增值利益等）有关的各种损害为范围的货物保险之间存在着各种各样不同领域的保护范围，但是两者之间的相互补充作用也是很明显的。例如，在多式联运提单下由于不可抗力及罢工、战争原因所造成的损害是免责的，而在全损险和战争险、罢工险条件下的货物保险则包括上述事项。换句话说，不论把多式联运经营人的责任扩大到什么范围，或严格到什么程度，货主都不会不需要货物保险。

另外，责任保险是以由运输合同约束的货主与承运人（经营人）之间的权利、义务为基础的保险。与此相对，货物保险则是由有无损害发生的事实约束的货主与保险人之间以损害赔偿合同约定的保险。因承运人保留权利而不得不由货主负担的各种风险，理所当然地属于货物保险的范围。这一点不但是货物保险的实质功能，而且也是国际贸易中货物保险之所以不可缺少的重要原因。

12.2.6 货物保险和责任保险的特点

在货物保险中，保险人面临着激烈的自由竞争。货物保险的保险费率是在考虑了该种货物的性质、数量、包装、运输船舶或其他运输工具的详细情况、运输区间、港口条件、季节和其他自然条件、签约人（被保险人）过去承保的得失等因素后，精确地计算出来的。由于签约人可以直接和保险人交涉保险条件和费率，所以他可以将商品的运费和保险费置于自己的管理之下。发生索赔时，只要损害是由保险所承保的危险造成的，就能迅速地从分布于世界各地、港口的理赔代理人那里得到保险金。

与此相对，在责任保险中，承运人以一定的赔偿责任限额为基础，将根据运输合同应由自己承担的责任，向保险人投保。因此，这种保险费率的确定，难以考虑各种货物和不同货主的差别，只能以承运人的责任限额和船舶吨位为基准统一决定。如果从货主的角度来看这一问题，这种做法对货主是很不利的，因为即使货主在包装、托运、运输工具、保管方法或其他方面都采取了确实非常细致的防止损害的措施，他也不能直接享受到因采取这些措施而取得的实效。而且，这种保险不论对过去索赔保险费比率（损失率）低的货主，还是比率高的货主，都是以同一的保险费率承保。另外，即使货主是与承运人签订运输合同的当事人，对于承运人承保的责任保险来说，他也是局外人，所以发生损害时，仅由承运人举证证明所发生的损害属于运输合同所规定的承运人的责任范围，而货主则只能通过承运人间接地享受责任保险的利益。

因此可以说，虽然同属于保险制度，但是货物保险和货物损害赔偿责任保险却是功能完全不同的两种保险。作为国际贸易主体的货主，在责任保险中只能通过承运人间接地享受保险利益，而在货物保险中，货主本身就是保险合同的当事人，他可以直接享受全部保险范围内的利益。

如果从多式联运的货主（托运人或收货人）、多式联运经营人和保险公司之间的关系来看，货物保险和责任保险之间也存在差别。在货物保险中，通过签发保险单，保险公司与托运人和收货人建立了关系，不过，索赔求偿则是仅由收货人与保险公司的索赔代理人直接发生关系。而在责任保险中，保险公司与托运人和收货人之间并无直接关系，通常只是以承运人（经营人）为媒介，享受保险赔偿的利益。

12.3 海上保险中的保险欺诈

海上保险欺诈是指在海上保险业务中，被保险人或受益人以虚构保险标的、故意制造、伪造或者谎报保险事故等方法，意图骗取保险赔偿的行为。海上保险是随着国际贸易和海上运输的发展而发展的，它本身服务于国际贸易，并且构成国际贸易的一个不可分割的组成部分。但是，长期以来，不法商人或船东违反诚实信用的原则，利用向保险公司投保的机会，造成船货损失，再向保险公司索赔，从而骗取大笔赔款。

海上保险欺诈的实施者主要是投保人、被保险人和受益人。当然，从广义角度，海上保险欺诈也包括保险人、保险代理人、保险经人等对投保人、被保险人、受益人等实施的欺诈，但这类案件在海上保险中为数较少。

12.3.1 海上保险欺诈的主要形式

1) 虚构保险标的

保险标的是保险人与被保险人在保险合同中约定的被保险的财产或与财产有关的利益和责任。海上保险合同的保险标的主要包括船舶、货物、运费、其他期得利益及对第三者的责任等。虚构并不存在的保险标的而骗取钱财，是海上保险欺诈的常见形式。在这种情形中，货物、船舶等事实上根本不存在，投保人对保险标的并无可保利益，投保人、被保险人通过制造虚假的单证，证明对所投保的标的具有保险利益，欺骗保险人获得保险金。

2) 故意制造损失和意外事故

船方或货方或双方勾结，故意制造船舶或货物或船货的损失，以从船舶保险人或货物保险人或双方那里骗取保险金，是海运保险欺诈的主要形式。其中使用沉船方式骗取保险金，是首选形式。

3) 故意违反如实告知和保证的义务

最大诚实信用原则是海上保险的一条基本原则。所谓诚实信用，是指任何一方当事人对他方都不得隐瞒欺诈，都必须善意地、全面地履行自己的义务。鉴于海上保险的特殊性，海上保险合同对于诚实信用程度的要求远远大于其他民事合同，所以，长期以来，形成了一条公认的、以最大诚实信用作为订立海运保险合同的基本原则——最大诚实信用原则。

海上保险合同的最大诚实信用原则主要是要求被保险人承担如实告知和保证的义务。所谓告知，是指在海上保险合同订立时，投保人应将有关保险标的的重要事实如实告知保险人，以使保险人了解保险的真实情况，最终决定是否承保和费率的大小。如果"由于被保险人的故意，未将……重要情况如实告知保险人的，保险人有权解除合同，并不退还保险费。合同解除前发生的保险事故造成损失的，保险人不负赔偿责任"。其他国家的有关法律一般均有类似的规定。但尽管如此，仍有一些人企图通过虚假陈述来骗取保险金。

所谓保证，是指被保险人对保险人的特定担保，譬如船舶适航保证、航区保证、不绕航保证等。被保险人应当恪守诺言，严格履行保证条款。"被保险人违反合同约定的保证条款时，应当立即书面通知保险人。保险人收到通知后，可以解除合同，也可以要求修改承保条件、增加保险费"。其他国家的有关法律也都有类似的规定。但是，有些人为了少交保费，故意违反保证义务，当发事故时，为了获取保险金，往往采取一些欺骗手段。

4）故意编造未曾发生的保险事故

保险事故是指保险合同约定的保险责任范围内的事故。如果没有发生保险事故，保险公司不需要进行任何赔偿。有些人为了骗取保险金，就故意编造一些未曾发生的保险事故，向保险公司提供一些虚构的证明材料，其中不乏骗取巨额保险赔偿的案例。

5）故意扩大损失的程度

保险事故发生时，立即通知保险人，并采取措施尽力施救，防止或者减少损失，这是被保险人的一项基本义务。有些人为了骗取更多的保险金，损失发生后违反"防止损失扩大义务"，不是尽力施救，而是故意扩大损失。

12.3.2 海上保险欺诈的主要原因

海上保险欺诈与其他犯罪一样，都不是单一原因所致，而是多种原因相互作用的结果，其最主要、最直接的原因如下。

1）信用证风险

信用证"独立抽象性"原则被行骗者利用。信用证机制在国际贸易中的重要地位，它所起到的巨大作用都来源于它本身具有其他任何一种支付方式都无法替代的"独立抽象性"原则。按照独立抽象性原则，受益人只要向银行提交表面上符合信用证条件的单据，银行就有必须付款的义务，即使实际上他根本没有交货或者以假充真、以次充好，银行也无权过问。这在客观上使海上欺诈有机可乘。这样就有了一种假单证的风险，伪造一些基本的贸易单证，如卖方发票、装船提单、保险单等，就可以根据信用证到银行结汇，尔后逃之夭夭。对此种欺诈，无论开证行是否知晓，开证行都不得主动或依买方的要求拒绝履行信用证的义务。这往往使买方不得不付款而又提货不着，或者得不到买卖合同及信用证规定的货物。

2）航运市场管理不善

航运市场管理不善，首先表现在船舶登记方面。有些国家实行"开放登记"，对注册船只不进行严格审查和管理，只管收取登记费和税款，因而使海上诈骗有机可乘。有些罪犯提供的有关船舶的各种材料，包括船名、建造年份、建造地点、吨位、容积、船东的身份等，全部都是杜撰的，一旦出现问题根本无法凭借这些资料查找该船。有时一条船在同一时间内甚至用数个名字登记，以使该船可用不同的名字去实施诈骗，而登记处的官员只根据提供的资料进行登记，不作任何查证资料的工作，致使一些"鬼船""偷货"非常方便。

3）各国法律上的不统一

海上保险欺诈具有极强的国际性，从事海上保险欺诈者和欺诈的受害者往往是不同国家或地区的公民或法人，海上保险欺诈活动的全过程可能涉及几个国家和地区，海上保险欺诈所骗取的资金往往在不同的国家或地区间流动。而各国在处理经济法律纠纷的制度上的不统一，如扣船制度的不统一，各国赔偿标准不统一，司法协助制度方面的不足，海上保险欺诈查证困难，诈骗分子的引渡问题等，使得诉讼必然涉及国际或区际法律冲突，使受害者保护自己正当权益的权利受到很大限制，这为犯罪分子逃脱法律制裁提供了可能。

4）业务人员缺乏防骗意识和防骗能力

大量事实证明，海上保险欺诈之所以发生，往往同受害方的业务人员缺乏防骗意识和防骗能力有关，是相关人员素质、业务水平低。缺乏防骗意识的典型表现是对保户的资信状况不作认真的调查和询问，没有充分的背景材料就给予保户过分的信任；为了增加业务，不按规定办事，盲目承保。至于承保后标的物的状况，如装卸期间和航行过程中船或货的情况，则更不注意调查和询问。甚至发生了航程与计划不符，船舶未按期到达目的港的情况，也不进行询问，缺乏起码的警惕。缺乏防骗能力的典型表现是对可能出现的欺诈不能及时辨认和判断，不知道哪些特征可能涉嫌欺诈，不知道通过哪些渠道了解保户的情况；当遭遇欺诈时，束手无策，不知如何调查取证，不知采取什么补救措施减少损失。实践中，由于受害方业务素质低，消息闭塞，处理问题不及时，不得力，不知成全了多少海运保险欺诈。

12.3.3 海上保险欺诈的防治措施

海上保险欺查证难、制裁难，所以要坚持预防为主，采取各种防范措施，提高海上保险防骗能力，争取把损失减少到最低限度。主要的预防措施如下。

1）建立反欺诈国际法律体系

经济欺诈已经成为具有国际性的、危害到各国间正常经济往来，危害人类社会共同利益的活动，故建立反经济欺诈国际法律体系对于这种带有跨国性质的欺诈活动的打击极为重要。应加快制定有关的国际性决议或国际化公约，加强国际合作。目前，由于国际上对如何防治海上保险欺诈认识不统一，法制不健全，因而合作不协调，打击不得力，使得海上保险欺诈始终未得到有效控制。我国作为一个航运大国和海上保险欺诈的受害国，应通过自己的不懈努力，尽量与世界其他国家取得一致认识，促使防治海上保险欺诈的国际公约早日出台。

2）选择资信良好的贸易伙伴

这是最重要并且最有效的防止欺诈的手段。大多数的欺诈就是因为对交易对方的资信没有很好的调查，贪图小利而给他人以可乘之机。因此，从事国际贸易的买方，应通过银行，卖方所在国的资信评估机构、商会、行业协会或驻外机构等对卖方资信进行调查，并建立起完备的供方档案，在安全的基础上争取最大的利润。资信良好的公司从维护自身的信誉考虑，也会谨慎选择代理、租船人和船东，这就降低了产生欺诈的可能性。

3）加强业务培训

组织业务培训，提高从业人员的业务素质和防欺诈的知识水平，使从业人员熟悉航海贸易和海上保险业务知识，提高识骗和防骗能力。通过组织业务培训，还可以提高从业人员的法制观念，让他们保持警惕，防止上当受骗。从业人员法制观念不强，警惕不够，是海上保险欺诈屡屡发生的一个重要原因。

4）合理设计保险单

合理设计保险单，是防止欺诈、减少损失的一项基础性工作。在不减少业务的情况下，建议保险公司坚持较严格的船龄和船级条款，对不符合船龄、船级标准的船舶不予承保。同时，要有明确的除外责任条款，比如，明确规定对被保险人的蓄意恶行造成的损失不负责赔偿等。此外，还要考虑制定严密的对待索赔的办法。

5）严格审核信用证

在开立信用证时，对卖方提出的单据作出严格要求。除了三种必须的基本单证外，还要要求卖方提交一些不易伪造的文件，预防和减少信用证欺诈。例如，可以指定商检机构出具检验证书，如 SGS（瑞士通用鉴定公司）和 Liyod（劳合社）的检验证明。买方也可指定有名望的公证人或当地商会组织出具检验证书，或由当地使馆鉴证才能确定货物已如数装船。

6）加强保险公司与外部的互动

随着社会经济的发展，海运保险欺诈形态日益多样化、隐蔽性更强，识别保险欺诈也变得更加困难，在这种背景下仅凭保险公司自身的力量，已经难以有效防范保险欺诈，这就需要加强保险公司与外部机构的交流与合作，把保险公司内部的调查力量和外部机构的调查优势结合起来，实现信息共享、开展联合调查，共同打击保险欺诈。

7）重视对投保人（被保险人）的资信调查和保险标的核实工作

掌握和了解投保人（被保险人）的资信情况，认真核实保险标的的资料，是防止海上保险欺诈的重要一环。保险人在收到投保人递交的投保申请书后，应严格审查投保人所填写的各项内容和围绕保险标的的各种证明材料，详细询问影响保险效益的各种情况。在同意给予承保前，要确保对投保人（被保险人）、保险标的等进行综合性的调查与核实。调查的途径除了询问投保人外，还可通过国际海事组织、国际海事调查局、波罗的海国际海事委员会、劳埃德航运问讯处等进行查询。

  8）随时掌握保险标的的动态

  在海上保险中，尽管保险标的如船舶、货物等始终未掌握在保险人手中，但是，为了及时发现诈骗迹象，制止可能的诈骗的发生，保险人应尽可能地随时掌握载货船舶的动态，对与计划日期不符的航行应立即予以查询。如果船、货逾期未到目的港，应提高警惕，待其到港后，可通过当地保险代理人询问，或通过各种调查机构进行调查，以便及时制止或减少保险标的的损失。买方还可向装运港海关了解船货情况。一旦发现对方有欺诈行为，可在取得确切证据的情况下争取银行的支持。

  此外，改革国际贸易程序，减少贸易环节的漏洞；配备和运用先进的信息技术设施，从硬件上提供保障等，也是被害预防的重要措施。

12.4　集装箱货物保险应注意的问题

12.4.1　集装箱货物运输保险责任范围的限制

  集装箱货物运输保险按海洋运输货物保险责任范围负责，但受下列几条的限制。

  （1）凡集装箱箱体无明显损坏，铅封完整，经启封开箱后，发现卸载数量规格与销售合同不符，或因积载和配载不当所致的残损，保险人不予负责。

  （2）因集装箱不适应货物所造成的货物短少或损坏，保险人不予负责。

  （3）对放置在海轮舱面的集装箱货物，本保险可按舱内货物责任范围负责。但开顶式和框架式集装箱所载货物除外。

  （4）被保险货物运抵保险单所载明的目的港（地）或启封开箱地以后，如发现集装箱箱体有明显损坏，或铅封损坏或丢失，或铅封号码与提单、发票所列号码不符时，被保险人应立即向保险单所规定的检验理赔代理人申请检验，并必须向责任方或有关当局取证，同时保留索赔权。

12.4.2　集装箱货物发生货损的原因

  根据国际海上保险联合会发表的有关集装箱货损的种类来看，其主要的原因如下。

  1）水渍损

  集装箱的水密性良好，可以防雨水、海水浸入箱内。如果集装箱水密性能不符合要求，在受水时就会发生渗漏致箱内货物水湿损坏。集装箱箱门及箱顶进水较为常见。集装箱箱门安装了箱门把手、门锁、门铰链等器具，这些器具从集装箱箱体凸出来，在与其他物品接触时容易产生磨损，从而破坏箱门的水密性。箱顶和侧壁遭受碰撞时易造成针尖大小的洞孔而进水。另外，从全集装箱船来看，有1/3箱子都装在甲板上，在大风浪中航行，箱子除了有被海浪卷走的危险外，在风浪的强大冲击下，因箱子不能保证完全水密而造成货物湿损。现在制造的集装箱都带有排水装置，这可排除渗透的海水和雨水，还可排除内部产生的汗渍水滴。但是要保障箱内货物的安全，防止水渍损害，是集装箱检查的关键。

2) 汗渍损

利用集装箱开展门到门运输，可以减少货物装卸过程中的货损。但是货物的湿损往往比杂货船要严重。集装箱内的货物，填充料及包装等在温度发生变化时产生的水蒸气冷凝，使部分水分附着在货物上而造成汗渍损。同时集装箱内货物配载时的铺垫及包装材料包含的水分会给集装箱内带来湿气，这也会导致汗渍损。

3) 污损

集装箱装货前应洗箱、验箱。待符合规范要求后才能装箱承运。但是有的港口、有的装箱点、装箱人为了贪图方便，没有对原集装箱彻底地进行清洗、晾干（烤干）和严格验箱。由此而造成的货物污损事故时有发生。不同性质的物品装在一个集装箱内，或在集装箱装箱以前没有清除残留的化学成分。食用物品、中药材、化妆品原料等货物在运输过程中，因受其他物品的影响而引起的串味损失。

4) 盗损

随着集装箱运输的迅速发展，盗窃集装箱内货物的犯罪行为也呈增长之势。集装箱运输过程中，把集装箱砸开或把集装箱端门踢开，或伪造铅封、盗走箱内货物的事件时有发生，这也是集装箱货损的主要原因之一。

5) 碰撞

集装箱在装卸运输的过程中，常会受到频繁的碰撞和剧烈的摇晃，箱内货物不仅需要包装适当，同时正确的集装箱配载也是必不可少的。

12.4.3 共同海损中应注意的问题

1. 共同海损的分摊

共同海损，是指在同一海上航程中，船舶、货物和其他财产遭遇共同危险，为了共同安全，有意地、合理地采取措施所直接造成的特殊牺牲、支付的特殊费用——无论在航程中还是在航程结束后发生的船舶或者货物因迟延所造成的损失，包括船期损失和行市损失及其他间接损失——均不得列入共同海损。

1) 共同海损损失金额的确定

共同海损损失包括共同海损牺牲和费用。其中，共同海损牺牲的金额分别按以下规定计算。

(1) 船舶的共同海损牺牲。船舶的牺牲分部分损失和全损两种。部分损失时，按照实际支付的修理费、减除合理的以新换旧的扣减额计算。船舶尚未修理的，按照牺牲造成的合理贬值计算，但是不得超过估计的修理费。全损时，按照船舶在完好状态下的估计价值，减除不属于共同海损损坏的估计的修理费和该船舶受损后的价值的余额计算。

（2）货物的共同海损牺牲。货物的牺牲分灭失和损坏两种情况。货物灭失的，按照货物在装船时的价值加保险费加运费，减除由于牺牲无须支付的运费计算。货物损坏的，在就损坏程度达成协议前售出的，按照货物在装船时的价值加保险费加运费，与出售货物净得的差额计算。

（3）运费的共同海损牺牲。按照货物遭受牺牲造成的运费的损失金额，减除为取得这笔运费本应支付，但是由于牺牲无须支付的营运费用计算。

2）共同海损分摊价值的确定

（1）船舶共同海损分摊价值，按照船舶在航程终止时的完好价值，减除不属于共同海损的损失金额计算，或者按照船舶在航程终止时的实际价值，加上共同海损牺牲的金额计算。

（2）货物共同海损分摊价值，按照货物在装船时的价值加保险费加运费，减除不属于共同海损的损失金额和承运人承担风险的运费计算。货物在抵达目的港以前售出的，按照出售净得金额，加上共同海损牺牲的金额计算。

（3）运费分摊价值，按照承运人承担风险并于航程终止时有权收取的运费，减除为取得该项运费而在共同海损事故发生后，为完成本航程所支付的营运费用，加上共同海损牺牲的金额计算。

以上每一项分摊价值都要加上共同海损牺牲的金额，是因为共同海损牺牲中的一部分将要从其他各受益方那里得到补偿，因此也有部分价值因为共同海损行为而得到保全，从而也应计算在共同海损分摊价值之内。

3）共同海损分摊金额的计算

共同海损应当由受益方按照各自的分摊价值的比例分摊。各受益方的分摊金额计算分两步。首先计算出一个共同海损损失率。这应该以共同海损损失总金额除以共同海损分摊价值总额得出。然后以各受益方的分摊价值金额分别乘以共同海损损失率，得出各受益方应分摊的共同海损金额。

4）共同海损分摊请求权的时效

根据我国海商法，有关共同海损分摊的请求权，时效期间为1年，自理算结束之日起计算。

2. 共同海损担保函

共同海损担保函（General Average Guarantee）是指由收货人向船舶所有人提供的经货物保险人签署的保证分摊货方应承担的共同海损的书面文件。如表12-2所示。提供担保的既可能是船方也可能是货方，我国《海商法》第二百零二条规定："经利益关系人要求，各分摊方应当提供共同海损担保。"这为共同海损担保的法律依据。共同海损担保有如下几种形式。

1）由货方提供海损保证金（Cash General Average Deposit）

即由货方在提货之前，向船方提供分摊共同海损的现金担保。

表 12-2 共同海损担保函

IMPORTANT: This Guarantee will only be accepted provided no additions, deletions or amendments are made to the wording by Insurers.

AVERAGE GUARANTEE

DAA, CCPIT

(For Signature by Insurers of Cargo to avoid collection of Deposits in those cases in which it is practicable to do so.)

To the Owners of the vessel ....
and other parties to the adventure as their interests may appear.
Voyage ....
Casualty ....

In consideration of the delivery in due course to the Consignees of the goods specified below without collection of a cash deposit, we, the undersigned Insurers, hereby guarantee to the Shipowners and/or other parties to the adventure as their interests may appear, the payment of any contribution to General Average and/or Salvage and/or Special Charges which may hereafter be ascertained to be properly due in respect of goods specified below.

We further agree:
A) To make prompt payment (s) on account of such contribution, as soon as such payment (s) may be certified by the Average Adjusters, CHINA COUNCIL FOR THE PROMOTION OF INTERNATIONAL TRADE, DEPARTMENT FOR AVERAGE ADJUSTMENT (DAA, CCPIT)
B) To provide promptly all information required by the Average Adjusters to enable them to quantify the amounts due from the goods detailed below.

Bill of Lading Number	Ports of Shipment	Marks & Numbers Destination Packages & Contents	Insured Value	Policy/Ref. No. & ns. Premium Premium

Non Separation Agreement

It is agreed that in the event of the vessel's cargo or part thereof being forwarded to original destination by other vessel, vessels or conveyances, rights and liabilities in General Average shall not be affected by such forwarding, it being the intention to place the parties concerned as nearly as possible in the same position in this respect as they would have been in the absence of such forwarding and with the adventure continuing by the original vessel for so long as justifiable under the law applicable or under the Contract of Affreightment.

The basis of contribution to General Average of the property involved shall be the values on delivery at original destination unless sold or otherwise disposed of short of that destination; but where none of her cargo is carried forward in the vessel she shall contribute on the basis of her actual value on the date she completes discharge of her cargo.

Name of Insurers ....
                                      Revenue
Signature of Insurers .... Stamp   ....
Address ....
Telephone No. .... Fax No. ....
Date ....

CHINA COUNCIL FOR THE PROMOTION OF INTERNATIONAL TRADE
DEPARTMENT FOR AVERAGE ADJUSTMENT

2, Jingan Xi Street,   Beisanhuan Dong Road,   Chaoyang District,   Beijing 100028,   China
Tel: 86 10 6466 5665   Fax: 86 10 6466 3999

2）由货物保险人提供海损担保函（Letter of General Average Guarantee）

该担保函是货方向船方提供经货物保险人签署的、保证分摊共同海损的书面文件。海损担保函又分两种：一种是限额担保函，即保险人以对货方应当赔付的金额为限而出具的书面保证。另一种是无限额担保函（Unlimited General Average Guarantee），即货物保险人出具的不论货物保险金额大小，都对该项货物的共同海损分摊金额予以全额赔付的书面保证。

3）签署海损协议书（General Average Bond）

海损协议书是由船货双方签署的、保证分摊共同海损的书面文件。

4）签署不分离协议（Non-separation Agreement）

不分离协议是指在发生共同海损后，由船货双方共同签署的关于共同海损分摊的义务不因货物的转运而发生变化的书面协议。

5）行使货物留置权（Lien on cargo）

这是指当货方拒绝参加共同海损分摊且拒绝提供担保时，船方可以在合理的限度内留置其货物，并可以申请拍卖货物或以其他方式出卖货物，以所得货款来抵偿其应得到的共同海损分摊金额。

12.4.4　甲板箱的风险

集装箱船舶一旦发生共同海损，装在甲板上的集装箱如果发生共同海损理算，能不能作为共同海损受到补偿，这是应该予以明确的问题。首先应该说明该项装载是否符合有关规定或运输习惯。因为这牵涉到集装箱能否作为共同海损得到补偿。

舱面货运输可分为有权和无权舱面货运输两类。前者指同托运人达成协议；或符合航运惯例的；或符合法律、行政法规规定的舱面货运输。承运人对有权做舱面货运输的特殊风险，如海水浸湿、滑落入海等，造成的货物损坏或灭失免责。对后者，承运人无权做舱面货运输，因此主观上有过错，应对其过错承担赔偿责任。

我国《海商法》第五十三条规定："承运人在舱面上装载货物，应当同托运人达成协议，或者符合航运惯例，或者符合有关法律、行政法规的规定。承运人依照前款规定将货物装载在舱面上，对由于此种装载的特殊风险造成的货物灭失或者损坏，不负赔偿责任。承运人违反本条第一款规定将货物装载在舱面上，致使货物遭受灭失或者损坏的，应当负赔偿责任。"

复习思考题

一、名词解释

1. 汗渍损　　2. 海上保险欺诈　　3. 保险标的　　4. 共同海损

二、填空题

1. 国际多式联运经营人的责任是指多式联运经营人按照_____或_____的约定对货物的灭失、损害或延迟交付所造成的损失的违约责任。
2. 多式联运经营人的赔偿责任基础是指多式联运经营人对于货物运输所采取的_____。
3. 对承运人赔偿责任的基础,目前,各单一运输公约的规定不一,但大致可分为_____和_____两种。
4. 多式联运经营人的赔偿最高限额由采用的_____和_____决定的。
5. _____集装箱货损的主要原因之一。

三、单项选择题

1. 下列不属于一切险承保范围内的险别是（　　）。
   A. 偷窃提货不着险　　B. 渗漏险　　C. 交货不到险　　D. 包装破裂险
2. 在伦敦保险协会货物保险条款的三种主要险别中,保险人责任最低的险别是（　　）。
   A. A险　　B. B险　　C. C险　　D. D险
3. 依据我国海商法,集装箱运输下承运人的责任期间是（　　）。
   A. 装港接受货物时起至卸港交付货物时止　　B. 装上船至卸下船
   C. 船舷到船舷　　D. 仓库到仓库
4. 根据国际多式联运公约,多式联运经营人对延迟交付货物,同时伴随货物的灭失或损坏时的赔偿责任限制为（　　）。
   A. 延迟交付货物应付运费的2.5倍
   B. 延迟交付货物应付运费的2倍
   C. 应付运费的2.5倍和责任限额的总和
   D. 以公约规定赔偿责任限额为最高限额
5. 根据1991年国际商会多式联运单证规则,多式联运经营人对每件或每单位货损灭失的赔偿责任限制为（　　）。
   A. 920 SDR　　B. 835 SDR　　C. 666.67 SDR　　D. 600 SDR
6. 一件毛重200 kg,实际价值（提单上未注明）为900 SDR的货物,在运输过程中落海全部灭失,承运人对此负赔偿责任。根据我国海商法的规定,承运人赔偿限额为（　　）。
   A. 400 SDR　　B. 666.67 SDR　　C. 800 SDR　　D. 900 SDR
7. 下列不在1981年中国人民保险公司海洋运输货物保险一切险承保范围内的是（　　）。
   A. 偷窃提货不着险　　B. 渗漏险　　C. 战争险　　D. 串味险
8. 甲公司委托乙海运公司运送一批食品和一台大型设备到欧洲,并约定设备可装载于舱面。甲公司要求乙海运公司即日起航,乙海运公司告知:可以起航,但来不及进行适航检查。随即便起航出海。乙海运公司应对本次航行中产生的损失承担的责任是（　　）。
   A. 因遭受暴风雨致使装载于舱面的大型设备跌落大海

B. 因途中救助人命耽误了航行，迟延交货致使甲公司受损
C. 海运公司的工作人员在卸载货物时因操作不慎，使两箱食品落水
D. 因船舱螺丝松动，在遭遇暴风雨时货舱进水淹没了 2/3 的食品

四、多项选择题

1. 根据我国海洋货物运输保险条款的规定，基本险有（　　）。
   A. 水渍险　　　　B. 争险　　　　C. 平安险　　　　D. 一切险　　　　E. 工险
2. 承运人凭保函签发清洁提单所带来的风险有（　　）。
   A. 承运人不能以保函对抗善意第三人
   B. 承运人可能丧失责任限制的权利
   C. 船东保赔协会通常不负责给予赔偿
   D. 向托运人追偿也比较困难
3. 依据我国海商法的规定，承运人对下列（　　）原因造成的货损不负责任。
   A. 船舶不适航　　　B. 管货过失　　　C. 航行过失　　　D. 货物固有缺陷
4. 海上保险欺诈的主要原因有（　　）。
   A. 单证风险　　　　　　　　　B. 航运市场管理不善
   C. 各国法律上的不统一　　　　D. 业务人员缺乏防骗意识和防骗能力

五、判断题（正确的为 T，错误的为 F）

1. 在国际贸易中向保险公司投保一切险后，在运输途中，由于任何外来风险造成的货损都可向保险公司索赔。（　　）
2. 偷窃、提货不着险和交货不到险均在一切险的范围内，只要投保一切险，若收货人提不到货，保险公司即应负责赔偿。（　　）
3. 出口玻璃或玻璃制品时投保人在投保一切险后，还应加保破碎险。（　　）
4. 出口茶叶，最大的问题是怕串味，因此应投保串味险。（　　）
5. 某公司按 CIF 条件出口坯布 1 000 包，根据买卖合同投保了水渍险。货在途中因船舱内淡水管道滴漏，致使该批坯布中的 100 包遭水渍，因此保险公司应负责赔偿。（　　）
6. 多式联运经营人的责任期间为从接受货物时起到交付货物时止。（　　）

六、简答题

1. 多式联运公约对多式联运经营人规定的赔偿责任基础包含的内容有哪些？
2. 简述国际集装箱多式联运保险的特征。
3. 简述海上保险欺诈的防治措施。

七、论述题

论述海上保险中的保险欺诈的主要形式和原因。

八、计算题

设我方以 50 美元/袋 CIF 向新加坡出口某种商品 1 000 袋，货物出口前，由我方向中国人民保险公司投保水渍险、串味险及淡、水雨淋险，水渍险、串味险及淡、水雨淋险的保险费

率分别为 0.6%、0.2% 和 0.3%，按发票金额 110% 投保，问：该批货物的投保金额和保险费各是多少？

九、操作题

日本 EC 海运公司于 2005 年 5 月 25 日从日本横滨装运 10 辆汽车到上海，货物装船后，船公司签发了没有批注的清洁提单，提单号为 YS-016，船名"幸福"0422 航次。该船于 2005 年 6 月 2 日靠上海港 A 作业区五号泊位。在卸货时，发现其中 5 辆汽车外表损坏，理货公司制作货物残损单，船公司签字确认。收货人上海 B 汽车进出口公司提货时发现车辆受损。后来上海 B 汽车进出口公司对车辆进行修理，费用为 RMB20 000，有修理发票。收货人欲向船公司索赔，但对索赔等事宜不熟悉。请你替收货人写一份索赔函。

部分习题参考答案

二、填空

1. 法律规定 运输合同
2. 赔偿责任原则
3. 过失责任制 严格责任制
4. 责任形式 责任基础
5. 盗损

三、单项选择题

1. C   2. C   3. A   4. D   5. C   6. B   7. C   8. D

四、多项选择题

1. ACD   2. ABCD   3. CD   4. ABCD

五、判断题

1. F   2. F   3. F   4. F   5. F   6. T

八、计算题

投保金额 = CIF 总值 × 110%
$\qquad$ = 50 × 1 000 × 110%
$\qquad$ = 55 000（美元）

保险费 = 投保金额 × 保险费率
$\qquad$ = 55 000 × (0.6% + 0.2% + 0.3%)
$\qquad$ = 55 000 × 1.1%
$\qquad$ = 605（美元）

九、操作题

(1) 索赔人的名称；

(2) 船名、抵达卸货港日期、装船港及接货地点名称；

（3）货物名称、提单号码等有关情况；
（4）残损情况、数量，并附理货公司残损报告；
（5）索赔日期、索赔金额、索赔理由。

案 例 分 析

1. "昌隆"号货轮满载货物驶离上海港。开航后不久，由于空气温度过高，导致老化的电线短路引发大火，将装在第一货舱的 1 000 条出口毛毯完全烧毁。船到新加坡港卸货时发现，装在同一货舱中的烟草和茶叶由于羊毛燃烧散发出的焦糊味而不同程度受到串味损失。其中由于烟草包装较好，串味不是非常严重，经过特殊加工处理，仍保持了烟草的特性，但是已大打折扣，售价下跌三成。而茶叶则完全失去了其特有的芳香，不能当作茶叶出售了，只能按廉价的填充物处理。

船经印度洋时，不幸与另一艘货船相撞，船舶严重受损，第二货舱破裂，仓内进入大量海水，剧烈的震荡和海水浸泡导致仓内装载的精密仪器严重受损。为了救险，船长命令动用亚麻临时堵住漏洞，造成大量亚麻损失。在船舶停靠泰国港避难进行大修时，船方联系了岸上有关专家就精密仪器的抢修事宜进行了咨询，发现整理恢复十分庞大，已经超过了货物的保险价值。为了方便修理船舶，不得不将第三舱和第四舱部分纺织品货物卸下，在卸货时有一部分货物有钩损。

思考题：试分析上述货物损失属于什么损失？

2. 中国 A 贸易出口公司与外国 B 公司以 CFR 洛杉矶、信用证付款的条件达成出口贸易合同。合同和信用证均规定不准转运。A 贸易出口公司在信用证有效期内委托 C 货代公司将货物装上 D 班轮公司直驶目的港的班轮，并以直达提单办理了议付，国外开证行也凭议付行的直达提单予以付款。在运输途中，船公司为接载其他货物，擅自将 A 公司托运的货物卸下，换装其他船舶运往目的港。由于中途延误，货物抵达目的港的时间比正常直达船的抵达时间晚了 20 天，造成货物变质损坏。为此，B 公司向 A 公司提出索赔，理由是 A 公司提交的是直达提单，而实际则是转船运输，是一种欺诈行为，应当给予赔偿。A 公司为此咨询 C 货代公司。假如你是 C 货代公司。

思考题：
1）A 公司是否应承担赔偿责任？理由何在？
2）B 公司可否向船公司索赔？

案例分析参考答案

1.（1）第一货舱的货物。1 000 条毛毯的损失是意外事故火灾引起的实际全损，属于实际全损第一种情况——保险标的实体完全灭失。而烟草的串味损失属于火灾引起的部分损失,因为在经过特殊加工处理后,烟草仍然能保持其属性,可以按"烟草"出售,贬值的烟草是部分损失。至于茶叶的损失则属于实际全损,因为火灾造成了"保险标的丧失属性",虽然实体还在,但是已经完全不是投保时所描述的标的内容了。

(2) 第二货舱的货物。精密仪器的损失属于意外事故碰撞造成的推定全损。根据推定全损的定义,当保险标的的实际全损不可避免,或为避免发生实际全损花费的整理拯救费用超过保险标的的本身的价值或是其保险价值,就会得不偿失,从而构成推定全损。精密仪器恢复的费用异常昂贵,大大超过了其保险价值,已经构成推定全损。亚麻的损失是在危急时刻为了避免更多的海水涌入货舱威胁到船货的共同安全而被用来堵塞漏洞造成的,这种损失属于共同海损,由受益各方共同分摊。

(3) 第三货舱的货物。纺织品所遭遇的损失,是为了方便共同海损修理而被迫卸下时所造成的,也属于共同海损。

2. 1) (1) A 公司对此货损不承担责任。

(2) A 公司已按信用证的规定将货物如期装上直达班轮并提供了直达班轮提单,卖方义务已经履行。

(3) 按 CFR 条件成交,货物在装运港装上驶往目的港的船舷时风险即转移。货物何时到达目的港,是否到达目的港,包括船公司中途擅自转船的风险概由买方承担,而与卖方无关。

2) B 公司可凭直达提单向承运人索赔。

开篇案例参考答案

1. A 贸易公司和船公司无责任。B 货运代理公司负全责。

2. 承运人无须对其他货主的损失承担赔偿责任。由于 B 货运代理公司未向船公司告知该批货物为危险品货物,因此由此产生的货物灭失和对其他货物及船舶的损失均由 B 货代公司负责。我国海商法规定,运输危险品时"托运人未通知或者通知有误的,承运人可以在任何时间、任何地点根据情况需要将货物卸下、销毁或者使之不能为害,而不负赔偿责任。托运人对承运人因运输此类货物所受到的损害,应当负赔偿责任"。

3. 责任保险人不承担责任。因为投保人隐瞒了货物的真相,属于欺骗性质,保险公司免责。

参 考 文 献

[1] 栗丽. 国际货物运输与保险 [M]. 北京:中国人民大学出版社,2007.
[2] 楼伯良. 集装箱运输管理 [M]. 上海:华东师范大学出版社,2007.
[3] 孟恬. 国际货物运输与保险 [M]. 北京:对外经济贸易大学出版社,2008.
[4] 江静. 国际集装箱运输与多式联运 [M]. 北京:中国商务出版社,2006.

[5] 杨长春. 国际贸易欺诈案例集[M]. 北京：对外经济贸易大学出版社，2002.
[6] 傅廷中. 海商法论[M]. 北京：法律出版社，2008.
[7] 顾丽亚. 国际多式联运实务[M]. 北京：人民交通出版社，2008.
[8] 牛鱼龙. 国际货代实务案例[M]. 上海：同济大学出版社，2008.
[9] 陈金山. 国际货运代理[M]. 北京：科学出版社，2009.
[10] 白世贞，李楠. 国际物流与货运代理[M]. 北京：中国人民大学出版社，2009.

第 13 章

危险货物集装箱运输

本章要点

- 掌握危险货物的分类；
- 掌握危险货物运输包装与标志；
- 掌握危险货物集装箱的装运与积载；
- 掌握危险货物集装箱的装卸与保管。

【开篇案例】

危险品自燃起火案

2000年5月8日，山东中粮国际仓储运输公司（以下简称山东中粮）作为国际多式联运经营人以托运人身份向韩进海运有限公司（以下简称韩进海运）订舱，由其经营的"韩进不来梅"（HANJIN BREMEN）集装箱船第0049W航次，载运其托运的一个20英尺集装箱货物，从青岛港运往布达佩斯。山东中粮同时向韩进海运填报了场站收据，载明托运人为中化天津进出口公司，箱内货物为840袋漂白粉（LIME CHLORINATED），在韩进海运向山东中粮签发提单前，山东中粮又指示韩进海运将提单中的托运人记载为亚洲货运有限公司（以下简称亚洲货运），韩进海运即按此指示于2000年5月10日向山东中粮签发了已装船提单，单号为CTAO2TS5R596，货名Lime chlorinated，托运人亚洲货运，收货人TO THE ORDER OF HOLDER OF B/L NO. ASTGLY200502 ISSUED BY ASTG CONTAINER LINE LIMITED AND HANJIN OB/L，通知方VINYL LTD，箱号HJCU8701653，由托运人装箱计数，据说840袋LIME CHLDRINATED装在1×20′集装箱内，目的港代理HANJIN SHIPPING KFT，装货港青岛，卸货港汉堡，交货地布达佩斯。而亚洲货运出借提单给山东中粮，于2000年5月2日签发了托运人为连云港市化工医药保健品进出口公司（以下简称连云港医保）的已装船提单，提单日期是倒签的。对作为承运人的韩进海运而言，山东中粮、亚洲货运是托运人，而连云港医保是实际托运人。

山东中粮、亚洲货运作为托运人,在向韩进海运托运货物时,只申报了货物的英文名称、LIME CHLORINATED,未明确说明是危险品,仅一般地要求将该货物装载舱内水线下,远离热源,温度不要高于50℃,事实上该货是5.1类危险品漂白粉,正确的英文名称为BEACHING POWDER,在联合国危规中的编号为2208。

连云港医保作为实际托运人,明知货物为危险品,但未按国际危规及中国的相关法律的要求,使用安全可靠的危险品包装。

2000年5月24日03:00时,当载有上述危险品的"韩进不来梅"轮在海上航行到荷兰鹿特丹附近时,载于船上第4舱的上述集装箱内危险品自燃起火,火势迅速蔓延,发生严重火灾事故,船员奋力用水灭火成功。该船于2000年6月8日抵达汉堡港。

由于上述火灾事故造成货损,以及雇佣拖轮、救助船、进避难港、聘请检验人和律师、共同海损等相关费用,使韩进海运遭受了955 645.32美元的损失,而且韩进海运的损失、责任和费用,还在进一步扩大……,根据以上信息回答下列问题。

思考题:该船起火的原因是什么?火灾引起的损失应由哪一方负责?为什么?

13.1 危险货物集装箱运输概论

随着科学技术的进步和社会的发展,尤其是化学工业的发展,出现了越来越多的新的化学物质。在现已存在和应用的物质中,具有明显或潜在危险的物质就有3万多种,其中以化学工业品居多。据有关资料统计,每年由于危险品运输而造成的世界船舶失事率有上升的趋势,这些海损事故中,火灾和爆炸的事故约占总量26.7%。

危险货物具有爆炸、易燃、腐蚀、毒害、放射性等特性,存在一定的潜在危险。因此,在运输和装卸作业中需要加以特别保护,而当它一旦受到某些因素的影响,若处理不当,就有可能发生危险,造成人员伤亡和财产损毁。

危险货物在海上货物运输量中约占整个海上货物运输量的一半。由此可见,危险货物从最初的生产者运输到最终的使用者手中的整个流通过程中,船舶和港口担负着重要的任务。危险货物采用集装箱运输有利于提高运输的安全性,因此,危险货物集装箱运输目前正被各国广泛采用,其运量也在不断地增长。船舶从事危险货物的运输在19世纪基本上是禁止的,如英国1875年颁布的《商船法》中规定,商船不准运输危险货物,这在当时的历史条件下是合理的。但是,自第二次世界大战以来,由于危险货物的品种和数量的急剧增加,船舶运输危险货物的数量也随着大幅度地增长。为了适应运输的需要,也为了防止事故的发生,各国对海上运输危险货物均制定了相应的规章制度,从而加强了对这类货物的运输管理。

对危险货物运输的管理,主要是采用立法或采取建议措施的方法加以管理,但各个国家和地区的规章和做法均不一致,这造成了管理上的困难。

1929年,国际海上人命安全会议认识到对海上运输危险货物进行国际管理的必要性,并建议有关这方面的规则应具有国际效力。

1948年，国际海上人命安全会议通过了危险货物分类和有关船舶运输危险货物的一般规定，并建议应作进一步的研究，以便能起草一个国际规则。

1956年，联合国危险货物运输专家委员会向联合国大会递交了一份议案——《危险货物运输》，即橙皮书。其最终目的是要达到让危险货物在海运和其他运输方式中的管理在世界范围内取得一致。

在此基础上，1960年，国际海上人命安全会议在《国际海上人命安全公约》的第七章中对危险货物运输作了各项有关规定，并提交国际海事组织（IMO）研究，以便制定一个共同的国际海上危险货物运输规则，并要求1960年《国际海上人命安全公约》的各缔约国政府予以通过。

1965年，第一部《国际海上危险货物运输规则》（国际海运危规）颁布。该规则自始至终都考虑到许多海运国家的惯例和手续，以便使规则尽可能地得到广泛的接受，该规则由IMO推荐给各国政府。

经过多数海运国家的使用及相关组织的修订，1982年《国际海上危险货物运输规则》再版，IMO（第51号建议案）建议各国政府以它作为制定本国规章的基础。到目前为止，已有50多个国家全面接受了该规则，有些国家部分接受，有些国家正在考虑接受。

我国是一个海运大国，船舶危险货物运输量目前已有大幅度的增长，为了有效地防止危险货物对人员造成伤亡和财产损毁，保证安全运输，近年来，我国对危险货物的运输管理工作日益重视，并把它放在了重要的地位。

我国政府在1954年制定的《船舶装运危险品暂行规则》的基础上，经1959年、1960年两度修改后，颁布了1962年3月16日起实施的《水上危险品货物运输规则》。后又经修改，改名为《危险货物运输规则》（国内危规），并于1972年1月1日起执行，这是国内最初使用的"危规"。

1973年，我国加入《国际海上人命安全公约》，并参与了该国际组织的活动。为了适应国际惯例和国际贸易运输的需要，使危险货物在分类、标志、包装、单证、运输条件等方面与国际上取得一致，我国政府决定1982年10月1日起在国际航线上（包括港口装卸）开始执行《国际海上危险货物运输规则》，并结合我国实际情况做一些补充规定。

从我国对危险货物水路运输管理角度来看，在内贸运输中执行"国内危规"，在外贸运输中执行"国际危规"，造成了许多人为矛盾。为了使"国内危规"向"国际危规"靠拢，我国于1996年7月1日正式起用新的《水路危险货物运输规则》（水路危规）。

新的"水路危规"是根据我国水路运输危险货物的特点和有关要求，参照"国际危规"中有关危险货物的分类、标志、包装等有关规定，还参考了其他国家航运对危险货物运输的要求和有关规定而制定的，规则对危险货物运输中的各环节和所采用的不同运输方式（如集装箱、滚装船等）都作了比较明确的规定。

在执行新的"水路危规"时，还有配套使用的《船舶装运危险货物应急措施》和《危货物医疗急救指南》。

13.1.1 危险货物的分类

凡具有燃烧、爆炸、腐蚀、毒害及放射性的性质,在运输、装卸和保管过程中,如果处理不当可能会引起人身伤亡或财产损毁的物质或物品,统称为危险货物。

《国际海上危险货物运输规则》将危险货物分为九大类,即爆炸品,气体,易燃液体,易燃固体、易自燃物质和遇水放出易燃气体的物质,氧化物质(剂)和有机过氧化物,有毒(有毒性)物质和感染性物质,放射性物质,腐蚀品,杂类危险物质。

1. 爆炸品

爆炸品包括爆炸性物质、爆炸性物品及为产生爆炸或烟火效果而制造的物质和物品。

所谓爆炸性物质是指通过其本身的化学反应产生气体,其温度、压力和速度能对周围环境造成破坏的某一固态、液态物质或混合物。

爆炸品按其危险性,又分为以下五类:

(1) 具有整体爆炸危险(即实际上同时影响全部货物的爆炸)的物质和物品;
(2) 具有喷射危险,但无整体爆炸危险的物质和物品;
(3) 具有燃烧危险和较小爆炸危险,或者兼有此两种危险,但无整体爆炸危险的物品;
(4) 无重大危险的物质和物品;
(5) 具有整体操作危险但极不敏感的物质。

爆炸品的危险特性主要有爆炸性、燃烧性、毒性或窒息性。

爆炸品如在一起能安全积载或运输而不会明显增加事故率或在一定量的情况下不会明显增大事故后果,可以认为是"相容的"或"可配装的"。

2. 压缩气体和液化气体

此类物质包括永久性气体(指在环境温度下不能液化的气体)、液化气体(指在环境温度下经加压能成为液体的气体)、可溶气体(包括经加压后溶解在溶剂中的气体)及深度冷却的永久性气体(指在低温下加低压液化的气体)。

气体按其危险性可分为以下几种。

1) 易燃气体

此类气体自容器中逸出与空气混合,当其浓度达到爆炸极限时,如被点燃,能引起爆炸及火灾。

2) 非易燃气体

此类气体中有的本身不能燃烧,但能助燃,一旦和易燃物品接触,极易引起火灾;有的非易燃气体有窒息性,若处理不当,会引起人畜窒息。

3) 有毒气体

此类气体毒性很强,若吸入人体内,能引起中毒。有些有毒气体还有易燃、腐蚀、氧化等特性。

此类危险物质的危险特性主要有以下表现。

(1) 易燃性和爆炸性。一些易燃气体容易燃烧，也易于和空气混合形成爆炸性混合气体。

(2) 窒息性、麻醉性和毒性。本类气体中除氧气和空气外，若大量逸出，都会因冲淡空气中氧气的含量而影响人畜正常的呼吸，严重时会因缺氧而窒息。

(3) 污染性。一些气体对海洋环境有害，被认为是"海洋污染物"。

3. 易燃液体

此类易燃液体包括在闭杯闪点试验61℃（相当于开杯闪点试验65.6℃）以下放出易燃蒸气的液体或液体混合物，或含有处于溶液中呈悬浮状态固体的液体（如油漆、清漆等）。所谓闭杯闪点指的是试样在规定条件下加热到其蒸气与空气的混合物接触火焰，发生闪火时的最低温度。

易燃液体的危险特性主要有以下表现。

1) 挥发性和易燃性

易燃液体都是含有碳、氢等元素的有机化合物，具有较强的挥发性，在常温下就易挥发，形成较高的蒸气压。易燃液体及其挥发出来的蒸气，如遇明火，极易燃烧。易燃液体与强酸或氧化剂接触，反应剧烈，能引起燃烧和爆炸。

2) 爆炸性

当易燃液体挥发出的蒸气与空气混合，达到爆炸极限时，遇明火会引起爆炸。

3) 麻醉性和毒害性

易燃液体的蒸气，大都有麻醉作用，如长时间吸入乙醚蒸气会使人畜引起麻醉，失去知觉。深度麻醉或长时间麻醉可能死亡。

4) 易积聚静电性

大部分易燃液体的绝缘性能都很高，而电阻率大的液体一定能呈现带电现象。

5) 污染性

一些易燃液体被认为是对海洋环境有害的海洋污染物。

4. 易燃固体、易自燃物质和遇水放出易燃气体的物质

此类物质是指除了划为爆炸品以外的，在运输情况下易于燃烧或者可能引起火灾的物质。如浓过氧化氢、酮的过氧化物、有机酸的过氧化物、乙炔等。

1) 易燃固体

具有易被外部火源（如火星和火焰）点燃的固体和易于燃烧、助燃或通过摩擦引起燃烧的固体及能自发反应的物质。本类物质包括浸湿的爆炸品。

易燃固体的危险特性：易燃固体燃点低，对热、摩擦、撞击及强氧化剂作用较为敏感，

易于被外部火源所点燃,燃烧迅速。

2）易自燃物质

具有易于自行发热和燃烧性质的固体或液体。本类物质包括引火物质（与空气接触在5分钟内即可着火）和自然发热物质。

易自燃物质的危险特性：本类物质无论是固体还是液体都具有自燃点低、发热及着火的共同特性。这类物质自燃点低，受外界热源的影响或本身发生生物化学变化，热量积聚而使其温度升高引起燃烧。

3）遇湿危险物质

即遇水放出易燃气体的固体或液体，在某些情况下，这些气体易自燃。

遇湿危险物质的特性：本类物质遇水发生剧烈的反应，放出易燃气体并产生一定热量。当热量使该气体的温度达到自燃点时或遇到明火时会立即燃烧甚至爆炸。

5. 氧化物质（氧化剂）及有机过氧化物

1）氧化剂

此类物质系指处于高氧化态，具有强氧化性，易分解并放出氧和热量的物质。包括含有过氧基的无机物，其本身不一定可燃，但能导致可燃物的燃烧；与松软的粉末状可燃物能组成爆炸性混合物，对热、震动或摩擦较敏感。

2）有机过氧化物

此类物质系指分子组成中含有过氧基的有机物，其本身易燃易爆，极易分解，对热、震动或摩擦极为敏感。

氧化物质具有以下危险特性。

（1）在一定情况下，直接或间接放出氧气，增加了与其接触的可燃物发生火灾的危险性和剧烈性。

（2）氧化剂与可燃物质，诸如糖、面粉、食油、矿物油等混合易于点燃，有时甚至因摩擦或碰撞而着火。混合物能剧烈燃烧并导致爆炸。

（3）大多数氧化剂和液体酸类会发生剧烈反应，散发有毒气体。

（4）有些氧化剂具有毒性或腐蚀性，或被确定为海洋污染物。

有机过氧化物的危险特性：具有强氧化性，对摩擦、碰撞或热都极为不稳定，易于自行分解，并放出易燃气体。受外界作用时释放大量热量，迅速燃烧；燃烧又产生更高的热量，形成爆炸性反应或分解。有机过氧化物还具有腐蚀性和一定的毒性或能分解放出有毒气体，对人员有毒害作用。

6. 有毒物质和感染性物品

有毒物质系指进入肌体后，累积达一定的量，能与体液和组织发生生物化学作用或生物物理学变化，破坏肌体的正常生理功能，引起暂时性或持续性的病理状态，甚至危及生命的物品。

有毒物质的危险特性：几乎所有的有毒的物质遇火或受热分解时会散发出毒性气体；有些有毒的物质还具有易燃性；很多本类物质被认为是海洋污染物。

感染性物品系指含有致病的微生物，能引起病态，甚至死亡的物质。

感染性物质的危险特性：对人体或动物都有危害性的影响。

7. 放射性物质

此类物质包括自发地放射出大量放射线，其放射性比活度（单位为 kBpkg）大于 70kBpkg 的物质。

放射性物质放出的射线有 α 射线、β 射线、γ 射线及中子流等四种。所有的放射性物质都因其放射出对人体造成伤害的看不见的射线而具有或大或小的危险性。

8. 腐蚀品

此类物质包括在其原态时都或多或少地具有能严重伤害生物组织，如从其包装中漏出也可损坏其他货物或运输工具的固体或液体。

腐蚀性物质的化学性质比较活泼，能与很多金属、有机物及动植物等发生化学反应，并使其遭到破坏。

腐蚀性物质的危险特性：具有很强的腐蚀性及刺激性，对人体有特别严重的伤害；对货物、金属、玻璃、陶器、容器、运输工具及其设备造成不同程度的腐蚀。腐蚀性物质中很多具有不同程度的毒性，有些能产生或挥发有毒气体而引起中毒。

9. 杂类危险物质

此类物质系指在运输过程中呈现的危险性质不包括在上述八类危险性中的物品。主要包括两类。磁性物质系指航空运输时，其包装件表面任何一点距 2.1m 处的磁化强度 $H \geqslant 0.159$ A/m。

另行规定的物质系指具有麻醉、毒害或其他类似性质，能造成飞行机组人员情绪烦躁或不适，以致影响飞行任务的正确执行，危及飞行安全的物品。

13.1.2 危险货物品名编号

危险货物品名编号由五位阿拉伯数字组成，表明危险货物所属的类别、项号和顺序号。

类别、项号和顺序号根据 GB 6944—86《危险货物分类和品名编号》及 GB 12268—90《危险货物品名表》中的类别项号、品名标号确定。

每一危险货物指定一个编号，但对性质基本相同，运输条件和灭火、急救方法相同的危险货物，也可使用同一编号。例如，品名为煤气的编号为：GB No. 2 3 023，表明该危险货物为第 2 类，第 3 项有毒气体，顺序号为 023。

13.2 危险货物运输包装与标志

13.2.1 包装的作用

危险货物运输包装的作用如下。

(1) 防止因接触雨雪、阳光、潮湿空气和杂质使产品变质或发生剧烈的化学反应而造成事故。

(2) 减少货物在运输过程中所受的碰撞、震动、摩擦和挤压，使其在包装的保护下处于完整和相对稳定状态，从而保证安全运输。

(3) 防止因货物撒漏、挥发及性质相互抵触的货物直接接触而发生事故或污染运输设备及其他货物。

(4) 便于运输过程中的装卸、搬运和保管，做到及时运输。

13.2.2 包装的一般要求

1. 包装应与所装危险货物的性质相适应

由于危险货物的性质不同，对包装及容器的材质有不同的要求。如浓硫酸和盐酸都属于强酸，都是腐蚀品，但包装容器材质的选择却不相同。浓硫酸可用铁质容器，而盐酸则需用玻璃容器，氢氟酸可用塑料、橡胶质容器装运，而不能用玻璃容器；硝酸是一种强酸，对大多数金属有强腐蚀性，并可引起有机材料如木材、棉花及其纤维产品的燃烧。因此，硝酸可用玻璃瓶、耐硝酸腐蚀的塑料瓶或金属制成的桶来装运。压缩气体和液化气体，因其处于较高压力的状态下，应使用耐压的钢瓶来装运。

包装与所装物品直接接触的部分，不应受某些物品的化学或其他作用的影响，必要时，制造包装的材料可采用惰性的材料或涂有适当的内深层，以防止发生危险反应。

2. 包装应具有一定的强度

包装应有一定的强度，一般来说，性质比较危险、发生事故造成危害较大的危险货物，其包装强度要求就高。同一种危险货物，单位包装重量越大，危险性也就越大，因而包装强度的要求也越高。质量较差或用于瓶装液体的内容器，包装强度要求应较高。同一种类包装，运输距离越大，倒载次数越多，包装强度要求也应越高。所以在设计危险货物运输包装时，应考虑其构造能否在正常运输条件下，不受温度、湿度和压力等方面变化的影响，而使包装不发生损坏和所装物品无任何渗漏。如盛装低沸点液体的包装强度，必须具有足够的安全系数，以承受住包装内部可能产生较高的蒸气压力，因此这类包装强度要求较高。

船舶装运危险货物时，由于舱容大、船舱深，一般万吨级货船，舱深为 8 m 左右，因此包装应有一定的强度，能经受住其上面货物重量的压力及在航行途中风浪等海况引起货物的挤压、振动而不损坏。

3. 包装的封口应符合所装危险货物的性质

对于危险货物的包装，一般来讲，封口均应严密，特别是易挥发和腐蚀性强的各种气体，封口应更严密。但也有些危险货物其封口则不要求密封，而且还要求设有通气孔。因此，如何封口要根据所装危险货物的特性来确定。

根据包装性能的要求，封口可分为气密封口（不透蒸气的封口）、液密封口（不透液体的封口）和牢固封口（关闭的程度应使所装的干燥物质在正常运输过程中不致漏出）三种。

4. 内、外包装之间应有适当的衬垫

内包装（容器）应装在外包装内，以防止内包装（容器）在正常运输的条件下发生破裂、戳穿或渗漏，而使内容器中所装物品进入外包装，特别是对于易破裂或戳穿的内包装（容器），如玻璃、陶瓷或某些塑料等制成的内包装（容器），应采用适当的减振衬垫材料固定在外包装内。属于防震、防摩擦的衬垫材料有瓦楞纸、泡沫塑料、塑料袋等。属于吸收性的材料有矿土、陶土等。

5. 包装应便于装卸、运输和储存

每件包装的最大容积和最大净重均有规定。根据"国际海运危规"的规定，包装的最大容积为450 L，最大净重为400 kg。我国的"水路危规"目前也采用这一标准。由此看来，每个包装的最大容积和最大净重不得过大或过重。对于较重的包装件应设有便于提起的提手或吊装的吊扣，以便于搬运和装卸。同样，包装的外形尺寸应与船舱的容积、载重量、装卸机具相配合，以利于装卸、积载、搬运和储存。

13.2.3 包装类型及标志

1. 包装类型

危险货物运输包装，除第2类、第7类危险货物所用的包装另有规定外，其他的各类危险货物包装，根据其危险程度不同，可分为三个等级：

Ⅰ类包装物：适用于内装危险性较大的货物；
Ⅱ类包装物：适用于内装危险性中等的货物；
Ⅲ类包装物：适用于内装危险性较小的货物。

2. 包装标记

凡通过性能试验合格的包装，均应标注持久清晰的标记，以示证明。例如，X——用于Ⅰ类包装；Y——用于Ⅱ类包装；Z——用于Ⅲ类包装。

3. 危险货物运输包装标志

1) 标志的种类及式样

根据危险货物的危险性质和类别，危险货物运输包装标志可分为主标志和副标志。主标志为表示危险货物危险特性的图案、文字说明、底色和危险货物类别号等四个部分组成的菱形标志;副标志与主标志的区别在于没有危险货物类别号。当某一危险货物具有两种或两种以上危险性时,需同时采用主标志和副标志。主标志和副标志的图案力求简单明了,并能准确地表示危险货物所具有的危险性质。危险货物包装标志的底色尽量与所表示货物的危险性相对应。

我国危险货物包装标志中的文字一般采用中文。考虑到外贸运输的需要,也可采用中外文对照或外文形式,外文一般采用英文。

2) 危险货物包装标志的尺寸

危险货物包装标志的尺寸一般不得小于 100 mm×100 mm;集装箱和可移动罐柜上危险货物包装标志的尺寸一般不得小于 250 mm×250 mm。

3) 危险货物包装标志的材质和粘贴

危险货物包装标志的材质和粘贴应满足运输的要求。根据国际海事组织的规定,危险货物包装标志要求在海水中浸泡 3 个月后不脱落,图案文字仍清晰。考虑到实际情况,作为最低标准,危险货物包装标志要求在储运期间不脱落,不褪色、图案文字清晰。

4) 危险货物包装标志的标用方法

凡向运输部门托运的危险货物,每个包装件上都必须粘贴"危规"所规定的相应的危险货物包装标志。

危险货物包装标志粘贴的位置:
(1) 箱状包装应位于包装两端或两侧的明显处;
(2) 袋状包装应位于包装明显的一面;
(3) 桶状包装应位于桶盖或桶身;
(4) 集装箱应位于箱的四侧。

13.3 危险货物集装箱的装运与积载

13.3.1 装运危险货物的基本要求

装运危险货物只要符合一定的技术条件并辅以谨慎操作,就可以达到安全运输的目的。若危险货物的包装、标志、积载、隔离均符合"危规"的要求,那么运输工具本身的构造、设备是否也达到装运危险货物的要求,就成为确保运输安全的重要条件了。运输工具既需要符合运输安全的基本条件,又必须适应装载危险货物的特殊要求。例如,船舶要满足建造规范、稳性规范和抗沉规范等。按照这些规范建造的船舶,能够满足装运货物的基本要求。

13.3.2 装运危险货物集装箱的隔离与装箱要求

1. 危险货物的隔离

各类危险货物相互之间的隔离，按照危险货物隔离表的要求，分为四个级：隔离一至隔离四，即"远离"、"隔离"、"用一整个舱室或货舱隔离"和"用介于中间的整个舱室或货舱作纵向隔离"。

危险货物与食品的隔离应做到腐蚀性物质及有害物质（海洋污染物）与食品应"远离"；有毒物质及放射性物品与食品及其原料应"隔离"；所有感染性物质的积载应与食品"用一个整舱或货舱隔离"。

2. 装运危险货物集装箱的隔离要求

装运危险货物集装箱的隔离原则是严格按配装要求和隔离要求进行配箱；严格按隔离要求和积载类要求进行积载。除按隔离表积载外，集装箱还应按下列要求进行积载。

1) 装运危险货物集装箱在"隔离1"条件的积载
（1）封闭式集装箱垂直积载。
（2）封闭式集装箱水平积载。
（3）开敞式集装箱水平积载。

2) 装运危险货物集装箱在"隔离2"条件下的积载
（1）封闭式集装箱的水平积载。
（2）开敞式集装箱的水平积载。

开敞式集装箱不应装在同一个舱室内；隔离舱壁应为钢质；舱面积载应按封闭式集装箱的要求进行处理。

3) 装运危险货物集装箱在"隔离3"条件下的积载（垂直方向原则上不积载）
（1）封闭式集装箱不应装在同一舱室内，且两个舱室之间的舱壁应为钢质。
（2）开敞式集装箱应隔开一个整舱，中间需隔离两个钢质舱壁或甲板。
（3）可舱面积载。

4) 装运危险货物集装箱在"隔离4"条件下的积载（垂直方向不能积载）
（1）封闭式集装箱应隔开两个钢质舱壁或隔开一个钢质舱壁。但间隔至少 24 m，且距舱壁最近处的距离不少于 6 m。
（2）开敞式集装箱至少隔两个钢质舱壁。

3. 危险货物集装箱装箱的要求

（1）不符合"危规"要求的货物，或已货损、渗漏的货物不得装入箱内。
（2）危险货物的任何部分不得突出箱容，装箱后即应关门封锁。
（3）不应将危险货物与不相容的物质装载于同一箱内，除特殊情况由主管部门同意者外。

（4）危险货物只有按"危规"中有关规定包装后才能装载集装箱运输。

（5）液体货物和非冷藏的压缩气体的装载应得到主管部门的批准。

（6）装载危险物质和其他任何物质的包件在集装箱内应装紧或有足够的支撑和固定，以适合航行的要求。包装的方式，应尽量减少在运输过程中因集装箱装置造成损坏，用于包装上的这些集装箱装置应充分加以保护。

（7）某些干燥的散装危险货物，可装载由主管当局特准制作的用于该种货物运输的集装箱内。

（8）当一票危险货物只构成集装箱内容的一部分，最好应装载在箱门附近。

（9）对托运人来说，应在货物托运单上或单独的申报单上保证他所托运的货物已正确地加以包装、标记、标志等内容，并具有适运的条件。对危险货物来说，其特殊的情况还应写明其正确的名称，单证内应确切地说明所属的危险货物的类别。

（10）运输危险货物时，应准备与运输其他种类货物所需的同样单证，这些单证的格式和应填写的具体内容，及其所承担的责任由适用于该项运输方式的国际公约和有关立法加以确定。

（11）装入集装箱内的危险货物，应目测其有无损坏，如证实有实质性的损坏，则不宜装箱。

（12）装有危险货物的集装箱，应有规格不少于 250 mm×250 mm 的国际海上危险货物运输规则类别标志（标牌），应至少有四幅这种标志（标牌），并将其贴在外部明显的地方，每侧各一幅，前后端各一幅。

（13）集装箱一经认为无危险性，所有危险标志应从箱上去掉或加以遮盖。

（14）装载有危险货物的集装箱，应检查外部有无所装内容的破损、撒漏或渗漏现象，一旦发现有破损、撒漏或渗漏的集装箱，在未加以修理和将容器移走前，都不予以承运。

（15）装载易于散发易燃的危险货物的集装箱，不应与可能提供水源的冷藏或加热的集装箱装载在同一舱内。

（16）装载危险货物的集装箱卸空后，应采取措施保证集装箱没有污染，而使集装箱不具有危险性。

13.3.3　危险货物的承运及其装运与积载要求

1. 危险货物的承运要求

1) 装运危险货物的运输工具条件

装运危险货物应采用钢质运输工具；应有可靠的电器连接装置或避雷装置；同时应具备相应的设备条件，如防火、救灾的设备。装运爆炸品、易燃气体、易燃液体、易燃固体及遇湿危险物质的运输工具都应符合相应的运输要求。

2) 危险货物的承运要求

（1）具有合格的包装。包装的材质、形式、包装方法及包装封口等应与所装危险货物的性质相适应，包装制作恰当，且状况完好；包装的内表面与被运输内装物质接触时，应具有不致发生危险性反应的特性；包装应坚固，具有一定的强度，能经受得住装卸及运输方式的一般风险；液体包装容器内要有适当的衬垫，在布置上应能防止货物移动；所采用的吸收材料，在数量上应足够吸收液体，防止由于容器万一破裂时所造成的货物外漏。

危险货物的包装应符合要求，并被主管部门确认，取得"包装适用证书"方可使用。装有危险货物的包装应经有关检验机关检验合格，取得"包装检验证明书"。

（2）具有正确的标记、标志及标牌。每个装有危险货物的包件都应标有其内装物的正确运输名称的耐久标记。其标注方法应符合运输与包装的要求。标记在海水中至少浸泡3个月后仍然清晰。含有海洋污染物的包件还应标以耐久的海洋污染物标记。

除另有规定者（第9类杂类危险物质，没有特殊的标志要求）外，一切盛装有危险货的包件应有适当的识别标志、图案标志或标牌，以表明货物的危险性质。

同时具有两种以上危险货物的包件，应贴主标志和副标志。副标志下角无类别号，以示主、副区别。一般在物质明细表中都应注明主、副标志。

（3）具有正常完备的托运单证。托运人提交的危险货物申报单内必须填写危险货物的正确运输名称、数量、货物的类别及细分类（对第1类物质和物品还应说明配装类型及积载要求）、联合国编号（托运"限量内危险货物"无此要求）及"国际危规"页码。并需出具危险货物包装审核单位签署的"包装适用证书"及危险货包装检验机构签署的"包装检验证明书"。在危险货物申报单中应附有说明该交付托运的危险货物业已妥善包装和妥善地加上了标记、标志和标牌及合适的装运状态的证明书或声明书。

如危险货物系海洋污染物（凡含有10%或以上的一种或几种对海洋会造成污染的及含有1%以上对海洋会造成非常严重的潜在污染的溶液或混合物），应标明"海洋污染物"。

托运"国际危规"中未列名危险货物时，应填报"危险货物技术证明书，对放射性物品还应提交有关核查单位签发的"放射性货物剂量检查证明书"。

采用集装箱运输的危险货物，必须在运输前取得装箱部门提供的、经有关法定机关或监装机关签发的"危险货物装箱证明"。采用水运方式，则装运危险货物的船舶，应具有列明船上所装危险货物及其位置的特殊清单或舱单。标明所有危险货物类别并注明其在船上位置的详细的货物积载图，可以代替此种特殊清单或舱单。

2. 危险货物的装运与积载要求及注意事项

要认真核对货主托运的危险货物的正确运输名称、理化特性、所属类别、包装数量、积载要求、消防急救措施及对运输管理的要求等。对性质不清的货物，必须搞清其性质。对"国际危规"品名表中未列明的危险货物（即运输中不常见的或国际贸易中的新产品，其性质属该类别定义范围内，并在各类中授予了联合国编号，但在该规则中未列出具体名称的物质或物品），应要求托运单位提交"危险货物技术证明书"。在装运前，须认真检查包装和标志，对具有多种危险性质的货物，应坚持标贴副标志。凡不符合规定或者质量不符合要求的，应一律不接受托运。

如运输设备有明显缺陷，应积极采取措施进行修复或改装。装运危险货物时，必须事先对运输设备、装置进行临时检验。在检查认可合格，并取得"合格装运危险品证书"后，方可接受承运。

13.4 危险货物集装箱的装卸与保管

13.4.1 装卸危险货物集装箱前的准备工作

（1）明确危险货物的性质、积载位置及应采取的安全措施，并申请监装，取得适装证书。
（2）应将审签的货物积载图交当地法定机关进行审定。
（3）保证舱室清洁、干燥和水密。
（4）在装卸货现场，备妥相应的消防设备，并使其处于随时可用状态。
（5）夜间作业应备好足够的照明设备；装卸易燃、易爆危险货物必须使用防爆式或封闭式安全照明设备，严禁使用其他不安全灯具。
（6）起卸放射性物品或能放出易燃、易爆、有毒气体的危险货物前，应进行充分的通风。应有防止摩擦产生火花的措施，须经有关部门检测后才能开始卸货作业。

13.4.2 装卸危险货物的注意事项

危险货物的装卸工作尽可能安排在专用作业场地，严格按货物积载图装货，执行装卸货注意事项，加强监装监卸，注意装卸货安全。
（1）装卸作业时，要悬挂显示规定的灯号或标志。
（2）装卸危险货物时，应有专人值班，并进行监装监卸工作，坚守岗位，落实各项安全措施。
（3）装货时监装人员应逐件检查货物包装及标志，破、漏、渗的包装件应拒装。
（4）严格按积载图装卸及执行危险货物装卸货的注意事项。
（5）装卸危险货物时应使用适当的机具。在装卸易燃、易爆、剧毒、腐蚀及放射性危险货物时，装卸机具应按额定负荷降低25%使用；在装卸易燃或爆炸品时禁止使用易产生火花的工具。
（6）装卸危险货物时应采取正确的作业方法，小心谨慎地操作，平稳吊落货物，轻拿轻放。严禁撞击、摩擦、拖拉、滑跌、抛掷、坠落、翻滚等野蛮作业。保持包装完好，严禁超高堆装，堆码整齐牢固。桶盖、瓶口应朝上，禁止倒置、倒放。
（7）根据危险货物不同的性质，选用相应的铺垫隔衬材料进行衬垫、遮盖、绑扎和加固。
（8）起卸包装破漏的危险品时，现场严禁明火，有关人员应站在上风处，对包装破损严重的要进行必要的修理和清洁工作，以避免危险品的大量渗漏，但必须十分注意安全，并根据"应急措施表"及"医疗急救指南"采取相应的措施。
（9）在装卸爆炸品或烈性易燃品时，不得进行能产生火花的检修工作和拷铲油漆作业。
（10）装卸危险货物过程中，遇有闪电、雷击、雨雪天或附近发生火灾时，应立即停止装卸货作业。
（11）停装停卸时，应关闭照明及电源。

（12）装完货后应进行全面检查，应及时取得监装。

13.4.3　危险货物集装箱的保管

危险货物集装箱的保管应符合有关堆放、储存、转运的法令法规及企业的规章制度。

（1）港口必须设危险货物集装箱专用堆场。专用堆场应远离人口稠密区和重要设施，专用堆场四周应设置隔离围栏。

（2）专用堆场应设专用值班室，并有专人负责昼夜值班检查。无关人员严禁进入专用堆场。对进入专用堆场人员做好进出堆场的记录。严禁携带火种进入堆场。

（3）专用堆场应配置足够的灭火器、防爆型的安全照明设备、避雷装置。

（4）根据需要，在集装箱专用堆场内设喷淋装置，以满足集装箱在高温季节的降温需要。无喷淋装置的专用堆场，在高温季节，可用喷水等方法降温处理。

（5）危险货物集装箱，除未清洗的空箱外，只许堆2层，并根据不同性质的危险货物，进行有效的隔离。

复习思考题

一、名词解释

危险货物　永久性气体　闭杯闪点

二、填空题

1. 危险货物具有＿＿＿＿、＿＿＿＿、＿＿＿＿、＿＿＿＿、＿＿＿＿等特性，存在一定的潜在危险。

2. 根据危险货物的危险性质和类别，危险货物运输包装标志可分为＿＿＿＿和＿＿＿＿。

3. 危险货物包装标志的尺寸一般不得小于＿＿＿＿；集装箱和可移动罐柜上危险货物包装标志的尺寸一般不得小于＿＿＿＿。

4. 易燃固体的危险特性：易燃固体燃点＿＿＿＿，对热、＿＿＿＿、＿＿＿＿及＿＿＿＿作用较为敏感，易被外部火源所点燃，燃烧迅速。

5. 有机过氧化物的危险特性：具有＿＿＿＿，对摩擦、碰撞或热都极为不稳定，易于＿＿＿＿，并放出易燃气体。受外界作用或反应时释放大量热量，迅速燃烧；燃烧又产生更高的热量，形成＿＿＿＿反应或分解。有机过氧化物还具有腐蚀性和一定的毒性或能分解放出＿＿＿＿，对人员有毒害作用。

三、单项选择题

1. 危险货物每件包装的最大容积和最大净重均有规定。根据"国际海运危规"的规定，包装的最大容积为450L，最大净重为（　　）。

　　A. 200 kg　　　　B. 300 kg　　　　C. 400 kg　　　　D. 500 kg

2. 由于危险货物的性质不同，对包装及容器的材质有不同的要求。浓硫酸可用（　　）容器装运。
   A. 塑料　　　　B. 铁质　　　　C. 橡胶质　　　　D. 玻璃

3. 根据国际海事组织的规定，危险货物包装标志要求在海水中浸泡（　　）个月后不脱落，图案文字仍清晰。
   A. 1　　　　B. 2　　　　C. 3　　　　D. 4

4. 考虑到实际情况，作为最低标准，危险货物包装标志要求在（　　）期间不脱落，不褪色、图案文字清晰。
   A. 运输　　　　B. 储存　　　　C. 销售　　　　D. 储运

5. 危险货物集装箱，除未清洗的空箱外，只许堆（　　）层，并根据不同性质的危险货物，进行有效的隔离。
   A. 1　　　　B. 2　　　　C. 3　　　　D. 4

四、多项选择题

1. 危险货物内包装（容器）应装在外包装内，以防止内包装（容器）在正常运输的条件下发生破裂、戳穿或渗漏，而使内容器中所装物品进入外包装，特别是对于易破裂或戳穿的内包装（容器），应采用适当的减振衬垫材料固定在外包装内。吸收性材料有（　　）。
   A. 瓦楞纸　　　B. 陶土　　　C. 泡沫塑料　　　D. 塑料袋　　　E. 矿土

2. 易燃液体的危险特性主要表现有（　　）。
   A. 挥发性　　　B. 麻醉性　　　C. 污染性　　　D. 易积聚静电性　　　E. 放射性

3. 爆炸品的危险特性主要有（　　）。
   A. 爆炸性　　　B. 毒性　　　C. 放射性　　　D. 窒息性　　　E. 燃烧性

4. 放射性物质放出的射线包括（　　）。
   A. α射线　　　B. β射线　　　C. γ射线　　　D. 质子流　　　E. 中子流

5. 由于危险货物的性质不同，对包装及容器的材质有不同的要求。氢氟酸可用（　　）容器装运。
   A. 铁质　　　B. 塑料　　　C. 木质　　　D. 玻璃　　　E. 橡胶质

五、判断题（正确的为T，错误的为F）

1. 气体按其危险性可分为易燃气体、非易燃气体和有毒气体三类。（　　）
2. 同一种危险货物，单位包装重量越大，危险性也就越小，因而包装强度的要求也越高。（　　）
3. 凡通过性能试验合格的包装，均应标注持久清晰的标记，以示证明。例如，X——用于Ⅲ类包装。（　　）
4. 有毒物质及放射性物品与食品及其原料应"远离"。（　　）
5. 装运危险货物集装箱在"隔离4"条件下的积载，垂直方向不能积载。（　　）

六、简答题

1. 简述腐蚀性物质的危险特性。
2. 简述危险货物包装的一般要求。
3. 危险货物的承运要求是什么？
4. 装卸危险货物有哪些注意事项？
5. 危险货物集装箱的保管场地有哪些要求？

七、论述题

危险货物是怎样分类的？

部分习题参考答案

二、填空

1. 爆炸　易燃　腐蚀　毒害　放射性
2. 主标志　副标志
3. 100 mm×100 mm　250 mm×250 mm
4. 低　摩擦　撞击　强氧化剂
5. 强氧化性　自行分解　爆炸性　有毒气体

三、单项选择

1. C　2. B　3. C　4. D　5. B

四、多项选择

1. BE　2. ABCD　3. ABDE　4. ABCE　5. BE

五、判断题

1. T　2. F　3. F　4. F　5. T

案 例 分 析

海上危险品运输中危险品泄漏损害赔偿纠纷案

1991年7月8日，中国哈尔滨化工进出口公司大连分公司（下称大连化工）向上海远洋运输公司（下称上远公司）订舱，要求提供29只集装箱并承运20 735桶冰醋酸，从大连港经日本神户港中转运至泰国曼谷，货物交接方式为CY—CY，运费预付。

8月6日，上远公司接受订舱，安排由所属"汉涛河"轮第266航次承运，并指定在大连的代理将其所有29只集装箱交付大连化工装货。大连化工接收集装箱后，未进行装箱前检验，即将其自运来的桶装冰醋酸委托国际北方集装箱公司中转站，按"堆码四层、隔板衬垫、上层铁丝加固"的要求，装入集装箱。

8月15日，装箱完毕，国际北方集装箱公司加封了海关封识，出具了"集装箱装运危险货物装箱证明书"；大连港监据此准予"汉涛河"轮装载该批集装箱。其中20只装在一舱舱内，9只装在一舱甲板。装船过程中，监装人员等先后发现4只集装箱外溢冰醋酸，即通知大连化工予以更换。装船结束后，大连港监签发了"危险货物监装证书"，上远公司签发了清洁提单交大连化工。

8月17日，"汉涛河"轮第266航次起航。在开往日本神户港途中，大副等先后发现船右舷甲板、左舷甲板各有一集装箱外溢冰醋酸，船长令船员及时采取了处置措施，并电告大连化工"冰醋酸渗漏，不要将提单寄出"。大连化工接报告照办。从大连至神户途中，海面最大风力为东北风6级、5级浪，船横摇最大时约5°。

8月20日，"汉涛河"轮靠妥神户港。因外溢的冰醋酸产生有害气味，工人拒卸应经该港中转的29只危险品集装箱。上远公司即电告大连化工"神户港不接受渗漏集装箱于场站存放，要求该批船货原船运回"，大连化工回电同意。因该航次还装有到名古屋和横滨的货，上远公司为减少损失，仍拟续航，将船载名古屋和横滨的货物运抵目的地。

"汉涛河"轮于8月22日抵名古屋港卸货。卸货途中，上远公司传真告知大连化工，其托运的冰醋酸将原船全部运回大连，回程运费按规定收取。航海日志记载，该轮第266航次结束，第267航次开始。因名古屋海上保安厅登轮查出危险品泄漏，日本海上保安厅决定，船、货不能滞留在日本任何港口，指令"汉涛河"轮驶离名古屋。同日，该轮接到上远公司返航电报后，即返航大连。随船返回29只危险品集装箱和应运至横滨的95只集装箱；同时，上远公司已办妥承运手续，准备于267航次从横滨装船运至大连的71只集装箱，亦未能装运。

8月28日，"汉涛河"轮抵大连港，将29只集装箱货物卸于该港集装箱转运站仓库。大连化工要求发还货物，上远公司要求给付运费和赔偿损失，均未果。

9月5日，上远公司申请商检，发现29只集装箱中有20只货物不同程度向外渗漏。9月14日，上远公司向大连海事法院申请诉前保全，请求扣押29只集装箱内属大连化工所托运的桶装冰醋酸，责令大连化工提供35万美元的担保。中国船东互保协会为上远公司出具了35万美元的担保函。

9月26日，大连海事法院裁定准予上远公司的申请。28日，大连化工提供了珠海市大洲石油化工公司出具的35万美元担保函及中国工商银行珠海市凤凰支行为此出具的35万美元银行担保，大连海事法院裁定解除了扣押。

上远公司于法定期间内向大连海事法院起诉，要求大连化工给付承运其货物从大连经日本至曼谷的运费和回程运费；赔偿随船返回的大连至横滨95只集装箱回程运费；赔偿集装箱修理费、船舶修理费，在日本的危险货物检验费，从1991年9月9日至10月18日集装箱延滞费及堆存费。大连化工辩称，我方托运货物，遵守了货运规则，手续齐全合法，没有任何过失。冰醋酸包装桶破裂，是运输过程中上远公司的过错造成的，其损失应由上远公司自负。要求法院判令上远公司赔偿冰醋酸货损。

思考题：法院应如何判决？

案例分析参考答案

　　大连化工托运冰醋酸，自行装箱、铅封，与承运方上远公司进行整箱货物交接，手续齐全合法，上远公司也签发了清洁提单，似可证明大连化工不应在本案中承担冰醋酸渗漏造成损失的民事赔偿责任。但从本案具体情况看，上远公司签发清洁提单，只证明集装箱外表状况良好，对箱内货物包装、积载均不负责。因此，不能以签发了清洁提单为标准来认定双方的责任。由于承运人在承运货物中，有谨慎管货的义务，如果承运人在承运中有管货上的过错，则承运人应因自己管货上的过错，承担所承运的货物渗漏造成损害的责任。但承运人上远公司在承运这批冰醋酸货物过程中，没有管货上的过错，故排除了上远公司存在责任的可能。而大连化工作为海上货物运输合同的另一方，托运危险品货物，未按《国际危规》的有关规定检测和灌装包装桶，在明知所使用的包装桶有质量问题的情况下，仍然使用这些不合格的包装桶灌装冰醋酸，致使交运的危险品货物渗漏不可避免，是造成本案损害的直接原因。这说明大连化工作为运输合同的托运人，违反了运输合同对托运人的义务要求，其主观上和客观上都存在过错。因此，由大连化工承担本案损失的赔偿责任。

开篇案例参考答案

　　火灾事故的造成，完全是由托运的上述危险品货物包装不符合《国际危规》及中国的相关法律规定造成的。山东中粮是货运代理，其职责和义务是代理货主订舱，虽与韩进海运直接发生订舱关系，但不是运输合同的当事方，其代理行为的法律结果由其委托人承担，不应负赔偿责任。亚洲货运的提单满足了连云港医保倒签的要求，这与火灾之间没有任何关系，亚洲货运不是托运人，不承担任何责任。连云港医保是货物的实际托运人，未向承运人申报危险品，也未对危险品作出标志，导致韩进海运对该货物未给予应有的注意，造成火灾。连云港医保应赔偿韩进海运损失。

参 考 文 献

[1]　杨茅甄. 集装箱运输实务 [M]. 北京：高等教育出版社，2003.
[2]　王艳艳. 集装箱运输管理 [M]. 北京：北京理工大学出版社，2007.
[3]　陈成源. 装箱码头业务管理 [M]. 大连：大连海事大学出版社，1998.